지방자치의
새로운 이해

길종백

하정봉

곽창규

박영사

머리말

일반인을 대상으로 지방자치에 관한 특강을 할 때가 있다. 강의가 끝나면 중앙정부가 유능한 공무원을 자치단체장으로 임명하는 것이 낫지 않냐는 질문을 받곤 한다. 질문의 이면에는 우리 지역 단체장이 대단한 능력이 있어 보이지도 않고, 시의원도 유능하지 않다는 생각이 있다. 그러니 주민이 직접 시장, 시의원을 뽑지 말고 중앙정부가 해당 지역의 특성에 적합한 공무원을 파견하자는 것이다. 중소도시의 부시장이 보통 공무원 직급으로 3급이라는 점을 생각하면, 시장으로 파견되는 공무원은 과거로 따지면 행정고시에 합격한 사람일 확률이 높다. 행정고시 출신의 시장이 주민이 직접 뽑는 시장보다 낫다는 생각이다.

질문을 받으면 일순 생각이 멈춘다. 나름대로 질문자에게 의견을 제시하지만, 설득력이 있었는지 알 수 없다. 제도로서의 지방자치는 시작하였지만, 사람들이 지방자치가 필요하다는 점을 생활에서 느끼려면 많은 시간과 노력이 필요하다고 생각했다. 지방자치를 잘 이해하고 활용할 수 있는 책이 있으면 좋겠다는 생각도 들었다.

코로나19가 유행할 때 경험한 비대면 강의를 통해 이러한 생각은 더욱 깊어졌다. 인터넷만 있으면 궁금한 정보를 손쉽게 얻을 수 있고, 과거와 같이 많은 정보를 책에 담을 필요가 줄어들었다. 지방자치에 관한 기본 내용은 비대면 강의를 통해 전달하고, 학생들이 관련 주제를 토론하는 방식으로 대면 강의를 구성할 수 있게 되었다. 제도로서의 지방자치를 이해하면서도 주요 쟁점을 파악하고 논의할 수 있는 책이 더 필요해졌다.

이 책의 특징을 소개하면 다음과 같다.
첫째, 한국뿐만 아니라 미국과 일본의 지방자치 제도와 현황을 다루고자 하였다. 지방자치는 한국에만 있는 제도가 아니다. 오히려 미국, 일본 등 외국의 제도를 많이 모방하고 학습하였다. 지방자치에서 다루는 중요한 주제가 한국, 미국, 일본에서는 어떻게 전개되는지를 서술하였다. 비교라는 관점에서도 지방자치를 이해할 수 있게 하였다.

둘째, 지방자치에서 고민하고 토론해야 할 내용을 담았다. 각 장의 3절에는 생각해 볼 문제를 담았다. 과거와 같이 이론 중심의 교재나 수업은 학생들의 문제발견과 문제해결 역량을 높이는 데 어려움이 있다. 독자들이 생각해 볼 문제에 관하여 직접 고민하고, 관련 자료를 찾아보고, 주요 논점을 정리함으로써 지방자치를 더 깊게 이해할 것이다.

셋째, 지방자치를 이해하기 위한 이론적 논의를 소개하였다. 흔히 지방자치법을 자세히 설명하면 지방자치를 이해하리라 생각한다. 그렇지만 법률은 현재의 제도에 관하여 사회적으로 합의한 최소한의 규칙에 불과하다. 법률 외에도 지방자치와 관련된 제도, 관리, 정책 등을 관련 이론과 함께 이해해야 한다. 본문에서 다룬 이론적 내용으로도 독자가 지방자치를 이해하는 데 무리가 없도록 하였다. 그리고 <쉬어가기>를 통해 본문에서 다루지 못했으나 알아두면 좋을 내용을 보충하였다. 또한 지방자치를 이해하는 데 도움이 될 수 있는 이론이나 개념을 일부 장에서 <한 걸음 더>에 담았다.

책의 전반적인 얼개를 소개하면, 책은 총 4부로 구성되며 지방자치를 제도, 관리, 관계, 정책이라는 시각에서 접근하였다.

제1부는 제1장에서 제3장까지로 주로 지방자치의 제도적 측면을 다루고 있다.

제1장은 지방자치는 필요한가? 라는 질문을 던지면서, 지방자치의 존재 이유를 탐색한다. 그리고 지방자치의 두 측면인 단체자치와 주민자치를 대비하며 양자의 차이점과 연관성을 살펴본다.

제2장은 지방의 계층구조와 구역설정을 포괄하는 지방행정체제를 다룬다. 지방행정체제는 지방정부의 권한과 재원, 주민자치의 범위 등에 큰 영향을 주는데, 광역자치단체와 기초자치단체 외에 준(準)지방자치단체의 존재에 대해서도 검토한다.

제3장은 지방정부를 대표하는 의회와 단체장을 주제로 살펴본다. 지방정부 구성의 원리에 해당하는 대의민주주의, 정당제도, 선거제도의 일반적 의미를 설

머리말

명하고, 지방의회와 단체장의 역할을 알아본다.

제2부는 제4장에서 제5장까지인데 주로 지방자치의 관리적 측면을 다루고 있다.

제4장은 지방정부 조직을 효율적으로 운영하는가? 라는 질문을 던지고, 지방자치단체의 조직 및 인력 운영의 바람직한 방향을 탐색한다. 지방이 당면하는 환경변화에 능동적으로 대응하려면 지방자치단체의 조직역량이 중요하다. 자치조직권에 주목하면서 조직편제와 인적 구조 등에 관해 탐구한다.

제5장은 지방자치단체가 정책을 결정하고, 사업을 집행하기 위해서 필수적인 지방재정을 다룬다. 중앙과 지방의 세입과 세출 비중과 항목별 지출내용을 비교하며, 국가별 정부 간 재원 이전 제도의 공통점과 차이점에 초점을 맞춘다.

제3부는 제6장에서 제7장까지이며 주로 지방자치의 관계적 측면을 다루고 있다.

제6장은 중앙정부와 지방정부, 지방정부와 지방정부 간의 권한과 책무성이라고 할 수 있는 정부 간 관계를 살피고 있다. 정부 간 관계에 관한 이론적 논의를 서술하고, 정부 간 관계를 유형화하는 의미를 파악해 본다. 그리고 거시적 행정환경과 정권 성향에 따라 변화하는 정부 간 관계의 양상과 그 동인을 알아본다.

제7장은 지방정부와 주민의 관계라고 할 수 있는 주민의 참여를 다루고 있다. 주민참여의 의미, 유형, 수단 등에 관한 이론적 논의를 서술하고, 국가별 주민참여 현황과 사례, 그리고 과제 등을 살펴본다.

제4부는 제8장에서 제9장까지로 지방자치의 정책적 측면을 다루고 있다.

제8장은 지방정부의 복지정책을 다룬다. 먼저 복지국가의 유형을 서술하고, 중앙과 지방 가운데 어느 쪽이 복지를 담당하여야 하는지에 대한 이론적 논의를 소개한다. 그리고 실제 지방정부가 담당하고 있는 복지영역은 무엇인지, 국가별 특징은 무엇인지 알아본다.

제9장은 도시공간을 다루고 있다. 도시의 공간 매력도는 주민의 삶의 질과 밀접한 연관성을 가지며, 도시계획에 대한 주민참여는 지방자치의 중요 요소이다. 도시공간 형성에 대한 대표적 이론을 소개한 후 국가별로 도시계획에 대한 주민참여 방식을 알아보고 매력적인 도시공간 사례를 소개한다.

제10장은 한국의 지방자치 과제와 방향성을 탐색한다. 현재 한국은 지역의 인구감소와 자치권 강화라는 현상을 함께 겪고 있다. 지방자치의 역사가 비교적 짧은 한국에서 지방자치의 당면 과제가 무엇인지 살펴보고, 지방자치가 미래에도

지속할 수 있기 위해서 어떤 방향으로 노력하면 좋을지 알아본다.

필자들은 서로의 의견을 나누면서 이 책을 준비하였다. 각자가 맡은 부분은 화상 토론을 통해 발표하고 논의하였다. 필자들의 개성을 살리면서도 일관성을 유지하고자 하였다. 집필을 구상했던 2021년 늦여름의 생각대로 책이 만들어졌는가를 자문하니, 출판을 앞둔 지금 비로소 출발점에 서게 되었고 앞으로 갈 길이 멀리 있음을 알게 되었다.

이 책이 발간되기까지 많은 분의 도움이 있었다. 필자들이 근무하는 학교에서 학술적 조언과 격려를 아끼지 않으신 동료 교수님들과 초고의 부족한 부분을 지적해 주신 전남대학교의 배정아 교수님에게 감사드린다. 그리고 필자들을 각각 학문의 길로 이끌어 주신 지도 교수님들께 깊이 감사드린다. 또한 부족한 책이지만 시작부터 마무리까지 늘 응원해준 가족에게 고마움과 사랑을 전한다. 마지막으로 어려운 여건에도 이 책의 출판에 애써주신 박영사 여러분께 감사드린다.

2023년 2월
집필진

일러두기

1) 지방정부와 지방자치단체라는 표현을 혼용하였다(자세한 내용은 쉬어 가기 <1-2> 참조). 한국의 지방자치를 설명할 때는 주로 지방자치단체라고 하였고, 시·군·구는 기초자치단체, 특별시·광역시·도 등은 광역자치단체로 표현하였다. 일본의 지방자치를 설명할 때도 주로 지방자치단체라고 하였고, 시·정·촌은 기초자치단체, 도·도·부·현은 광역자치단체라고 서술하였다. 한국과 일본의 사례에서는 기초단체장, 광역단체장, 기초의원, 광역의원 등의 표현을 주로 사용하였다. 미국 사례를 설명할 때는 연방제 특성을 고려하여 주(정부), 지방정부라고 하였다. 정부 간 관계 등 미국에서 발전한 이론을 논의할 때, 국가 간 비교의 문맥에서 논의할 때, 그리고 한국의 지방자치단체, 일본의 지방자치단체, 미국의 지방정부를 포괄하여 지칭할 때는 주로 지방정부라고 표현하였다.

2) 원저자의 저서를 참고하려고 하였으나, 부득이할 때 번역서를 참고하였다. 번역서를 인용할 때도 연도는 원저자의 저서가 출간된 연도를 표시하였다.

3) 본문에 학자들의 저서를 인용할 때, 가독성을 높이기 위하여 저자가 세 명 이상이면, (하혜수 외, 2010) 등과 같이 (제1 저자 외) 형태로 나타냈다.

목 차

제 1 장

지방자치의 의의

: 지방자치는 필요한가?

제1절 현대국가와 지방자치 ··3
   1. 현대국가와 지방정부 _ 3
   2. 지방자치의 개념 _ 7
   3. 단체자치와 주민자치 _ 9

제2절 지방자치의 역사 ··12
   1. 한국 _ 12
   2. 미국 _ 14
   3. 일본 _ 19

제3절 생각해 볼 문제 ··23

제 2 장

지방행정체제

: 지방정부는 모두 같은 것인가?

제1절 지방행정체제에 관한 이론적 논의 ···31
   1. 단층제와 복수 계층제 _ 31
   2. 행정계층과 자치계층 _ 33
   3. 행정구역 설정 기준 _ 33
   4. 자치특례와 준지방자치단체 _ 35

제2절 지방행정체제의 현황과 쟁점 ·······················39
    1. 한국 _ 39
    2. 미국 _ 45
    3. 일본 _ 49

제3절 생각해 볼 문제 ·······························54

제 **3** 장

지방의회와 단체장

: 지방정부의 대표자는 무엇을 할까?

제1절 지방정부 구성의 원리 ·······················63
    1. 직접 민주주의와 대의 민주주의(代議 民主主義) _ 63
    2. 지방정부의 구성 방식 _ 66
    3. 선거제도와 정당 _ 68

제2절 지방의회와 단체장의 역할 ·······················72
    1. 한국 _ 72
    2. 미국 _ 77
    3. 일본 _ 81

제3절 생각해 볼 문제 ·······························85

제 **4** 장

지방행정조직과 인사

: 지방정부 조직을 효율적으로 운영하는가?

제1절 행정조직 구성의 이론적 논의 ·······················93
    1. 행정조직의 설계원리 _ 93
    2. 자치조직권과 지방행정조직 _ 97
    3. 지방정부의 주요 기능과 담당 조직 _ 98

제2절 자치조직권과 지방행정조직의 실태 ·······························101

　　1. 한국 _ 101

　　2. 미국 _ 109

　　3. 일본 _ 114

제3절 생각해 볼 문제 ···120

제5장

지방재정

: 지방정부를 운영할 때 지방세만으로 충분한가?

제1절 지방재정의 이론적 논의 ··125

　　1. 정부 간 재정관계 이론 _ 125

　　2. 자체재원과 이전재원 _ 127

제2절 지방재정의 실태와 국제 비교 ·····································132

　　1. 한국 _ 132

　　2. 미국 _ 141

　　3. 일본 _ 151

제3절 생각해 볼 문제 ···158

제6장

정부 간 관계

: 지방정부는 중앙정부와 대등할까?

제1절 정부 간 관계의 이론적 논의 ·······································163

　　1. 라이트의 정부 간 관계 모형 _ 163

　　2. 로즈의 권력의존모형 _ 166

제2절 정부 간 관계의 실태 ··169

　　1. 한국 _ 169

　　2. 미국 _ 182

　　3. 일본 _ 186

제3절 생각해 볼 문제 ···191

제7장

주민참여

: 주민은 지방정부가 하는 일에 어떻게 참여할까?

제1절 주민참여에 대한 이론적 논의 ·································195
  1. 주민참여의 의미 _ 195
  2. 주민참여의 유형과 수단 _ 201

제2절 주민참여의 현황과 쟁점 ···210
  1. 한국 _ 210
  2. 미국 _ 213
  3. 일본 _ 217

제3절 생각해 볼 문제 ···222

제8장

복지와 지방자치

: 복지는 누가 해야 하나요?

제1절 복지국가와 지방정부 ··227
  1. 복지국가의 세 유형 _ 227
  2. 피터슨 모형(Peterson Model) _ 231

제2절 지방정부의 복지정책 비교 ·······································237
  1. 한국 _ 237
  2. 미국 _ 243
  3. 일본 _ 247

제3절 생각해 볼 문제 ···252

제 **9** 장

도시와 지방자치

: 매력 있는 도시공간 어떻게 만들어야 할까?

제1절 도시공간의 이론과 지방자치 ··261

  1. 도시와 지방자치 _ 261

  2. 매력 있는 도시공간 형성의 이론 _ 263

제2절 도시공간 관련 제도와 도시공간 사례 ······························268

  1. 한국 _ 268

  2. 미국 _ 276

  3. 일본 _ 284

제3절 생각해 볼 문제 ···291

제 **10** 장

지방자치의 현실과 과제

: 지방자치의 미래는 어떻게 될까?

제1절 지방자치를 둘러싼 환경변화 ··299

  1. 지역의 인구감소 _ 299

  2. 자치권의 강화: 지방분권 _ 305

제2절 지방자치의 과제와 방향성 ··308

  1. 지방자치의 과제 _ 308

  2. 지방자치의 미래 방향성 _ 310

제3절 생각해 볼 문제 ···320

참고문헌 ···325

찾아보기 ···337

쉬어가기

1-1. 지방자치의 존재 이유 ···6

1-2. 지방자치단체와 지방정부 ···11

1-3. 홈룰(Home Rule) ··17

2-1. 특별지방행정기관 ···37

2-2. 지방자치단체 간 협력기제 ···44

2-3. 미국의 지방정부 신설을 위한 조건과 절차 ·····························48

3-1. 형식적 대표와 실질적 대표 ···65

3-2. 기관대립형이란? ···68

3-3. 지역정당이란? ···71

3-4. 지방의회의 의원 정수 확정 ···75

3-5. 카운티의 정부 형태 ···80

4-1. 조직편성의 올바른 원칙? ···95

4-2. 지방공기업과 출자·출연기관 ··108

4-3. 지방정부를 공무원이 아니라 민간이 운영? ····························112

5-1. 조례에 따른 세금부과와 '법정외세(法定外稅)' ························128

5-2. 포괄보조금 제도 ··131

5-3. 주민참여 예산제도 ··140

5-4. 주민발안 제13호(Proposition 13) ···143

5-5. 미국의 학교구 ··150

5-6. 일본 고향세 제도 ··156

6-1. 스페인 카탈루냐 자치정부의 분리 독립 시도 ··························165

6-2. 쓰레기 매립지를 둘러싼 지방자치단체 간 갈등사례 ················182

6-3. 미국의 레이어 케이크와 마블 케이크 연방주의 ······················185

7-1. 참여 민주주의 ··199

7-2. 아른슈타인의 주민참여 8단계 중 비참여 및 형식적 참여 ···········203

7-3. 디지털 주민참여 ··208

7-4. 자치회의 현황과 제도화 ···220

8-1. 탈상품화와 계층화 ··229

8-2. 이중국가 모형과 복지 ···235

8-3. 저부담·저복지 국가와 노인 돌봄 제도 ·······················241

8-4. 미국의 노인 돌봄 제도 ···245

8-5. 일본의 노인 돌봄 제도 ···250

9-1. 공공공간 개선과 Project for public spaces(PPS) ·············267

9-2. 서울시 뉴타운 사업과 도시재생사업 ·······················274

9-3. 도시 내 단절과 Gated community ···························282

9-4. Area(Town) management 부담금 제도 ·····················286

10-1. 인구 구성의 질적인 변화 ·····································304

🖳 한 걸음 더

「지방자치법」 전부개정의 주요 내용 ·····························25

지방행정체제 개편과 이익, 제도, 이념 ··························58

다원주의와 엘리트주의 ···87

티부(Tiebout) 모형 ···255

도시(공간)정책과 복지정책의 융합 ····························294

지방분권과 지방자치 ···322

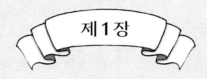
제 1 장

지방자치의 의의:
지방자치는 필요한가?

우리가 사는 동네 밤길이 어두워서 밤에 통행하는 것이 곤란하다면 어떻게 할까? 목마른 사람이 우물을 판다는 속담처럼 내가 집 앞에 가로등을 설치할 수는 있을 것이다. 그렇지만 개인이 자기 돈으로 마을 전체에 가로등을 설치하는 일은 거의 일어나지 않는다. 그럼 실제로 가능한 방법은 무엇이 있을까?

첫째, 동네 사람들이 십시일반으로 돈을 모아서 가로등을 설치하는 것이다. 가로등은 거리를 오가는 동네 사람들 모두에게 필요하며 골고루 혜택이 돌아간다는 점에서 그럴듯한 방법이다. 예를 들어 대규모 아파트 단지에서는 공동 관리비를 사용해서 아파트 주민 모두에 도움이 될 수 있는 일을 처리한다. 그렇지만 가로등을 설치해야 하는 장소가 아파트 단지 밖이라면 공공재로서의 가로등 설치는 쉽지 않다. 사람들이 무임승차를 하려고 하기 때문이다.

둘째, 우리 동네의 행정을 책임지는 시청이나 구청에 가로등 설치를 요구하는 것이다. 통장을 통해서 할 수도 있고, 동장을 통해서 할 수도 있다. 아니면 시청이나 구청의 담당 부서에 전화를 걸거나 직접 찾아가서 요구하는 것이다.

셋째, 해당 지역에서 선출된 시의원, 구의원 등 기초의원을 찾아가는 것이다. 국회의원, 광역의원 등도 있지만 기초의원에게 밤길 안전을 위해 가로등 설치가 필요하다고 주장하는 것이다.

위의 세 방법 중 현실에서는 두 번째와 세 번째가 그럴듯하다. 그렇다면 두 방법 중에 어느 방법이 더 효과적일까? 원래 있던 가로등을 수리하는 것이라면 시청이나 구청에 연락하는 것이 낫다. 새롭게 설치하는 것이라면 지역의 시의원이나 구의원에게 요구하는 것이 더 효과적일 수 있다.

우리는 지방자치라고 하면 너무 어렵게 생각한다. 그렇지만 가로등의 사례와 같이 지방자치는 우리의 삶과 밀접하게 연관되어 있다.

현대사회는 중앙정부의 역할이 확대되는 사회였으나, 최근에는 지방정부와 주민의 역할을 강화해야 한다는 목소리가 커지고 있다. 그런 상황에서 제1장은 지방자치란 무엇이며, 왜 필요한지 등을 살펴본다. 그리고 한국의 지방자치 역사를 간략하게 서술하고, 미국과 일본의 지방자치 역사를 소개한다.

제1절

현대국가와 지방자치

1. 현대국가와 지방정부

　사람은 홀로 살아갈 수 없다. 사람이라는 뜻의 人이라는 한자어도 둘이 서로 의지한다는 의미를 지닌다. 『로빈슨 크루소』라는 소설도 주인공이 무인도를 떠나 고향으로 돌아가는 것으로 끝을 맺는다. 무인도를 생각하지 않더라도, 우리 사회에서 홀로 생활하는 것은 불가능하다. 그리고 가로등의 예와 같이 현대사회에는 혼자서 해결할 수 없는 문제가 많다.

　우리가 직면하는 문제는 개인적 문제, 공동체의 문제, 국가의 문제 등과 같이 구분할 수 있다. 그리고 문제를 해결하는 주체도 개인, 공동체, 국가와 같이 구분하는 것이 가능하다. 이러한 상황에서 개인적 문제는 개인이, 공동체의 문제는 공동체가, 국가의 문제는 국가가 해결하는 것이라고 가장 합리적이라고 이야기할 수 있다.

　그런데 현대사회는 문제를 해결하는 주체로서 국가의 역할이 커졌다. <그림 1-1>을 살펴보면 개인이나 공동체의 문제를 국가가 해결하는 주체로 나서는 것을 확인할 수 있다. 즉 과거에는 개인이나 공동체가 해결할 것으로 기대되었던 문제가 점차 국가가 해결해야 하는 문제로 바뀌었다.

그림 1-1 ┃ 문제의 소재와 해결 주체

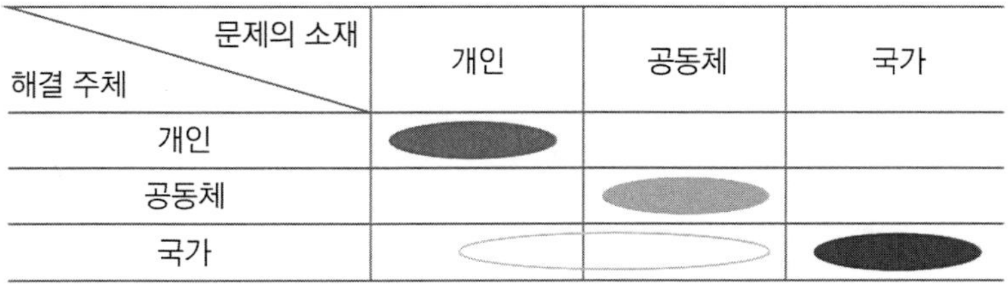

해결 주체＼문제의 소재	개인	공동체	국가
개인	⬭		
공동체		⬭	
국가	⬭	⬭	⬭

출처: 정미애(2000)의 그림 1-1 내용을 일부 수정.

지금은 국가가 아동 교육을 담당하는 의무교육이 보편화되어 있다. 그렇지만, 19세기 중엽 세계에서 가장 산업화한 영국에서도 전체 아동의 약 1/4은 집이나 학교가 아니라 공장 등에서 일하고 있었다. 어린 아동의 보육도 과거에는 개인 혹은 가족이 해결해야 할 문제였고, 실제로 개인이나 가족이 해결하였던 문제였다. 그렇지만 오늘날 보육을 개인이 홀로 해결해야 할 문제라고 생각하는 사람은 많지 않다. 공동체가 도움을 주거나, 정부가 해결하기 위해 애쓰는 문제라고 받아들인다. 이러한 문제들은 더욱 늘어났다. 노인 돌봄, 실업, 국민 건강 등을 생각해 볼 수 있다. 이러한 현상은 달리 말하면 정부가 담당해야 할 영역이 확장되었다는 것을 의미한다.

그런데 정부라고 해도 그 내용을 살펴보면 복합적인 존재라는 점을 알 수 있다. 정부 내에 존재하는 여러 부처가 각자의 생각과 이익을 달성하기 위해서 서로 다투는 모습을 생각해보자. 예를 들어 환경오염에 관하여 환경 부처와 산업 부처의 입장과 정책은 사뭇 다르다. 2021년 코로나19 지원금의 대상을 둘러싸고 재정을 담당하는 부처의 행동과 정책은 흔히 말하는 정부·여당의 태도와 큰 차이가 있다. 우리가 정부라고 할 때, 그 정부가 반드시 단일의 존재라고 이야기하기는 어렵다.

지방자치를 다룬 책에서도 중앙정부, 지방정부, 연방정부, 주(州)정부 등의 용어를 발견한다. 이러한 명칭을 보아도 정부라고 하는 것이 다양하다는 것을 알 수 있다. 특히 미국, 독일, 스위스 등 연방제 국가에서는 연방을 구성하는 주정부가 연방정부 못지않은 큰 권한을 가진다.

한국과 같이 단일정부를 구성하는 국가에서는 중앙정부와 지방정부로 구분한다. 중앙정부라고 해도 엄밀하게 말하면 행정부, 입법부, 사법부로 구성된다. 이때 중앙정부는 국가라고 생각해도 좋다. 한국과 같이 행정부의 권한이 강한 국가에서는 중앙정부라고 하면 행정부라고 생각해도 큰 무리는 없다.

반면에 지방정부라고 할 때는 지방의 행정부와 의회를 통괄해서 말한다. 물론 미국과 같은 연방제를 채택하는 국가는 주정부에도 사법부가 있다. 그렇지만 보통 지방정부라고 할 때는 주정부 산하의 정부를 의미하는 경우가 일반적이다. 한국은 지방정부에 사법권이 없다.

중앙정부와 지방정부라는 개념을 사용하면 <그림 1-2>와 같은 내용을 생

제1장 지방자치의 의의: 지방자치는 필요한가?

각할 수 있다. <그림 1-2>는 중앙정부는 주로 전국적인 문제, 지방정부는 지역적인 문제, 그리고 주민은 마을(또는 동네)의 문제에서 해결 주체임을 보여준다. 또한, 주민은 지역 문제에도 일정 정도 중요한 행위자이며, 동시에 지방정부는 주민이 해결할 마을 문제에도 상당 부분 개입을 한다는 점을 나타낸다. 중앙정부도 지역의 일정 문제는 해결 주체로서 행동한다.

<그림 1-1>과 연관해서 설명하면, 과거에는 마을과 지역 수준의 문제에도 중앙정부가 주체적으로 대응하였다. <그림 1-2>는 기존 중앙정부의 태도에 변화가 나타나고 있음을 보여준다. 지금까지 해왔던 많은 일을 이제는 지방정부와 주민이 담당하기를 원한다. 마을 수준의 문제는 주민이나 지방정부가, 지역의 문제는 지방정부가 또는 주민과 지방정부가 협력해서 해결하는 것을 바란다. 이는 중앙정부의 자원이 점점 줄어들고 있다는 점과 연관이 있다.

그림 1-2 ┃ 해결 주체인 주민, 지방정부, 중앙정부

해결 주체 ＼ 문제 수준	마을 수준	지역적 수준	전국적 수준
주민	⬤	⬤	
지방정부	⬤	⬤	
중앙정부		⬤	⬤

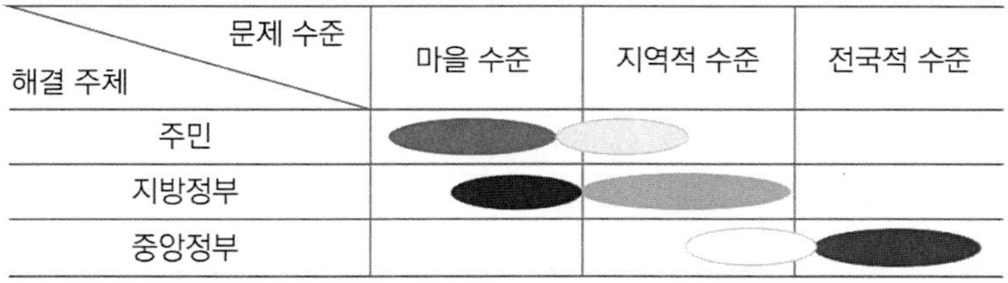

OECD로 불리는 경제발전국가들은 대부분 저출산, 고령화, 인구감소, 경제발전 정체, 재정적자 등의 상황에 부닥쳐 있다. 이러한 상황은 중앙정부가 활용할 수 있는 재정 자원과 인적 자원의 감소와 연결된다. 이는 중앙정부가 책임을 지고 담당해야 하는 정책 영역이 줄어들 수 있음을 뜻한다. 그리고 이러한 문제의 해결책으로 제시되는 것이 거버넌스 개선과 지방분권 등이다.

앞으로는 중앙정부의 역할이 축소되는 분야가 발생하고, 이를 대신하여 주민 및 지방정부의 역할이 중요해질 것이다. 예컨대 과거에는 중앙정부가 우리 동네에서 일어나는 많은 일을 해결하였다. 그렇지만 현재는 그러한 환경이 바뀌고 있다. 새로운 환경으로의 변화는 앞으로 더욱 가속할 가능성이 있다. 해바라기가 태양만 바라보듯이 주민이나 지방정부가 중앙정부만을 바라보고 행동해서는 우리 주변에서 일어나는 여러 가지 일들을 해결하기가 쉽지 않을 것이다. 이제 지

방정부, 주민의 역할을 고민해야 하며, 지방자치를 공부해야 할 현실적인 의미가 있다.

📖 쉬어가기 1-1. 지방자치의 존재 이유

본문에서는 지방자치가 중요하다는 점을 서술했다. 여기에서는 지방자치의 존재 이유를 목적으로서의 지방자치와 도구로서의 지방자치로 구분하여 살펴보자(秋吉, 2001).

우선 목적으로서의 지방자치는 인간의 본질적인 소망과 연관된다. 인간은 자신의 운명을 스스로 결정하려는 성향이 있다. 예를 들어, 자동차, 열차, 비행기 중에서 안전한 수송 수단을 순서대로 고르라고 한다면 어떻게 대답할까? 안전한 운송 수단은 확률적으로 보면 비행기, 열차, 자동차 등의 순서다. 그렇지만 의외로 자동차라고 답하는 사람도 많다. 이러한 대답에는 여러 가지 요인이 영향을 준다. 그중의 하나가 자신의 운명에 대한 결정권(에 대한 인식)이다. 비행기는 내가 통제하는 것이 불가능하며, 나의 운명을 타인이 결정하는 셈이다. 반면에 자동차를 운전한다면 이는 나 스스로가 내 운명을 결정하는 방식에 가깝다.

물론 자신의 안전을 본인이 통제하고 있다는 감각은 대체로 환상에 불과하다. 하지만, 그렇게 인식하고 있을 때 사람들은 불안감을 느끼지 않는다. 이러한 이미지를 염두에 두면, 사람은 자신과 심리적·물리적으로 거리가 가까운 지방정부에 강한 권한을 부여하기를 바랄 것이다. 우리가 대통령을 만나기는 정말 어렵지만, 우리 동네의 시장을 만나는 것은 생각보다 어렵지 않다. 그리고 이러한 이미지를 조금 확대하면, 역사적·문화적·민족적·종교적 이유 등으로 특정 지역이 하나의 국가 내에서 독자성을 주장하는 것을 볼 수 있다. 비록 그 지역이 한정되어 있지만, 주민 혹은 해당 지역이 국가로부터 자치를 획득하고 유지하는 것은 그 자체로 의미가 있다.

다음으로 도구로서의 지방자치는 지방자치가 다른 상위의 가치를 달성하는 데 하나의 수단으로서의 가치를 가진다는 점을 뜻한다. 여기에도 여러 견해가 있지만, 정책의 선택지라는 관점을 소개한다.

첫째, 지방자치는 정책 실험장의 기능을 수행한다. 어떤 정책을 전면적으로 하기 전에 일부의 지방정부가 해당 정책을 시험적으로 실시할 수 있다. 정책 결과를 보고 다른 지방정부, 혹은 전국 단위로 해당 정책을 시행할 것인지, 어느 부분을 수정할 것인지 결정할 수 있다.

둘째, 지방정부 간 경쟁을 통해 정책의 질이 높아질 수 있다. 어떤 지방정부가 우수한 정책을 펼치면, 다른 지방정부도 흉내를 내거나 더 그럴듯한 정책을 구현하고자 한다. 이를 통해 주민의 삶에 영향을 주는 좋은 정책이 만들어질 수 있다.

셋째, 인터넷, SNS 등이 일상화된 사회에서 주민들은 자신들에게 더 좋은 정책을 제공하는 지방정부를 선택할 수도 있다. 생활과 밀접한 주거·교육·의료 등의 분야에서 더 나은 정책을 펼치는 지방정부를 찾아 주민은 이사를 할 수 있다.

2. 지방자치의 개념

지방자치라는 단어는 '지방'과 '자치'라는 두 개의 단어가 조합된 것이다. 영어로는 local autonomy, 한자어로는 地方自治라고 할 수 있다.

지방이라는 단어를 사전에서 찾아보면, 어느 한 방면의 땅, 또는 서울 밖의 지역을 의미한다. 지방과 대비되는 중앙이라는 단어는, 어떤 사물의 한 가운데가 되는 곳, 중심이 되는 중요한 곳 등의 의미가 있다. 여기에 더하여 정부가 있는 서울이라는 의미를 지닌다. 지방과 중앙을 비교하면, 중앙은 중요한 곳이라는 의미이다. 옛말에 말(馬)은 제주도로 보내고, 사람은 서울로 보내라는 말이 있다. 여기서 보잘것없는 지방과 대비되는 곳이 서울이며, 중앙일 것이다.

조선 시대만 해도 지방은 한양에서 임금의 명을 받은 수령(守令)이 부임하여 통치하였다. 흔히 사또라고도 불리는 수령은 각 고을을 맡아 다스리던 지방관으로 현감, 군수, 목사, 부윤 등 다양했다. 임기는 5년이었고, 수령의 수가 300명을 넘기도 했다. 수령이라는 한자어를 보면 (임금이 내린) 명을 지키는 것이라고 할 수 있다. 즉 임금의 명에 따라 임금을 대신하여 백성을 다스리는 중앙에서 파견된 관리라고 할 것이다.

결국 지방은 중앙정부의 통치 대상이 되는 지역이라는 의미를 지닌다. 물론 지방에 파견된 사또가 모든 것을 할 수는 없었다. 지방에는 수령 아래에 6방을 두어 지방의 향리들이 수령을 보좌하게 하였다. 각 지역 출신의 향리들이 실질적인 측면에서 영향력을 발휘했다고도 볼 수 있다. 그렇지만 중앙에서 파견된 수령이 가장 큰 영향력을 행사했음을 부인하기 어렵다.

동네마다 예부터 전해오는 이야기가 있다. 그러한 이야기 중에는 중앙에서 부임한 훌륭한 수령의 미담이 있다. 그런데 이를 달리 해석하면 수령이 대부분 훌륭하지 않았다고 할 수 있지 않을까? 수령이 지역을 잘 다스렸다면 굳이 한두 명의 미담이 전설의 고향과 같이 사람들에게 회자하면서 전해오지는 않았을 것이기 때문이다.

그런데 앞에서 잠깐 다루었듯이 국가의 역할이 축소되고 있다. 이는 중앙과 대비되는 개념인 지방의 역할이 증가하고 있다고 해석할 수 있다. 지방이라는 이미지가 변방, 보잘것없는 것에서 벗어나고 있다. 지구적 시점에서의 문제의식을 실천으로 옮기는 현장이 되고 있다. 지방의 개별성과 다양성의 속성 속에서 인류의 보편적인 가치를 모색해 나아가는 실마리를 찾을 수 있다. 다음의 표어에서 무엇을 생각할 수 있을까?

Live Local, Think Global.

한편, 자치란 스스로 다스린다는 뜻이다. 여기에는 자율(自律)과 자립(自立)이라는 두 요소가 핵심이다. 자율이란 자기 자신의 의지로 행동하고 규제하는 것이다. 반대어로는 타율을 생각하면 좋다. 자립이란 남의 도움을 받지 않고 스스로 섬을 뜻한다. 경제적 자립이라는 표현을 생각하면 좋다.

자치가 자율과 자립의 개념으로 구성된다고 할 때, 지방자치는 지방의 자율과 자립으로 이해할 수 있다. 지방자치는 지역에 거주하는 주민 또는 (지역의 주민이 모인) 단체가 자신들의 의지로 해당 지역의 문제와 해결책을 논의·결정·행동하며, 중앙정부나 다른 정부로부터의 경제적 도움이 그러한 과정에 큰 영향을 주지 않는 상태라고 생각할 수 있다.

그림 1-3 ┃ 자치의 두 요소

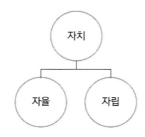

결국, 지방자치의 본질적 의미는 주민들이 자기 지역의 일을 자율적으로 토론하고 결정할 수 있는 것에 있음을 기억할 필요가 있다(전영평, 2004). 물론 지역이 해결해야 하는 문제의 범위가 어디까지인가에 관해 정답은 없다. 예를 들어 복지는 지역에서 해결해야 할 문제인가? 그렇다면 소방, 치안, 돌봄 등은 어떠한가? 여기에 더하여 자립이라고 할 때 어느 정도로 자립해야 하는가? 이는 각 국가의 지방행정체제와 연관이 있고(제2장 참조), 지방재정의 제도 차이를 반영한다(제5장 참조). 결국 그 나라의 역사·정치·경제·사회·문화 등 다양한 요소가 지방자치의 범위와 역할 설정에 영향을 준다.

3. 단체자치와 주민자치

지방자치의 주체가 누구인가에 따라서 단체자치와 주민자치로 구분할 수 있다.

우선 단체자치는 각 지역에 있는 지방자치단체(혹은 지방정부)가 일정 범위의 자치권을 행사하는 것을 말한다. 지방자치단체는 국가의 하청기관이 아니며, 지역의 문제를 해결하기 위한 정책을 결정하고 집행할 수 있는 권한이 (정도의 차이는 있지만) 상당 부분 지방자치단체에 있음을 상정한다.

예를 들어, 우리 동네의 지방정부는 우리가 사는 동네에 시립도서관을 지을 것인지, 만약 짓는다면 어디에 지을지 등을 스스로 결정한다. 전남의 어느 기초자치단체는 해당 지역에서 아이를 출산하면, (일정한 조건을 충족할 때) 그 가정에 출산 장려금을 주변 지역보다 더 많이 지급하는 사업을 집행하고 있다. 과거에는 중앙정부(에서 파견된 관리)가 해당 지역의 문제를 처리하는 주체였다면, 여기에서는 지방정부가 독자성을 가지고 정책을 결정·집행하는 주체이다.

그림 1-4 | 단체자치와 주민자치

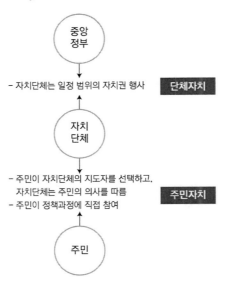

출처: 秋月(2001)의 <그림 3-1> 일부 수정.

　반면에 주민자치는 주민이 지역 현안에 관해 결정권한을 지닌 주인이며, 주민의 생각과 바람이 정책으로 나타나는 것이라고 할 수 있다. 우선 지역의 주민이 지방자치단체의 지도자(단체장, 지방의회의원 등)를 자율적으로 선택하는 것이 필요하다. 대의 민주주의를 채택하고 있는 상황에서 주민은 주기적으로 지방정부를 운영하는 사람들을 선출한다. 1980년대만 하더라도 지역의 단체장은 중앙정부가 파견한 공무원이었다는 점을 생각하면 주민자치의 의미를 이해할 수 있다. 그렇다면 단체장과 지방의회 중에서 누가 지방자치단체를 대표하며, 그들은 어떤 일을 하는 것일까? 지방자치와 관련해서 중요한 질문이며, 제3장에서 다루어질 내용이다.

　물론 우리가 주기적으로 지방정부의 지도자들을 선출하지만, 그들이 주민의 의사를 온전하게 반영하지 않을 수도 있다. 그래서 지방정부가 정책을 형성하는 과정에서 주민의 의사를 반영하는 것이 중요하다. 지방정부가 추진하려는 정책의 입안, 결정, 집행, 평가 등의 과정에 주민의 생각이 반영되도록 하는 것이다. 물론 행정과 정책의 전문가가 아닌 주민이 정책과정에 직접 참여하는 것은 정책의 능률성이나 효과성을 낮출 수 있다. 주민의 참여는 장단점이 공존하지만, 지방자치라는 관점에서는 참여의 중요성을 간과하기 어렵다(자세한 논의는 제7장 참조).

쉬어가기 1-2. 지방자치단체와 지방정부

지방자치 분야를 공부하다 보면 지방자치단체, 지방공공단체, 지방정치 등의 용어를 접한다. 각 용어는 어떤 의미와 차이가 있을까?

지방정부는 미국 등에서 사용하는 Local government의 번역어이다. 시, 타운 등을 포괄해서 지방정부라고 표현한다. 한국은 비슷한 대상을 지방자치단체로 표현한다. 「지방자치법」에서는 도, 시, 군 등을 지방자치단체라고 표현한다. 그리고 학문적으로는 시·군·자치구를 기초자치단체, 도·서울시·광역시 등을 광역자치단체라고 부른다. 일본에서는 비슷한 대상을 「地方自治法」에서 지방공공단체라고 표현한다. 그렇지만 학문적으로는 지방자치단체라고 부르며, 광역자치단체, 기초자치단체 등으로 구분한다.

그렇다면 지방정부와 지방자치단체의 본질적 차이는 무엇인가? 지방정부라는 용어와 지방자치단체라는 용어가 갖는 함축적 의미가 다르다고 할 수 있다. 지방자치단체라는 단어는 중앙정부로부터 법인격을 부여받은 단체, 즉 제한적인 자치권을 부여받은 단체이다. 중앙정부의 행정을 대신한다는 의미가 포함되어 있다. 반면에 지방정부는 중앙정부와 대등한 입장에서, 지방의 정치와 정책을 주도적으로 하는 지역의 정부라는 의미가 포함되어 있다. 그래서 지방자치단체라는 법적 용어를 대신하여 지방정부라는 용어를 사용하자는 주장이 있다.

현재 많은 국가에서는 지방정부(또는 지역 정부)라는 용어를 사용하고 있다. 2018년 3월에 대통령이 발의한 개헌안에서도 지방정부라는 용어가 사용되었다. 그리고 2018년 지방선거를 통해 춘천시장으로 당선된 단체장은 〈춘천시정부〉라는 명칭을 사용하기도 하였다(한겨레, 2018).

다음으로 지방자치와 지방정치를 영어로 표현하면 지방자치는 Local autonomy, 지방정치는 Local politics에 해당한다. 지방자치는 국가 영토를 지역으로 구분하고, 각 지역의 지방자치단체가 일정 범위에서 해당 지역의 통치 권한을 부여받는 것이다. 반면, 지방정치는 지역에서 일어나는 분쟁과 대립 등을 조정하여 지역사회의 질서와 안정을 유지하려는 활동이라고 정의할 수 있다. 때로는 지방자치까지 포괄하여 지역에서 나타나는 종합적인 질서 유지 활동을 지방정치라고 파악하기도 한다(中村. 2009).

지방자치의 역사

1. 한국

지역의 주요 의사결정에 지역 유력가들이 참여하기도 했다는 점에서 한국의 지방자치 기원은 삼국시대까지 거슬러 올라가기도 한다. 그렇지만 현재와 같이 헌법과 법률에 근거한 지방자치는 1949년부터라고 할 수 있다(이수영, 2016).

1948년에 제정된 「대한민국헌법」(보통 제헌헌법이라고 불림)은 지방자치단체의 권한과 역할에 대한 근거를 두면서, 지방자치제도를 제도적으로 보장하였다. 제96조에서 지방자치단체는 법령의 범위 내에서 그 자치에 관한 행정사무와 국가가 위임한 행정사무를 처리하며 재산을 관리한다고 규정하면서, 지방자치단체는 법령의 범위 내에서 자치에 관한 규정을 제정할 수 있다고 서술하고 있다. 또한 제97조에서 지방자치단체의 조직과 운영에 관한 사항은 법률로써 정하며, 지방자치단체에는 각각 의회를 두고, 지방의회의 조직·권한과 의원의 선거는 법률로써 정한다고 규정하고 있다. 지방자치에 관한 규정을 헌법을 통해 보장한다는 점을 들어, 지방자치의 헌법적 보장을 제도적 보장으로 이해한다(정하중, 2019).

1949년에 제정·공포된 「지방자치법」은 지방자치단체의 종류를 서울특별시, 도, 시·읍·면으로 하였다. 특별시장과 도지사는 대통령이 임명하며, 시·읍·면장은 의회에서 선출하도록 하였다. 지방의원은 임기 4년의 명예직으로 하고, 의회는 단체장에 대한 불신임 권한을 갖고, 단체장은 의회해산권을 부여받았다. 그리고 도의 하부조직으로 군을 두고, 인구 50만 이상의 시에는 구를 두었으며, 군수와 구청장은 국가공무원으로 하였다(임승빈, 2016). 이러한 법률 규정에 따라 1952년 선거에서 기초의원과 광역의원만을 선출하였다. 1956년 선거에서는 기초자치단체의 단체장을 선거로 선출하였으나, 광역자치단체의 단체장은 여전히 임명제로 유지하였다.

1960년 4·19 민주혁명 이후 법률이 전면 개정되고, 1960년 12월에 새롭게 선거가 시행되었다. 이전 지방자치제도와의 가장 큰 차이는 광역단체장을 직선으로 선출하는 것이었다. 다만, 광역단체장이 법령을 위반하면 내무장관이, 읍·면장이 법령을 위반하면 도지사가 징계를 청구할 수 있도록 하였다. 그리고 선거 연령을 21세에서 20세로 낮추었다.

그러나 1961년 5·16 군사 쿠데타가 발생한 이후, 지방의회가 해산되고 지방자치단체의 단체장은 임명제로 전환되었다. 군(郡)이 지방자치단체로 신설되고, 읍·면은 군의 하부기관으로 지정되었다. 1991년 지방자치제가 재개된 이후에도 읍·면은 지방자치단체가 아니라 지방자치단체에 속한 하부행정기관의 위치를 차지하게 되었다.

약 30년 동안 중단되었던 지방자치제도는 1987년 전면 개정된 「헌법」에 근거하여 1988년 「지방자치법」이 개정되면서 다시 시작되었다(임승빈, 2016). 당시 여당과 야당 사이의 정치적 견해 차이로 1991년에는 지방의회 의원선거가 먼저 시행되었다. 그리고 1994년 법률 개정을 통해 단체장 및 의원선거가 1995년에 이루어지고, 1998년부터 4년마다 선거가 시행되고 있다.

한편, 2005년에 「공직선거법」이 개정되면서 기초자치단체 구성과 관련하여 큰 변화가 있었다. 기초의원선거에서 정당 공천제, 중대선거구제, 비례대표제와 여성 할당제 등이 도입된 것이다(자세한 내용은 제3장 참조). 예를 들어, 1950년대와 1960년 선거에서는 정당이 소속 당원을 공직선거에 후보자로 추천하는 정당 공천제를 기초의원선거에서도 시행하였다(우성호·이환범, 2010). 그런데 1991년 지방자치가 재개되면서 기초의원선거에 정당 공천제는 시행되지 않았고, 2006년 선거부터 그 제한이 없어지게 되었다.

또한 2005년 「지방자치법」 개정으로 2006년 1월부터 지방의원 유급제가 시행되었다(박순종·박기관, 2022). 1991년 지방자치가 재개될 때, 지방의원은 명예직으로 규정되어서 회기 중에만 일비를 받았다. 그 명칭은 1995년에 회의 수당으로, 2000년부터는 회기 수당으로 불렸고, 2005년 법률 개정을 통해 회기 수당은 매월 지급하는 급여 성격의 월정 수당 형태로 바뀌었다. 기존의 의정 활동비, 여비, 회기 수당에서 의정 활동비, 여비, 월정 수당으로 바뀐 것이다. 자질과 능력이 있는 인재가 지방의회에 진출하도록 하고, 지방의원의 전문성과 지방의회 역량을 강화하려는 것이 유급직을 도입한 이유이다.

그리고 2020년 「지방자치법」이 전면 개정되면서 지방자치와 관련하여 큰 변화가 예상된다(행정자치부, 2020). 본문에서 설명한 내용에 한정하면 주민자치의 요소를 강화한 점을 들 수 있다. 「지방자치법」 제1조의 목적 규정에서 '주민의 지방자치행정에 참여에 관한 사항'을 추가하였다. 그리고 제17조에서 주민 생활에 영향을 미치는 정책의 결정·집행과정에 주민이 참여할 수 있는 권리를 신설하였다. 또한 주민 의사에 따라 자치단체장을 직선으로 뽑지 않을 수 있게 하였다(제1장 <한 걸음 더> 참조.).

표 1-1 ┃ 지방선거제도의 주요 변화

연도	주요 내용
1952년 지방선거	기초의원(4월 25일), 광역의원(5월 10일) 선출. 서울·경기·강원 제외. <정당 공천제>, <기초단체장은 간선제. 광역단체장은 임명제>
1956년 지방선거	기초의원·기초단체장(8월 8일), 광역의원(8월 13일) 선출. <광역단체장은 임명제>
1960년 지방선거	광역의원(12월 12일), 기초의원(12월 19일), 기초단체장(12월 26일), 광역단체장(12월 29일)
1991년 지방선거	기초의원(3월 26일). 광역의원(6월 20일). <광역의원만 정당공천>, <단체장 임명제>
1995년 지방선거	기초의원, 광역의원. 기초단체장, 광역단체장 선출. <기초의원만 정당공천 없음>
1998년 지방선거	이후 4년마다 지방선거 실시
2006년 지방선거	기초의원선거에서 정당 공천제, 중대선거구제, 비례대표제 등 도입. 지방의원 유급제(1월 1일)

출처: 우성호·이환범(2010)의 <표-1>과 최근열(2012)의 <표1> 등을 참고로 작성.

2. 미국

메이플라워 협약(Mayflower contract, 1620년)은 미국의 지방자치 역사를 논할 때 등장하는 중요한 사건이다(김석태, 2016a). 당시 영국에서 미국으로 향하던 선박 메이플라워호에서 사람들은 영국의 통치권이 미치지 않는 새로운 땅에서의 사회질서 유지를 위해 협약을 체결하였다. 협약서는 주민들이 스스로 합의한 자치 정부의 규약이라고 할 수 있다. 협약서의 주요 내용은 다음과 같다(밑줄은 필자가 작성).

> 이제 하나님 앞에서 엄숙하게 서로에 대하여 <u>계약을 맺고</u>, 위에 언급한 우리의 목적을 더욱 잘 가다듬고 보존하고 추진해 가기 위하여 우리 자신들을 하나의 <u>시민적 통치체</u> 안에 통합하며, 그에 따라 수시로 식민지 <u>전체의 이익을 위해</u> 적합하다고 판단되는 여러 가지 <u>정당하고 평등한 법, 규정, 조례, 헌법, 관직 등을 제정하고 구성하고 실시할</u> 것이며, 그 모든 것들에 대한 우리의 <u>굴복과 순종을 약속</u>하는 바이다(정만득, 2001).

협약서에 따라 정착지의 지도자가 선출되었다. 이는 영국 식민지에서 선거를 통해 선출된 첫 지도자였다(강준만, 2010). 물론 영국의 첫 번째 식민지였던 버지니아의 제임스타운(James town)을 중심으로 1619년에 처음으로 선출된 의회 모임이 있었다. 제임스타운의 여러 정착지 대표들이 모여 구성한 버지니아 하원(the Virginia House of Burgesses)이 그것이다. 그렇지만 신분 차별을 없애고 신세계를 연 미국 역사의 출발점은 협약을 체결하고, 플리머스(Plymouth) 마을을 건설한 것에서 찾는다.

미국의 근대적인 지방자치는 19세기 무렵에 시작되었다고 한다(조시중, 2016). 1831년에 9개월 동안 미국을 여행한 토크빌(Tocqueville)의 저서 『미국의 민주주의』에서는 당시 미국의 지방자치 모습이 타운십(Township)을 통해 잘 그려지고 있다.

토크빌은 미국에서 민주주의가 성공적으로 안착한 제도적 요인으로 연방제도, 사법제도, 시민 결사 활성화, 타운십 제도의 보편화를 들었다(백완기, 2015). 연방제도에서 타운십, 시, 카운티(County), 주 등이 중앙의 명령과 통제를 막아주는 방파제 역할을 한다면, 타운십 제도는 미국 지방자치의 전형을 보여준다. 타운십은 자연적으로 나타난 집회의 성격을 지닌다. 미국의 통치 구조에서는 마을 회의에 해당하는 타운십이 첫 번째이고, 카운티가 두 번째, 주는 세 번째가 되는 셈이다. 타운십에서의 마을 회의는 주민들을 공동체 구성원으로 성장하게 하고,

자유를 어떻게 사용하는지를 알려주는 역할을 한다. 당시 타운십의 인구는 2천 명에서 3천 명이었다. 주민이 직접 공공의 일에 참여하기에 의회 같은 대의제도를 갖출 필요가 없었다. 주민들이 모여서 행정을 대행할 사람을 선출하고, 그들이 공적인 문제를 처리하게 하였다.

그런데, 미국의 정식 명칭이 'United States of America'라는 것에서 알 수 있듯이 미국은 주(州)의 연합체이다. 주는 연방정부가 설립한 것이 아니라 자주적으로 만들어진 통치체제이다. 주에는 각각 헌법이 있고(주헌법), 민법, 형법, 상법 등의 법률은 기본적으로 주법이다. 또한, 주마다 사법부가 있어서, 지역법원, 고등법원, 대법원 등이 있다(岡部, 2009).

지방자치에 관한 법도 모두 주(州)법이고, 지방정부를 설립하는 것도 주(州)의 권한이다. 미국 헌법에는 지방자치에 관한 규정이 없다. 지방정부는 주헌법이나 주법으로 규정되며, 그 종류나 기능을 일률적으로 정의할 수 없다. 지방자치제도는 주에 따라 다르다. 즉, 지방자치를 하나의 단어로 정의하기 어렵다(鈴木, 2019). 각 지방정부의 정치구조, 인구 규모, 인구 구성, 산업 특징 등 사회경제적 요인 등이 달라서 모든 현상에 공통된 특징을 발견하기란 쉽지 않다. 예를 들면, 한국은 「교육기본법」에 따라 초등교육은 6년으로 정해져 있다. 반면에 미국에서는 주에 따라 초등교육이 4년, 5년, 6년 등 제각각이다.

그렇다면 미국에서 지방자치의 기본이 되는 지방정부의 기능이나 권한을 어떻게 해석할 것인가? 여기에 대해서는 크게 두 가지의 견해가 있다. 역사적으로 지방정부를 주의 한 부처라고 생각하여 자치의 범위를 좁게 해석하는 견해와 주로부터 어느 정도 독립한 조직으로 자치의 범위를 넓게 해석하는 견해가 대비된다(柴田, 2001). 딜런의 원칙은 전자를 대표하는 견해이며, 쿨리 원칙은 후자를 대표한다.

1868년 아이오와주의 대법원 판사였던 딜런(Dillon)은 주와 시의 권한과 관련하여 중요한 판결을 내렸다. 이것이 후에 딜런의 원칙으로 불리는 계기가 된다. 판결에 따르면, 주는 (시의 동의나 보상 없이도) 민간 회사에 시내 도로에 대한 권한을 부여할 수 있다. 왜냐하면 주의회가 지방정부에 시내 도로에 관한 명시적 권한을 부여하지 않았기 때문이다. 판결은 지방정부의 존재나 권한이 전적으로 주의회로부터 나오며, 주의회가 지방정부를 창조한 것과 마찬가지로 제거할 수 있다고 언급하였다(김석태, 2016a).

이 기준에 따르면 지방정부는 주헌법이나 주법이 부여한 권한만을 행사할 수 있다(조시중, 2016). 달리 말하면 지방정부(Municipal corporations)는 세 가지 권한만을 보유하고 행사할 수 있는데, 그것은 명확하게 허가된 권한, 명시된 권한에 필연적으로 수반되는 권한, 지방정부 운영에 불가결한 권한이다. 이러한 판결은 강력한 권한과 인재를 갖춘 주정부 아래에 지방정부를 둠으로써 당시 성행하던 엽관주의(Spoil system)로 인해 나타난 지방정부의 부패와 무능을 해결하려는 의도를 담고 있었고, 영국법의 월권(Ultra vires) 금지 전통을 따른 것이었다.

반면에 지방정부의 고유한 자치권을 주장하는 논의로는 쿨리 원칙(Cooley doctrine)이 있다. 1871년 미시간(Michigan) 대법원의 쿨리 판사는 지방정부의 절대적 권리를 인정하고, 주정부가 이를 폐지할 수 없다고 판결하였다. 주헌법이 명시적으로 규정하고 있지 않더라도, 주법으로 지방정부를 폐지하는 것은 적합한 것이 아니라고 판단하였다. 지방정부의 권리는 주의회의 권력으로부터 보호되며, 순수하게 또는 기본적으로 지방적 사무는 지방정부의 법이 주법에 우선한다고 논하였다.

두 판결 후 주법원과 연방법원의 판결에서는 지방정부의 고유한 자치권이 부정되고, 주의회는 지방정부 활동에 적극적으로 개입하는 움직임이 나타났다(柴田, 2001). 이런 상황에서 주의회의 과잉 개입에 반발한 지방정부와 주민은 지방의 자치권을 주장하였고, 각 지역에서 홈룰(Home rule) 운동이 전개되었다. 운동은 일정 성과를 거두었다. 각 주의 주헌법이나 주법은 인구 등의 일정 조건을 갖춘 지방정부에 대해서 주정부의 개입을 제한·금지하는 규정을 두거나, 주헌법이나 주법을 위반하지 않는다는 조건으로 지방정부가 헌장(Charter, 자치헌장으로 번역되기도 함)을 제정할 권리를 인정하는 규정을 만들었다. 이로써 지방정부의 자치가 보장되게 되었다.

📖 **쉬어가기** 1-3. **홈룰(Home Rule)**

홈룰은 지방정부가 행정구역 내에서 자율적으로 정치와 행정을 수행할 수 있는 권한을 말한다(김순은, 2012). 주(州)는 지방정부에 inititive(조례제정권)를 부여하고, 자치조직권(정부 형태와 내부조직에 관한), 자치사무권(수행할 기능을 선택할 권한), 자치재정권(지방세, 세외수입, 부채, 지출에 관한 권한), 자치인사권(인력 규모,

채용 및 근무 조건) 등에서 어느 정도의 재량권을 부여한다. 지방정부가 신속하게 지역의 문제에 대응하고, 주민의 참여 의사와 창의적 문제해결 능력을 높이고, 주의회의 부담을 덜려는 목적이 있다.

지방정부의 홈룰이 인정되면 지방정부는 지역의 사정에 따라 지방정부의 헌법이라고 할 수 있는 헌장(Charter)을 제정한다. 지방정부 구조와 기능 등을 규정하는 헌장은 시민들의 투표로 최종결정된다. 자치권을 포괄적으로 보장하는 홈룰헌장(Home rule charter)이 헌장의 대표적인 예시이지만, 그 외에도 다양한 유형의 헌장이 있다. 그리고 주에 따라서는 홈룰을 인정하지 않고 헌장이 없을 수 있다. 홈룰의 인정 여부, 헌장의 다양성, 딜런의 원칙 적용 여부 등은 미국의 지방정부 형태가 다양하게 나타나는 중요한 요인이다.

홈룰이 인정된다고 해당 지방정부가 완전한 자치를 행사하는 것은 아니다. 왜냐하면 홈룰이 인정된 지방정부는 여전히 주정부에 속해 있고, 주법을 시행할 때 홈룰의 인정 여부는 중요하지 않기 때문이다. 그렇지만 딜런의 원칙이 적용되던 상황에서 주민과 지방정부가 주정부의 통제를 일정 정도 벗어나려는 중요한 수단이 홈룰이었다는 점에 주목할 필요가 있다.

실제로 홈룰은 미국의 역사와 정치 제도를 반영하고 있다. 역사적으로 1875년 미주리주(Missouri State)가 인구 10만 이상의 시에 헌장을 부여한다는 조항을 주헌법에 규정하면서 홈룰 개념이 등장하였다(김석태, 2016a). 미주리주에서는 Saint Lousis가 조항에 해당하는 도시였다. 당시 미국은 이민과 산업화가 진행되면서 대도시가 발달하기 시작했다. 그런데 대도시권 이외의 지역에서 의원들이 많이 선출되는 정치적 구조였기에 대도시권의 의원은 주의회에서 소수였고, 대도시의 목소리가 주의회의 입법과정에 반영되기 어려웠다. 주의회는 대도시의 정치적 영향력을 억제하고, 대도시에 불리한 재정적 조치를 하였다. 이러한 상황에서 대도시를 중심으로 홈룰 운동이 전개된 것이다.

또한 대도시 교외에서는 인종문제가 결부되면서 홈룰 요구가 나타나기도 하였다(村松, 1988). 도시의 중심부에 유색인종(특히 흑인)이 증가할 때, 백인·중산계급은 도시 밖으로 주거지를 옮겼다. 그리하여 주변 교외의 지방정부 인구는 팽창하였다. 예를 들어, 캘리포니아(California)주에서는 사람들이 어느 지방정부에도 속하지 않는 지역(Unincorporated entities)으로 진출하면 그곳에 새로운 지방정부가 만들어졌다. 새로운 지방정부가 만들어지지 않을 때는 도시의 행정 서비스를 근처의 중심

도시의 역할을 담당하는 지방정부로부터 구매하였다.

　　교외로 거주지를 옮긴 사람들은 이질적인 사람이 들어오지 않도록 다양한 사회경제적 조치를 하거나, 정치적 수단을 연구하였다. 예를 들면, 교외로 이주한 사람들은 자신들의 지방정부를 만들고, 입법권을 행사한다. 이를 통해 (거주지의) 최소 구획을 크게 설정하는 Zoning 조례를 만든다. 큰 구획을 구매하는 것이 가능한 계층은 한정되어 있고, 이를 통해 새롭게 이주하는 사람들을 제한할 수 있다. 이 방법은 강제 버스 통학제(통학 버스 이용을 통해 백인 아동과 유색인종 아동의 학교 혼합제)에서도 사용되었다. 교외에 이질적 요소가 들어오지 않도록 학교구의 자치를 확보하는 것을 통해 강제 버스 통학제를 사실상 무력화시킬 수 있는 수단이 부여되었다.

3. 일본

　　1868년 메이지유신(明治維新)으로 중앙집권적 통치 구조가 형성된 일본은 1871년 기존의 번(藩)을 폐지하고, 부현(府県)을 설치하였다. 그리고 1880년의 지방자치 관련 법률제정을 통해 지방정부에 의회가 개설되면서, 근대적 지방제도의 틀이 형성되기 시작하였다(신원득, 2010). 1888년에는 시정촌(市町村)을 제도화하고, 1890년에는 부현(府県)과 군(郡)을 제도화하였다(阿部·神藤, 1997).

　　당시 부현의 지사(단체장)는 관선이었고, 중앙정부의 내무대신에게 임면권이 있었다(村松, 1988). 물론 지방의회에 해당하는 부현회가 있었으나, 그 권한은 아주 제한적이었다. 그리고 기초자치단체인 시정촌은 선거로 (지방의회) 의원을 선출하였다. 도시지역에 해당하는 시에서는 시의회가 선출한 3명의 시장 후보 중에서 내무대신이 시장을 임명하는 형태였다. 반면에 정촌의 장은 (정촌의) 의원들이 선거로 뽑았다. 2차 세계대전 이전의 시정촌은 지방의 의사를 대변하는 존재였고, 부현은 국가의 대행자였다.

　　1945년 제2차 세계대전 패전 이후 일본은 미국의 점령하에 지방자치제도의 개혁이 이루어졌다. 제도 개혁을 통해 기능적인 측면에서 자치라는 개념이 확립되었다. 주요 내용을 살펴보면 다음과 같다(阿部·神藤. 1997).

　　첫째, 헌법에 지방자치 규정이 설치되었다. 전쟁 전 헌법은 지방자치에 관한 규정이 없었다. 새로운 헌법은 지방자치에 관한 규정을 독립된 장으로 설치하여 조항에 명문화하였다.

둘째, 지방자치의 전반적인 내용을 다루는 「地方自治法」이 1947년 제정되었다. 기존에는 도쿄, 부현, 시, 정촌이 각각 다른 법률에 근거하였다. 새롭게 제정된 「地方自治法」이라는 하나의 법률 체계에서 통일적으로 다루게 되었다. 그리고 지방자치단체를 보통지방공공단체와 특별지방공공단체로 구분하고, 지방의회의 권한을 강화하였다.

셋째, 선거로 광역자치단체의 장을 선출하였다. 그 이전에 관선으로 선출되었던 도도부현(都道府県)의 장을 주민이 직접선거를 통해 선출하도록 한 것이다. 그 외에 중요한 것으로는 민간인으로 구성되는 공안위원회가 경찰을 관리하도록 하였고, 국가와 지방자치단체 사이에 세원(税源)이 분리된 점이다.

지방자치제도 개혁 이후 1947년에 첫 지방선거가 시행되었다(정병기, 2014). 그리고 1975년 4월 선거부터 현재와 같은 통일지방선거가 정착되었다(자세한 내용은 제3장 참조). 즉, 기초자치단체의 단체장·의원, 그리고 광역자치단체의 단체장·의원을 2주 간격을 두고 선거로 선출한다(단, 도쿄는 1965년 이래 7월에 선거를 치름). 제2장에서 다루겠지만, 일본은 전국에 47개의 광역자치단체와 기초자치단체인 시정촌(市町村)이 있다. 광역과 기초 모두 법률적으로 대등한 지위를 차지한다.

한편, 1960년대에 등장한 혁신자치단체(革新自治体)는 일본의 지방자치 역사에서 중요한 의미가 있다. 혁신 정당(공산당·사회당 등)의 당원이 지역 단체장이 되거나 주민운동 세력과 혁신 정당의 추천을 받아서 단체장이 될 때, 이러한 지방정부를 혁신자치단체라 한다(오재일, 1999). 1963년 선거에서 요코하마시를 포함하여 총 82개의 자치단체에서 혁신 시장이 탄생하였다. 1967년 지방선거에서 <공해반대>, <복지확충>, <시민 중심> 등의 구호를 내건 인물(美濃部, 미노베)이 수도인 도쿄에서 시장으로 당선되어 1979년까지 시정을 이끌기도 하였다(이지원, 2014).

당시 일본의 중앙정부는 국민소득을 2배 올린다는 운동을 추진하고 있었다. 이로 인해 각 지역에서 개발우선주의가 나타나고 있었다. 혁신자치단체의 단체장은 이러한 중앙정부 정책으로 나타나는 문제에 적극적으로 대응하였다. 혁신자치단체의 활동은 지방자치가 단순히 이념이 아니라 현실의 많은 문제를 해결할 수 있는 중요한 제도라는 점을 확인시켰다는 점에서 큰 의의가 있다.

예컨대, 혁신자치단체는 1970년대 후반까지 주민의 생명과 생활을 지키는 시책과 체계적인 지역 정비사업을 추진하였다. 구체적으로 공해연구소, 환경국 등을 설치하여 대도시 공업지역의 공해 문제에 대응하였다. 그리고 노인과 아동을 대상으로 복지시책을 추진하여 노인 의료의 무료화, 아동복지시설의 확충 등이 이루어졌고, 도시화에 따른 무질서한 도시개발에도 제동을 걸었다. 또한 시장이 주민과의 대화를 실천하면서 주민참여의 행정을 선도하는 등 지역에서 주권재민의 정신을 실현하려고 하였다.

이 새로운 움직임은 1970년대 후반에 접어들면서 힘을 잃어갔다(阿部·神藤. 1997). 그 이유는 크게 두 가지로 요약된다. 첫째, 혁신자치단체의 정책으로 생활환경이 어느 정도 개선되었다는 것이다. 이는 생활환경개선정책을 강조하였던 혁신자치단체의 필요성이 줄어드는 상황으로 이어졌다. 둘째, 1970년대 세계적으로 일어났던 두 차례의 석유 위기를 겪으면서 일본의 고도 경제성장이 막을 내리게 되었다. 저성장에 돌입하면서 지방정부의 재정이 크게 나빠졌다. 이제 지방행정의 전문가라고 할 수 있는 관료들이 혁신 단체장을 대신하기 시작했다.

1980년대에 접어들면 '지방의 시대'라는 말이 유행하기도 하였다(阿部·神藤. 1997). 여기에는 중앙집권·국가 통제·획일주의·중앙 문화 등에 대항하여, 지방분권·시민자치·지역적 개성·지방 문화 등을 우선한다는 의미를 담고 있다. 그렇지만 1980년대 후반이 되면서 지방 시대라는 구호도 자취를 감추었다. 가장 큰 원인은 도쿄 중심의 집중 현상이었다. 1970년대 후반부터 도쿄의 과밀현상을 해소하기 위해 공장 등 산업시설의 지방분산이 추진되었으나, 결국에는 도쿄를 중심으로 한 수도권 확대로 끝이 났다. 1990년대에는 수도를 옮겨야 한다는 논의가 있을 정도로 도쿄를 중심으로 한 수도권은 모든 다른 지역과 비교할 수 없을 정도로 거대한 도시권역이 되었다.

1990년대 이후에는 지방분권이 강조되었고, 기초자치단체의 통합이 활발하게 진행되었다(제2장 참조). 기초자치단체의 통합으로 지방자치단체의 구역 범위가 넓어지면서 주민자치를 강화하려는 움직임이 나타나고 있다(伊藤. 2007). 예를 들어, 2004년 「地方自治法」의 개정으로 기초자치단체의 구역 내에 지역자치구를 설치할 수 있다. 즉 기초자치단체의 구역을 나누고, 각 구역에는 사무소를 설치하고, 구역마다 주민의 의사를 반영하여 지역의 공동사무를 처리하는 것이다. 지방의회와 비슷한 지역 협의가 설치되고, 기초단체장으로부터 자문받은 사항에 대해 심의하고, 의견을 진술할 수 있는 권한이 부여된다. 구성원은 단체장이 다양한 주민 의견을 반영할 수 있도록 배려하여 선임한다. 1990년대 후반 이루어진 기초자치단체 합병으로 사라진 기존의 기초자치단체를 단위로 설치된 합병특례구에 주로 적용되었는데, 기존의 지역 주민단체인 자치회보다는 규모가 큰 소형 기초자치단체로서의 역할이 기대된다.

⚖ 제1장 요약

지방자치는 주민이 자발적으로 해당 지역의 문제와 해결방안을 고민하고 행동하는 것을 바탕으로 한다. 중앙정부의 주도로 지방자치가 시작·중단·재개되는 역사를 가진 한국은 단체자치를 중심으로 지방자치가 이루어지고 있다. 각양각색의 사람들이 모인 미국의 지방자치는 자발적으로 공동체를 구성하고, 지역의 문제를 해결하려는 전통을 지닌다. 미국에 의한 제도 개혁으로 실질적인 의미에서 지방자치가 시작된 일본은 1960년대에 복지, 환경 등을 강조한 혁신자치단체의 열풍이 있었으나, 1970년대 중반에 경제 성장이 둔화하면서 그 열풍은 줄어들었고, 1990년대 이후에는 지방분권의 움직임이 나타나고 있다.

생각해 볼 문제

1. **아래 대화를 읽고 두 사람 중 한 사람을 선택하여, 그 사람의 입장을 옹호할 수 있는 논리적 근거와 자료를 제시하고, 다른 입장을 가진 사람과 토론을 통해 결론을 도출하시오. 그리고 두 개의 추가 질문에 대하여 답하시오.**

> 온달: 다음 달에 보궐선거로 시장을 뽑는데, 누구를 뽑아야 할지 모르겠어.
>
> 평강: 선거할 때도 아닌데, 왜 보궐선거를 하는 거야?
>
> 온달: 시장이 사퇴했거든. 그런데, 꼭 자치단체장을 투표로 뽑아야 하나?
>
> 평강: 그럼 어떻게 하면 좋을까?
>
> 온달: 정부가 유능한 사람을 단체장으로 임명하면 좋겠어. 그럼 선거에 돈도 들지 않고. 유능한 사람이 오면 일도 잘할 것 같고. 1980년대까지는 그렇게 했다고 하던데.
>
> 평강: 그래도 사람들이 직접 손으로 뽑는 것이 더 낫지 않을까. 중앙에서 온 사람은 아무래도 자기를 임명한 사람의 눈치를 보지 않을까.
>
> 온달: 그렇긴 한데, 시장이 우리가 필요한 것을 제대로 이해하고 일을 하는지도 모르겠어. 그리고 시의회가 필요한지도 모르겠어. 시장이랑 같은 정당이라서 그런지 일을 하는 것 같지도 않고. 시의원 역량이 뛰어난 것 같지 않고.
>
> 평강: 내가 사는 시는 6년 전에 시장이 바뀌고 나서 다른 동네보다 좋은 도서관도 생기고, 저렴한 시립 아파트도 많아지고, 어린이집이 많아져서, 사람들이 좋아하는데. 그러니까 좋은 시장을 뽑도록 해봐. 그리고 공부해서 나중에 네가 시의원을 하거나 시장하면 되잖아.

(1) 한국의 지방자치는 1960년대에서 1990년대 초반까지 중단되었다. 한국의 지방자치를 약 30년 동안 중단한 이유를 설명하고, 그 이유의 정당성을 논의하시오.

(2) 1980년대 지방자치 실시를 재개하려는 과정에서 지방자치에 관한 우려가 있었다. 그러한 우려는 무엇이며 현실과 어떤 차이가 있었는지를 서술하시

오. 그리고 2020년대 시점에서의 지방자치에 대한 우려는 무엇인지 서술하시오. 또한 그러한 우려의 타당성을 논하시오.

2. 아랫글을 읽고 물음에 답하시오.

> ○○ 자치단체는 쓰레기 처리장을 어디에 설치할 것인가를 놓고 주민, 인근 △△ 자치단체 등과 갈등을 빚고 있다. ○○ 자치단체는 도심에서 멀리 떨어져 있고, 주민들의 수가 적은 ◇◇ 지역에 쓰레기 처리장을 설치하고자 한다. 이러한 계획에 대해 해당 지역의 주민은 반대하고 있으며, 쓰레기 처리장 설치 장소가 지리적으로 인접한 인근 △△ 자치단체도 강하게 반대하고 있다.

(1) ○○ 자치단체가 쓰레기 처리장을 설치하는 사안에 관하여 주민의 반대가 있을 때, 지방자치의 관점에서 이러한 문제를 어떻게 이해하고 해결해야 하는가?

(2) 지방자치의 관점에서 △△ 자치단체의 반대는 정당하다고 할 수 있는가? 만약 정당하다면 문제를 어떻게 해결해야 하는가?

3. 지방자치의 역사에서 영미권 국가와 유럽대륙 국가는 어떤 차이가 존재하는지를 설명하시오. 그리고 그러한 차이가 발생한 이유를 논의하시오.

제1장 지방자치의 의의: 지방자치는 필요한가?

「지방자치법」 전부개정의 주요 내용

한국의 지방자치를 제도적으로 뒷받침하는 것은 「지방자치법」이다. 제도는 사람들의 선호, 권력, 게임의 규칙에 영향을 준다(March and Olsen, 1984). 「지방자치법」은 지방자치가 작동하는 원리와 방법을 담고 있는 공식적인 제도로써 중요한 의미가 있다. 1991년 지방자치의 재개도 1988년의 「지방자치법」 전면 개정과 분리할 수 없다. 그런 점에서 32년 만에 전면 개정되어 2022년부터 시행되고 있는 「지방자치법」의 내용을 살펴볼 필요가 있다.

새롭게 개정된 법률의 주요 내용은 크게 다섯 분야로 나눌 수 있다(김순은, 2021a). 주민 주권 구현, 주민에 대한 책무성 강화, 자치단체의 권한 강화, 지방행정의 효율성 강화, 정부 간 협력 관계의 강화 등이다.

첫째, 주민 중심의 지방자치에 초점을 두고 있다.

구체적으로 주민의 자치행정 참여 원리 명시(제1조), 주민 생활에 영향을 미치는 정책결정과 집행과정에 참여할 권리 신설(제17조), 의회에 주민이 직접 조례의 제·개정 청구를 할 수 있도록 하는 직접 주민 발안제도 도입(제19조), 규칙의 제·개정·폐지의견 제출 권한 부여(제20조), 청구권의 기준이 되는 나이 완화(19세→18세)·청구 주민 수 기준 완화·제기 기간의 연장 등 주민감사 청구제도의 개선(제21조)을 들 수 있다. 그리고 별도의 법률을 제정하여 자치단체의 기관구성을 다양화할 수 있도록 하고, 주민투표를 통해 최종적인 결정을 할 수 있게 하였다(제4조).

둘째, 주민에 대한 책무성을 강화하는 방안을 도입하고 있다.

자치단체의 정보공개 의무와 방법에 관한 일반규정 신설(제26조), 지방의원의 겸직금지 대상의 명확화와 연 1회 이상 겸직 신고 내용의 공개((제43조), 지방의원의 겸직, 영리 행위, 징계 등에 관한 의견 청취를 위해 민간 전문가로 구성되는 윤리심사자문위원회의 설치(제66조) 등이 해당한다.

셋째, 지방정부의 권한 강화이다.

국가와 자치단체 간 사무 배분의 기본원칙으로 보충성·중복배제·포괄적 배분 원칙 등이 도입되고(제11조), 국제교류와 협력사무 등 자치단체의 사무 범위가 확대되었다(제13조). 그리고, 조례제정의 범위 개정(법령의 범위 안에서 → 법령의 범위에서) 및 법령에서 조례에 위임한 사항을 그 법령의 하위 법령으로 제한하는 것을 금지하고(제28조), 지방의원의 의원 발의 요건을 개정하였다(제76조). 또한, 지방의회의원 정수의 1/2 범위 내에서 지방의회에 정책지원 전문인력을 둘 수 있고(제41조), 지방의회 의장에게 지방의회에서 근무하는 사무직원에 대한 인사권을 부여하였다(제103조). 특히 지방의회 사무기구에 대한 인사권 독립은 지방의회의 숙원이었다.

넷째, 지방행정의 효율성 강화이다.

지방자치단체의 관할구역의 경계변경 제도를 개선하였다(제6조). 매립지와 등록 누락지가 속할 지방자치단체를 결정할 때, 결정 절차를 간소화하고 분쟁 절차의 효율성을 높였다(제5조). 단체장이 당선된 때부터 임기 시작 후 20일 내로 인수위원회를 구성하여(광역 20명, 기초 15명 이내) 운영할 수 있도록 자치단체장의 직 인수위원회 규정을 신설하였다(제105조). 인구 100만 이상의 대도시에 특례시 명칭을 부여하고, 특례시와 행정안전부 장관이 지정하는 기초자치단체에 특례를 둘 수 있게 하였다(제198조).

다섯째, 정부 간 협력 관계의 강화 등이다.

주민에 대한 균형적인 서비스 제공과 균형발전을 위해 중앙정부와 자치단체 간 협력 의무를 규정하고(제183조), 정부 간 협력적 거버넌스로 중앙지방협력회의를 신설하였다(제186조). 그리고 지역 간 재정 불균형을 해소하기 위한 국가와 자치단체의 재정조정 노력 의무를 명시하였다(제136조). 또한, 자치단체 간의 협력을 활성화하기 위해 중앙부처장의 지원 규정을 신설하였고(제164조), 행정협의회 구성 요건을 간소화하였다(제169조). 특히, 특별자치단체에 관한 별도의 장을 신설하였다(제199조-211조). 특별지방자치단체를 법인으로 설치하고, 의회와 장 등의 기관을 구성할 수 있고, 조례를 제정할 수 있도록 하였다. 기존의 행정협의회나 지방자치단체 조합이 약한 구

제1장 지방자치의 의의: 지방자치는 필요한가?

속력과 집행력의 한계로 광역 사무의 효율적 처리에서 지닌 한계를 극복하려는 시도라고 할 수 있다).

법안에 대한 평가는 긍정과 부정으로 구분된다(김남철, 2021). 긍정적인 평가는 주민자치와 주민 주권의 관점이다. 과거에는 단체자치에 초점을 두었다면, 개정된 법률은 단체자치에서 주민자치로의 패러다임 변화를 지향하고 있다는 것이다(홍준현, 2021). 또한 정부 간 관계에서도 변화를 포함하고 있다.

주민 주권이 주민자치의 기본 이념이 되어 기관구성 다양화, 국가와 지방자치단체 협력 등을 규정하고, 특별지방자치단체를 도입하여 지방행정의 유연성을 추구하였고, 인구 밀집 지역에는 행정·재정상의 특례를 인정하는 등의 조치가 있었다. 반면에 지방정부의 인사, 재정, 자치입법권을 포괄적으로 보장하는 데 필요한 실질적 재정적 뒷받침이 부족하고, 주민의 참여 제도화에는 부족하다는 평가도 있다.

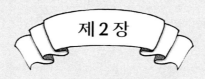

제 2 장

지방행정체제:
지방정부는 모두 같은 것인가?

현대국가의 통치에서 지방과 중앙이 함께 국가기능을 분담하는 주체라는 점을 살펴보았다. 그렇다면 지방과 중앙 간의 기능 분담은 어떤 원칙에 따라 이루어지는 것일까? 대부분 국가에서 중앙정부는 국방, 외교와 같은 국가 전체의 안위와 관련된 기능, 그리고 화폐, 도량형과 같이 전국적 통일성이 필요한 기능, 고도의 전문성이나 대규모 투자가 요구되는 기능, 최저생활 보장 및 지역 간 형평성 확보를 위한 기능을 수행한다. 그 밖에 주민의 일상생활과 밀접한 관련이 있는 광범위한 기능은 중앙정부 차원이 아니라 지방정부 차원에서 수행한다.

그런데 지방이 수행하는 기능을 단일한 지방 수준에서 전부 처리하도록 하는지 아니면 지방 내에서 계층을 나눌 것인지, 계층을 나눈다면 몇 단계로 할 것인지, 그리고 같은 계층 내에 서로 다른 지위를 둘 것인지 등은 국가에 따라 상이하다. 일반적으로 서로 다른 계층의 지방자치단체가 같은 관할구역을 맡으면 각각의 권한과 기능을 차별화한다. 그리고 계층구조와 기능분담 방식에는 효율성 측면 외에 지방자치 역사와 행정 전통도 영향을 미친다.

한편, 지방의 계층구조와 구역설정 실태를 간단히 지방행정체제라고 표현하기도 한다. 지방행정체제의 의의는 이를 어떻게 설계하는가에 따라 지방정부의 권한, 재원, 공무원기구, 사무, 나아가 정부 간 관계(Inter-governmental relations)의 성격과 주민자치의 범위가 규정된다는 점이다. 이에 따라 각국은 자국의 역사·문화적 전통을 반영하면서도 상호대립하는 복수의 가치를 조화시킬 수 있는 최적의 지방행정체제로의 개편 노력을 부단히 전개하고 있다.

이 장에서는 지방행정체제가 지방자치에 미치는 영향과 바람직한 지방행정체제의 모습에 대해 생각해보기로 한다. 이를 위해 지방행정체제 설정과 관련한 준거기준, 대안별 장단점 등 이론적 논의를 살펴본다. 다음으로 한국의 지방행정체제 구성과 기능 분담내용, 개편연혁 및 쟁점을 소개한 후 미국과 일본의 지방행정체제를 살펴본다.

제1절

지방행정체제에 관한 이론적 논의

지방행정체제를 어떻게 설계하는가의 문제는 지방행정체제의 핵심적 요소인 계층(Tier)과 구역(Boundary)을 어떻게 설정하는가의 문제로 치환할 수 있다.[1] 자치계층의 구조와 구역은 밀접하게 연관되어 있는데, 복수 계층제에서 지방자치 구역은 상대적으로 작고, 단층제에서 지방자치 구역은 상대적으로 큰 경향을 띤다.

그리고 같은 계층 내에서 지방정부의 인구 규모나 지리적 위치 등 특정한 여건을 고려하여 차등적인 지위(특례)를 부여하기도 하며, 지방정부 아래에 다양한 목적의 준지방자치단체(준지방정부)를 설치하기도 한다. 이러한 특례부여와 준지방자치단체 설치는 지방행정체제 개편논의와도 관련성이 있기에 지방행정체제와 함께 다루기로 한다.

1. 단층제와 복수 계층제

지방자치단체는 일정한 구역과 주민을 그 구성요소로 하는데, 단층제는 하나의 구역을 단일 자치단체가 전담하는 형태이다. 복수 계층제는 하나의 구역을 복수의 자치단체가 중첩적으로 맡는 형태이다. 즉, 주민과 직접 접촉하는 기초자치단체와 여러 기초자치단체 구역을 포함한 광역적 범위를 담당하는 광역자치단체로 구성되며, 이러한 계층은 2계층 이상 중층적으로 구성할 수도 있다.

<표 2-1>에서 보듯이 단층제와 복수 계층제(중층제)는 각각 장단점을 가지고 있다. 일반적으로 단층제의 장점은 복수 계층제의 단점이 되고 그 반대도 성

---

1) 기존에 존재하는 자치의 기반을 가지고 상향식으로 계층이 형성된 영미(英美)계 자치와 중앙정부가 기존의 자치기반을 해체·재편하여 하향식으로 계층이 형성된 대륙계 자치로 구분된다. 한국은 대륙계 자치계보에 속한다고 볼 수 있다.

립된다.

먼저 단층화가 실현될 때 기대되는 효과는 첫째, 기초자치단체의 규모 확대가 가능해 지역개발 및 지방자치단체 운영의 효율성이 높아진다. 둘째, 행정비용을 줄일 수 있다. 복수의 자치계층으로 인하여 생기는 계층 간 업무의 불분명한 배분에 따른 책임회피, 행정서비스의 공급 지연, 지시 감독의 중첩, 절차적 규제 등으로 인한 행정의 거래비용 증가를 최소화할 수 있다. 셋째, 지역 간 갈등 해소 또는 완화이다. 광역자치단체와 기초자치단체 간 마찰과 갈등뿐만 아니라 지리적·역사적 원인으로 인한 인접 지역 간 갈등이 단층화의 과정에 따른 행정구역 개편과정에서 개선될 계기가 마련될 수 있다.

표 2-1 │ 단층제와 복수 계층제의 장단점

구분	단층제	복수 계층제
장점	. 중복행정 방지로 행정능률 제고 . 행정 내부의 거래비용 절감 . 행정의 책임성 확보 용이 . 신속한 의사전달 및 행정 수행 . 주민 의사의 왜곡, 누수방지로 주민 의견의 정확한 반영	. 수직적 분업체계로 전문성 제고 . 광역적 행정 수행 원활 - 계층 간 보완역할 . 중앙집권화 방지 - 완충, 의견전달 역할 . 역사성 고려, 주민감정에 충실
단점	. 광역적 행정 수행 곤란 . 중앙정부의 집권 및 업무 과부하 . 완충·전달역할 등 상호보완기능 취약	. 행정기능의 중복에 따른 비효율 . 행정의 책임성 확보 곤란 . 정확한 수직적 의사전달 곤란 . 자기 완결성 부족, 일괄처리 미흡

출처: 김찬동(2006) <표 1>.

이에 대해 복수 계층제가 갖는 장점으로는 첫째, 행정기능의 효율적 분업이 가능하다. 일정 구역 내에 모든 사무를 하나의 지방정부가 수행하기보다는 광역적 행정수요와 일상적 행정수요를 구분하여 수직적 분업체계를 형성하여 처리하는 편이 효율적이라는 것이다. 둘째, 중앙정부의 과도한 관여로부터의 방파제 역할이다. 광역자치단체는 중앙정부의 의사를 기초자치단체에 전달하고 감독하는 한편, 중앙정부의 직접적인 간섭과 감독으로부터 기초자치단체를 보호할 수 있다. 셋째, 기초자치단체 기능을 보완하는 역할이다. 광역자치단체는 복수의 기초자치단체 간에 걸친 광역적 사무를 처리하며, 기초자치단체에 부족한 전문성과 기술적인 지원을 담당함으로써 기초자치단체가 그 본연의 기능을 완수하지 못할 때 이를 보완하는 역할을 담당한다.

2. 행정계층과 자치계층

지방자치단체 간 계층을 말할 때 행정계층과 자치계층의 개념을 구분할 필요가 있다. 행정계층은 중앙집권 국가에서 전국을 효율적으로 통치하려는 차원에서 편의상 나눈 것이다. 일정 구역 내에서 행정서비스 제공의 편의를 위해 혹은 행정비용을 최소화하려는 의도로 규모의 경제를 고려하여 구역을 획정한다. 행정서비스의 중복과 비효율 극복이라는 기준이 우선하며, 관리의 효율성을 고려하여 행정기관을 설치한다.

이에 반해 자치계층은 주민(지역)공동체의 정책결정 및 집행의 단위이며, 민주성이라는 가치가 중요하다. 즉, 자치계층은 독자적인 법인격을 갖춘 지방자치단체로 구성된다. 지역 수준에서 민주주의 구현을 중요시하여 구역 내의 주민참여를 활성화하고 지방자치단체에 대한 주민의 접근성을 높이려 한다. 따라서 자치계층을 구성하는 단위로서의 지방정부 혹은 지방자치단체는 주민에 의한 직접선거를 통해 단체장, 지방의회 등의 통치기관 선출이 이루어진다.

마찬가지 맥락에서 행정구역은 국가(중앙정부)적 관점에서 통치를 위한 구역이고, 자치구역은 주민이 선출한 대표들로 구성된 자치단체의 통치구역으로 양자를 구분해서 사용할 필요가 있다. 하지만 한국에서는 역사적으로 중앙정부가 구역 개편을 주도하였고, 행정구역이라는 용어가 널리 정착되어 있기에 이하에서는 행정구역이라는 용어를 사용한다.

3. 행정구역 설정 기준

행정구역을 설정할 때 어떤 기준을 고려해야 할까?

첫째, 행정서비스의 능률성 기준이다. 일정한 관할구역 내에서 지방정부가 행정서비스를 제공할 때 최소한의 비용으로 최대의 효과를 산출할 수 있도록 구역을 설정하여야 한다. 이는 규모의 경제와도 관련되는데, 같은 서비스에 대해 인구 규모가 증가할수록 일 인당 비용이 하락할 수 있다는 것이다.

둘째, 공동체성이다. 설정되는 행정구역이 지역에서 거주하고 있는 주민들이 인식하는 자연발생적인 공동사회와 일치하도록 하여야 한다.

셋째, 자주재원 조달 능력이다. 이는 재정적으로 자립 가능할 수 있는 구역을 기준으로 행정구역을 설정해야 한다는 것이다.

넷째, 주민참여와 민주적인 통제이다. 주민들이 지방행정이나 정책과정에 자신의 의견을 적극적으로 반영할 수 있으며, 행정에 대한 감시가 쉽도록 행정구역을 설정하여야 한다는 것이다.

다섯째, 주민의 편의성이다. 행정서비스를 받는 주민 입장에서는 효율성 기준 못지않게 행정서비스 수혜 및 접근의 용이성이 중요하다.

여섯째, 자연적 특성이다. 과거에는 하천, 산악 등 지리적 조건이 행정구역 설정에 주요 제약요인으로 취급되었다. 그러나 교통 및 정보통신 기술 발전 등으로 생활권이 확대되면서 자연적 특성의 중요성은 약화하는 추세이다.

행정의 능률성, 규모의 경제, 재정의 자립성 기준은 대규모 행정구역과 친화적인 관계이다. 반면, 주민참여와 통제, 공동체성, 주민 편의성은 중·소규모 행정구역과 친화적인 관계에 있다고 할 수 있다. 그렇지만 규모의 경제효과를 중시한다고 할지라도 행정이 제공하는 서비스 종류에 따라서 최적 구역 규모가 다를 수 있다. 예컨대 소방서 운영의 최적 규모와 상하수도 시설 운영의 최적 규모가 상이하다. 따라서 인구 규모와 공공서비스 제공의 효율성 간에는 일정 수준까지 정(正)의 상관관계가 존재하지만, 모든 공공서비스 기능에 맞는 최적의 인구 규모나 구역 규모 도출은 현실적으로 어렵다.

구역의 개편은 지방자치단체 법인격의 변경이 뒤따르는 폐(廢)·치(置)·분(分)·합(合)과 법인격의 변경 없이 이루어지는 경계조정으로 구분할 수 있다. 구체적으로 살펴보면 폐지는 하나의 지방자치단체를 폐지한 후 구(舊) 구역을 인접 지방자치단체로 편입하는 것이다. 설치는 기존 지방자치단체 구역 일부를 떼어 내어 새로운 지방자치단체를 설치하는 것이다. 분할은 기존 지방자치단체를 쪼개서 복수의 지방자치단체를 설치하는 것이다. 통합(합병)은 둘 이상의 지방자치단체를 합하여 새로운 단일 지방자치단체를 설립하는 것이다.

4. 자치특례와 준지방자치단체

동일 계층하에서 특정 지방자치단체에 특례적 권한을 부여하기도 한다. 이러한 특례는 예외적으로 그 지위를 우대하는 지위특례와 상대적으로 더 많은 권한을 부여하는 권한특례로 구분된다(하혜수, 2019). 특례부여의 논거로는 수도의 특수성, 인구 규모와 행정수요의 특수성, 지리적 특수성(섬 지역, 낙후지역 등), 새로운 자치모델 실험(제주특별자치도, 세종특별시) 등이다.

지위특례는 새로운 자치계층을 창설하는 때도 있고, 같은 자치계층 내에서 동일 수준의 지방자치단체보다 우대를 받는 사례도 있다. 후자일 때도, 지방자치단체의 종류와 명칭을 달리하거나, 지위에 상응하는 권한특례가 부여된다. 권한특례는 지위특례 수준에는 미치지 못하나 사무배분, 행정기구, 재정 운영에서 같은 수준의 여타 지방자치단체보다 더 넓은 권한을 부여받는다.

특례부여는 중앙정부 권한의 차등적 분권을 의미하는데 해당 지방자치단체의 역량, 성과, 의지를 반영한 권한이양이 가능하다는 장점이 있다. 각 지역이 처한 여건을 최대한 반영하여 분권이 이루어진다는 점에서 획일적인 권한이양으로 인한 부작용을 최소화할 수 있다. 또한, 지역 간 경쟁을 촉진함으로써 국가경쟁력 강화에도 이바지할 수 있다. 그런데 이러한 차등분권의 긍정적 기대효과에 대해 지방자치제도의 복잡성을 불러오며 지역 간 연대 의식 약화 및 격차 심화 등의 단점이 지적되기도 한다.

준지방자치단체(Quasi-local government) 혹은 준지방정부(Quasi-municipality)는 일반적으로 지방자치단체보다 권한이 적지만 행정기관보다는 많은 권한을 보유하는데, 법인격이 부여되지 않거나 지방자치단체보다 한정적 범위의 법인격만을 갖는 단체를 의미한다. 그 지위와 권한은 나라마다 차이가 있다. 행정기관과 유사한 수준에서부터 지방자치단체에 근접한 수준까지 다양한 설계가 가능한데 공통점은 일정한 자치사무 처리권을 보유한다는 점이다(<표 2-2> 참조).

표 2-2 ▌ 행정기관, 준지방자치단체, 지방자치단체의 차이 비교

구분		행정기관	준지방자치단체 또는 준지방정부			지방자치단체
법인격		×	○	×	×	○
공법인		×	×	×	×	○
직선 자치단체장		×	×	○	×	○
지방의회		×	×	×	○	○
자치사무처리권		×	○	○	○	○
자치조직권	기구설치	×	×	○	○	○
	인사	×	×	○	○	○
자치입법권	조례제정	×	×	×	×	○
	규칙제정	×	×	○	○	○
독자적 조세권		×	×	×	×	○
존재양태		특별지방 행정기관, 행정구 등	일본 자치회	뉴욕시의 구	베를린 구, 파리 구, 교구	한국의 시· 군·구

출처: 하혜수 외(2010) <표 1> 일부 수정.

　　지방자치단체와의 차이점은 법인격 수준과 자치 권한 외에 기관구성 방식에서도 존재한다. 「지방자치법」상 지방자치단체는 주민선출의 의결기관인 지방의회와 집행기관인 자치단체장으로 구성하게 되어 있으나, 준지방자치단체는 법인격을 인정받지 못하는 경우가 대부분인 만큼 다양한 기관구성 형태가 가능하다.[2] 주민 직선으로 의회를 구성할 때도 조례제정권과 예산심의권이 부여되지 않으며, 일부 행정업무의 집행(민원 처리 포함), 예산 관련 의견제출, 공공사업 위탁처리 등 제한된 기능만을 수행하는 것이 일반적이다.

　　준지방자치단체(준지방정부)는 뉴욕시의 구(Borough), 일본 자치회, 베를린과 파리시의 구 등이 해당하는데, 주로 주민자치 활성화와 주민 공공서비스 편의성

---

2) 「지방자치법」 전부개정에서는 주민투표를 통해 해당 자치단체 기관구성을 단체장－지방의회의 기관대립형이 아닌 형태가 가능할 수 있도록 하였다.

제고 목적으로 활용되고 있다. 한국도 단체자치를 보완하기 위해 풀뿌리 자치 혹은 동네 자치를 강화하려는 움직임이 나타나고 있다. 구체적으로는 주민자치회의 기능 강화를 추진하고 있는데, 준지방자치단체 유형에 해당한다고 볼 수 있을 것이다.

🖥️ 쉬어가기 2-1. 특별지방행정기관

특별지방행정기관은 특정한 중앙행정기관에 소속되어, 당해 관할구역 내에서 시행되는 소속 중앙행정기관의 권한에 속하는 행정사무를 관장하는 국가의 지방행정기관을 말한다. 특별지방행정기관과 지방자치단체와의 차이점은 다음과 같다.

첫째, 지방자치단체는 법률이 정한 업무에 관해 독립적 결정권과 집행권을 행사하지만, 특별지방행정기관은 중앙에서 확정된 사무에 한정하여 집행권을 행사한다. 둘째, 특별지방행정기관은 전국적 업무를 다루지만, 지방자치단체는 지방적 업무를 다룬다. 셋째, 특별지방행정기관은 전문적이고 구체적인 행정서비스를 전달하지만, 지방자치단체는 일반적이고 종합적인 행정서비스를 제공하는 특징을 지닌다.

2017년 9월 기준 전국 특별지방행정기관은 총 5,196개의 기관이 있다. 지방경찰청, 지방고용노동청, 지방국세청, 세관, 지방교정청, 지방보훈청, 지방환경청 등이 대표적이다. 기관 유형별로 보면 공안행정기관이 2,686개(51.7%)로 가장 많고, 다음으로 현업행정기관(지방우정청과 우체국 등)이 1,958개(37.7%), 기타행정기관(기상청, 보훈처, 병무청, 식품의약품안전처 소속기관 등)은 310개(6.0%)이며, 세무행정기관은 195개(3.7%), 노동 행정기관이 47개(0.9%)이다. 이는 2016년 말 기준 전국의 읍·면·동 수 3,503개를 상회하는 수치이다.

특별지방행정기관의 문제점은 지방자치단체와 달리 주민들의 직접적인 참여나 통제가 이루어지지 않는다는 책임행정 문제와 특별지방행정기관과 지방자치단체 간의 기능 중복으로 인한 비효율성의 문제가 대표적이다(〈표 2-3〉 참조).

표 2-3 ┃ 특별지방행정기관과 지방자치단체의 차이점

구분	특별지방행정기관	지방자치단체
권한	중앙에서 확정된 사무의 집행권만 행사	집행권과 독립적 결정권 행사
수행업무 특성	전국적	지역적
서비스 특성	특정, 전문분야 서비스	일반적, 종합적 서비스
서비스 대상	구체적, 명료	포괄적, 불명료
중앙과의 관계	중앙의 하급기관으로서 중앙부처의 지시 및 명령에 따름	법률의 범위에서 중앙정부의 지시 및 명령을 받지 않음
업무 분류	국가 사무만 수행	지방자치단체 고유사무와 국가 사무 위임처리

출처: 지방자치발전위원회(2017)의 <표 3-3-21> 일부 수정.

제2절

지방행정체제의 현황과 쟁점

1. 한국

1) 지방행정체제 현황

한국은 지방자치 운영의 적절한 역할 및 책임분담을 위해 주민과 가장 가까운 기초자치단체로서 시, 군, 자치구를, 그리고 복수의 기초자치단체를 관할하는 광역자치단체로서 특별시, 광역시, 특별자치시, 도, 특별자치도를 두어 2계층의 자치계층을 구성하고 있다. 기초자치단체 아래에는 읍면동을 두거나 행정구 아래 읍면동을 두어 행정계층은 3~4계층을 유지하고 있다.

2019년 12월 말 기준 기초자치단체 수는 226(75개 시, 82개 군, 69개 자치구), 광역자치단체 수는 17개이다(<그림 2-1> 참조). 그런데, 강원도와 전라북도에 특별자치도를 설치하는 법률이 잇따라 국회를 통과하여 강원도는 2023년 6월부터, 전라북도는 2024년 1월부터 특별자치도의 지위를 갖게 되었다. 이로써 광역 자치단체는 1개 특별시, 6개 광역시, 6개도, 3개 특별자치도, 1개 특별자치시로 재편된다. 다만, 강원특별자치도와 전북특별자치도는 제주특별자치도, 세종특별 자치시와 달리 하위 자치계층을 그대로 유지한다.

「지방자치법」은 중앙과 지방간의 사무배분뿐만 아니라 광역과 기초 간의 사무배분 원칙으로 종합성(또는 포괄성), 중복 배제성(또는 비경합), 보충성 등을 열거하고 있다(자세한 내용은 제6장 2절 참조). 이 중에서 보충성의 원칙(Principle of subsidiary)은 어떤 행정수요가 발생하면 그것을 가능한 한 개인이나 가정에서 해결하도록 하고(自助), 개인이나 가정에서 해결할 수 없을 때 단체·집단(기업, 민간단체) 수준에서 충족시키는 것이 바람직하며(共助), 단체·집단수준에서 처리할 수 없는 경우에는 시민·주민과 가장 가까운 정부인 기초자치단체가 행정수요를 담당함을 의미한다(公助). 보충성 원칙에 따르면 주민 생활과 밀접한 사무는 기초자치단체가 일차적으로 담당하고 처리가 곤란할 경우 비로소 광역자치단체, 중앙정부 순으로 사무가 배분되어야 한다는 것이다.

그림 2-1 | 자치계층과 행정계층(2019년 12월 31일 기준)

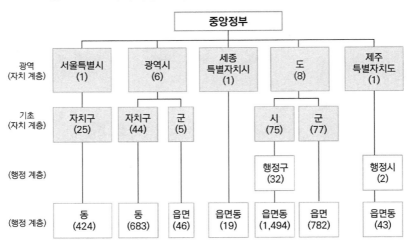

주: 자치계층에 해당하는 곳은 음영 처리.
출처: 행정안전부(2020) 현황을 그림으로 작성.

「지방자치법」상 지방자치단체의 주요 사무로 열거된 것은 ① 지방자치단체의 구역, 조직 및 행정관리 등에 관한 사무, ② 주민의 복지증진에 관한 사무, ③ 농림·상공업 등 산업증진에 관한 사무, ④ 지역개발 및 주민의 생활 환경시설의 설치·관리에 관한 사무, ⑤ 교육·체육·문화·예술의 증진에 관한 사무, ⑥ 지역민방위 및 소방에 관한 사무, ⑦ 국제교류 및 협력에 관한 사무 등이다. 대상 사무 가운데 광역자치단체는 복수 기초자치단체에 걸치는 광역적 사무, 같은 기준에 따라 처리되어야 할 사무, 국가와 기초자치단체 간 연락조정 사무, 기초자치단체가 독자 처리하기 곤란한 사무, 기초자치단체 간 공동 시설의 관리 사무를 맡는다.

그리고 지방자치단체의 폐지, 설치, 분할, 합병 절차는 법률로 정하되, 관할구역의 변경이나 한자 명칭의 변경은 대통령령으로 정하도록 하고 있다. 그 과정에서 반드시 관련 지방의회의 의견을 청취해야 하는데, 주민투표를 거친 경우는 예외로 하고 있다.

2) 지방행정체제 개편 연혁과 쟁점

지방행정체제 개편은 민선 자치가 부활한 1990년대 중반부터 학계와 정치권을 중심으로 계속 거론되는 주제이다. 그간 논의된 지방행정체제 개편 대안으로는 도 폐지론, 도와 시군의 기능재편론(시·군 통합 포함), 도와 광역시의 통합론, 자치구의 폐지와 행정구 설치안, 준(準)지방자치단체 도입, 인구 50만 명 이상 대도시의 특정시화 제안 등으로 요약할 수 있다.

1990년 이후 이루어진 주요한 지방행정체제 개편 노력으로는 먼저 1995년 역사적 동질성이 있고 생활·경제권이 유사한 도시와 농촌을 하나로 통합하는 이른바 '도농통합'이 추진되었다. 그 결과 40개 시와 38개 군이 39개 시로 재편되었다. 2006년에는 제주특별자치도 출범에 따라 단층제로의 개편이 이루어졌다. 주민투표를 거쳐 기존의 광역자치단체인 제주도를 구성하던 4개 기초자치단체가 폐지되고 도지사가 시장을 임명하는 2개 행정시가 신설되었다.

이명박 정부에서도 지방행정체제 개편은 국정 100대 과제의 하나로 포함되었다. 2009년 행정안전부 주도로 지방행정체제 개편 및 지방자치단체 간 통합이 추진되어 2010년 「지방행정체제 개편에 관한 특별법」 제정과 함께 창원, 마산, 진해시가 통합창원시로 개편되었다. 「지방행정체제 개편에 관한 특별법」은 시군구 통합절차와 함께 통합 지방자치단체 지원 및 대도시 우대 사항에 대한 특례를 포함한다. 또한, 특별시 및 광역시에 있는 과소 구의 통합 및 도의 지위 및 기능 재정립 필요성, 시군구 통합시 기존 관할구역 제한 철폐, 읍면동 주민자치회 설치 등의 내용도 담았다. 2012년에는 기초자치단체를 두지 않고 단층제로 운영되는 광역자치단체인 세종특별자치시가 탄생하였으며, 주민투표에 의해 청주시와 청원군이 2014년 통합 청주시로 재탄생하였다. 특별지방행정기관의 정비도 추진하였는데 국도·하천, 해양·항만, 식·의약품 분야의 일부 기능과 인력을 지방자치단체로 이관하였다.

문재인 정부하에서 이루어진 「지방자치법」 전부개정에 따라 2022년부터 인구 100만 명 이상의 대도시를 대상으로 한 '특례시' 제도가 도입되었다. 기존 「지방자치법」은 인구 50만 이상 대도시 대상으로 도세의 일정 비율 추가교부, 행정구 설치, 도에서 처리하는 사무 가운데 보건의료, 지방공기업, 주택건설 등 18개

분야 42개 사무를 직접 처리하는 내용의 특례를 부여하였다. 인구 100만 이상 대도시는 광역시와 유사한 수준의 행정수요가 발생하지만, 기초자치단체의 권한만으로는 이러한 행정수요의 충족 및 지역개발에 한계가 있다는 지적을 반영한 것이다. 2022년 8월 말 현재 수원시, 고양시, 용인시, 창원시에 특례시 지위가 부여되었다. 이들 특례시에 대해서는 광역자치단체에 버금가는 권한이 이양될 계획인데 구체적인 권한은 별도의 법률로 정하도록 하였다.

기초자치단체의 광역화를 중심으로 하는 지방행정체제 개편 및 그 기대효과에 대해서는 상반된 주장이 존재한다(<표 2-4> 참조). 자치구역 통합 등 큰 규모의 자치를 지향하는 편에서는 규모의 경제에 의한 행정의 효율화(비용 절감), 지방의 자치역량 강화, 그리고 궁극적으로 국가경쟁력 제고를 주요 기대효과로 내세운다. 반대 측에서는 자치구역의 확대가 행정의 효율화를 가져온다는 실증적 증거가 부족하다는 점을 지적한다. 그리고 규모의 확대가 주민과 행정 간의 거리를 멀게 하여 지방자치의 민주성을 훼손할 수 있다는 점, 통합된 구역의 중심지와 주변부 간의 격차가 심화할 수 있다는 점도 우려한다.

표 2-4 | 기초자치단체 광역화에 관한 주장 비교

찬성	반대
규모의 경제로 행정의 효율화	행정 효율화의 실증적 증거 부족
지방의 자치역량 강화	지방자치의 민주성 훼손
국가경쟁력 향상	지역 간의 격차 심화

지방정부 간 통합 문제는 주민, 공무원, 정치인 등 다수의 이해관계자가 참여할 뿐만 아니라 중앙정부, 광역자치단체, 기초자치단체 간의 이해대립이 수반되는 고도의 정치적 과정이기도 하다. 그러한 의미에서 지역의 미래상에 대한 폭넓은 논의와 일상적·지속적 협력을 통한 신뢰 기반 구축이 통합의 선결과제라고 할 수 있다.

최근 '대구·경북특별자치도', '부·울·경 메가시티', '광주·전남 행정통합' 구상 등 광역자치단체들을 중심으로 행정통합을 추진하는 움직임이 전개되고 있다. 수도권으로의 인구, 경제력 집중이 가속화되는 상황에서 통합을 통해 '슈퍼 광역

지방정부'를 형성하여 행정 효율성 제고, 지방분권의 실현, 지역경제 시너지 효과 창출을 도모하고자 하는 것이다. 이는 과거 이명박 정부에서 추진하였던 '5＋2 광역경제권(수도권, 충청권, 호남권, 대경권, 동남권의 5개 광역경제권과 강원권, 제주권의 2개 특별경제권)' 추진과 유사한 맥락이라고 할 수 있다. 당시에는 글로벌 무대에서 경쟁이 가능할 수 있도록 시·도 단위를 초월한 광역경제권 구축에 중점을 두었다. 메가시티 구상이 광역경제권 논의와 다른 부분은 특별지방자치제도가 도입되면서 산업과 경제 측면의 통합뿐만이 아니라 행정기능의 부분적 통합까지 염두에 두고 있다는 점이다.

한편, 풀뿌리 자치를 활성화하기 위해서 기존 읍면동의 주민자치위원회가 주민자치회로의 전환을 추진하고 있다. 1998년부터 시작된 읍면동사무소의 주민자치센터로의 전환은 주민의 문화·복지 향상에 이바지하였다고 평가할 수 있다. 그러나, 주민자치위원회 운영에 대해서는 행정의 과도한 주도성, 대표성 부족, 문화프로그램 치우침, 지역 특색 부족의 한계가 지적됐다. 읍장·면장·동장과 대등한 지위로 격상된 주민자치회는 주민총회 개최 등 대표성 강화와 함께 다양한 마을 사업을 계획·추진하는 역할을 담당하는데, 동네 수준에서 풀뿌리 자치를 강화하고자 하는 것이다(<표 2–5> 참조). 2020년 말 기준 626개 읍면동에서 조례 제정을 통해 주민자치회가 시범 운용되고 있다.

표 2-5 | 주민자치위원회와 주민자치회 비교

구분	주민자치위원회	주민자치회
법적 근거	「지방자치법」 및 관련 조례	지방분권 및 지방행정체제개편에 관한 특별법 및 관련 조례
위상	읍면동 자문기구	주민자치 협의·실행기구
위촉권자	읍면동장	시군구청장
대표성	지역 유지 중심, 대표성 미약	주민 대표성 확보
기능	주민자치센터 프로그램 운영 및 심의 (문화, 복지, 편익 기능 등)	주민자치사무, 협의 및 자문사무(읍면동 예산협의회 관련 사무 등), 지방자치단체가 위임·위탁하는 사무 처리 등
재정	읍면동사무소 지원 외에 별도 재원 거의 없음	자체재원(회비, 수익·위탁사업 수입, 사용료 등), 기부금 등 다양
지방자치단체와의 관계	읍면동 주도로 운영	대등한 협력적 관계

출처: 김흥주(2019) <표 2-6>.

쉬어가기 2-2. 지방자치단체 간 협력기제

　최근 교통통신의 발달과 생활권 확대 등으로 지방자치단체 간 상생협력의 필요성도 커지고 있다. 경제 및 관광진흥, 광역교통망 구축, 환경 및 위생시설 운영 등 다양한 협력사업을 통해 행정비용은 줄이면서 주민편의는 증진할 수 있을 것으로 기대되기 때문이다.

표 2-6 ┃ 지방자치단체 간 주요 협력제도

구분	협력제도	제도 내용	운영현황
법인격 없음	협력사업	광역적 업무로 지방자치단체가 단독으로 처리하기 곤란하거나 중복투자가 예상되는 경우 타 지방자치단체와 협력하여 처리	공동연구용역, 박람회개최, 산업단지 조성
	사무위탁	업무의 중복 방지 등 예산 절감 효과를 높이기 위해 당해 지방자치단체 사무의 일부를 타 지방자치단체에 위탁하여 처리. 지방자치단체 간 협의로 규약제정 필요	상하수도, 폐기물처리, 화장장 등 위탁처리
	행정 협의회	광역계획 및 집행, 공공시설 공동 설치, 정보교환, 업무조정 등을 위해 지방자치단체 간에 구성	92개 행정협의회 (권역별, 기능별)
법인격 있음	지방자치 단체 조합	2개 이상의 지방자치단체가 구성원이 되어 공동사무를 처리. 조례제정권 없음. 의결기관은 조합회의. 설치 시 시도지사 혹은 행안부장관 승인 필요. 주민참여제도 없음	경제자유구역청, 지역상생발전기금조합, 지리산권 관광개발조합 등
	특별지방 자치단체	2개 이상의 지방자치단체가 공동으로 광역적 사무를 처리. 조례제정권 있음. 의결기관은 특별지방자치단체의회. 설치 시 행안부장관 승인 필요. 조례 제·개정의 주민참여. 국가 또는 시도사무 위임 수행 가능	「지방자치법」 전부개정법률로 도입(2022년부터 시행)

출처: 행정안전부(2019: 11-39) 내용을 바탕으로 특별지방자치단체 보완 작성.

　현재 복수의 지방자치단체 간 공동업무 처리를 위한 제도의 개요는 〈표 2-6〉과 같다. 사무의 위탁은 둘 이상의 지방정부가 협의하여 어느 한 당사자의 사무를 다른

　　　　　　　　　　　　제2장 지방행정체제: 지방정부는 모두 같은 것인가?

당사자에게 위탁해서 처리하는 방식이다. 주로 상하수도 공급, 폐기물처리, 화장장의 공동 운영 등에 활용되고 있다.

행정협의회는 둘 이상의 자치단체에 관련된 사무 일부를 공동으로 처리하거나 지방자치단체 간 정보교환 및 업무조정 등을 위해 권역별 또는 기능별로 구성한다. 활용도가 상대적으로 높은 편이나 합의의 구속력이 약하다는 점이 한계이다.

지방자치단체조합은 자치단체의 사무 중 일부를 공동 처리하기 위해 둘 이상의 자치단체가 계약을 맺어 새로운 조합(법인체)을 설립하는 방식이다. 경제자유구역청이나 지리산권관광개발조합이 대표적인 예인데 지방자치단체 정책 우선순위에 따라 분담금 규모가 변동될 수 있는 재정적 취약성과 의결기관인 조합회의의 주민 대표성 부족이 문제점으로 지적되고 있다.

특별지방자치단체는 그동안 「지방자치법」에 설치 근거가 있었지만, 구체적인 규정이 없어서 사실상 사문화된 제도였다. 2022년부터 시행하는 「지방자치법」 전부개정은 특별지방자치단체 설치·운영 규정을 구체화하여 지방자치단체 간 협력을 위한 새로운 제도의 본격 운영이 가능하게 되었다. 특별지방자치단체는 지방자치단체 간 공동사무 수행을 위해 규약을 제정하고 상위기관의 승인을 얻어 설립되는 법인이라는 점에서는 지방자치단체조합과 유사하다. 차이점은 지방의회의원으로 구성하는 특별지방자치단체의회의 설치와 조례 제·개정 청구 등 주민 대표성 강화, 경비의 안정적 확보를 위한 특별회계 설치, 국가 또는 시도사무의 위임수행 등이 가능하다는 점이다.

2. 미국

지방자치를 실시하고 있는 나라들의 계층구조는 다양하지만, 자치계층에 초점을 맞추어 보면 대다수 국가는 2~3계층제를 채택하고 있다. 그리고 대도시권에 대해서는 단층제를 도입하고 있는 국가들이 많은 편이다. 다만, 대도시 단층제 자치구조를 채택하는 나라에서는 공식적 자치계층 밑에 지역사회 수준의 준지방자치단체(준지방정부)를 설치하는 경우가 많다. 미국은 대표적인 연방제 국가라고 할 수 있는데 이하에서는 지방행정체제 현황 및 특징에 대해 살펴보기로 한다.

미국은 주정부 관할하에 카운티(County)를 두고 카운티 관할하에 타운(Town)·

타운십(Township), 시(City), 빌리지(Village) 등을 두고 있다.

　　주별로 차이가 있지만, 일반적으로 카운티는 주에 의해 만들어진 일종의 지방 통합행정기구이며, 주내의 구역은 원칙적으로 어떤 한 카운티의 관할구역에 속한다.[3] 의회를 설치하는 경우도 있으나, 이들의 자치는 주로 보안관, 서기, 검시관, 감정관, 검사 등과 같은 공무원, 카운티 이사 선출로 국한되는 경향이 있다. 주의 도움을 받지 못하면 발전계획이나 재정계획을 세울 수 없는 것이 현실이다. 카운티가 법인격을 보유하며 지방정부로 기능하는 경우가 일부 존재하지만, 대다수 카운티는 선거관리, 보건·위생, 치안 등 주정부의 서비스를 제공하는 '주의 대리(파출)기관'으로서의 성격이 더 강하기에 자치계층에 속하지 않는다고 볼 수 있다.[4] 따라서 미국의 자치계층은 대체로 2계층제라고 할 수 있다. 다만, 적은 수이기는 하나 지방정부 성격의 카운티를 하나의 지방정부로 간주하면, 미국의 자치계층은 3계층제라고 볼 수도 있다(<표 2-7> 참조).

표 2-7 ▌ 미국의 지방행정체제

기초수준		광역수준	주	연방
지방정부와 준지방정부 상호 간의 구역 중첩 빈번	지방정부 (Municipalities)	주의 대리기관 (행정구역) 성격의 County (대다수)	50개 주 (주마다 자치제도가 상이하나 지방정부가 주의 피조물인 점은 공통)	연방정부 (USA)
	City(법인격 보유) Borough(법인격 보유) Town(법인격 보유) Village(법인격 보유)			
	준지방정부 (Quasi-municipalities)			
	Township Town School district Special district	지방정부 성격의 County (소수)		
지방정부가 존재하지 않는 지역 Un-incorporated area				

출처: 山下(2010) <도표 2.9.3>.

---

3) 예외적으로 어떤 카운티에도 소속되지 않는 독립시(Independent city)도 있다.
4) 루이지애나주는 카운티가 존재하지 않으며 Parish가 카운티의 역할을 한다. 로드아일랜드주의 경우 카운티의 행정기능이 없고(주정부에서 수행) 통계 등 지역구분을 위한 목적으로만 활용한다.

2018년 기준으로 미국에는 시(City)가 19,495개가 있다. 이 중에서 5,000명 이상의 주민을 가진 도시는 약 4,700개 정도이다.[5] City가 County와 다른 점은 City는 주에 등록된 법인이라는 점이다. City는 과거 주민청원에 따라 손쉽게 법인화할 수 있었다. 최근에는 도시설립 남발을 억제하기 주에서 State charter에 그 설립 절차를 규정하고 이에 근거하여 City에 법인격을 부여한다(<쉬어가기 2-3> 참조). City로서 인가되면 자치조직권, 자치행정권, 자치입법권, 자치재정권을 가지게 되며, 각종 계약의 당사자가 될 수 있고 그에 대한 책임도 진다. 그런데 City에는 자치권이 강화된 헌장시(Charter city, 대표적으로는 Home Rule Charter City)와 주법에 의해 그 구조와 권한이 규정되는 일반시(General law city)로 나뉜다. 자치권이 약하고 주 의존도가 높은 일반시가 자치권이 강한 헌장시가 되려면 주민청원이 있어야 하며, 주법이 규정한 절차를 거쳐 인정 여부를 정한다. City는 인구가 비교적 많은 지역의 지방정부이며, Borough(뉴욕시 이외), Town, Village 등은 인구가 적은 대도시 주변 또는 농촌 지역이 대부분이다.

준지방정부(Quasi-municipality)는 지방정부와 비교하여 법인격 부여 정도와 자치권 수준이 불완전하며 주 정부의 하부기관으로서의 성격이 강한 것으로, 카운티 외에 법인격 없는 Town, Township, 그리고 Special district(특별구) 등이 여기에 속한다(<그림 2-2> 참조). 예를 들어, 뉴욕시 버로우(Borough)는 대도시 커뮤니티 수준에 설치한 준지방정부이다. 그리고 법인격 없는 Town, Township은 주로 뉴잉글랜드나 중서부 지역에 집중되며 지방정부(법인)가 설립되지 않은 곳에서 행정서비스를 제공하는 역할을 한다.

특별구는 공원, 묘지, 소방, 하수관리 등 특정 서비스를 제공한다. 특히 초중등 교육 서비스는 다수의 학교구(School district)를 통해 이루어진다. 이러한 특별구는 지방정부의 경계를 넘어서 설립되기도 하는데, 어떤 특별구는 세금을 부과하고 징수할 수 있는 권한을 보유하며 어떤 특별구는 사용자 요금이나 보조금만으로 운영된다. 특별구의 존재에 대해서는 지방행정체제를 복잡하게 만든다는 비판이 있지만, 비용부담에 따른 편익 획득이라는 대응구조가 명확하다는 것이 장점으로 꼽힌다.

미국 지방행정체제의 특색 중 하나는 City, Town, Village 등 법인격을 갖춘

---

5) https://worldpopulationreview.com/us-city-rankings/how-many-cities-are-in-the-us

기초 지방정부가 설립되어 있지 않은 무법인 지역(Un-incorporated area)이 광범위하게 존재한다는 점이다. 즉, 적지 않은 주민들이 세금 및 비용부담으로 인해 법인형 도시구역보다는 법인이 없는 카운티 구역에 속해 살기를 원하는 경향이 있다. 이들 지역에서는 County(또는 Township)가 주정부의 대리기관으로서 경찰, 소방 기능을 중심으로 한 최소한의 기본적 행정서비스를 제공하고 있는데, 지방정부가 설립된 지역에 비해 공공서비스 제공 수준이 낮다.

미국의 지방행정체제는 주민자치 성격이 강한 동시에 연방제적 특성으로 인해 주정부에 의해 지방정부의 위상이 전적으로 규정된다는 점이 특징(Dillon's rule)이다. 지방정부는 그 설립 여부가 주민들의 자발적 요구에서 출발한다. 지방정부로서의 법인격 부여는 주정부의 심사사항인데 필수 요건의 충족 여부와 함께 재정적 지속 가능성(Feasibility)이 중요시되고 있다. 원칙적으로 지방정부 설립이 까다롭지 않은 편이지만 재정적 기반이 취약한 경우에는 설립되어도, 자연 소멸하는 사례가 적지 않다. 또한, 준지방정부 성격의 Special district(특별구)가 발달하여 지방행정에서 서비스 경쟁이 비교적 활발하게 일어나고, 행정서비스의 민간위탁이 활성화되어 있는 점도 특징이다. 반면에 복잡하고 파편화한 지방행정체제로 인해 낭비와 중복이 적지 않다는 단점도 지적되고 있다.

결론적으로 미국의 지방행정체제는 통합화와 파편화 상반된 경향이 공존하고 있으며 어느 쪽으로 움직일지를 결정하는 요인은 비용-편익 간의 균형 감각이다. 이처럼 역동적인 지방행정체제가 가능한 것은 지방정부와 준지방정부 설치가 비교적 쉽다는 점, 지역 특성을 반영한 자치제도 설계가 가능하다는 점, 행정서비스 공급과 주민부담이 직접적으로 연관된다는 점에서 기인한 것이라고 볼 수 있다.

 쉬어가기 2-3. 미국의 지방정부 신설을 위한 조건과 절차

대부분 주는 법인이 없는 지역에서 지방정부가 설립되는 것에 관해 자격요건을 설정하고 있다. 필요최소인구, 필요최소면적, 기존 지방정부로부터 필요최저한도 거리(Minimum distance from existing units required), 필요최저 종가세 표준

(Minimum Ad varolem tax base required) 등이 주요 자격요건이다. 이 가운데 종가세는 제조원가나 수입가격에 따라 세금을 부과하는 방식으로 종가세 표준요건은 세수 확보 기준이라고 할 수 있다.

그런데 주별로 구체적인 적용 요건은 다양하다. 4가지 요건을 모두 부과하거나 몇 개 조건만 선별적으로 부과하기도 하고 그 밖의 요건을 추가하기도 한다. 같은 요건이라고 할지라도 기준치가 다른 경우도 많다. 예컨대 최소필요인구 요건의 경우 앨라배마주는 300명 이상인 데 반해, 애리조나주는 1,500명 이상으로 규정하며 플로리다주는 1에이커당 평균 1.5인이라는 최소밀도 규정을 적용한다(U.S. census bureau). 그 밖의 조건으로는 설립하는 지방정부 구역과 분리된 월경지가 없어야 한다거나 명확히 구분되는 경계를 가질 것 등의 요건과 함께 지역사회로서의 공동체성을 요건으로 하는 경우도 있다.

대부분 주는 지방정부를 설립할 때 주민청원(Petitions)을 필수요건으로 한다. 청원에는 일정 수 이상의 주민서명을 첨부해야 하기에 사전에 서명 모집이 필요하다. 서명인 수에 대해서는 거주 주민 수의 일정 비율 이상을 요건으로 하는데, 거주 주민에 실제 거주자 외에 토지소유자 등을 포함할 것인지, 서명 기간의 설정, 서명 취소 가능 여부 등을 모두 주법에서 규정한다. 청원 시에는 신설 예정 지방정부의 경계선 (관할구역) 설명서, 지도, 인구 데이터를 첨부해야 한다. 주에 따라서는 지방정부 신설로 영향을 받는 이해관계자들에 대한 공지(신문게시, 우편물 발송 등)를 요구하기도 한다. 그리고 주민투표에 앞서 주 소관위원회의 청원(제안내용) 승인과정을 거치도록 하는 것이 일반적이다. 소관위원회의 성격도 주에 따라 임시 혹은 상설의 입법기관 또는 행정기관이 담당한다.

3. 일본

일본의 지방행정체제는 광역자치단체인 都, 道, 府, 縣과 기초자치단체인 區, 市, 町, 村의 이중 구조로 되어 있다. 즉 2계층제로 구성되어 있어 한국과 같은 자치계층제도라고 볼 수 있다(<그림 2-3> 참조).

세부 구성 내역을 살펴보면 2018년 10월 기준 47개의 도도부현(1都, 1道, 2府, 43縣)이 있다. 시정촌은 주민과 직결된 기초자치단체이며 주민과 밀접하게 관련된 사무를 담당하는데 792개 시, 743개 정, 183개 촌으로 구성되어 있다. 광역자치단체의 하나인 도쿄도는 인구집중으로 인한 시가지 확대 및 수도로서의 특성을 고려하여 도심지역에 해당하는 23개 특별구(자치구)외에 26시, 5정, 8촌을 포괄하고 있다.

그림 2-2 ▎ 일본의 지방행정체제

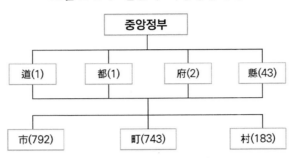

일본은 일찍부터 급속한 도시화에 대응하기 위해 일정 규모 이상의 대도시에 특례를 부여하는 제도를 운용하고 있다. 대도시특례제도는 인구 규모에 따라 정령지정시(政令指定都市, 인구 50만 기준)와 중핵시(中核市, 인구 20만 기준)로 구분된다. 정령지정시는 사회복지, 보건의료, 도시계획 등 시민 생활에 관련된 18개 항목의 사무를 처리할 수 있으며, 조례로 구역을 나누어 법인격 없는 행정구를 설치하는 것이 가능하다(<표 2-7> 참고). 중핵시는 복지사무에 관하여서 정령지정도시와 같은 권한을 가지며 지방교부세 산정에서 우대조치를 받는다. 2022년 8월 말 기준 정령지정도시는 20곳, 중핵시는 62곳이다.

일본에서는 1990년대 들어 지방분권개혁이 본격 추진되면서 기초자치단체의 대규모 합병이 추진되었다. 이른바 '헤이세이(平成) 대합병'이라고 불리는 통합추진의 배경에는 분권으로 이양되는 기능과 권한을 감당할 수 있을 정도로 기초자치단체 규모를 키워야 한다는 논리와 함께 지방세원을 이양하는 대신 교부세액이 감소함으로써 소규모 지방자치단체의 지속 가능성에 대해 우려가 제기되었기 때문이다. 즉, 국가채무가 급증하고 있는 상황 속에서 중앙정부가 지방에 대한 지원을 계속할 수 없다는 재정적 압박감이 합병추진의 주요한 동인이었다고 할 수 있다. 통합추진 결과 1999년 3월 3,229개였던 시정촌 수가 합병이 일단락된

제2장 지방행정체제: 지방정부는 모두 같은 것인가?

2010년 4월 기준 1,773개로 대폭 줄어들게 되었고, 2018년 10월 기준 1,718개이다.

표 2-7 | 정령지정도시의 주요 특례

구분	주요 내용
사무배분의 특례 (주요 예)	· 아동상담소의 설치 · 보건소 설치 · 현비 부담 교직원의 임면 · 도시계획의 결정 · 일부 국도의 관리
관여의 특례	· 지사의 승인, 허가, 인가 등의 관여가 필요한 사무에 관해 그 관여를 배제하거나 지사의 관여 대신 각 주무대신이 직접 관여
행정조직상의 특례	· 행정구의 설치(시장권한에 속하는 사무의 분장가능, 區長 및 區收入役 배치) · 구선거관리위원회 설치 · 인사위원회 설치
재정상의 특례	· 지방휘발유양여세 증액 · 지방교부세 산정상 조치 · 복권판매수익금

출처: 名古屋市(2013: 95-106)의 내용을 바탕으로 작성.

　　그런데 시정촌 합병이 진전될수록 도도부현의 소관 기초자치단체 수가 감소하게 되고, 이는 광역자치단체의 위상에도 영향을 미치지 않을 수 없다. 시정촌 합병이 가속화될수록 광역자치단체인 도도부현 역할의 재검토 필요성이 커지게 되는 것이다. 이와 관련하여 2006년 2월 총리의 자문기관인 지방제도조사위원회는 현행 도도부현을 보다 광역적인 도주(道州)제로 개편할 시 그 구역 분할에 대해 전국을 각각 9개, 11개, 13개의 블록으로 하는 3가지 방안을 제시한 바 있다(地方制度調査会, 2006). 이러한 도주제 구상은 국민적 공감대 부족, 중앙정부의 소극적 태도 등으로 가까운 시일 내에 실현되기는 어려운 환경이다. 그렇지만 제도 도입을 염두에 두고 2010년부터 간사이광역연합(関西広域連合)이 운영되는 등 장기적 지방행정체제 개편 대안의 하나로 논의되고 있다.

　　시정촌 합병이 일단락된 이후 중앙정부는 기초자치단체 간 통합이 아닌 연계·협력 체제 구축에 노력을 기울이고 있다. 인구소멸 등으로 인해 과소지역 기초자치단체의 존립 기반이 취약해짐에 따라 중심도시와 주변 지역 간 공동 인프라 구축, 공동서비스 제공 등에 재정지원을 하고 있다. 대표적인 제도가 정주자립권(定住自立圏)과 연계중추도시권(連携中枢都市圏)이다.

정주자립권은 인구 5만 명 정도의 중심시와 주변의 시정촌이 연계하여 비대도시권에서 정주 수용권을 형성하는 것을 목적으로 한다. 중앙정부는 중심시 및 인근 시정촌의 정주권 형성 사업에 대해 특별교부세를 지원한다.

연계중추도시권은 2014년 각의결정에 의한 지방창생(地方創生) 전략의 하나로 도입된 것이다. 지방권에서 정령지정도시와 중핵시를 중심으로 거점형성을 유도하여, 인구 유출을 막고, 각 지역 특성에 걸맞은 혁신을 창출하여 궁극적으로 3대 도시권의 집중 해소 및 지방도시 활성화에 그 목적이 있다. 연계중추도시권은 행정구역을 뛰어넘어 주변 시정촌과의 협약체결을 통한 권역 네트워크 형성으로 첫째, 권역 전체의 경제성장 견인(산업, 관광 등) 둘째, 고차 도시기능의 집적 및 강화(의료, 공공교통망) 셋째, 권역 전체의 생활 관련 서비스 향상(복지, 교육, 재해 대책, 인재육성 등)을 도모하려는 것이다. 2019년 4월 기준 정주자립권 체결 권역 수는 123곳이며, 연계중추도시권 협약체결 권역 수는 32곳이다.

이처럼 일본의 지방행정체제는 2계층제를 기본으로 하는 가운데 기초자치단체의 통합을 통한 지방행정체제의 효율성 향상이 추구되었는데 광역자치단체 차원의 통합은 실현되지 못하였다고 할 수 있다. 최근에는 지방행정체제 개편보다는 지방소멸 극복을 위한 지방자치단체 간의 연계·협력 촉진을 위한 정책적 노력이 전개되고 있다.

제2장 요약

국가 전체의 기능수행에 대한 분담은 중앙-지방 차원뿐만 아니라 지방 내에서도 이루어지며 2~3계층제의 분담 형태를 나타낸다. 계층 수와 기능의 분담내용은 국가별로 차이가 있으나, 주민 생활과 밀접한 기능일수록 주민과 가까운 곳에서 수행한다는 점은 공통된다.

한국과 일본은 2계층제의 지방행정체제로 중앙정부 주도하에 기초자치단체 간 통합이 추진되었다는 점과 지방자치단체의 지위 상승을 위한 노력이 활발하다는 점이 특징이다. 한국의 경우 2000년대 이후 특별자치도, 특례시 등 동일 계층 내에서 특별한 지위 부여를 확대하는 경향이 나타나고 있으며 일본의 경우 시정촌 합병 이후 계층제 관련 개편보다는 기초자치단체 간 연계·협력을 강화하는 추세이다. 미국의 지방행정체제는 한국, 일본과 비교하면, 분절적인 편으로 다양한 형태의 지방정부, 준지방정부가 동일 구역에 상호중첩적으로 존재한다. 이로 인해 지방행정의 파편화와 비능률이 초래되기도 하지만 주민 의사에 기초한 자치제도 운영이라는 원리가 관철되고 있는 결과라고도 볼 수 있다.

제3절

생각해 볼 문제

1. 아래 표는 2016년 주요 OECD 국가들의 기초 지방정부 수, 광역 지방정부 (주정부) 수, 기초 지방정부당 주민 수, 10만(명)당 기초 지방정부 수이다. 표를 참고하여 다음 물음에 대해 답하시오.

주요 OECD 국가별 지방정부 수 및 주민 수 비교(2016년 기준)

국가명	기초 지방정부	광역 혹은 주정부 수	기초 지방정부당 주민 수	10만 명당 기초 지방정부 수
Australia	562	8.0	43567.62	2.3
Austria	2098	9.0	4165.78	24.01
Belgium	589	6.0	19176.57	5.21
Canada	3959	13.0	9165.55	10.91
Germany	11054	16.0	7449.07	13.42
Spain	8124	17.0	5719.85	17.48
Switzerland	2222	26.0	3767.96	26.54
United States	35879	50.0	8968.78	11.09
Denmark	98	5.0	58459.18	1.71
Finland	311	1.0	17669.77	5.66
France	35357	18.0	1884.91	53.05
Greece	325	13.0	33180.76	3.01
Hungary	3178	19.0	3088.11	32.38
Ireland	31	-	151077.9	0.66
Italy	7960	20.0	7616.52	13.13
Japan	1741	47.0	72830.56	1.37
Korea	229	17.0	223781.70	0.45

제2장 지방행정체제: 지방정부는 모두 같은 것인가?

Luxembourg	102	–	5726.72	17.46
Netherlands	380	12.0	44815.79	2.23
New Zealand	67	11.0	70447.76	1.42
Norway	422	18.0	12407.58	8.06
Poland	2478	16.0	15507.26	6.45
Portugal	308	2.0	33524.35	2.98
Sweden	290	21.0	34217.53	2.92
Turkey	1397	81.0	57240.01	1.75
United Kingdom	391	3.0	167897.7	0.6
OECD 국가평균 (unweighted average)	132287	519.0	9692.67	10.32

출처: https://stats.oecd.org/Index.aspx?DataSetCode=SNGF

(1) 주요 OECD 국가들과 비교하여 한국의 기초자치단체 인구 규모는 어떤 수준인가? 그리고 광역자치단체 수는 어떤 수준인가?

(2) 한국에서 인구규모가 가장 작은 시, 군, 구와 인구규모가 가장 큰 시, 군, 구를 찾아서 비교하여 보시오.

(3) 기초자치단체의 인구규모가 지방자치단체 간 협력이나 통합에 어떤 영향을 미칠 것으로 생각하는가?

2. 한국의 지방행정체제 개편 역사를 살펴보면 기초 및 광역 모두 규모나 권한을 확대를 지향하는 경향이 있다고 보인다.

(1) 큰 지방정부가 만들어지면 어떤 점에서 긍정적 혹은 부정적일 수 있는지 지역사회의 다양한 이해당사자들(일반시민, 공무원, 정치가, 기업인, 중소 자영업자, 시민운동가 등)의 처지에서 생각하고 의견을 제시하시오.

(2) 큰 지방정부가 만들어진 후 실제로 어떠한 성과와 문제점이 있는지 1990년대 이후 기초자치단체 통합사례 가운데 하나를 선택하여 조사하시오.

(3) 현행 행정구역의 분할을 주장하는 이른바 '경기분도론'에 대해 조사하고 주장의 타당성을 생각해보시오.

(4) 인구가 줄고 있는 상황에서 광역시와 도를 통합하자는 주장이 있다. 해당 주장의 타당성에 대해 의견을 제시하시오.

3. 아랫글을 읽고 질문에 답하시오.

> 2022년 6월 선거에서 당선된 제주도지사는 6대 핵심 공약 중 하나로 〈제주형 기초자치단체 도입〉을 강조하였다. 당선인은 임기 2년 안에 도민 의견을 수렴해 새로운 제주형 기초자치단체 모델을 확정하고, 2024년 하반기 주민투표를 거쳐 2026년 지방선거에서 도민이 직접 기초자치단체를 구성할 수 있도록 하겠다고 했다.
>
> 출처: 뉴스1(2022.06.15.)의 기사를 일부 수정하여 작성.

(1) 단층제 개혁을 시행한 제주특별자치도에서는 계속 지방행정체제 재개편 논의가 제기되는 이유는 무엇인가?

(2) 어떠한 대안이 논의되었으며 각 대안의 장단점은 무엇인가?

4. 본인이 거주하는 지역의 지방자치단체와 인근 지방자치단체 간의 협력사례를 찾아보시오. 해당 사례에서 협력을 통해 얻는 긍정적인 효과를 조사하고, 협력이 가능할 수 있었던 요인을 논의하시오.

5. 다음 상자의 내용을 읽고 질문에 답하시오.

> 서울특별시에서 '특별'이라는 단어를 빼는 내용의 법안이 발의되었다. 수도권 인구가 비수도권의 인구를 추월한 상황에서 서울 중심의 인식을 탈피해야 한다는 주장이다. 수도권의 인구가 비수도권의 인구를 추월해 상당수의 지방은 소멸을 걱정해야 할 상황이며, 서울을 중심으로 수도권에 인구와 산업이 집중되면서 여러 문제가 발생하고 있고, 서울에 살면 특별시민이고 서울 이외의 지역에 살면 일반시민이 되는 구시대적 차별과 분리 정책을 폐지해야 한다는 주장이다. 따라서 의식과 표현을 바꾸려는 노력을 통해 수도권과

비수도권이 종속적이고 수직적인 관계가 아닌 수평적인 관계로 나아갈 수 있도록 해야 한다는 것이다.

출처: 머니투데이(2021.11.01.)의 기사를 일부 수정하여 작성.

(1) 서울특별시는 다른 광역시에 비해 어떤 특별한 지위 혹은 특례를 갖는지 조사해 보시오.

(2) 서울의 '특별' 명칭 삭제에 대한 자신의 견해를 밝히시오.

지방행정체제 개편과 이익, 제도, 이념

정치 현상이나 행정 현상을 분석할 때 이익(Interest), 제도(Institution), 이념(Ideology)이라는 시각이 유용하다(秋月, 2001). 시각이란 인간과 단체 등 정치적 행위자의 행동 패턴에 관한 결정요인이라고 바꾸어 말할 수 있다. 다른 시대, 다른 나라에서 벌어진 행정 현상이나 정책 현상은 시대적 제약이나 문화적 제약으로 인해 현대한국에 거주하는 우리로서는 완벽하게 이해하기 어렵다. 그렇지만, 이익과 제도 그리고 이념은 무엇이었고, 어떤 상호작용을 거쳐 현재와 같은 상태로 되었는지는 분석을 시도해 볼 수 있다. 즉, 인간 행동의 근원에 있는 것은 무엇인가라는 질문에 대한 실마리를 이익, 제도, 이념이라는 시각을 통해서 찾아볼 수 있다. 그렇다면 이익, 제도, 이념은 구체적으로 무엇을 의미하는 것일까.

이익(이득, 효용)이 인간 행동을 좌우하는 것은 비교적 이해하기 쉽다. 이익은 많은 경우 물리적인 재화의 획득과 관련된 경우가 많지만, 반드시 물질적인 것으로만 한정할 필요는 없다. 이익은 개인과 집단의 정치적 행동을 이해하고 설명하는 데 가장 중요한 요인이다. 합리적 선택론과 공공선택론은 행위자가 스스로 자신의 이익을 규정하며 그 이익의 극대화를 위해 전략적으로 그리고 일관성 있게 행동한다는 전제에서 이론을 전개하고 있다.

제도는 사회적 행위를 제약하는 어떤 형태의 질서 혹은 약속이라고 할 수 있다. 이러한 제도는 역사적 경위를 거쳐서 오랜 기간에 걸쳐 형성되며 제도가 이익에 바탕을 둔 개인과 단체의 행동과 전략에 영향을 미친다. 정치의 결과를 사회의 다양한 이익들 간의 경쟁과 타협의 결과만으로는 설명할 수 없고 반드시 구조적 제약요인이라고 할 수 있는 제도의 영향력을 고려하여야 한다는 것이다.

이념은 추상적인 아이디어, 개념, 사고패턴 등의 용어와 호환된다. 이념(이데올로기)는 "어떤 종류의 행동양식을 형성하고 유도하며 조직화 및 정당화하는 동시에 그 외에 행동양식은 부정하는 것을 목적으로 현실을 묘사·해석·평가하는 신조 및 언어의 패턴"이라고 정의할 수 있다. 이념은 정치나 정책에 관한 아이디어의 체계라는 의미와 함께 선악에 대한 가치기준, 해결해야 할 문제가 무엇이어야 하는가에 대한 규범적 가치를 내포한다.

　본문에서도 언급한 바와 같이 지방행정체제 개편은 고도의 정치성을 띤 행정 현상이라고 할 수 있다. 중앙과 지방, 그리고 광역자치단체와 기초자치단체뿐만 아니라 정치인, 중앙과 지방의 공무원, 지역주민 등 다양한 행위자 간 정치적 게임이 전개된다. 지방행정체제 개편논의의 참여자들은 저마다의 주장에 합리성을 내세우지만, 각자의 이익, 이념이 반영되어 있다. 그리고 기존 제도의 제약은 어떤 개편안의 실현은 쉽게 하지만, 어떤 개편안의 실현은 어렵게 만든다. 이처럼 이익, 제도, 이념 시각은 지방행정체제 개편을 비롯한 정치·행정 현상을 이해하는 데 유용한 도구이다.

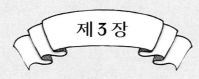

제 3 장

지방의회와 단체장:
지방정부의 대표자는 무엇을 할까?

독자가 타임머신을 타고 1952년 4월 어느 날의 한국으로 간다면 현재와 완전히 다른 풍경을 마주할 것이다. 1950년에 시작된 전쟁은 끝나지 않았고, 전쟁으로 파괴된 사회 시설이 사방에서 발견된다. 사람들은 한 치 앞을 알 수 없는 엄혹한 환경에 처해 있을 것이다.

그런데 독자가 거주하는 마을에서는 지방의회의 의원선거가 진행되고 있을 것이다. 6 · 25 전쟁이 한창인 와중에 무슨 선거냐고 하겠지만, 기초자치단체 수준에서는 지방의원 선거가 진행되었다. 그리고 1952년 5월에는 도의회 의원 선거도 진행되었다. 그런데 시장선거는 진행되지 않았다. 그 이유는 무엇일까?

제1장을 꼼꼼하게 읽은 독자라면 알겠지만, 당시에는 지방자치단체의 의원만을 선거로 선출했고, 단체장은 간선으로 선출되었기 때문이다. 물론 1960년 지방의회 선거에서는 단체장도 선거로 선출되었다. 그렇지만 서울시장은 여전히 선거로 선출되지 않았다.

현재로 돌아와서 지방선거를 살펴보면 단체장, 지방의회의원, 교육감을 선거로 선출한다. 지방정부를 구성하는 가장 중요한 행위자는 바로 지방의회의 의원과 단체장이다. 선거를 통해서 선출된다는 점에서 의원과 단체장은 지방주민을 대표하는 자격을 가진다. 그러면 누가 지방정부를 대표하는 것일까? 그리고 그들은 어떤 역할을 하는 것일까? 만약 지방의회만 선거를 통해 구성하고, 지방의회가 단체장을 임명한다면 지방의회가 지방정부를 대표하는 것일까?

지방정부를 구성하는 방식은 국가마다 다르다. 지방정부 구성 방식은 지방의회, 단체장, 공무원 등 관련된 행위자의 권한, 행동에 영향을 주는 제도라고 할 수 있다.

제3장에서는 지방정부 구성의 원리에 해당하는 민주주의에 대해 살펴보고, 지방정부를 구성하는 기본방식을 논의한다. 이와 관련하여 선거제도와 정당정치에 대해서도 알아본다. 그리고 지방의회와 단체장은 어떠한 권한을 행사하는지를 고찰한다.

지방정부 구성의 원리

국가마다 지방정부 형태는 다양하다. 그렇지만 지방정부를 구성하는 기본원리는 민주주의라고 할 수 있다. 「헌법」 제1조는 '대한민국은 민주공화국이다'라고 서술하고 있다. 또한 지방자치의 유효성을 주장하는 논거의 하나로 제시되는 것으로 '지방자치는 민주주의 학교'라는 표현이 있다. 그렇다면 지방정부를 구성할 때 민주주의는 어떻게 작동하는가를 살펴보자.

1. 직접 민주주의와 대의 민주주의(代議 民主主義)

민주주의의 가장 일반적인 정의는 대중(혹은 인민, 시민)에 의한 통치이다. 민주주의는 영어로 Democracy이다. 인민 혹은 대중이라는 의미의 데모스(Demos)와 통치라는 뜻의 크러시(Cracy)가 합쳐진 이 용어는 고대 그리스 사람들이 만들어 낸 것이다(Dahl, 1998). 모든 시민이 참여할 자격을 갖는 민회(Ekklésia, 에클레시아, 현재 의회에 해당)는 아테네식 민주주의의 가장 핵심적인 부분이다.

고대 그리스 아테네에서 주요한 정치적 결정과 입법은 민회에서 진행되었다 (EBS 다큐프라임 외, 2016). 아테네 시민 전체가 참석해서 시의 중요한 업무를 결정하는 민회는 1년에 40회 개최되었다. 민회에서는 주장과 반론이 이루어졌고, 손을 들어 투표로 결정했다. 시민 500명으로 구성된 평의회는 민회에서 의논할 안건을 미리 결정했다. 그리고 민회가 수행하지 않는 많은 기능은 추첨을 통해 선출된 시민들에게 맡겼다. 아테네 행정부를 구성했던 행정직 중에서 대략 85%는 추첨을 통해 선출되었다.

이러한 아테네식의 민주주의는 지역의 중요한 결정을 시민 모두가 참여해 직접 결정한다는 점에서 직접 민주주의라고 할 수 있다. 역사적으로 일부 국가에서는 아테네식의 민주주의를 차용하거나 일부 변용하여 채택하기도 하였다. 예를 들어, 미국의 타운미팅(Town meeting, 주민 회의)을 생각할 수 있다(佐々木, 2009).

그렇지만 도시 국가에 적용되었던 아테네식의 민주주의를 인구가 많은 현대 사회에 적용하는 것은 현실적으로 어렵다. 고대 아테네의 시민은 약 3만 명으로 추산되는데, 누구든 민회에 참석하고 공직을 맡을 수 있을 정도의 인구였다. 아테네 인구보다 훨씬 많은 인구를 가진 국가가 아테네식 민주주의를 적용하는 것은 거의 불가능하다. 시민들이 한 장소에 모여 법률을 입안할 수 없을 정도로 시민 규모가 커지고 지리적으로 광범위하게 분산되어 있을 때는 다른 방식의 민주주의가 필요하다(Dahl, 1991). 현재 많은 국가는 대표자를 선거로 선출하는 대의 민주주의를 선택하고 있다.

직접 민주주의는 시민이 직접 정책을 결정한다. 그러나 대의 민주주의는 시민이 선출한 공직자가 정책을 결정하는 것이 큰 특징이다. 시민은 선거를 통해 법률을 입안할 수 있는 대표자를 선출한다. 특히 일정한 주기로 이루어지는 자유롭고 공정한 선거를 통해 대표자를 재신임할 수도 있고, 해임할 수도 있다. 따라서 대의 민주주의가 작동하기 위해서는 여러 장치가 필요하며, 선출직 공직자, 공정한 선거, 표현의 자유, 결사의 자유 등을 예로 들 수 있다(Dahl, 1998). 민주주의가 시민에 의한 통치라는 점을 의미한다면, 대의 민주주의는 간접적인 형태의 민주주의 것이다.

대의 민주주의는 선거를 통해 대표자를 선출한다. 대표(Representation)란 다른 사람을 위해 발언하거나 행동하는 것이다(Krebs 외, 2020). 사람들은 선거를 통해 선출된 공직자들이 우리를 위해 발언하거나 행동하기를 기대한다. 그런데 대표자들이 자신들의 책임을 충실하게 이행하지 않는 사례가 종종 발견된다. 지방 정부가 하는 일에 주민이나 언론의 관심이 크지 않을 때 더 빈번하게 나타난다. 이러한 상황은 기본적으로 주인-대리인 문제(Principal-agent problem)와 깊은 연관이 있다.

경제학에서 대리인은 주인을 위하여 경제적 행위를 하는 사람이다. 주인(본인 또는 위임자라고도 함)은 그러한 경제적 행위를 통해 발생한 이익을 얻는 사람이다. 주인-대리인 문제는 대리인이 주인을 위해 열심히 일하지 않거나, 대리인 자신의 이익을 위해 일하는 상황을 말한다(Mankiw, 2015; Milgrom 외, 1992). 이러한 주인－대리인 문제는 대의 민주주의에서도 발견된다. 대의 민주주의에서 주민은 주인에 해당하며, 선출된 지방의회의원이나 단체장은 대리인이라고 할 수 있다.

그림 3-1 ▌ 지방정부의 주인과 대리인 관계

쉬어가기 3-1. 형식적 대표와 실질적 대표

　　대의 민주주의에서 선출되는 지방정부의 대표자와 관련하여 형식적(Descriptive) 대표와 실질적(Substantive) 대표라는 개념에 주목할 필요가 있다(Krebs 외, 2020). 형식적 대표란 성별, 지역, 인종 등 인구 모집단의 특성이 지방의회에서 비례적으로 대표할 수 있는가를 의미하며, 소극적 대표라고도 한다. 반면에 실질적 대표는 지방 정부의 정책과정과 그 결과물이 공동체의 다양한 견해를 실질적으로 반영하는가를 의미한다.

　　우선, 형식적 대표에서는 지방의회를 구성하는 의원과 주민의 인구통계학적 특성이 비슷할수록, 정책의 대응성은 높아진다고 가정한다. 정부 구성에서 소극적 대표가 적극적 대표를 담보할 수 있다는 대표관료제와 비슷한 논리라고 할 것이다. 소극적 대표를 확보함으로써 주인-대리인의 문제가 완화될 가능성이 커진다. 그렇다면 소극적 대표와 관련하여 한국, 일본, 미국은 어떤 모습일까?

　　한국의 지방의원을 살펴보면 남성, 50대, 고학력, 정치가와 산업계 출신, 거대 정당 출신이 대표되는 특성이 있다(권경득 외, 2020). 첫째, 여성이 과소 대표되고 있다. 기초의회와 광역의회의 지역구에서 여성 의원은 전체의 6%에 미치지 못한다. 반면에 광역비례 대표에서는 61%, 기초 비례대표에서는 93%를 차지한다. 둘째, 나이 별로 보면 50대가 광역과 기초 모두 40% 이상을 차지하고, 40대가 30% 이상, 그리고 60세 이상이 뒤를 잇고 있다. 반면에 30대 이하는 10% 미만이다. 셋째, 광역의회 는 정치, 산업계, 무직 등의 비율이 높고, 기초의회는 산업계와 무직 등의 비율이 높다. 지방의원 유급제가 도입된 이후에 정치계와 무직의 비율이 높아졌다. 넷째, 군소 정당 소속의 지방의원이 적다. 특히 2006년에 기초의원 후보자에 대해서도 정당공천 제가 도입된 이후 기초의회도 거대 양당 소속의 의원이 대다수를 차지하고 있다.

일본도 지방의원은 중년층 이상이 많고, 여성 의원이 적다. 그리고 회사에서 급여를 받는 월급쟁이는 배제된다는 점이 소극적 대표와 관련하여 문제점으로 지적된다(佐々木, 2009). 미국도 지방의회에서는 여성 의원의 비율이 낮다.

다음으로 실질적 대표와 관련해서는 크게 두 가지의 논점이 있다. 첫째, 지방의 회의원들이 그들의 선거구를 어떻게 인식하는가가 중요하다. 시 전체의 집합적 이익에 봉사해야 하는가? 아니면 자신이 선출된 지역구 이익에 충실해야 하는가? 보통 지역구에서 당선된 지방의회의원은 시 전체적 이해관계보다 자신이 당선된 지역구의 이해관계를 대표하려는 경향이 있다. 둘째, 지방의회가 조례와 정책을 만드는 과정에서 전문성을 발휘하고, 공동체의 갈등을 조정할 수 있는가가 중요하다.

2. 지방정부의 구성 방식

민주주의 원리는 지방정부 구성에서 어떻게 작용할까? 크게 직접 민주주의 원리가 작용하는 방법과 대의 민주주의가 작용하는 방법으로 구분할 수 있다.

첫째, 직접 민주주의를 적용하는 방식이다. 일정 수의 주민이 직접 회의에 참여하여 주요 정책을 결정하는 것이다. 예를 들어, 미국의 타운미팅(Town meeting) 형태는 일 년 단위로 이루어지는 회의에서 마을을 위해 일할 공무원을 선출하고, 지방 조례를 통과시키며, 세금을 할당하고, 예산안을 채택한다. 그렇지만 이러한 방식을 적용하는 국가는 많지 않다.

둘째, 대의 민주주의를 적용하는 방식이다. 대부분 국가가 채용하고 있는 형식이다. 주민들이 대표자를 직접 뽑고, 대표자들이 지방의 사무를 담당하게 한다는 점에서는 공통점이 있다. 이때 일정한 조건을 갖추면 누구라도 선거에 출마해서 대표자가 될 수 있다. 예를 들어 한국은 지방선거에서 지방의회의 의원, 단체장 등을 선거로 선출하는데, 「공직선거법」에 따르면 18세 이상으로 선거일 현재 계속하여 60일 이상 당해 지방자치단체의 관할구역 안에 주민등록이 되어 있으면 자치단체장이나 지방의원의 피선거권이 있다.

대의 민주주의를 적용하여도 국가마다 차이가 있지만, 두 가지로 구분할 수 있다. 우선, 지방의회의원과 단체장을 주민이 직접선거로 뽑는 방식이 있다. 지방의회도 단체장도 모두 주민을 대표하는 지위를 가진다. 그렇지만 단체장이 큰 권한을 행사하는 사례와 지방의회가 큰 권한을 행사하는 사례로 구분할 수 있다. 전자의 예로는 한국, 일본, 미국의 대도시 등에서 발견된다. 후자의 예로는 미국의 일부 지역에서 발견된다.

다음으로, 주민은 지방의회의원만을 선거로 뽑는 방식이 있다. 미국의 중소도시를 포함하여 많은 국가에서 발견되며, 다양한 모습이 있다. 대표적인 예는 지방의회를 구성하는 의원들이 지방정부의 각 집행부서의 장을 담당하는 형태이다. 미국 북동부의 작은 마을에서 주로 발견되는 위원회(Commission) 형태가 여기에 해당한다. 여기서는 입법과 집행 기능이 시 위원회에 통합되어 있다(오시영 편저, 2009). 주민의 직선으로 선출된 시 위원들은 정책과정에 참여하며, 동시에 주요 부서의 장의 역할도 한다. 다른 예로는 지방의회의 의원 중에서 단체장을 선출하는 방식이 있다. 단체장은 큰 권한을 행사하지 않는다. 이때 단체장을 대신하여 행정을 담당하는 행정전문가를 선임해서 행정의 능률성을 추구하기도 한다.

표 3-1 ▎ 지방정부의 구성 방식

	직접 민주주의	대의 민주주의	
		지방의회와 단체장 선거	지방의회만 선거
기관분립형	-	○	○
기관통합형	-	-	○

지방자치를 다루는 책은 보통 기관대립형(또는 기관분립형), 기관통합형이라는 용어를 사용한다. 지방정부에서 의결을 담당하는 기관과 집행을 담당하는 기관이 나누어져 있는가(기관대립형 또는 기관분립형), 아니면 두 기관이 하나로 통합되어 있는가(기관통합형)에 초점을 둔다. 이러한 기준에 따르면 한국은 기관대립형을 채택하고 있다. 그렇다면 이러한 개념은 어디에서 유래한 것일까?

기관대립형 등의 개념은 법학에서 나온 개념이다. 「헌법」은 지방자치단체의 종류를 법으로 정하며, 지방자치단체에 의회를 둔다고 규정하고 있다. 「지방자치법」에 따르면 지방자치단체는 법인으로 하며, 주민의 대의기관인 의회를 설치한다. 그리고 지방자치단체의 장, 보조기관, 소속 행정기관 등이 포함되는 집행기관에 관한 항목을 두고 있다.

법률에 따르면 지방자치단체의 설치 및 운영 등에서 주민의 의사를 대변하는 (의결기관인) 지방의회가 있고, 투표를 통해 선출되는 단체장 중심의 집행기관으로 이원화되어 있다. 즉 지방자치단체에는 의결기관인 지방의회가 있고, 이와 비교되는 지방자치단체의 장을 집행기관이라고 한다. 그렇다면 기관이란 무엇을 뜻하는가?

행정법에서는 자신의 이름으로 행정을 행할 권리와 의무를 지닌 행정법관계의 당사자를 행정주체라고 한다(정하중, 2019). 국가, 지방자치단체, 영조물법인, 공공조합, 공공재단 등이 여기에 해당한다. 그런데 행정주체는 법인이고 추상적인 존재다. 따라서 행정주체가 현실에서 행정작용을 수행하려면 행정주체를 대신해서 행동할 무엇인가가 필요하다. 행정주체의 사무를 담당하는 것을 행정기관이라고 한다. 공법상의 법인인 지방자치단체가 기능을 하려면 일정한 기관이 필요하다. 그리고 행정주체의 의사를 결정하고, 이를 외부에 표시하는 행정기관을 행정청이라고 표현한다. 이때 지방자치단체의 장은 행정기관이며, 또한 행정청에 해당한다.

3. 선거제도와 정당

그렇다면 대표자를 선출할 때 시민의 의사를 어떻게 반영할 것인가? 이는 선거제도와 깊은 연관이 있다. 선거제도는 선거구제(선거구 정수), 투표방식, 대표제 등 세 측면에서 이해할 수 있다(伊藤 외, 2000).

첫째, 선거구의 정수에 초점을 두면, 소선거구제와 중대선거구제로 나눌 수 있다. 이는 선거구에서 선출되는 의원의 수에 관련된다. 소선거구제(Single-member district system)는 모든 선거구의 정수가 1명이다. 2020년 기준으로 국회의원을 선거로 뽑을 때 각 선거구에서는 한 명의 의원만을 선출하는데, 이는 소선거구제의 예라고 할 수 있다. 반면에 중대선거구제(Multi-member district system)는 하나의 선거구에서 여러 명의 의원이 선출되는 방식이다. 「공직선거법」은 하나의 선거구에서 선출되는 지역구 기초의원의 수를 2명~4명으로 규정하고 있는데, 이는 중대선거구제의 예라고 할 수 있다.[1]

둘째, 선거방식에 따라 선거제도를 구분할 수 있다. 단기투표제와 연기투표제로 구분된다. 단기투표제(Single-ballot system)란 투표용지에 한 명의 후보자를 기표하는 것으로, 소선거구제에 대응하는 방식이다. 연기투표제(Multi-ballot system)는 여러 후보자를 연달아 기표하는 것이며, 중대선거구제에 대응한다. 물론 단기투표제와 중대선거구제를 연결해서 사용하는 방식도 있다. 한국의 지방의회의원 선거가 여기에 해당한다. 선거구의 정수는 여러 명이지만, 유권자가 투표용지에 기표하는 후보자의 수는 1명이다.

셋째, 대표제에 초점을 두면 다수대표제, 비례대표제 등으로 분류할 수 있다. 다수 대표(Majority representation)란 선출되는 의원이 해당 선거구에 거주하는 유권자의 다수파를 대표한다는 의미이다. 여기에도 상대다수와 절대다수로 구분한다. 전자는 득표수가 절반을 넘지 않아도 가장 많은 표를 얻은 후보자가 선출되는 방식이다(예, 2022년 치러진 대통령 선거). 후자는 득표수가 절반을 넘어야만 후보자가 선출되는 방법이다. 한편 비례대표제는 유권자가 정당 이름을 기표하고, 각 정당의 득표율에 비례해서 의석을 배분하는 제도이다.

한국은 지방자치단체장을 선출할 때, 소선거구제·단기투표제·상대 다수 대표제를 선택하고 있다. 반면에 기초의회의 의원을 선출할 때는 중대선거구제·단기투표제·상대 다수 대표제를 선택하는 것이다. 또한 지방의회의 의원을 뽑을 때 일정 수는 비례대표제를 사용한다.

---

1) 2022년 6월 지방선거에서는 중대선거구제를 확대하는 제도 실험이 있었다. 「공직선거법」 개정을 통해 4인 선거구를 2인 선거구로 분리할 수 있다는 조항을 삭제하고, 부칙을 두어 시범적으로 11곳의 선거구는 지역구 기초의원을 3명~5명 뽑도록 하였다.

한편, 정당은 대의 민주주의를 실현하는 데 필요하다(岡沢, 1988). 보통선거가 실현되면서 엄청난 수의 시민이 정치에 참여하게 되었다. 대의 민주주의에서 시민이 활용할 수 있는 자원은 <1인 1표 원칙>에 따라 사람의 수다. 사람의 수를 효과적으로 활용하기 위해서는 조직화를 하고, 단결력을 강화해야 한다. 이러한 필요성에 대응하는 과정에서 대중 정당이 나타났다. 물론 시민뿐만 아니라 권력을 추구하는 사람들도 시민에게 접근하고 시민을 조직화해야 하기에 정당과 같은 조직이 필요하다.

정당은 사회에서 적어도 네 가지 역할을 한다(伊藤 외, 2000). 정책형성, 정치 지도자의 선발과 정부 형성, (정치적) 인재 발굴과 등용, 정치 교육 등이다.

첫째, 정당은 정책을 형성하는 기능을 한다. 정당은 사회의 다양한 이익을 표출하고, 이를 조정하는 역할을 한다. 국민, 기업, 이익단체 등 각 집단이 가진 의견과 이익은 정당을 통해 정책과정에 투영된다. 정당에 속한 국회의원과 지방의회의원은 자신의 선거구에 있는 투표권자(국민, 주민)가 바라는 것이 정책을 통해 실현될 수 있음을 보여줄 때 선거에서 당선될 가능성이 커진다.

또한, 정당은 개인들과 많은 단체가 표출하는 이해관계를 조정하고, 이를 정책으로 정리하는 기능(이익집약기능)이 있다. 사회의 행위자들이 제안한 정책안을 정당이 조정·종합할 때 주로 나타난다. 또는 국회에 제출된 법안을 둘러싸고 정당 사이의 주장과 이해관계가 대립할 때, 정당 사이에 의견 조절을 하면서 나타나는 기능이다.

둘째, 정치지도자의 선발과 정부 형성의 기능이 있다. 국가의 집정부를 어느 정당이 담당하며, 누가 정부 수반이 될 것인가를 결정한다. 예를 들어, 대통령제에서는 국민이 대통령을 직접 뽑지만, 대통령 후보는 정당에서 배출한다. 의원내각제에서도 제1정당의 당수가 정부 수반이 된다. 정당에서 유능한 정치가가 대통령이나 수상 후보가 되려면 정당에서의 지도자 선발 과정을 거치게 된다.

그리고 정부를 형성할 때도 정당이 담당하는 역할이 크다. 미국의 대통령은 당선이 되면 소속 정당의 구성원이나 비슷한 정치적 성향을 지닌 민간인으로부터 내각을 구성한다. 영국과 같은 내각제는 의회의 제1당이 내각 구성원의 90% 이상을 차지하며, 적은 수의 민간인이 입각한다. 특히 의원내각제는 연립정권을 형성할 때 정당의 역할이 크다.

셋째, 정치적으로 유능한 인재를 발굴하고 등용한다. 이는 정치적 충원에 해당한다. 정당은 정치가가 되고 싶은 사람을 발굴하고 국회의원, 지방의회의원으로 추천한다. 국회의원이나 지방의회의원이 된 후에도 정당은 의원이 정당, 국회, 지방의회의 위원회에서 활동하면서 역량을 키울 수 있도록 한다.

넷째, 시민이나 주민을 대상으로 정치 교육을 한다. 정치적 사회화의 기능이라고 한다. 정당은 유권자에게 정치참가의 기회를 제공한다. 정책에 관한 토론과 논쟁을 통해 정치와 정책에 관한 일반적 견해, 지식, 의견 등을 시민이 학습할 수 있게 한다.

위에서 언급한 선거구제는 정당제도와 연결되어 있다. 예를 들어, 소선거구제도는 양당 정당제의 발전을 촉진한다. 반면에 대선거구제, 비례대표제 등이 활성화되면 여러 정당이 발전할 수 있다.

 쉬어가기 3-3. 지역정당이란?

지방정부의 대표자를 선출하는 과정에서 정당이 미치는 부정적인 영향을 완화하는 방안의 하나로 지역정당에 관한 관심이 커지고 있다(이정진, 2022). 지역주의 정당구도에서 거대 양당은 지역 분점을 함으로써 지역에서는 사실상 1당 지배가 나타나고 있다는 비판이 있다. 이에 대한 대안의 하나로 거론되는 것이 지역정당이다.

정당정치가 발달한 많은 국가에는 지역정당이 있다. 예를 들어, 미국은 각 주에 지역의 이해관계를 대변하는 지역정당이 있다. 2016년과 2020년 미국 대선에 민주당 후보로 도전한 버니 샌더스 상원의원은 무소속이었지만, 버몬트주에서 활동하는 지역정당인 버몬트 진보당(Vermont progressive party)의 지지를 받았다. 일본도 1990년대 이후 지방의회에서 지역정당이 차지하는 비중이 높아지고 있다.

물론 지역정당이 활성화되면 지역주의가 심화할 것이라는 걱정도 있다. 그렇지만 지역정당은 지역문제에 관해 정치적인 의사 형성이 쉽고, 지방정치를 활성화할 수 있다. 폐쇄적인 지역주의 정당구도에서 지역정당은 지역 유권자들의 정치적 대안이 될 수도 있다. 지역정당을 비롯한 여러 정치집단이 지방선거에 등장하면, 지방선거에서 일상적 생활 이슈가 논의되는 장으로 바뀔 수도 있다. 지방자치의 발전과 관련하여 지역정당의 필요성을 고민할 시점이다.

지방의회와 단체장의 역할

1. 한국

한국의 지방정부는 법률적으로는 지방자치단체라고 표현한다. 각 지방자치단체는 자치단체의 의사를 결정하는 의결기관인 지방의회와 이를 집행하는 지방자치단체장 등으로 구성된다. 지방의회와 자치단체장 모두 주민 선거를 통해 선출되기에 이원(二元) 대표제라고 한다. 지방정부를 대표하는 의결기관과 집행기관이 서로 분리되어 있고 경쟁하는 관계에 있다는 점에서 기관대립형이라고도 한다.

물론 미국과 같이 지방정부의 형태가 다양하게 나타날 가능성도 생겼다. 2022년부터 시행된 「지방자치법」에 따르면 지방의회와 집행기관의 구성을 달리할 수 있기 때문이다. 「주민투표법」에 따른 주민투표를 거치면 단체장을 선거로 선출하지 않을 수도 있다. 여기에서는 현재 제도를 중심으로 살펴보기로 한다.

한국은 권력분립의 관점에서 보면 단체장과 지방의회가 서로 나뉘어 있는 형태이다. 이는 중앙정부의 대통령제와 비슷하다. 우선 지방의회는 어떠한 기능을 수행하는가? 대표, 조례제정, 감독·관리 기능 등이 있다(정하중, 2019).

첫째, 대의기관으로 주민을 대표한다. 의회는 주민의 대의기관으로써 지방자치단체에 설치된다. 주민이 보통·평등·직접·비밀선거를 통해 직접 지방의회의 의원을 4년마다 선출한다. 주민에 의하여 민주적 정당성이 부여되는 지방의회는 주민을 대표하는 기능이 있다.

둘째, 조례를 제정할 수 있다. 지방자치단체는 법령의 범위에서 그 사무에 관하여 조례를 제정할 수 있다. 즉, 지방의회는 해당 지방자치단체에서 가장 상위의 의결기관에 해당한다. 지방자치단체가 하려는 중요한 사무는 지방의회의 의결을 거쳐야 한다. 지방의회의 의결사항으로는 조례의 제정·개정 및 폐지, 예산의 심의·확정, 결산 승인, 기금의 설치·운용, 청원의 수리와 처리 등이 있다.

셋째, 감독 및 관리 기능이 있다. 지방의회는 지방자치단체의 행정을 감시하고 통제하는 기능이 있다. 행정사무에 대하여 행정조사 및 행정감사를 할 수 있고, 행정사무의 처리상황에 대하여 보고를 받거나 질문을 할 수 있다.

지방의회를 구성하는 지방의원은 권리와 의무가 있다. 의안을 발의하고, 표결권을 갖는다. 그리고 월정 수당, 여비, 의정 활동비(의정 자료의 수집·연구와 이를 위한 보조 활동에 필요한 비용 보전) 등을 받는다. 반면에 겸직금지, 성실, 청렴, 품위유지, 지위 남용 금지 등의 의무를 진다.

지방자치단체장은 지방의원과 비슷하게 4년의 임기지만, 연임은 3선으로 제한된다.

단체장은 지방의회보다 상대적으로 강한 권한을 행사한다(임승빈, 2016). 미국과 비교하면 '강한 시장 – 의회' 정부 형태와 비슷하다. 단체장을 수장(首長, 윗자리에 위치해 집단이란 단체를 지배하고 통솔하는 사람)이라고 인식하고, 일본에서 사용되는 개념을 응용하여 강수장(首長) 형태라고 표현하기도 한다.

단체장이 지방의회보다 더 강한 권한을 행사하고 있다는 주장의 논거는 어디에 있는 것일까?

첫째, 현대국가의 특징이다. 현대국가는 그 이전 근대국가와 비교하면 행정서비스의 범위와 규모가 확장되었고, 국민의 생존권과 소득의 재분배 등을 국가의 당연한 기능으로 생각하고 있다(西尾, 2001). 현대국가는 과거와 달리 행정부가 담당하는 업무가 많고, 그 역할이 중요하다. 국가 수준에서도 행정부가 입법부인 의회를 압도하는 현상이 발견된다.

이러한 현상은 지방정부 수준에서도 비슷하게 적용될 수 있다. 특히 복지국가의 역할이 강조되면서 행정 활동이 비약적으로 증가하는 현상이 나타나고 있다. 지방정부의 행정 활동의 증가는 동시에 지방정부의 재량이 늘어날 가능성을 높이고 있다. 이러한 상황에서 지방정부의 행정 활동을 대표하는 행위자의 권한이 커질 가능성이 있다. 한국에서는 단체장이 해당 지방자치단체를 대표하고, 사무를 총괄하는 역할을 한다. 또한 해당 지방자치단체의 사무와 법령에 따라 단체장에게 위임된 사무를 관리·집행하는 권한이 있다.

둘째, 제도적인 특성이다. 집행기관을 통솔하는 지방자치단체의 장은 인사, 예산 등에서 강한 권한을 행사한다. 우선 단체장은 소속 직원을 지휘·감독하고,

법령 등이 정하는 바에 따라 소속 직원의 임면·교육훈련·복무·징계 등에 관한 권한을 행사한다. 회사 직원이 승진에 관심을 기울이듯 지방공무원에게도 승진은 동기부여에서 중요하다.

또한 단체장은 예산안을 작성하여 의회에 제출하고, 의회는 예산안을 심의·의결한다. 이때 단체장이 편성·제출한 예산안을 의회는 심의할 수 있으나, 총액만 확정할 수 있다(임승빈, 2016). 단체장이 예산편성의 근거인 사업계획을 변경하여 집행할 때, 지방의회가 이를 규제하기 어렵다. 또한 지방의회는 단체장의 동의 없이 지출예산 각 항의 금액을 증가시키거나 새로운 비용항목을 설치할 수 없다.

셋째, 지역 대표성이다. 단체장은 선거를 통해 선출된다. 지방의회가 단체장을 간선으로 선출하거나 임명하는 방식과 비교하면, 단체장도 주민으로부터 권한을 위임받은 대표자이다. 기초자치단체를 예로 들면 기초의원은 주로 해당 지역을 선거구로 나눈 구역 단위에서 선출된다. 반면에 단체장은 해당 지역의 전체를 대표하는 특성을 갖는다. 그렇기에 단체장은 지방의회의 의원들보다 해당 지역을 대표하는 정치적 중심인물이라고 할 수 있다(임승빈, 2016).

우리가 거주하는 지역을 생각해도, 단체장의 이름을 알고 있을 가능성은 크지만, 지방의회의원의 이름을 기억할 확률은 높지 않다. 광역자치단체의 장을 재임한 후에 대통령 혹은 대통령 후보, 국무총리 혹은 국무총리 후보가 되었던 사례를 생각하면, 광역단체장의 정치적 위상을 짐작할 수 있다. 기초자치단체 수준에서는 지방의회의원이 지방의회경력을 쌓은 후에 해당 지역의 단체장에 도전하는 경우가 적지 않다.

한편, 지방정부를 구성하는 대표자 선출과 관련하여 한국 지방선거의 특징을 정리하면 다음과 같다.

첫째, 정당별 지지에 따른 투표가 지방선거에 나타나고 있다. 후보자의 정책과 공약이 아닌 정당을 보고 선택하는 모습이 나타나면서, 지역의 비전과 의제를 중심으로 유능한 지역 일꾼을 뽑을 가능성이 작아지고 있다(임승빈, 2016).

둘째, 단체장과 지방의원이 정당공천을 받는 과정에서 중앙정치가 지나치게 개입하는 경향이 나타나고 있다. 중앙집권적 정당정치가 강한 상황에서 지역구의 국회의원이 후보자 선발에서 큰 영향력을 발휘하고 있다(한국지방자치학회, 2010).

셋째, 기초의원 지역선거구 중 한 선거구에서 2인을 뽑는 곳이 전체의 60%

이상을 차지하고 있다(지방자치발전위원회, 2016). 2인 선거구제에서 특정 정당이 지역을 독식하는 현상이 나타나고 있다.

📖 **쉬어가기 3-4. 지방의회의 의원 정수 확정**

기초자치단체의 의원은 총 몇 명일까? 그리고 의원의 정수는 어떻게 정할까?

한국은 「공직선거법」에 근거하여 시·도의회의 의원정수 및 시·군·자치구 의회의 의원정수를 정한다. 그리고 지방의회 의원정수는 지역구와 비례대표로 구분된다.

시·군·자치구 의회 의원은 총정원의 수가 법에 명시되어 있으며, 선거 당시의 여러 상황을 고려하여 변화를 주고 있다. 2022년 12월 기준으로 기초지방의회의 의원은 2,978명이다(〈표 3-2〉 참조).

하나의 시·군·자치구의원 지역구는 광역의원(시·도의원)의 지역구 내에서 획정한다. 선출할 지역구 시·군·자치구의원 정수는 보통 2인 이상 4인 이하로 한다. 시·군·자치구의원 지역구 의원 정수는 비례대표 의원정수를 먼저 정하고, 그 나머지 인원으로 한다. 비례대표 의원 정수는 시·군·자치구의원 정수의 100분의 10으로 하고, 최소 1명을 보장한다. 그리고 개별 시·군·자치구 의원정수는 최저 7명으로 한다(비례대표 의원 1명 포함).

표 3-2 ▎ 시·도별 자치구·시·군의회의원 총정수

지역	총정수(명)		지역	총정수(명)	
	2018년	2022년 12월		2018년	2022년 12월
서울특별시	423	424	강원도	169	174
부산광역시	182	182	충청북도	132	136
대구광역시	116	120	충청남도	171	176
인천광역시	118	122	전라북도	197	198
광주광역시	68	68	전라남도	243	247
대전광역시	63	63	경상북도	284	288
울산광역시	50	50	경상남도	264	270
경기도	447	460	합계	2,927	2,978

주: 제주특별자치도와 세종특별자치시는 기초지방의회가 없음.
출처: 공직선거법 〔별표 3〕을 참조하여 작성.

각 광역자치단체의 시·군·자치구의 의원 총정수는 정해져 있다(〈표 3-2〉 참조). 그렇지만, 개별 시·군·자치구의 의원정수는 인구와 지역 대표성을 고려하여 해당 광역자치단체의 총정수 범위 내에서 조정한다. 이때 인구 비율과 읍·면·동 수의 비율 등을 고려해야 한다.

그런데, 〈표 3-3〉에 나타나듯이 지역마다 적용하는 기준은 다르다. 지역선거구별로 의원 1인당 인구수의 편차를 최소화하려면 인구 비율을 높게 산정해야 한다. 하지만, 인구 비율을 20%만 반영하는 지역도 있다. 지방의회의 대표성을 해당 지역의 거주하는 사람을 중심으로 한다면, 인구의 비율을 높여야 할 것이다. 반면에 지방의회의 대표성에 지역적 특성(면적, 교통, 역사 등)을 고려하면 읍·면·동의 비율을 높여야 할 것이다.

표 3-3 | 시·도별 자치구·시·군의원 선거구 획정 기준

지역	정수 비율 (인구: 읍·면·동 수)			
	2010년 선거	2014년 선거	2018년 선거	2022년 선거
서울특별시	기존 + 인구 5% 증감 시 1인 증감	100:0	100:0	100:0
부산광역시	60:40	50:50	70:30	100:0
대구광역시	60:40	60:40	70:30	70:30
인천광역시	60:40)	70:30	70:30	70:30
광주광역시	30:70	30:70	50:50	50:50
대전광역시	60:40	60:40	60:40	70:30
울산광역시	50:50	50:50	60:40	50:50
경기도	50:50	50:50	60:40	60:40
강원도	인구(50), 읍·면·동(30) 06년 대비 총원 감축률(20)	50:50	50:50	50:50
충청북도	30:70	30:70	30:70	30::70
충청남도	50:50	50:50	50:50	60:40
전라북도	20:80	30:70	20:80	20:80
전라남도	30:70	30:70	30:70	30:70
경상북도	50:50	50:50	50::50	50:50
경상남도	65:35	60:40	70:30	60:40

출처: 전라남도 내부자료.

한편, 시·도의회의 지역구 시·도의원 총수는 관할구역 안의 시·군·자치구 수의 2배로 하고, 100분의 14 범위 안에서 조정할 수 있다. 다만, 하나의 시·군·자치구에 국회의원이 2명 이상이면 국회의원 지역구를 시·군·자치구의 수로 정한다. 그렇지만 특례 조항으로 인해 총수는 4년마다 약간의 변화가 있다. 그리고 비례대표 시·도의원의 정수는 지역구 시·도의원 정수의 100분의 10으로 한다. 또한, 지역구 시·도의원은 최저 19명, 비례대표 시·도의원은 최저 3명으로 정한다.

전라남도의 예를 들어 시·도의회의 지역구 시·도의원 총수를 계산해 보자. 2022년 기준으로 전라남도는 22개의 시·군이 있다. 그리고 여수시에는 2명의 국회의원이 있다. 즉, 전라남도에는 관할구역 안에 23개의 시·군이 있다고 할 수 있다 (총 46명). 여기에 100분의 14를 더하면(6명), 최대로 지역구 시·도의원 총수는 52명이 되어야 한다. 그런데, 2022년 지방선거에서는 총 55명을 지역구에서 선출하였다. 이는 「공직선거법」의 특례 조항으로 인해 관할구역을 24개로 하였기 때문이다 (48명+7명).

2. 미국

미국은 카운티(County), 도시 정부(Municipal), 타운(Town)·타운십(township) 등 다양한 형태의 지방정부가 있다(제2장 2절 참조). 도시 정부는 근대적 모습의 도시형 지방정부이며 시(City)라고도 불린다. 여기서는 시를 중심으로 설명한다 (Krebs 외, 2020).

시의회(Council)는 주민을 대표하는 정치 기관이다. 지역 언론을 포함하여 대중의 엄격한 검증에 노출되며, 지역에서 서로 다른 의견을 균형 있게 반영해야 한다. 시의회의 80%는 정파 중립적(Nonpartisan) 기준에 따라 구성된다. 그리고 85%의 시의회는 한 번의 선거에서 의석 절반 정도를 교체함으로써 지속성을 유지하려고 한다(Staggered terms). 83%의 시는 시의원에게 급여를 제공하는데, 일부 대도시를 제외하면 급여만으로 생계를 유지하는 것은 어렵다.

시의회는 대표, 법률제정, 감시 및 관리 기능을 수행한다. 첫째, 지역주민의 불만과 요구에 응답하며, 정책과 프로그램에 관하여 주민과 소통한다. 둘째, 예산안을 승인하고, 세금 비율을 정하고, 시 헌장(Chapters)을 수정하며, 조례안(Ordinance)과 결의안(Resolutions)을 심의·의결한다. 또한 토지 사용, 지역의 기업, 건강 및 안전 등에 관한 사항을 규제한다. 셋째, 지방정부의 장·단기 목표를 설정하고, 지방정부에서 근무하는 인력의 성과 등을 감독한다.

한편 단체장은 지방정부 유형에 따라 권한의 차이가 있다. 여기서는 대표적인 형태인 Mayor Council(시장-의회), Council-Manager(의회-행정담당관) 등을 중심으로 설명한다(Krebs 외, 2020).

1) Mayor Council(시장-의회) Form

주민투표로 선출된 의회와 시장이 입법과 행정기능을 수행한다. 주민은 시의회와 시장을 선출하고, 시의회와 시장은 함께 정책을 만든다. 미국 도시 정부의 33%가 이러한 형태의 정부 구조를 취한다. 여기에서는 시장의 공식적 권한에 따라, 강시장-의회, 약시장-의회 형태로 구분하기도 한다.

① Strong Mayor Council(강시장-의회)

주로 대도시에서는 시장이 제도적으로 강한 권한이 있다. 시장은 지방정부의 집행부(Executive branch)에 대해 포괄적인 권한이 있고, 예산 과정에서 시의 의제를 설정할 때 강력한 역할을 담당한다. 대도시에서는 이해관계의 충돌이 흔히 나타나고, 이에 대응할 수 있는 정치인의 강력한 지도력이 요구되기 때문이다(오시영 편저, 2009).

② Weak Mayor Council(약시장-의회)

이런 유형에서는 의회가 강한 권한을 지닌다. 시장이 인사 추천권을 행사할 수 있지만, 보통 그 권한은 시의회와 공유된다. 회기 중에 시의회를 주재할 수 있지만, 거부권은 주어지지 않는다. 시장은 주로 의전 기능을 수행하며, 집행 권한은 강하지 않다. 반면에 의회는 고위직 공무원에 대한 인사권과 행정 운영에 대한 감독권을 지닌다(임승빈, 2016).

2) Council-Manager(의회-행정담당관) Form

주민투표로 선출된 시의회가 시 행정을 담당할 행정담당관(City manager)을 지명하는 형태이다(의회-시지배인 유형이라 불리기도 함). 미국 도시 정부의 59%가 이러한 형태의 정부 구조를 취한다.

미국의 진보 시대(Progressive Era, 1890년대에서 1920년대 정치·사회개혁을 추진하던 시기)에 지방정부의 역량을 향상하려는 개혁적 노력의 하나로 등장하였다. 시장과 의회는 정책 결정에 관여하고, 행정담당관은 집행 업무를 담당하게 하였다. 정치와 행정을 분리함으로써 당시 지방정부가 처해 있던 낭비와 부패를 해결하고, 지방정부의 역량을 높일 수 있다고 보았다.

구체적으로 행정담당관은 정책안을 만들고, 시의회의 승인을 받아 예산을 집행한다. 시 부처의 장도 임면한다. 경찰, 소방, 공원, 폐기물, 토지 사용 계획, 인적 자원 등과 같은 지방정부의 서비스를 집행한다. 즉 강한 시장과 같은 권한을 행사한다. 이러한 행정담당관은 상당히 교육을 받은 사람들이며, 보통 행정학 석사학위를 가지고 있다. 행정담당관이 되기 전에는 수년 동안 행정담당관의 보좌역이나 개별 부처를 담당하는 임무를 수행하는 경우가 많다.

행정담당관은 정책결정과 관련하여 시의회와 갈등을 겪기도 한다. 그렇지만 행정담당관은 시의회와 우호적인 관계를 유지하려고 한다. 자신을 임명한 의회의 지지가 필요하기 때문이다. 시의회(와 시장)는 행정담당관의 업무를 두루 살피고 감독하며, 의회는 과반 투표를 통해 행정담당관을 해고할 수 있다. 행정담당관이 하나의 도시에서 업무를 담당하는 기간은 평균적으로 6년을 조금 넘는다.

이러한 형태에서 시장은 보통 시의회의 구성원이다. 이는 시의원 중에서 선출되기 때문이다(주민이 직접 선출하는 방식은 아주 드물다). 시장은 법안에 대한 거부권이 없고, 임명권과 예산권이 없다. 작은 규모의 시는 시의원이 순번으로 시장을 맡고, 시장은 의례적인 역할을 한다. 물론 시장이 되어 의회를 주재하고 있을 때는 다른 시의원보다 약간의 우월한 위치를 점할 수 있다.

제1장과 제2장에서 언급하였듯이 미국에는 카운티(County)가 있다. 과거에는 카운티를 군(郡)으로 번역해서 사용하였다. 일본은 여전히 카운티를 군(郡)으로 번역하고 있다. 이는 카운티가 군(郡)과 비슷한 모습을 지니고 있기 때문일 것이다.

한국에서는 1896년 행정체계의 개편을 통해 전국을 13도, 한성부, 7부(府), 1제주목(牧), 331군(郡)으로 하였다(임승빈, 2016). 군수는 중앙에서 파견한 관리였다. 1949년 제정된 「지방자치법」은 지방자치단체의 종류를 서울특별시, 도, 시·읍·면으로 하였다. 도의 하부조직으로 군(郡)을 두었고, 군수(와 구청장)는 국가공무원으로 임명하였다.

일본에도 1889년부터 군(郡)이라는 단체가 있었다. 프러시아의 크라이스(kreis)를 모델로 삼아 도입한 것으로, 광역단체인 부현과 기초자치단체인 시정촌 사이에 위치하면서, 시정촌 권역에서 처리하지 못하는 문제를 (국가의 의도에 맞게) 현장에서 처리하는 역할을 하였다. 군(郡)의 장에는 젊은 국가 관료가 임명되었다. 1920년대 민주화가 진행되면서 군(郡)이 폐지되었다. 부현은 군(郡)이 가지고 있던 감독 기능을 흡수하여 국가를 대신하여 시정촌을 감독하는 단위로 강화되었다(村松, 1988).

카운티는 미국 48개 주(코네티컷, 로드아일랜드, 워싱턴 DC에는 없음)에 있고, 2017년 기준으로 3,091개가 있다((Krebs 외, 2020). 카운티는 크게 위원회(County commission), 위원회-행정관(Commission-administrator), 위원회-선출직 책임행정관(Commission-elected executives) 등으로 구분된다.

위원회 형태는 가장 전통적인 정부 형태로, 위원들(Commissioner)이 입법과 집행 기능을 담당한다. 위원들은 선출된 대표자로서 정책을 입안하며, 부서를 감독하고 정책을 집행하는 책임행정관(Executive)으로서 임무를 수행한다. 26%의 카운티가 이 형태를 채용한다.

위원회-행정관 형태는 도시 정부에서 나타나는 의회-행정담당관 형태와 비슷하다. 위원들은 선임 책임행정관(Chief executive)을 임명하고, 카운티 서비스 집행, 예산안 준비 및 실행, 부서장 감독, 위원회에 정책형성 조언 등을 맡긴다. 64%의 카운티가 이러한 형태를 취한다.

위원회-선출직 책임행정관 형태에서는 책임행정관이 선출되며, 카운티 위원회와의 사이에 분명하게 권한의 분리가 있다. 연방정부나 주정부에서 나타나는 권력분립

제도 혹은 도시 정부의 강시장-의회 형태와 비슷하다. 선출된 책임행정관은 정책을 집행하고, 예산안을 준비하며, 위원회가 결정한 법률안에 거부권을 행사할 수 있다.

카운티는 늘어나는 행정수요에 대응하려고 변하고 있고, 카운티 정부는 도시 서비스 전달에 더 많이 관여하고 있다. 이로 인해 전통적인 위원회 형태에서 전문성을 강조하는 위원회-행정관, 위원회-선출직 책임행정관 형태로 바뀌고 있다.

3. 일본

일본 지방정부의 구성과 권한은 큰 틀에서 한국과 비슷한 부분이 많다. 예를 들면, 지방의회와 단체장 모두 선거로 선출하고, 지방의회는 의결기관, 단체장은 집행기관의 기능을 한다. 그렇지만, 세부적인 내용에서는 미세한 차이가 있다(한국지방자치학회 편, 2010).

첫째, 일본의 지방정부 구성은 대의 민주주의를 원칙으로 한다.

주민은 선거로 직접 지방의회의원과 단체장을 선출한다. 단체장과 의원의 임기는 4년이며, 연임 제한은 없다. 한국의 단체장이 3선 연임의 제한을 받지만, 일본의 단체장은 그러한 제한이 없다는 점이 특징이다. 그래서 4선이나 5선을 하거나, 7선을 하는 단체장도 있다.

둘째, 대의 민주주의를 보완하는 장치로 주민 참여 제도를 두고 있다(자세한 내용은 제7장 참조).

일본의 「地方自治法」에 따르면 주민은 조례의 제정 및 개폐 청구권, 사무 감사 청구권, 의회해산 청구권, 단체장·의원·집행기관 위원 등에 대한 해직 청구권 등이 있다. 그 외에도 주민소송, 옴부즈만, 정보공개, 주민참여예산제도 등이 운영되고 있다.

셋째, 지방의회는 의사(議事)기관의 역할을 담당한다.

구체적으로 지방의회는 의결권, 감시권, 청원수리권 등의 권한이 있다. 지방의회의 의결사항으로는 조례의 제정·개정·폐지, 예산 심의·의결, 결산 결정 등을 들 수 있다. 감시권으로는 서류 요구권, 감사권, 조사권, 사무처리의 상황 보고와 질문 응답 등이 있다. 또한 청원서를 심사하고 처리하는 권한이 있다.

일본 지방의회에서 중요한 특징은 법률의 범위 안에서 조례를 제정할 수 있고, 법령에 특별한 규정이 있는 것을 제외하고는 조례를 위반한 자에 대하여 형벌(2년 이하의 징역 또는 금고, 벌금, 구류, 과태료 등)을 부과할 수 있다는 점, 예산을 증액하여 결정할 수 있다는 점이다. 한국은 조례를 위반한 행위에 대하여 과태료를 부과할 수 있을 뿐이며, 의회는 단체장의 동의 없이 예산의 각 항을 증가시킬 수 없다.

넷째, 단체장은 강한 권한을 가지고 있다.

단체장은 행정의 책임자로서 지방행정을 총괄하며, 사무 관리와 집행 권한, 직원 임면권을 가진다. 구체적으로 지방의회 의결을 받아야 하는 의안을 제출하고, 예산을 조정하고 집행하며, 결산을 제출한다. 지방세의 부과 징수 및 분담금과 사용료를 징수하고, 회계를 감독한다. 공공시설을 설치·관리하며, 그 외 지방정부의 사무를 집행한다. 그리고 장을 보조하는 기관으로 부단체장을 둘 수 있으며, 그 수는 조례로 정한다. 단체장은 지방의회와의 관계에서 우월적 위치를 차지하고 있다.

그림 3-2 ┃ 일본 지방정부의 구성과 주요 역할

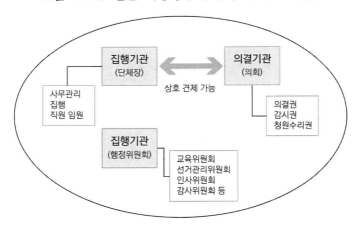

다섯째, 단체장 이외에도 합의제 집행기관인 위원회 등 독립된 조직이 있다.

예를 들어, 교육위원회, 선거관리위원회, 인사위원회, 감사위원회를 두고 있다. 광역자치단체에는 공안위원회, 노동위원회, 수용(受用)위원회 등을 두고 있다.

이러한 집행기관의 다원화는 단체장에게 권한이 집중되는 것을 막고, 정당정치의 영향력을 배제하며, 공정하고 중립적인 행정을 시행하려는 의도이다.

그 외에도 지방정부 구성 및 권한과 관련하여 특징적인 내용은 다음과 같다. 첫째, 의회는 단체장에 대하여 불신임의결권을 행사할 수 있고, 단체장은 의회해산권이 있다. 지방의회는 단체장을 불신임할 수 있고(재적의원 2/3 이상, 출석의원 3/4 이상의 동의), 단체장은 불신임 의결 후 10일 이내에 지방의회를 해산할 수 있다. 그렇지만 실제로 불신임 의결이나 지방의회 해산이 빈번하게 일어나는 것은 아니다. 둘째, 지방의회는 출석의원 과반수로 의사를 결정하며, 의장은 의결권이 없다. 다만, 찬성과 반대표가 같을 때는 의장이 결정하도록 한다.

지방선거와 관련해서는 다음의 특징이 있다.

첫째, 단체장은 소선거구제를 채택하며, 지방의회는 다양한 선거구제가 있다(권영주, 2018). 지방의회의원 정수는 조례로 정하며(2011년 법률 개정), 비례대표제는 채택하지 않고 있다. 광역 지방의회와 정령지정시는 소선거구제와 중대선거구제를 활용한다. 정령지정시를 제외한 기초지방의회는 지역 전체를 하나의 선거구로 하는 대선거구제를 이용한다.

둘째, 정당 공천제를 채택하지만, 연합공천(相乗り)이 일반화되어 있고 무소속으로 출마하는 사례가 많다(권영주, 2018). 정당이 후보자를 공천하는 것을 공인(公認)이라고 하고, 공인을 받지 않고 후보자로 등록한 후보자는 무소속이라고 한다. 무소속이라고 해도 정당으로부터 공식적인 협력을 받거나(추천), 실질적인 지원을 받는다(지지). 정당의 색채를 내고 싶지 않은 단체장 선거나 지방의회의원 선거에서는 무당파 지지층을 끌어들이기 위하여 무소속으로 입후보하여 정당의 추천이나 지지를 받는 형태가 많다. 또한, 정당과 전혀 관련이 없이 후보자로 나서고 당선되는 형태, 이른바 완전 무소속인 당선자도 많다. 대체로 그 비율은 전체 당선자의 50% 정도로 추측된다.

이러한 현상은 연합공천(相乗り) 현상과도 연결된다(하정봉, 2009). 연합공천 선거란 주요 정당이 후보자를 단독으로 내세우지 않고, 다른 당과 협력해서 1명의 후보자를 지원하는 선거를 뜻한다. 정당이 적극적으로 나서기보다는 후보자가 정당으로부터 추천이나 지지를 확보하는 경우가 일반적이다. 무소속이면서도 정당과 연계되어 있어 정치헌금을 받는다고 해도 법적으로 문제가 없다. 1980년대 이후 단체장 선거에서 연합공천(相乗り) 경향이 강하게 나타나고 있다.

셋째, 지방선거에서 지역정당의 참여가 나타나고 있다(정병기, 2014). 일본「公職選挙法」에서 정한 일정 조건을 만족하는 단체는 선거운동 기간 중 특정한 정치활동을 할 수 있고, 이러한 단체를 확인단체라고 한다. 이는 전국정당이 아닌 지역정당도 선거에 참여할 수 있도록 보장하는 제도이다. 광역 지방의회와 단체장, 정령지정시의회, 시장선거 등에서 확인단체제도가 시행되고 있다.

표 3-4 ▮ 지방정부의 무소속 대표의 비율

	일본		한국	
광역단체장	46명	(97.9%)	1명	(5.9%)
광역의원	501명	(19.2%)	16명	(1.9%)
기초단체장	1,727명	(99.7%)	17명	(7.5%)
기초의원	21,246명	(70.6%)	172명	(6.9%)

주: 일본은 2017년 12월 31일 기준. 한국은 2018년 6월 13일 선거 결과이며, 지방의원은 지역구만 반영.
출처: 권영주(2018)의 <표 1>과 <표 2>를 요약하여 작성.

⚖ 제3장 요약

지방정부 구성에서 대의 민주주의를 원칙으로 한다는 점은 한국, 미국, 일본 모두 같다. 다만, 한국은 통일성이 강조되며, 지방선거에서 중앙 정당의 권한이 크고, 단체장의 권한이 강하다는 특징이 있다. 다양성을 바탕으로 하는 미국은 대도시에서는 강시장-의회, 보통 도시에서는 의회-행정담당관 형태의 정부가 주로 나타나는데 지방정부별로 다양한 기관구성 형태가 가능하다는 점이 특징이다. 지방의회의원은 일부 대도시를 제외하면 무보수나 생계비에 미치지 못하는 급여를 받는다. 일본은 기본 틀에서는 한국과 비슷하지만, 무소속 당선자의 높은 비율, 단체장 연임제한의 부재, 유력한 지역정당의 존재 등에서 차이점이 나타나고 있다.

생각해 볼 문제

1. 다음 대화를 읽고 두 사람 중 한 사람을 선택하여, 그 사람의 입장을 옹호할 수 있는 논리적 근거와 실증 자료를 서술하고, 다른 입장을 가진 사람과 토론을 통해 다음 대화의 결론을 도출하시오. 그리고 추가 질문에 대하여 답하시오.

> 온달: 지방선거 홍보 책자가 왔는데, 교육감도 투표로 뽑더라고.
>
> 평강: 교육감도 우리가 투표로 뽑나?
>
> 온달: 응, 아마 2010년부터 선거를 했다고 하더라고. 그전에는 교육감을 중앙정부가 임명했다고 하더라고.
>
> 평강: 그렇구나. 그런데 왜 교육감은 선거로 뽑아?
>
> 온달: 잘은 모르겠지만 교육은 다른 분야랑 다르다고 생각하나 봐. 전문적 분야라서 그런가?
>
> 평강: 음. 그럴 수도 있겠다. 그러면, 소방감이나 경찰서장도 선거로 뽑아야 하는 거 아니야?
>
> 온달: 그러게. 그러면 전문성 외에도 다른 이유가 있지 않을까? 교육감은 정당 추천이 안 되는 걸 봐서는 정치적 중립이랑 연관이 있으려나.
>
> 평강: 그럴 수도 있겠네. 그런데 그렇게 보면 경찰이나 검찰도 비슷하지 않을까? 그리고 우리 동네 지방정부 예산을 보면 교육예산도 많고, 도서관도 지방정부가 짓는 것 같던데. 사람들이 동네를 고를 때 교육을 아주 중요하게 생각하잖아. 그러니까 단체장이 교육 분야도 함께 하는 게 낫지 않을까?
>
> 온달: 그래도 교육은 다른 분야와 달리 특수한 점이 있어서 교육감을 따로 선출하겠지. 미국도 교육은 특별구라고 해서 선거를 따로 하잖아.
>
> 평강: 그런데 최근에는 단체장이 교육에도 많이 관여하기 시작했대. 그리고 왜 교육감만 선거로 뽑을까? 단체장 선거로 치면 광역단체장만 선거로 뽑는 거잖아.

(1) 한국의 단체장은 3선 연임의 제한이 있고, 일본은 단체장의 연임 제한이 없다. 두 제도의 장단점을 조사하고, 본인의 입장을 서술하시오.

(2) 교육감 직선제를 폐지하고 지방자치단체장의 임명제, 혹은 러닝메이트제 등으로 변경하는 방안이 제기되고 있다. 그 배경을 서술하고, 방안에 대해 본인의 입장을 제시하시오.

2. 지방정부 구성에서 정당의 역할에 관한 논쟁이 있다. 2023년 기준 정당은 지방의회 및 지방자치단체장을 공천하고 있다. 그런데 정당 추천제를 허용하는 것이 바람직한가에 대한 논쟁이 있다. 특히 시·군·구의회 의원에 대해서는 정당 공천제를 폐지하자는 주장이 강하다. 논쟁의 핵심은 무엇인가? 정당 공천제의 문제점은 무엇인지 조사하고, 대책을 제시하시오.

3. 지방정부의 기관구성을 어떻게 해야 하는가에 관한 논쟁이 있다. 단체장과 지방의회를 분리해서 구성하는 것이 바람직하다는 관점이 있다. 반면에 지방의회를 선거로 뽑고, 지방의회가 단체장을 선출하거나 임명하는 것이 필요하다는 관점이 있다. 두 관점의 논리적 근거를 조사하고, 본인의 입장을 서술하시오.

4. 한국의 지방의회는 의회 대표성, 의원의 역량 부족 등 여러 가지 문제점을 안고 있다. 문제로 논의되는 사항을 조사하고, 발생 원인과 대책을 논의하시오.

5. 미국, 일본, 영국의 지역정당의 현황을 조사하고, 장단점을 설명하시오. 그리고 한국에서의 지역정당에 관한 논점을 고찰하고, 한국에 적용하였을 때 발생할 수 있는 장단점을 논의하시오.

제3장 지방의회와 단체장: 지방정부의 대표자는 무엇을 할까?

다원주의와 엘리트주의

미국에서 지방자치에 대한 학자들의 관심은 어디에 있을까? 크게 두 가지라고 할 수 있다(村松, 1988). 하나는 '지역 내의 정치구조', 그리고 다른 하나는 '정부 간 관계'이다. 후자가 관심을 받게 된 것은 최근의 일이다(후자에 관해서는 제6장 참조).

지역 내의 정치구조와 관련해서도 크게 두 흐름이 있다. 하나는 미국의 지역사회에 구조적으로 지역 권력이 있다고 보는 견해이다(Hunter, 1953). 그리고 다른 하나는 지역사회에 다원주의가 적용된다는 견해이다(Dahl, 1961). 전자를 엘리트이론의 시각이라면, 후자는 다원주의의 시각이라고 할 수 있다.

엘리트이론은 사회가 권력을 가진 소수(엘리트)와 그렇지 않은 다수로 나뉘고, 엘리트가 사회의 자원을 배분한다고 가정한다(Dye, 2008). 다수의 대중은 정책(또는 정치)에 무관심하고 충분한 정보를 받지 못하며, 정책결정에 영향을 주지 못한다. 대중이 엘리트의 의견에 영향을 주는 것이 아니라 실제로는 엘리트가 대중의 의견을 바꾼다. 그래서 엘리트가 선호하는 것이 정책으로 나타나며, 공직자들은 엘리트가 결정한 정책을 집행만 할 뿐이다.

이러한 견해는 1950년대 헌터(Hunter)와 밀즈(Miils) 등의 연구에서 명확하게 드러난다. 밀즈(Miils, 1956)는 연방정부 수준에서 소수 엘리트가 정책결정에서 권력을 행사하고 있음을 지적하였다. 정치 엘리트, 경제 엘리트, 군사 엘리트가 서로 겹치는 관계를 확립하고, 하나의 세력을 형성하여 핵심적인 지배계층을 형성하고 있다고 주장하였다. 그리고 헌터(Hunter)는 1953년 『지역 권력 구조(Community Power Structure)』라는 저서를 통해 소수의 엘리트가 지역사회에 권력을 장악하고 있다는 점을 주장하였다(盛山, 2000).

연구자는 조지아주(Georgia State) 애틀랜타(Atlanta)시를 대상으로 '지역에서 누가 중요한 정책결정자인가?'라는 연구 질문을 제기하면서, 명성법(Reputational approach)으로 불리는 인터뷰를 중심으로 조사하고 연구하였다. 조사를 통해 최종적으로 12명의 최상급 권력자 집단을 정하였다. 이들은 대부분 애틀랜타시를 근거지로 하는 대기업의 최고 경영자들이었고, 같은 사교 모임에 소속되어 있었다. 해당 사교 모임은 중요한 정책결정이 이루어지는 숨겨진 무대였다는 것이다.

즉, 지역사회 엘리트이론은 다원주의와 달리 지방정부의 권력이 일부 소수 세력에게 집중되어 있고, 이들 엘리트 집단이 정책결정을 좌우한다는 것이다(이달곤 외, 2012). 일반 대중은 주요 정책과정에 참여하거나 영향을 미치기 어렵다. 지역사회에는 안정적인 지배엘리트가 존재한다. 이들은 주로 기업가이며, 지역사회의 정책결정에서 지배적인 역할을 담당한다. 엘리트이론은 중앙과 지방의 엘리트를 하나의 집단으로 취급하는 경향이 있다. 중앙의 엘리트가 큰 권한과 세력을 가지고 지방의 엘리트를 포섭하고 있다면, 지방의 엘리트를 중앙의 엘리트와 구별하기 어렵다. 그렇다면 지방 엘리트가 지방정부를 지배하고 있다고 해도, 중앙엘리트에 종속되어 있기에 독자적인 의사결정을 하기 어렵다. 그런 점에서 엘리트이론에 따르면 지방자치의 의미는 크게 퇴색된다.

한편, 다원주의는 사회에서 개인이나 집단이 자율적으로 활동하고 있다는 점을 강조한다(秋月, 2001). 민주주의에서 개인은 투표로 정치적 의사를 표명한다. 집단을 만들거나 가입하고, 집단에서 우월한 지위를 차지하면서 정치적 영향력을 행사할 수 있다. 이러한 집단은 사회에서 다양한 이익을 반영한다. 자본이나 노동과 같이 계급적 이익에 근거하여 집단을 만들 수 있다. 직업, 종교, 문화, 취미, 주거 등 무엇인가를 공유하는 개인이 집단을 만들어서 정치 세계에 진입할 수도 있다. 결국 정치란 (결정적으로 지배적인 영향력을 행사하지 못하는) 복수의 행위자가 서로 영향력을 행사하거나, 때로는 협상하거나 대립하면서, 때로는 연합을 형성하면서 운영하는 것으로 파악한다.

다원주의의 논리는 산업사회가 시작되고 사회 내에서 불평등이 완화되는 과정을 통해 개인들이 영향력(Influence)이라는 자원을 나누어 가지게 되었다는 점에 주목한다. 영향력이란 어느 한 개인(또는 집단)이 가지고 있는 욕구, 희망, 선호 또는 의도가 다른 개인(또는 집단)의 행동이나 행동하려는 마음에 변화를 발생시키려는 두 행위자 사이의 관계를 말한다(Dahl, 1991). 이러한 영향력이 현대 민주주의 사회에서는 개인 사이에 널리 분포되어 있다. 엘리트가 있다고 해도 그러한 엘리트는 가지각색으로 존재하며, 영향력이라는 자원은 사회에 폭넓게 분산된다. 예를 들어 미국의 지역 도시 (New Heaven City)에 관한 연구는 공직 후보자의 지명, 도시재개발, 공교육 등 정책 분야별로 영향력을 행사하는 사람이 다르다는 점을 발견하였다(Dahl, 2005). 이러한 관점은 사회에 통일된 하나의 지배계층이 있고, 정책은 지배엘리트의 가치와 선호를 반영한다는 엘리트이론과는 차이가 있다(Dye, 2008).

다원주의 시각을 지방자치에 적용하면 다음과 같이 정리할 수 있다(이달곤 외, 2012). 지역사회 집단들의 다양한 요구와 압력이 지방정부의 정책결정자에게 행사된다. 이때 권력을 가진 집단은 하나가 아니며, 다수의 집단이 경쟁하고 협력하면서 공동의 합의점을 형성한다. 즉 소수의 정치행위자(엘리트)가 지역사회의 권력을 독점하는 것이 아니며, 다수의 개인(과 집단)에 권력이 분산되어 있다는 것이다. 지방정부의 주요 결정은 다수 주민의 요구나 직접 참여를 통해 이루어진다고 본다.

제 4 장

지방행정조직과 인사:
지방정부 조직을 효율적으로 운영하는가?

지방정부는 주민들의 요구를 행정서비스와 정책에 반영하여야 한다. 이를 위해서 사람, 물자, 금전 등의 자원이 투입되며 최종적으로 주민 요구수준에 부합하는 일정 수준의 산출이 이루어져야 한다. 지방정부 조직은 신분이 보장되는 공무원으로 구성되며 재원은 세금으로 강제성과 안정성이 높다. 이 때문에 외부환경 변화에 민감하지 못하며 민간기업보다 조직 운영의 비효율성이 나타나기 쉽다. 더구나 중앙집권적 성격이 강한 국가일수록 지방정부의 조직·인사 운영에 대한 중앙의 통제와 개입범위가 넓어 규정 준수와 절차의 복잡성으로 지방정부의 조직 운영상 재량 발휘 여지는 더욱 제한된다.

　　그런데 한국의 경우 저성장 기조의 고착화, 인구감소, 고령화 등의 환경변화 속에서 지방정부의 가용자원은 축소되는 추세이다. 지방정부의 생존기반을 넓히고 지역의 장기적 지속 가능성을 높이기 위해서는 지역 과제해결에 이해관계자들의 총체적 역량과 자원을 결집할 수 있도록 할 필요가 있다. 이때 해당 지방정부의 공무원, 지방의원, 단체장과 그들로 구성된 지방정부 조직이 핵심 추진체 역할을 담당하는데, 구성원 개개인의 역량, 조직으로서의 효율성과 응집력, 외부 조직과의 협업 능력에 따라 해당 지역의 미래는 크게 달라질 것이다.

　　이 장에서는 지방정부 조직 및 인력 운영의 바람직한 방향에 대해 생각한다. 이를 위해 먼저 행정조직 설계의 일반원리를 비롯해 자치조직권의 의의, 지방정부의 주요 기능과 같은 이론적 논의를 검토한다. 이어서 한국의 광역자치단체와 기초자치단체 행정조직 및 인력 운영에 대한 제약 실태를 구체적으로 살펴본 후 미국과 일본의 자치조직권 수준, 지방행정조직·인력 운영 실태에 대해 검토해 본다.

제1절

행정조직 구성의 이론적 논의

1. 행정조직의 설계원리

중앙정부와 지방정부는 국가를 운영하는 양대 핵심 기관이라고 할 수 있다. 그러한 핵심 기관의 활동은 대통령 혹은 지방정부의 장이 혼자 할 수 없으며, 다수 사람의 분업과 통합의 활동 체계인 행정조직을 통해 이루어진다.

사회가 분화하고 조직이 대규모화할수록 공사조직을 막론하고 베버(F. M Weber)가 지적한 바와 같이 관료제화(Bureaucratization) 현상이 발견된다. 관료제 조직의 특징은 첫째, 직무와 권한이 명확히 규정된다는 점 둘째, 각 직무와 권한을 담당하는 전문가를 둔다는 점 셋째, 담당자는 그 업무를 겸직이 아니라 전업으로 맡는다는 점 넷째, 문서에 의한 업무처리가 이루어진다는 점 다섯째, 조직 소유물과 개인 소유물이 엄격히 분리된다는 점 여섯째, 조직 상·하 계층 간에 엄격한 명령통일의 원칙이 적용된다는 점이다.

관료제화가 진행된 조직은 하층에서 상층으로 갈수록 상사가 적어지는 피라미드 형태를 띠게 된다. 이러한 피라미드형 조직은 지휘명령 계통이 명확하며, 행정의 최종적 권한은 지방정부의 장에게 귀결된다. 따라서 행정의 책임소재 파악이 쉽고, 가치 중립적인 그리고 예측 가능한 행정이 이루어진다는 장점이 있다. 현대 지방정부의 행정조직이 기본적으로 단체장－부단체장－국－과－팀과 같이 수직적 계층제의 형태가 유지되고 있는 까닭이다.

그런데 관료제화로 인해 수평적인 분업이나 전문성에 따른 조직구조 분화가 고도화되면 될수록 공동목표 수행을 위한 통합과 조정을 어떻게 확보할 것인가가 중요해진다. <표 4-1>에서 보듯이 분화(분업)와 통합(조정)은 그 구성원리가 상이하다. 그렇기에 조직이 처한 환경여건, 보유자원, 성장주기 등을 종합적으로 고려하여 분화와 통합의 황금비를 찾아내야 하는 것이 모든 조직의 공통된 과제라고 할 수 있다. 때로는 새로운 집행부의 등장과 세계적 행정개혁의 흐름 등에 따라서 조직개편의 무게추가 분화와 통합 사이에서 번갈아 가며 옮겨가는 현상도 관찰할 수 있다.

표 4-1 ┃ 조직설계의 원리

구분	분화의 원리	통합의 원리
특징	수평적 조직분화	조직 통합(수직적 조직분화)
원칙	부성화 원칙(동질업무 부서화) 계선과 참모의 분리 원칙 동질성의 원칙 기능명시의 원칙	계층제의 원칙 명령통일의 원칙 명령계통의 원칙 통솔범위의 원칙
조직 형태	소조직	대조직
장점	전문성, 균형과 견제 제고	기능조정과 효율성 제고
단점	과대 분화는 조직의 비효율성을 가져오며 조정기능 저하	집권화 문제, 관료제 대두

출처: 문명재(2009)의 <표 1> 일부 수정.

조직계층 간의 의사소통 및 정보관리, 계선(Line)과 참모(Staff) 간 기능 배분, 의사결정 권한과 집행 권한의 집권(분권) 정도, 계층제의 수와 통솔 범위(간부 비율) 등도 행정조직을 설계할 때 고려되어야 할 요소라고 할 수 있다. 분업은 전문화의 원리와 동전의 양면을 이루는 데 정책집행뿐만 아니라 의사결정에서도 이루어진다. 그런데 분업의 결과로 하부조직 간 대립과 갈등이 발생하기도 한다. 목표의 대치(Displacement) 혹은 부처 할거주의(Sectionalism)라고 일컬어지는 현상으로 하위조직들이 자기조직의 목표를 중시함으로써 조직 전체 목표의 달성을 어렵게 만들기도 한다.

의사소통과 관련해서는 공식적 조직을 통한 의사소통 및 정보관리 외에 비공식적 집단·조직을 통한 의사소통 및 정보전달이 일상적으로 이루어진다는 점을 고려하여야 한다. 조직은 목적을 달성하기 위해 기본적으로 명령통일의 원칙 아래에 일원적인 계선조직을 형성한다. 그러나 조직이 대규모화될수록 그 직접적인 임무 수행을 지원하기 위한 인사, 재무, 조사연구 등의 참모 기능을 필요로 한다. 지방행정조직에서 산업, 환경, 복지, 건축 등의 부서는 계선 기능에 해당하고 총무, 기획 등은 참모 기능에 해당한다.

의사결정 권한과 집행 권한이 조직의 최고 관리자(상층부)에게 집중된 정도가 높은 경우를 집권적이라고 할 수 있고, 의사결정 권한과 집행 권한이 조직의 실무자(일선 혹은 현장)에게 위임된 비중이 높은 경우를 분권적이라고 할 수 있다. 집권과 분권은 절대적인 개념이라기보다는 타 조직과의 비교, 과거와 현재와의 시계열적 비교를 통해 확인할 수 있는 상대적인 개념이다. 분권화된 조직에서는 의사결정의 신속화가 가능한데 전통적인 피라미드형 계층제와 비교하면 계층 수가 적으며 중간관리층의 수도 적은 경향을 나타낸다. 사업 단위로 부서를 편성하여 재무, 인사, 예산 등의 독자적인 관리 권한을 부여하는 사업부 조직이나 부서 간 경계를 최소화하여 핵심 업무 중심으로 조직을 재구성하여 운영하는 팀 구조는 보다 분권화된 조직구조를 지향하는 것이라고 할 수 있다. 조직이 분권화할수록 환경변화에 더 신축적으로 대응할 수 있고 조직구성원들의 자율성과 창의성을 끌어내는 데 유리하지만, 책임과 권한의 소재가 불분명하고 연공서열적 조직 문화와 충돌할 가능성이 있다는 점이 단점으로 지적되고 있다.

 쉬어가기 4-1. 조직편성의 올바른 원칙?

조직편성 원리에 대해서는 고전적 조직관리 이론을 토대로 한 이른바 전통파 행정관리론의 대표자인 L.H. Gulick의 이론이 널리 알려져 있다. 이는 Roosevelt 대통령이 뉴딜(New Deal) 시기에 설치한 '행정관리에 관한 대통령 위원회'의 위원으로서 준비한 '조직이론에 관한 노트'라는 이름으로 제시된 것으로 유명한 POSDCoRB론과 함께 당시 행정이론의 정수를 보여주는 것으로 평가받고 있다.

Gulick은 조직편성 원리로 ① 주요 목적, ② 주요 과정(기술적 과정, 절차), ③ 고객 또는 대상 사물, ④ 지역이라고 하는 4가지 기준을 제시하였다. 실제로 각 부서의 소장사무를 포괄하는 임무 규정을 일람해 보면 잘 알 수 있듯이 예로부터 가장 중요하게 채택된 기준은 ① 주요 목적인 것은 더 말한 나위도 없다. 행정조직의 가장 포괄적인 목적으로는 '공공의 복리(Public interest)'라는 추상적 가치가 있으며 각 부서는 추상적 가치를 실현하기 위한 하부 임무로 여겨지는 목적을 달성하기 위해 조직되며 내부조직 및 외국(外局)으로 구성된다. 이것이 합리적 조직편성의 요체인

'기능화(Functionalization)'원리이며 기능화란 H. Simon이 지적한 바와 같이 '조직 목적을 종속적인 하부 목적으로 분해(Break-down)하는 것'을 의미한다. 이러한 기능화에 따라 행정조직은 '실행할 업무'의 체계로 변모하게 되는 것이다.

그런데 Gulick은 조직편성 원리 중 목적을 중시하는 기능화만이 정답은 아니라고 보았다. "행정학도는 마치 연금술사가 현자의 돌을 찾는 것처럼 오랫동안 효과적인 조직편성의 단일 원리를 찾아왔다. 그러나 그 노력은 헛된 것이었다. 단 하나의 가장 효과적인 편성시스템 따위는 없다는 것은 자명하다." Gulick은 ①의 기준에 따르면 조직편성은 수직적인 것이 되며, ②와 ④의 기준을 따르면 조직편성은 수평적인 것이 되고, ③의 경우는 고객 기준을 따르면 수직적, 대상 기준을 따르면 수평적 조직편성에 가까워진다고 본다. 그리고 어떤 편성기준이든 다른 기준과 밀접하게 연관되어 있으며 "각 원리 간의 우선순위를 정하기 위한 효과적인 패턴은 존재하지 않는다"라고 주장하였다. 왜냐하면 조직은 그 활동의 생성, 발전, 안정, 쇠퇴 등의 각 국면에 따라 어떤 단계에서 타당한 원리가 다른 단계에 이르면 부적절한 것이 되기 때문이다. 따라서 조직편성 패턴을 결정할 때 편성 시기, 기술발전의 정도, 사업체 규모 등 여러 요인을 종합적으로 고려하여야 함을 역설하였다(今村, 2006).

행정조직 구조의 설계에서 거래비용이라는 관점도 중요하다. Williamson(1985)은 시장을 활용할 때 발생하는 거래비용이 관료제적 조정비용보다 크면 거래비용 최소화를 위해 거래의 내부화 다시 말해, 조직 내에 해당 서비스를 제공하는 부서를 설치하는 편이 낫다고 보았다. 구체적으로 거래비용은 정부가 직접 조직을 구성하여 공공서비스를 전달하지 않고 민영화나 민간위탁 등의 시장적 방식을 활용할 때, 적합한 해당 조직을 탐색하는 데 드는 비용, 계약을 제대로 이행하는지를 계속 감시(Monitoring)하는 데 드는 비용 등을 의미한다.

1990년대 본격 등장한 신공공관리(New public management: NPM)는 정부조직의 경직성과 비능률을 극복하는 방안으로 시장 기제의 적극적인 활용이 바람직하다고 주장한다.[1] 행정조직이 제공하는 서비스를 반드시 정부조직을 통해 제공

---

1) 자원투입과 성과산출 과정에서 능률성과 효과성이 중요 기준으로 작용한다. 즉, 가능한 한 적은 투입으로 최대의 산출을 가져올수록 능률적, 산출이 목표 수준에 근접할수록 효과적이라고 표현할 수 있다.

할 필요가 있는지 재검토할 필요가 있으며, 필요성이 낮은 업무는 민간으로 넘기는 것이 바람직하다는 것이다. 그리고 내부조직 구조의 분권화와 의사결정의 자율성 확대를 추진하는 한편 성과평가를 통한 책임성 확보를 강조한다.

실제로 지방정부의 행정서비스 제공은 내부조직을 통해 제공되지만, 사회복지, 환경보호, 문화관광 분야의 업무 등에 대해 민간위탁 방식이 널리 활용되고 있다.[2] 또한, 신공공관리론의 영향으로 조직 전체, 부서, 팀, 개인과 같은 조직의 각 계층을 대상으로 한 목표설정과 그 달성 정도에 대한 성과평가가 보편화하고 있다. 근무 형태 또한 전일제 근무라는 틀에서 벗어나 개인, 업무, 기관 특성에 맞게 탄력근무제(집약근무형, 근무시간선택형, 프로젝트 중심의 재량 근무형 등), 원격근무제(재택근무형, 스마트워크센터 등을 활용하는 스마트워크근무형) 등 다양한 방식이 활용되고 있다. 최근 코로나19 바이러스 감염증이 세계적으로 유행하면서 거리두기의 필요성이 커지는 가운데 이와 같은 유연 근무방식과 함께 비대면 회의를 통한 업무처리가 늘고 있다.

2. 자치조직권과 지방행정조직

지방정부는 일정한 공간을 토대로 주민 삶의 질 증진을 위한 독자적인 활동권한 즉, 자치권을 가져야 하는데 자치조직권은 이러한 자치권의 주요 내용 중의 하나이다. 일반적으로 지방정부의 독자적인 활동에 필요한 자치권의 내용에는 자치입법권, 자치조직권, 자치인사권, 자치재정권, 자치행정권, 자치계획권, 자치사법권 등이 포함된다. 자치권은 중앙정부와 지방정부 간의 관계를 전제로 한다. 다시말해 지방정부가 일정한 공간을 토대로 해당 지역주민의 복리증진 및 지역의 발전을 도모하기 위한 활동을 하는 데 있어서 어느 정도 중앙정부로부터 자율성을 가지고 독자적으로 활동을 할 수 있는지에 관한 논의가 자치권 논의의 핵심이다.

이러한 자치권을 파악하는 시각은 영미권의 국가와 대륙법 계통을 따르는 국가 간에 약간의 차이가 있다. 영미권 국가에서는 자치권을 자율성(Autonomy)의 측면에서 파악하고, 지방정부의 자율성을 구조적 자율성, 기능적 자율성, 재정적

---

2) 때로는 제2장에서 살펴본 다른 지방정부와의 다양한 협력기제를 활용하여 행정서비스를 제공하는데, 이를 민간위탁과 대비하여 '공공위탁'이라고 지칭하기도 한다.

자율성, 인사 자율성의 4가지로 구분한다. 한편 대륙법 계통의 국가에서는 지방정부의 자치권을 헌법상 보장된 고유권한을 의미하는 '고권(Hoheit)'이라는 용어를 사용하면서, 지방정부의 고권으로 조례고권, 조직고권, 인사고권, 재정고권, 계획고권으로 구분한다.

한국의 경우는 이들 양 시각의 영향을 동시에 받아 지방행정을 연구하는 행정학자들은 주로 영미권의 시각에 논의하고 있으며, 행정법에서 지방자치를 연구하는 학자들은 대륙법 계통의 영향을 받아 고권이라는 용어를 사용하고 있다. 즉 행정학적인 시각에서 지방행정을 연구하는 학자들은 자치조직권이라는 용어를 사용하여 "지방자치단체가 기구, 정원, 보수, 사무 분담 등을 자신의 조례나 규칙을 통하여 자주적으로 정하는 권능"(하동현 외, 2011)으로 규정하고 있다. 행정법에서 지방자치를 연구하는 학자들은 자치조직권을 조직고권이라는 개념을 사용하여, "지방자치단체 스스로 고유한 재량으로 법령의 범위 안에서 내부조직을 형성, 변경, 폐지할 수 있는 권한"(홍정선, 2009)으로 정의하고 있다.

영미권 국가의 시각에 따르든, 대륙법 계통 국가의 시각에 따르든, 자치조직권의 핵심적인 내용은 기구설치권과 정원책정권으로 파악하는 것이 일반적이다. 즉, 자치조직권의 핵심은 지방정부가 자신의 활동에 필요한 기구를 자율적으로 설치하고, 조직의 활동에 필요한 인력을 자율적으로 책정하여 활용할 수 있는 권한을 말한다. 따라서 자치조직권을 확대한다는 것은 지방정부의 행정기구 설치 및 정원책정과 관련한 자율성을 보장하고, 이에 따른 자기 책임성을 확보한다는 것을 의미한다. 현실적으로 자치조직권을 완전히 지방정부의 자율영역에 맡겨두는 경우보다는 중앙정부 혹은 상위 지방정부가 일정한 제약을 부과하는 국가가 대부분이다. 이에는 무분별한 조직 설립과 방만한 인력 채용에 대한 우려, 주민통제 미비로 인한 지방정부에 대한 불신이라는 측면과 함께 행정조직·인력 운영에서 중앙정부와 지방정부 간 정합성 확보라는 측면이 있다.

3. 지방정부의 주요 기능과 담당 조직

지방정부는 지역민의 삶의 터전인 지역의 유지, 관리, 발전을 도모함으로써 주민의 인간다운 삶을 실현하고 지역의 지속 가능성(Sustainability)을 높이는 데 이바지하는 것에 그 존재의의가 있다고 할 것이다. 인간 욕구는 다차원으로 구성되는데, 이를 반영하면 지방정부는 안전, 안심의 확보라는 생존(Safety) 차원에서부터 주거, 일자리, 교통과 같은 생활(Life) 차원 나아가 체육, 관광, 문화예술과 같은 쾌적성(Amenity) 차원에 이르기까지 다양한 차원을 고려하여 정책을 전개할 필요가 있다. 다양한 차원의 정책을 기획하고 조정, 집행하기 위해서는 지방행정조직과 조직을 움직이는 공무원이 필요하다. 또한, 민주성과 효율성의 확보라는 측면에서 지역 내 다양한 주체(기업, 시민단체, 주민 등)와 지방행정조직과의 협력·협업을 의미하는 지역 거버넌스(Local governance) 구축 및 활성화 또한 현대행정에서 필수 불가결하다.

한국의 「지방자치법」은 지방자치단체의 사무 범위를 구체적으로 예시하고 있다. 지방자치단체의 구역·조직·행정관리 등의 사항, 주민의 복지증진 관련 사항, 농림·수산·상공 등 산업진흥 관련 사항, 지역개발과 자연환경보전(생활환경시설 설치·관리 포함) 관련 사항, 교육·체육·문화예술 진흥 관련 사항, 지역민방위 및 지방소방 관련 사항, 국제교류 및 협력 관련 사항 등이다. 이들 사무를 기능을 중심으로 재분류하면 행정관리 기능, 도시관리 기능, 경제산업 기능, 삶의 질 기능으로 묶을 수 있다. 앞서 언급한 인간 욕구 차원에 대입하면 행정관리기능은 거버넌스 차원, 삶의 질 기능은 쾌적성 차원에 대응하며 도시관리 기능과 경제산업 기능은 각각 생존 차원, 생활 차원과 가장 연관성이 큰 것으로 볼 수 있다.

표 4-2 ┃ 지방행정의 기능별 분류와 담당기구

대기능	중기능	행정기구(담당 기준)
행정관리	기획조정기능	기획, 예산, 감사, 법무, 홍보, 공보 등
	행정기능	조직, 인사, 자치행정, 민원, 전산, 통신, 교육, 지적, 민방위 등
	재정기능	재무, 회계 등
도시관리	도시주택기능	도시계획, 토지, 주택, 건설, 건축, 토목, 건축물 관리, 가로 정비, 상하수도 등
	지역개발기능	도로, 교통, 하천, 새마을, 개발, 미관 등
	소방방재민방위	소방, 방재(치수), 민방위
경제산업	경제활성화기능	농업, 상공, 수산, 임업, 운수, 노동, 고용, 투자유치 등
삶의 질	보건복지기능	보건, 위생, 아동·보육, 노동, 장애인, 생활보장 등
	문화체육관광기능	문화·예술, 문화재, 체육, 관광, 교육·청소년 등
	환경관리기능	수질, 대기, 폐기물, 산림, 녹화 등

출처: 고경훈(2008) <표 3-8> 일부 수정.

행정관리 기능, 도시관리 기능, 경제산업 기능, 삶의 질 기능을 세분화하여 실제 지방행정조직과의 관계를 살펴보자(<표 4-4> 참조).

첫째, 행정관리 기능은 기획·조정, 조직·인사, 재정 기능을 포함하는데 해당 기구로는 기획예산(조정)실, 재무과, 총무과 등이다. 둘째, 도시관리 기능은 주거, 교통, 방재 등 지역민이 안심하고 생활할 수 있도록 도시의 기본적 기능을 유지·관리하는 것이다. 세부적으로는 도시주택, 지역개발, 소방방재 기능이 이에 속하는데 해당 기구로는 도시계획과, 건설·건축과, 교통과, 소방재난 본부 등이다. 셋째, 경제산업기능은 지역산업의 진흥, 일자리 창출, 투자유치 등 경제 활성화 관련 기능을 포함한다. 지역경제과, 투자일자리과, 경제정책실 등이 해당 기능을 수행하는 부서이다. 넷째, 삶의 질과 관련된 기능이다. 이 기능은 지역주민의 생활 만족도에 큰 영향을 미치며, 지역의 매력 관리와도 연관된다. 세부적으로는 보건·복지기능, 문화·체육·관광 기능, 환경관리 기능이 이에 해당하며 담당 부서로는 사회복지과, 아동·청소년과, 관광과, 체육진흥과, 문화예술과 등이다.

자치조직권과 지방행정조직의 실태

1. 한국

1) 자치조직권의 제약과 변화

한국의 경우 1990년대 지방자치 부활 이후 지방자치단체의 자치조직권이 점차 확대되어 왔다고 할 수 있다. 2007년 기존의 경직적인 표준정원제에서 지방자치단체가 기구·정원 운영에 수반되는 인건비성 경비의 총액을 기준으로 기구와 정원을 자율적으로 관리하도록 하는 총액인건비제로 변경되었다.3) 2014년에는 기준인건비제가 도입되었는데 주무 부처인 행정안전부에서 제시하는 기준인건비에 따라 지방자치단체가 자율적으로 정원을 운영할 수 있고 지방자치단체가 복지, 안전 및 지역별 특수성을 고려하여 행정수요에 탄력적으로 대응할 수 있도록 인건비의 추가적인 자율범위(1~3%)를 허용한다. 추가 자율범위는 지방자치단체별 재정 여건에 따라 결정되는데 이에 수반되는 추가경비는 지방자치단체가 부담하도록 하여 자율성과 함께 책임성을 높이도록 하였다.4)

그런데 대통령령인「지방자치단체의 행정기구와 정원기준 등에 관한 규정」에 따라 지방자치단체의 조직 및 인사권한은 상당한 제약을 받고 있다(<표 4-2>, <표 4-3> 참조). 동 규정은 인구 규모별로 시·도 본청에 설치할 수 있는 실·국·본부의 설치기준, 부지사 정수, 보조·보좌기관의 직급 기준 등을 상세하게 규정하고 있다. 기초자치단체에 대해서도 설치할 수 있는 기구 수의 상한선 및 직급 기준을 인구 규모에 따라 명시하고 있다. 이 기준 내에서만 조례로 제정할 수 있고,

---

3) 1964년 개별승인제 도입 이후 1988년 기준정원제, 1994년 표준정원제(기준 범위 내에서 조례 또는 규칙으로 정하되 인력 불균형을 다소 시정)로 변화되었다.
4) 중앙정부가 기준인건비제를 도입하면서 보완된 사항 가운데 특기할 것은 조직분석·진단을 지방자치단체의 장이 행정안전부 장관에게 지원 요청할 수 있도록 한 점과, 지방자치단체장으로 하여금 매년 기구·정원의 운영상황을 인터넷 홈페이지 등에 공개하도록 의무화한 점이다.

규정을 위반하면 행정안전부 장관이 강제력 있는 시정 요구를 할 수 있다.

다만, 지방분권의 흐름 속에서 중앙정부의 통제는 다소 완화되는 추세이다. 2018년 2월 문재인 정부는 '자치분권 종합계획'을 확정·발표하면서 '자치조직권 강화 및 책임성 확보'를 천명하였고 이를 위해 대통령령을 개정하여 자치조직권을 일부 확대하는 후속 조처를 하였다. 구체적으로 살펴보면, 지방자치단체가 인건비성 경비총액(기준인건비) 범위 내에서 자율적으로 정원을 관리할 수 있도록 하고 시군에 대해 인구 기준에 따른 실·국 설치범위를 확대하였다. 그리고 2019년 대통령령 개정을 통해서는 시도에 대해 현행 실국수의 20% 범위 안에서 행정기구 설치를 자유롭게 할 수 있도록 하고 예결산 특위를 상설 운영하는 시도의회에 4급 전문위원 1명을 추가할 수 있도록 하였다.

표 4-3 ▍ 시군구의 실·국 및 실·과 담당관의 설치기준

구분		실·국
시	인구 10만 미만	1개 이상 3개 이하
	인구 10만 이상 15만 미만	1개 이상 3개 이하
	인구 10만 이상 15만 미만(도농 복합형태 시)	2개 이상 4개 이하
	인구 15만 이상 20만 미만	2개 이상 4개 이하
	인구 20만 이상 30만 미만	3개 이상 5개 이하
	인구 30만 이상 50만 미만	4개 이상 6개 이하
	인구 50만 이상(구를 설치하지 아니한 시)	5개 이상 7개 이하
	인구 50만 이상 70만 미만(구를 설치한 시)	3개 이상 5개 이하
	인구 70만 이상 90만 미만(구를 설치한 시)	4개 이상 6개 이하
	인구 90만 이상 100만 미만(구를 설치한 시)	5개 이상 7개 이하
	인구 100만 이상 120만 미만(구를 설치한 시)	6개 이상 8개 이하
	인구 120만 이상(구를 설치한 시)	7개 이상 9개 이하
군	인구 15만 미만	1개 이상 3개 이하
	인구 15만 이상 20만 미만	2개 이상 4개 이하
	인구 20만 이상	3개 이상 5개 이하
구	특별시의 자치구	4개 이상 6개 이하
	광역시의 자치구	인구 10만 미만	1개 이상 3개 이하
		인구 10만 이상 30만 미만	2개 이상 4개 이하
		인구 30만 이상 50만 미만	3개 이상 5개 이하
		인구 50만 이상	4개 이상 6개 이하

출처: 지방자치단체의 행정기구와 정원기준 등에 관한 규정 <별표 3>(2022.4.19 개정).

표 4-4 | 시·군·구 본청에 두는 실장·국장·담당관·과장 등의 직급 기준

구분	실장(국장급)·국장·자치구가 아닌 구의 구청장	실장(과장급)·과장·담당관	읍장·면장·동장	부읍장·부면장	3만 이상 읍의 과장
시군구	4급	5급			
읍면동			5급	6급	6급

출처: 지방자치단체의 행정기구와 정원기준 등에 관한 규정 <별표 3>(2022.4.19 개정).

2) 지방공무원 수 추이

지방조직과 지방공무원 수(정원)는 역대 정부에 걸쳐 꾸준하게 증가했다. 1990년대 말 외환위기 극복을 위해 공무원 수 감축을 한 김대중 정부의 예외가 있지만, 제1공화국 이래 거의 모든 정부가 경제성장에 따른 행정기능 확대, 주민수요의 다양화, 안전 및 복지 수요 증가, 고용침체 극복 등을 이유로 국가공무원 수와 함께 지방공무원 수를 늘려왔다.[5]

구체적으로 살펴보면, 지방공무원 공무원 수(경력직, 특수경력직 공무원)는 총정원기준으로 2000년 248,515명에서 2006년 272,584명, 2012년 284,355명으로 점진적으로 증가하다가, 2016년 303,401명, 2018년 322,862명으로 증가세가 가팔라지고 있다. 최근 신규 충원이 집중적으로 이루어지고 있는 분야는 소방과 같은 안전 분야와 사회복지 분야이다. 2018년 기준 일반직 공무원의 직급별 구성 비율은 9급 14.4%, 8급 16.9%, 7급 28.7%, 6급 29.1%, 4급 1.1%, 3급 이상이 0.2%로 조사되었으며 전체 공무원 가운데 여성 공무원의 비중은 2000년 23.2%에서 2018년 37.9%로 높아진 것으로 나타났다.

행정안전부의 내고장알리미 사이트에 따르면 지방자치단체 유형별 평균 총정원은 2021년 6월 말 기준 특별시·광역시 6,861명(소방직 평균 2,770명), 도 7,388명(소방직 평균 4,531명), 50만 이상 시 2,691명, 50만 미만 일반시 1,009명, 50만 미만 도농복합시 1,329명, 5만 이상 군 818명, 5만 미만 군 631명, 특별시 자치구 1,445명, 광역시 자치구 885명으로 나타났다.[6] 공무원 1인당 주민 수 평균을 살

---

5) 김대중 정부하에서 전체 공무원 수는 31,494명이 줄었으며 -3.37%의 증감율을 기록하였다.
6) 소방공무원은 국가직과 지방직 이원화체제로 운영되다가 2020년 4월 1일부터 국가직으로 전

펴보면 광역자치단체가 360명대인데 반해 50만 미만 일반시 201명, 5만 이상 군은 99명으로 나타나 소규모 지방자치단체일수록 주민 수 대비 공무원 수가 많음을 알 수 있다.

승진에 걸리는 평균 기간은 지역별로 다소 상이하다. 2020년 기준으로 서울시의 경우를 살펴보면 9급에서 8급 2.7년, 8급에서 7급이 4.1년, 7급에서 6급이 9.1년, 6급에서 5급이 8.9년, 5급에서 4급이 6.5년, 4급에서 3급이 7.2년, 3급에서 2급 3.6년 2급에서 1급 5.0년으로 나타났다. 9급으로 시작하여 5급 사무관으로 승진하기까지는 24.8년이 소요되는 셈이다(Kosis 국가통계포털).

3) 지방자치단체 행정기구 현황

지방자치단체 행정조직의 편제와 정원에 관해서는 구체적인 사례를 통해 알아보기로 한다. 광역자치단체로는 서울특별시 본청, 그리고 기초자치단체로는 순천시를 각각 분석해 보기로 한다. 서울특별시는 1,000만 명에 육박하는 인구가 거주하는 수도를 담당하는 지방자치단체인 만큼 다양하고 고도화된 조직구조를 갖추고 있다. 순천시는 인구 약 28만 명 규모의 도농복합시로서 관할구역이 광범위한 일반시라는 특징을 가지고 있는데, 도시와 농촌 지역의 특성을 함께 갖는 비수도권지역의 지방자치단체라는 점에서 일반시의 조직구조를 파악해 볼 수 있는 사례라고 할 수 있다.

2022년 9월 1일 기준 서울특별시의 조직도는 <그림 4-1>과 같다. 서울시는 서울특별시장 아래 2명의 행정부시장과 1명의 정무부시장을 두고 있다.[7] 시장 직속 조직으로는 기획조정실, 소방재난본부 등이 있고 행정1부시장 아래 경제정책실, 복지정책실, 도시교통실, 문화본부, 행정국, 시민건강국 등이 그리고 행정2부시장 아래 안전총괄실, 주택정책실, 푸른도시국, 물순환안전국 등을 두고 있다. 실, 본부, 국의 하위조직으로 과를 두고 과의 하위조직으로는 팀을 설치하고 있다. 실은 시정 전반에 대한 정책의 총괄조정기능을 담당하며 본부는 다수의 사업 또는 프로젝트 단위로 구분하여 실행력을 강화하는 목적의 조직이다. 국은

환되었다. 다만 조직소속은 시도지사 직속 소방본부로 편제되어 있다.
7) 서울특별시장은 장관급, 부시장은 차관급 공직자로 보한다. 행정부시장 2명(1명은 일반직, 1명은 기술직)은 국가직 공무원 신분이나 중앙정부 파견이 아니라 내부승진이 이루어지고 있다.

기능별 책임 전담 및 고유 지원 기능을 수행하는 기구로서의 성격을 갖는다.[8]

　행정조직은 의사결정을 직접 보조하는 보조(계선)기관과 이를 지원하는 보좌(참모)기관으로 구분되는데 실국－과－팀(계)은 보조기관에 해당하고 기획관, 정책관, 심의관, 담당관 등은 보좌기관에 해당한다. 서울시 국의 경우는 과－팀 체계인 데 비해 실·본부의 경우에는 기획관－과－팀 체계로 실장과 과장 사이에 기획관을 두고 있는 점이 상이하다.

　지방자치단체는 내부조직 외에 「지방자치법」에 따라 하부행정기관을 둘 수 있다. 먼저 직속기관은 대통령령이나 대통령령이 정하는 범위에서 해당 지방자치단체 조례로 소방기관, 교육훈련기관, 보건진료기관, 시험연구기관 등을 설치할 수 있다. 사업소는 특정 업무를 효율적으로 수행하기 위한 것으로 마찬가지로 대통령령이 정하는 범위에서 해당 지방자치단체 조례로 설치되는데 상하수도 사업

그림 4-1 ┃ 서울시 조직도

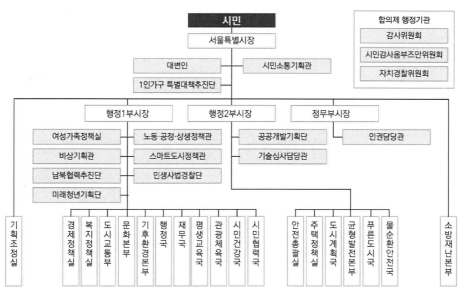

출처: 서울시 홈페이지(http://org.seoul.go.kr/org/orgChart.do, 2022년 9월 1일 기준).

---

8) 지방자치단체의 행정기구와 정원기준 등에 관한 규정에 따르면 국은 4개 과 이상의 하부조직이 필요한 경우 설치하며, 실·본부는 업무 성격상 국으로서 그 목적달성이 곤란할 경우 설치하며 하부조직으로 국 또는 과를 설치할 수 있다.

소, 차량등록 사업소 등을 설치하는 곳이 많다. 출장소는 외진 곳의 주민 편의와 특정 지역개발을 위해 대통령령이 정하는 범위에서 해당 지방자치단체 조례로 설치한다. 그 밖에 법령이나 조례로 정하는 바에 따라 소관 사무의 심의 자문을 위해 자문기관을 설치하거나 독립적 업무수행을 위한 합의제 행정기관(감사위원회, 시민감사옴부즈만위원회, 자치경찰위원회)을 설치할 수 있다.

서울시 산하 본부·사업소에는 소방학교, 상수도사업본부, 물재생센터, 어린이병원, 서울역사박물관, 인재개발원, 농업기술센터, 서울도서관, 녹지사업소, 시립미술관 등이 있다. 공사·공단에는 서울시설공단, 서울교통공사, 서울주택도시공사, 서울특별시 농수산식품공사가 있고 출자·출연기관으로는 서울의료원, 서울연구원, 서울신용보증재단, 120다산콜재단, 서울관광재단, 서울장학재단 등이 있다.

자치구를 제외한 서울시 본청 직원 수는 2020년 12월 기준 18,708명으로 일반직이 11,137명(59.5%), 사회복지기능인력 375명(2.0%), 소방직 7,196(38.4%)명인데 광역자치단체 평균 직원 수 6,721명을 크게 상회하고 있다. 본청소속 공무원 수는 4,755명(25.4%)인데 반해 시의회, 직속기관, 사업소, 합의제 행정기관 소속 공무원 수는 13,953명(74.6%)으로 현장 업무 종사자가 압도적인 비중을 차지한다. 전체 직원 가운데 과장급 이상 직원 수는 352명으로 1.9%에 불과하다.

기초자치단체인 순천시의 경우를 살펴보면 시장 아래 부시장 1명을 두고[9] 부시장 아래 5개국(자치행정국, 일자리경제국, 문화관광국, 시민복지국, 안전도시국)을 설치·운영하고 있다. 국별 소속과 구성은 자치행정국은 총무과, 세정과, 정보통신과 등이고 일자리경제국은 투자일자리과, 도시재생과, 미래산업과 등이며 문화관광국은 문화예술과, 평생교육과, 관광과 등이고 시민복지국은 사회복지과, 장애인복지과, 아동청소년과 등이며 안전도시국은 도시과, 건축과, 도로과, 교통과 등이다(<그림 4-2> 참조).

행정조직 내 지휘체계는 국장-과장-팀장-주무관/실무원 체계이다.[10] 순천시는 직속기관으로 보건소와 농업기술센터를 두고 있으며 사업소와 센터로는 생태환경센터, 맑은물관리센터, 순천만관리센터, 문화예술회관, 체육시설관리소

---

9) 부시장직에는 관할 광역자치단체인 전라남도 국장 출신이 보임되는 것이 관례이다.
10) 실무원은 무기계약직(공무직) 혹은 기간제계약직 등 비정규직으로 공무원 신분이 아닌 사람을 가리킨다.

제4장 지방행정조직과 인사: 지방정부 조직을 효율적으로 운영하는가?

그림 4-2 ┃ 순천시 조직도

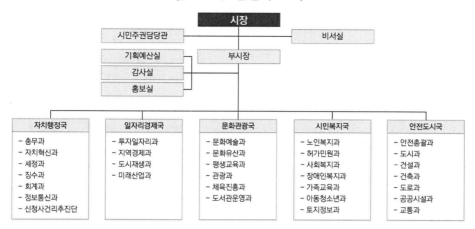

출처: 순천시 홈페이지(https://www.suncheon.go.kr/kr/info/0001/0001/, 2022년 9월 1일 기준).

등을 두고 있다. 관할 읍면동은 1개 읍, 10개 면, 13개 행정동으로 이루어져 있다. 지방자치단체장은 조례로 정하는 바에 따라 소관 사무 분장을 위해 자치구가 아닌 구, 읍, 행정면, 행정동에 각각 구청장, 읍장, 면장, 동장을 임명할 수 있는데 순천시는 2018년 면장 1명을 개방형 공모제를 통해 임명한 바 있다.[11]

2017년 기준 순천시청 공무원 정원은 1,386명이며, 본청 591명, 시의회와 사업소 479명, 읍·면·동 316명이 근무하고 있는데 본청 근무 직원 비중이 42.6%, 현장 근무 직원 비중이 57.4%로 나타났다. 공무원 수는 도농복합시 평균 수준으로 볼 수 있으며 과장급 이상 직원 비중(6.0%)도 도농복합시 평균 수준이다.

한국의 지방자치단체 자치조직권은 점차 확대되는 추세이나, 행정수요를 반영한 탄력적인 조직 운영에는 여전히 제약이 적지 않다. 인구라는 단일기준으로 기구설치의 상한선과 직급책정이 사전에 규정되기 때문이다. 특히 행정수요가 몰리는 인구 규모가 상대적으로 큰 대도시를 중심으로 조직과 정원, 직급에 대한 제약에 불만이 높다. 한편 급여의 자율화에 대해서는 재정 여건이 상대적으로 열

---

11) 민간인 출신 면장이 임명되었으나 주민과의 갈등으로 인해 중도에 퇴진하였다. 최근 전국 지자체에서 내부공모 후보자(주로 5급 공무원)를 대상으로 한 읍면동장 시민추천제 도입 사례가 늘고 있다.

악한 지방자치단체의 공무원을 중심으로 우려의 목소리가 적지 않다(이시원·하정봉, 2015).

📺 **쉬어가기 4-2. 지방공기업과 출자·출연기관**

국가와 지방자치단체 이외에 공공서비스를 제공하는 공공기관의 명칭과 범위는 명확히 정리되어 있지 않고 있다. 대체로 산하기관, 공공기관, 공기업, 출연기관, 출자기관, 위탁기관, 보조기관, 지방공기업, 제3섹터가 이 범주에 속한다고 할 수 있다(〈표 4-5〉참조).

지방공기업은 '지방공기업법'에 근거한 것으로 직영기업, 지방공사, 지방공단이 이에 속한다. 직영기업은 지방자치단체 조례로 설치·운영하는데 특별회계 설치와 독립채산제 운용이 특징이다. 상수도사업본부나 상수도 사업소가 직영기업에 속한다. 지방공사도 조례제정이 필요한데 재원은 출자금으로 충당하며 독립법인으로 소속원은 공무원이 아니다. 광역시의 교통공사, 도시개발공사가 지방공사에 해당한다. 지방공단은 독립법인이라는 점이 지방공사와 같으나 주로 시설관리 분야와 같이 지방정부의 공공업무를 전담한다는 점, 지방정부 예산만으로 운영한다는 점이 상이하다. 시설관리공단, 환경공단이 이에 속한다.

출자·출연기관은 '지방자치단체 출자·출연기관 운영에 관한 법률'에 근거한 기관이다. 출자기관은 지방자치단체가 지역경제의 발전과 주민 소득증대 등의 목적을 위해 개별법령에 따라 설립하고 출자하여 그에 해당하는 지분(100분의 10 이상)을 갖는 기관이다. 로컬푸드 관련 주식회사, 에너지·발전관련 주식회사, 먹는물 관련 주식회사 등이 운영되고 있다. 출연기관은 지방자치단체가 문화, 예술, 장학, 자선 등의 목적을 위해 개별법령 또는 조례에 따라 설립하고 운영에 필요한 자금을 제공하는 기관이다. 신용보증재단, 문화재단, 복지재단 등이 이에 속한다. 출자기관은 영리성이 강하지만, 출연기관은 비영리성이 강하다.

행정안전부에 따르면, 2021년 3월 현재 지방자치단체 출자기관은 97개, 출연기관은 701개이다. 시도별 운영 기관 수를 살펴보면 출자기관은 경상남도 18개, 출연기관은 경기도 127개로 가장 많았다. 2014년 관련법 제정 당시 총 540개와 비교하면 258개나 증가하여 무분별한 설립, 부실운영의 위험성과 함께 지방재정의 건전성을 위협할 수 있다는 우려가 제기되고 있다.

표 4-5 지방공사 · 공단, 출자 및 출연기관의 비교

구분	지방공사 · 공단	출자기관	출연기관
목적 · 분야	· 지방공사: 공공복리 증진 · 지방공단: 지방자치단체 고유업무에 전문성, 기술성 제고	지역경제, 주민소득 증대 등	문화, 예술, 장학, 자선 등
법적 근거	· 지방공기업법 제49조 및 제76조 · 지방공기업 설립 운영기준	지방자치단체 출자 · 출연기관의 운영에 관한 법률	지방자치단체 출자 · 출연기관의 운영에 관한 법률('14.9.25 시행)
설립 주체	지방자치단체	지방자치단체, 민간	지방자치단체
성격	기업성+공익성	기업성(영리성)	공익성(비영리성)
자본 조달	출자(시 및 타지방자치단체 50% 이상) ※ 민간 출자 가능	출자(시 및 타지방자치단체 10% 이상) ※ 민간 출자 가능	출연(시 및 타지방자치단체)
경영자	사장(이사장): 임원추천위원회에서 추천된 자 중 시장이 임명	이사장: 이사회추천을 거쳐 주주총회 승인	이사장: 시장 임명 대표이사제(시장임명) 운영

출처: 서울시 홈페이지(https://news.seoul.go.kr/gov/publicenterprises, 2022년 10월 1일 검색).

2. 미국

미국에서 각 주는 국가와 비슷한 기능이 있다. 지방의 자치조직권에 대한 직접적인 연방 법률을 찾아보기는 힘들고, 자치조직권에 대해서도 특별히 정해진 것 없이 각 주의 재량에 따라 운용되고 있다. 지방의 자치조직권에 대해서 살펴보려면 연방정부와 주정부의 관계가 아니라 주정부와 주의 지방정부 간 관계에서 자치조직권을 논의할 수 있는 것이다.

역사적으로 보면 미국에서 주정부와 지방정부의 권한 다툼에선 지방정부는 주정부의 피조물로써 주가 명백히 부여한 자치권만을 행사할 수 있다는 딜런의 원칙(Dillon's rule)이 통설적인 견해였다. 대부분 주와 연방법원도 이 원칙을 지지

해왔다. 이후 지방분권의 관점에서 선점주의(주법의 명시적 조항과 헌장에 위반하지 않는 범위에서는 주정부든, 지방정부든 먼저 입법권을 행사하면 그 우위를 인정하는 것)를 폭넓게 인정하는 경향을 보이며, 여러 주가 헌장 등 다양한 방법으로 지방정부의 자치를 보장하는 방향으로 전개되고 있다.

헌장(Charter)은 지방정부의 헌법에 해당하는 것으로 지방정부 조직을 비롯한 자치권을 구체적으로 규정한다. 지방정부는 일정한 인구집중을 전제로 지역주민의 법인화 요청에 따라 주정부가 헌장을 부여하는 형식으로 성립된다. 또 주마다 헌장의 범위, 권한 적용에 대한 자체적인 정의를 하고 있는데, 이러한 헌장에 포함된 권한은 구역설정권, 자치조직권, 재정운영권, 선거, 공무원임용 방안 등의 자치행정 전반에 걸쳐 있다.

지방정부의 기관구성이나 조직구성 형태에 관한 결정 역시 지방정부 스스로가 결정하는 문제이다. 주헌법의 기본적 틀 안에서는 그것이 위원회 형태이거나 행정담당관(City manager) 형태이거나 전적으로 지방사무라는 것이 판례의 입장이다. 더불어 지방위원회의 설치, 자격, 권한에 대해서나 지방공무원을 선출하고 임명하는 방식에 대해서나 주민발안, 주민투표, 주민소환과 같은 제도의 도입에 대해서도 마찬가지이다. 즉, 지방공무원과 근로자의 선발, 고용, 해고에 관한 사항과 그들에게 할당된 임무, 급여지급 방식은 주와 지방정부 별로 상이하다. 2011년 말 기준 미국의 공무원 총수는 약 1,915만 명인데, 이 가운데 주정부 직원은 약 436만 명, 지방정부 직원은 약 1,200만 명이다. 주와 지방정부 공무원 수가 미국 전체 공무원 수의 85.4%로 절대다수를 차지하고 있는 셈이다.

미국의 지방공무원 임면 방식을 살펴보면, 먼저 주헌법 등의 규정에 따른 선거에 의해 선출되는 지사(시장) 등의 선출직 공무원들(Elected Officials 혹은 Constitutional Officials)이 중심이 되어 부서장 등의 임명직 직원(Appointed officials)에 대한 임면 및 지휘권 행사가 이루어진다. 이때 임명직 직원의 임용에는 경력과 자격보다는 선출직과의 정치적 관계가 더 큰 영향을 미친다. 그리고 임명직 직원인 부서장은 위임된 인사권 범위 내에서 일반직 직원의 임면 권한을 행사한다. 일반직원은 임명직 직원과 달리 직위분류제를 통한 실적주의(Merit system) 원칙이 적용되며, 파업권 제한 등 일정한 의무와 함께 소정의 신분보장이 이루어지는데, 의무 부과 내용과 신분보장 수준은 주와 지방정부 별로 다르다.

임명직 직원과 비교하면, 일반직원의 신분보장 수준이 높지만, 대다수 주에서는 재정 악화나 사업 통폐합에 따른 일반직원에 대한 강제 무급휴가(Furlough) 혹은 해고(Lay off) 조치를 허용하고 있다.[12] 다만, 개인 귀책이 아닌 사유로 해고를 할 때는 Layoff Unit라고 불리는 집단기준(부서 혹은 지역단위) 원칙이 적용된다. 일반적으로 근속연수가 짧은 직원부터 시작하여 필요인원수에 달할 때까지 대상 인원을 늘려가는 방식을 취한다. 또한 해고 후 일정 기간 내 해당 지방정부가 신규로 채용하면, 해고자는 우선 채용될 권리를 부여받는 경우도 많다.

홈룰헌장(Home Rule Charter) 제도를 채택한 지방정부의 대표적 사례인 뉴욕시의 경우, 시장이 법에 근거하여 별도의 제한이 없는 한 행정규칙(Executive order)에 따라 집행기관의 실·국·과 또는 직책을 신설하거나 폐지할 수 있다. 법에 제한이 없는 한 시장에게 부여된 특정의 기능, 권한, 책임 등을 소속 공무원들에게 위임할 수 있다. 구체적으로 보면 시 행정부의 수장인 시장은 6명의 부시장을 임명하며, 조직인사권을 갖고 있고, 4년 임기의 직선으로 2번 연임 가능하며, 예산집행과 인사권을 행사한다. 주요 권한으로는 시 행정부 수반으로서 법률적 제한이 명시되어 있는 경우를 제외하고는 선출직 외 시 공무원에 대한 임명 및 소환권을 갖는데 뉴욕시 경찰청장(NYPD)도 시장이 임명한다.

마찬가지로 홈룰헌장을 채택한 로스엔젤레스시정부(City of Los Angeles)의 경우 시의 단위조직은 국(Department)이며, 실질적인 집행부서이다. 구체적으로는 노인·돌봄국(Department of Aging), 동물서비스국(Animal Services Department), 건물 및 안전국(Building & Safety Department), 대마초 규제국(Cannabis Regulation Department), 도시관광국(City Tourism Department), 시민·인권 및 평등국(Civil+Human Rights and Equity Department), 가족을 위한 공동체 투자국(Community Investment for Families Department), 문화국(Cultural Affairs Department), 장애국(Disability, Department on), 경제 및 일자리창출국(Economic & Workforce Development Department), 비상관리국(Emergency Management Department), 인사국(Personnel Department), 교통국(Transportation Department), 경찰국(Police Department) 등과 함께 행정감사실(City Administrative Officer) 및 서기실(Office of the City Clerk) 등을 설치하고 있다.

국의 설치와 조직구성 및 인사권에 관한 권한에 대해서는 로스엔젤레스시 헌

---

12) 해고는 관직의 폐지에 따른 해고와 개인의 근무평정이나 과실에 따른 해고(Fire)로 구분된다.

장 제5조의 section 500부터 514에서 규정하고 있다.[13] 국은 존립 근거에 따라 주법에 근거한 국, 시헌장에 근거한 국, 시헌장에 근거한 독립채산 국 등으로 구분된다. 또한, 주법에 근거하지 않은 부서의 설치는 시 자치조직권 행사의 일부분이다. 이와 같은 법령의 복잡성으로 인해 행정조직의 체계적인 운영에 어려움도 있다. 즉, 개별 국의 운영은 상당한 독립성을 가지고 있기에 종합적인 시정발전 전략을 추진하기가 쉽지 않은 측면이 있다. 이 때문에 시장의 주요 임무는 부서 상호 간의 조정과 협조를 끌어내는 일이 된다.

시장과 시의원 이외의 로스엔젤레스시정부의 선출직 공무원으로는 시 검사(Attorney)와 시 회계감사관(Controller)이 있다. 시 검사는 시의 법률고문으로서 시정 전반에 관한 법률적 조언의 제공, 계약과 조례의 적법성을 검토하는 역할과 함께 연방 및 기타행정기관 등과의 소송이 생기면, 시의 대표 역할을 담당한다. 아울러 시 검사장으로서 관내에서 발생하는 범법행위에 대한 기소 주체가 되며 범죄예방 대책 수립을 주도하는 역할도 부여받고 있다. 회계감사관은 시 헌장에 의해 회계 및 감사업무의 책임자가 된다. 회계감사관은 공항, 수도, 전력 및 항구의 독립 부서를 포함하여 시의 모든 임원과 부서의 회계(Account)에 대한 일반적인 감독을 수행한다. 헌장에 따라 모든 시 지급은 회계감사관의 승인을 받아야 한다. 그리고 회계감사관은 시 재정보고서를 준비하고 모든 시 부서와 프로그램의 재정 및 성과감사를 담당한다.

🖥 쉬어가기 4-3. 지방정부를 공무원이 아니라 민간이 운영?

미국 조지아주 Fluton County의 Sandy Springs시는 2005년 12월 주민투표를 거쳐 탄생하였다. 2020년 현재 인구 108,808명으로 조지아주에서 7번째로 큰 규모이다. 부유층이 다수 거주하는 지역으로 기존에는 Fluton County의 서비스를 받았으나, 독자적 서비스 제공에 대한 주민 요구가 커져 시로 독립한 것이다. Sandy Springs시는 경찰과 소방을 제외한 공공서비스에 대해 민간기업을 대상으로 한 경쟁입찰을 도입하였다. 그 결과 CH2M Hill사와 포괄 위탁계약을 체결하여 공공서비

---

13) City of Los Angeles Charter, ARTICLE V, DEPARTMENTS, §§500–514.

스를 받게 되었는데, 동일규모 시의 행정 운영 비용과 비교하여 절반 수준 비용으로 충당할 수 있게 되었다. 또한, 공무원 퇴직금, 연금, 복리후생에 드는 비용도 절감할 수 있다는 부수적 효과도 기대하였다. 시장과 의원(6명)은 비상근직이며 공무원은 행정담당관(City manager) 1명, 2명의 부(副)행정담당관, 재무담당 책임자, 문서관리 책임자, 재판담당 책임자 등으로 경찰관과 소방관을 포함하면 약 270명 정도가 공무원에 해당한다.

2011년에는 계약기간 만료에 따라 CH2M Hill사가 계속 담당하는 콜센터 부분을 제외한 7개 분야(재무, IT, 법원, 공원, 커뮤니케이션, 커뮤니티 개발, 공공사업)를 나누어 민간위탁을 실시하였다. 최근에는 위탁 비용 상승을 이유로 기존 민간위탁 직위를 시 고용 직위(City-hold position)로 재전환하였는데, 2018년 부서장직 전환에 이어서 2019년 일반 공공서비스직 전체에 확대 적용하였다. 시는 앞으로 주기적으로 민간조달 비용과 직접 조달 비용을 비교하면서 더 효율적인 방식을 채택할 계획이다.

행정서비스 포괄민간위탁의 또 다른 사례로는 인구 65,000명의 플로리다주 Weston시를 들 수 있다. 1996년에 설립 이후 경찰과 소방까지 위탁하고 있는데 Sandy Springs시와 마찬가지로 대도시 Miami 교외에 있는 부유층이 많은 거주하는 곳으로, 원래는 County 관할 하에 있던 지역이었다. 시 직원은 단 9명으로 약 285명의 상근 위탁직원을 관리한다. 또 다른 예는 California 주 Maywood시 사례이다. Maywood시는 재정적자에 시달리던 중 2010년 시를 피고로 하는 다수의 손해 배상 청구 소송이 발생하게 되었다. 그러나 낮은 재정력으로 인해 시 직원의 활동에 수반해 생기는 시의 배상의무에 대해 보험을 제공해 줄 보험회사를 찾을 수 없게 되었다. 이 때문에 경찰이나 소방활동을 원활히 할 수 없게 되자 City manager를 제외한 시 직원 전원을 해고하였다. Maywood시는 민간기업 위탁이 아니라 소속 County에 경찰과 소방활동을 위탁하고 그 외의 서비스는 인근 지방정부에 위탁한 점이 Sandy Springs시와 다른 점이다.

Sandy Springs시를 비롯한 행정서비스 포괄위탁 사례는 지방정부의 공공서비스 제공범위가 한국과 비교하면 상대적으로 좁고, 지방정부 설립 · 폐지가 쉬우며, 비용(세금납부)과 편익(공공서비스)이 직접적으로 연동하는 미국 지방자치제도에서 나타난 사례라고 할 수 있다. Sandy Springs시 사례에 대해서는 행정의 안정성과 책임성을 약화한다는 비판과 함께 기존 County내에 빈곤층을 배제하고 부유층 위

주로 지방정부를 신설·분리하여 지역 전체의 공공성 확보보다는 행정비용 절감에
만 초점을 맞춤으로써 인종적·계층적 사회분단을 악화시킨다는 비판이 제기되고
있다.

출처: Porter(2006); Sandy Springs시 홈페이지.

3. 일본

일본의 지방자치단체 자치조직권은 과거 중앙정부의 엄격한 통제하에 놓여
있었으나, 점진적으로 지방자치단체의 자율권이 확대되는 추세이다. 즉, 1999년
「지방분권일괄법」 제정을 통해 필치규제(必置規制)를 폐지하거나 대폭 완화하였
다. 해당 규제는 중앙정부가 지방자치단체에 대해서 특정 행정기관의 설치, 특정
한 자격 또는 직위의 설치를 의무화하는 내용으로, 자치조직권을 상당히 제약하
고 있었다. 구체적으로 살펴보면 필치규제와 관련하여 농업위원회 농지주사(主
事) 배치 폐지, 복지 관련 사무소 배치기준 폐지 및 관계 직원의 전임(專任)규제
완화, 보건소와 복지사무소 등의 통합 등 설치 형태 탄력화, 공민관 운영심의회
의 임의 설치화 등이 이루어졌다.

필치규제 폐지·완화 이후 광역자치단체인 도도부현에 대한 행정조직 통제조
치도 전면적으로 철폐하였다. 1947년 「地方自治法」 제정 이후 광역자치단체에
대한 조직 내부 편성권 규제로는 인구단계별로 표준적으로 설치해야만 하는 부
서의 명칭, 개수에 관하여 통제하는 표준국부제(標準局部制), 법정 부수를 정하고
초과하여 설치할 때는 총무 대신과의 협의를 요구하는 법정국부수제(法定局部數
制) 등이 시행되었다. 1997년 법정 부수를 초과하는 부국 설치가 신고제로 완화
되었고, 2002년 법정국부수제 자체가 폐지되면서 원칙적으로 법률에 따른 조직
설계의 제약은 사라지게 되었다.

그 대신 「地方自治法」 개정을 통해 지방자치단체의 장에 대해 '단체장 산하
조직의 설치와 그 분장하는 사무에 관해서는 조례로 정할 것'을 규정하고 그 조
례의 제정 및 개폐 시 도도부현의 경우에는 총무 대신에게, 시정촌의 경우에는
도도부현 지사에게 신고하도록 하였다. 또한 지청, 지방사무소, 지소, 출장소 등

에 관해서도 조례로 설치할 수 있도록 변경되었다. 조례의 의결은 지방의회의 동의가 필요하므로, 지방자치단체장의 조직편성권 행사에서 지방의회의 협력 확보라는 새로운 제약이 부여되었다, 그렇지만 중앙정부에 의한 개입이 대폭 축소되었다는 점에서 조례를 통한 내부조직 설치·변경은 지방분권개혁의 성과라고 볼 수 있을 것이다[14)

물론 중앙정부의 자치조직권 통제가 완전히 사라진 것은 아니다. 예를 들어, 지방자치단체 행정기구 가운데 특정 위원회와 위원에 관해서는 법률에 따라 반드시 설치하도록 강제된 것들이 있다. 이를 집행기관법정주의(執行機關法定主義)라고 하는데, 지방자치단체 행정조직의 경직성을 불러온다는 비판이 제기되고 있다.

「地方自治法」은 단체장의 보조기관으로서 부지사, 부시정촌장, 직원, 전문위원 등을 규정하고 있다. 이 가운데 부지사, 부시정촌장제도는 2007년 4월 도입된 제도로써 기존에는 시정촌에서는 조역(助役)을 두도록 하고 있었다. 그리고 인구, 조직의 규모 등을 고려하여 부지사의 수는 조례로 정하도록 하였다. 지방자치단체에는 「지방공무원법」에 따라, 인사행정 전반에 관련된 사무를 처리하기 위해 독립적 합의제 집행기관인 인사위원회 또는 공평위원회를 의무적으로 설치하도록 하고 있다.

일본의 경우 국가공무원은 1969년 제정된 「행정기관 직원의 정원에 관한 법률(총정원법)」에 의해 총정원수(최고한도)가 법정화되어 있으며 각 성·청 별로 그 한도를 초과하지 않는 범위 내에서 정령으로 정할 수 있도록 하고 있다. 이에 반해 지방자치단체를 포함한 지방공공단체 직원 정수는 조례로 정하는데 임시 또는 비상근직은 예외로 하고 있다.[15)

그런데 일본 중앙정부는 지방자치단체 정원에 대해서 정원 총량에 대해 협조 혹은 권고형식으로 정원감축을 유도하고 있고, 정원관리현황을 매년 조사·공표하는 등 간접적 통제방식을 취하고 있다. 즉 '유사단체구분 일람표'를 통해 지방자치단체의 유형(인구, 산업구조, 지방자치단체 유형)과 그 유형의 유사단체 직원 수

---

14) 「地方自治法」 제2조 15항은 "지방공공단체는 항상 그 조직 및 운영의 합리화를 위해 노력해야 하며, 타 지방공공단체와의 협력을 통해 그 규모의 적정화를 꾀하여야 한다"고 규정하여 조직 합리화를 위한 부단한 노력을 주문하고 있다.
15) 지방공공단체는 국가 밑에서 행정목적을 수행하는 공법인을 말하는데 보통지방공공단체(광역 및 기초지방자치단체)와 특별지방공공단체(특별구, 지방자치단체조합, 재산구)를 포괄한다.

를 제공하는데 동일유형에 속하는 단체들을 하나의 단체로 가정한 평균치이다. 이와 함께 총무성은 인구 및 면적 등을 기준으로 표준정수를 산출하는 '정원회귀지표(定員回歸指標)'를 개발·활용하고 있는데 이를 통해 평균적인 직원 수 기준도 제시하고 있다.

특히, 지방교부세를 산정할 때, 표준정원 계산식에 의한 인건비만을 보전해 주고 있다. 따라서 초과 정원을 유지하기 위해서는 보수를 낮추던가, 사업비를 삭감해야 하는 구조이다. 결국 재정에 부담으로 돌아오기 때문에 해당 지방자치단체의 정원증가는 실질적으로 제약되어 있다고 볼 수 있다. 실제 일본지방공공단체 직원 총수는 재정적자 증가 및 경기 악화의 영향, 그리고 중앙 및 지방의 감축 노력으로 인해 1994년 3,282,492명에서 2016년 2,737,263명으로 계속 줄어들었다. 이후 다소 증가세를 나타내고 있으나 2020년 2,762,020명으로 2016년에 비해 약 2만 5천 명이 증가하였을 뿐이다.

지방자치단체 인건비의 구체적인 내용은 조례에 따라 결정된다. 미에현(三重県)의 경우 「직원 급여에 관한 조례」, 「직원의 급여지급에 관한 규칙」에 근거하여 급여가 지급되고 있다. 인건비 체계는 국가공무원과 비슷한 곳이 대부분이고, 일부 광역자치단체 및 지정도시는 독자적인 급료표를 사용하고 있다. 총무성은 지방자치단체의 급여 수준에 대해 국가공무원 수준을 초과하지 않도록 계속 요구하였는데, '라스파이레스(Laspeyres) 지수'를 활용하여 매년 지방공무원 인건비 수준을 발표하고 있다.

'라스파이레스 지수'는 국가와 각 지방자치단체의 종합적 급여 수준을 비교하기 위한 것으로, 일반행정직에서 학력별, 경력연차별로 직원구성이 국가와 지방자치단체가 같다고 가정했을 경우의 평균임금을 산출한다. 그리고 국가를 100으로 보았을 때 지방공무원의 인건비가 어느 정도 수준인가를 나타내는 수치이다. 지방공공단체 전체 평균 지수의 추이는 1999년 101.2, 2010년 98.5, 2021년 99.0으로 나타나 국가공무원 임금수준과 거의 비슷한 수준이었다. 이 지수가 높은 지방자치단체에 대해서는 중앙정부가 임금수준에 대해 지도 또는 제재(起債 허가 제한, 교부세감액 등)를 가하고 있다. 하지만, 기본적으로 급여 수준 책정의 자율성이 있어서 같은 유형의 지방자치단체라고 할지라도 임금수준의 차이가 존재한다.

조직·기구의 조례제정이 가능하게 된 이후에도 도도부현 조직 총수는 비교적 안정적이라고 할 수 있다. <표 4-6>에서 보듯이 조직구성 단위로 부-과제를 채택하고 있는 곳이 가장 많고 다음으로 국-부-과 체제라고 할 수 있다. 광역자치단체인 미에(三重)현청의 조직구성도 기본적으로 부-과(팀)-반 체계로 구성되어 있으며 부의 산하에 복수의 과를 관할하는 국을 설치하는 예도 있다. 미에현의 조직편성 근거는 미에현 행정기관 설치조례 및 규칙이다. 동 조례는 부(部)의 임무를 열거하고 있는 동시에 사무소의 소재지, 소관구역, 명칭을 명시하고 있다. 2022년 8월 말 현재 미에현은 본청조직으로 전략기획부, 총무부 등 10개 부를 두고 있다. 이와 함께 각종 행정위원회(공안위원회, 인사위원회 등)와 사무국(의회사무국, 교육위원회사무국, 선거관리위원회사무국 등)을 설치하고 있다.16) 미에현 10개 부와 부별 업무분장 조직인 과(팀)의 현황은 <표 4-7>과 같다.

표 4-6 ┃ 지방자치단체의 기본적 조직구성(2008년 기준)

(단위: %)

	부-과	부-국-과	부-실-과	부-실	국-부-과	국-과	국-부-실	본부-과
도도부현	78.7	8.5	2.1	4.3	2.1	0.0	2.1	2.1
지정도시	11.8	0.0	0.0	0.0	82.4	5.9	0.0	0.0
중핵시	66.7	0.0	5.1	2.6	20.5	5.1	0.0	0.0
특례시	90.7	2.3	4.7	0.0	2.3	0.0	0.0	0.0
계	71.2	3.4	3.4	2.1	16.4	2.1	0.7	0.7

출처: 石原·山之(2011)의 <표 7-3>.

---

16) 행정위원회는 법률로 반드시 설치해야 하는 합의제 행정기관인데 광역 지방정부인 도도부현에는 공안위원회, 노동위원회 등을, 기초 지방정부인 시정촌에는 농업위원회 등을 설치하며 광역과 기초 모두 설치하는 위원회는 교육위원회, 선거관리위원회, 인사위원회(공평위원회), 감사위원이다.

표 4-7 | 미에현 각 부국과 과 조직(2022년 7월 말 기준)

부국	과
전략기획부 (도쿄사무소)	종합기획총무과, 기획과, 인구감소대책과, 홍보(廣報廣廳)과, 정보공개과, 정책제언 및 광역연계과
총무부	총무과, 비서과, 행재정개혁추진과, 법무·문서과, 인사과, 복리후생과, 재정과, 세수확보과, 관재과
방재대책부	방재대책총무과, 소방·보안과, 방재기획·지역지원과, 재해대책과, 재해즉응(卽應)·연계과
의료보건부	의료보건총무과, 의료정책과, 의료돌봄인재과, 감염증대책과, 건강추진과, 국민건강보험과, 식품안전과, 약무과, 장수돌봄과.백신지원팀, 환자정보팀, 정보분석 및 검사팀, 의료체제정비팀, 숙박 및 자택치료팀
아동·복지부	아동·복지총무팀, 복지감사과, 지역복지과, 저출산대책과, 육아지원과, 장애복지과
지역연계부 (스포츠추진국, 남부지역활성화국)	지역연계총무과, 수자원지역프로젝트과, 교통정책과, 지역만들기추진과, 이주촉진과, 市町행재정과 스포츠추진과, 경기력향상대책과 남부지역활성화추진과, 동기주(東紀州)진흥과
고용경제부 (관광국)	고용경제총무과, 국제전략과, 고용대책과, 지역산품진흥과, 신산업흥과, 중소기업·서비스산업진흥과, 기업유치추진과, 관광정책과, 관광자원과, 관광객유치추진과, 해외유치과
환경생활부 (폐기물대책국)	환경생활총무과, 사학과, 문화진흥과, 지구온난화대책과, 대기 및 물환경과, 인권과, 다양성사회추진과, 생활 및 교통안전과, 폐기물 재활용과, 폐기물감시지도과, 폐기물적정처리프로젝트팀
농림수산부 (각종 위생소, 연구소)	농림수산총무과, 농림수산재무과, 식품혁신과, 단체검사과, 후계자지원과, 농산물안전·유통과, 농산원예과, 축산과, 가축방역대책과, 농업기반정비과, 농산어촌만들기과, 농지조정과, 야생동물대책과, 산림임업경영과, 치산임도과, 녹생공생추진과, 수산진흥과, 수산업관리과, 수산업기반정비과
현도(縣土)정비부	현도정비총무과, 현도정비재무과, 공공사업운영과, 공공용지과, 기술관리과, 건설업과, 도로기획과, 도로건설과, 도로관리과, 하천과, 방재사방과, 항만해안과, 시설재해대책과, 도시정책과, 하수도경영과, 하수도사업과, 건설개발과, 주택정책과, 영선과, 공사검사담당

출처: 미에현 홈페이지(www.pref.mie.lg.jp/, 2022년 8월 30일 기준).

일본에서는 필치규제 완화 및 법정국부수제 폐지 이후 선진적인 지방자치단체를 중심으로 조직 운영 효율화 노력이 적극적으로 전개되고 있다. 그 방향성은 정책 지향화 추구(기획부, 정책부 조직의 강화와 비전 중심의 업무분장), 단체장의 관리능력 강화(부지사, 부시정촌장 제도, 회계관리자 제도 도입), 중앙성청과 유사한 부서별 할거주의 타파(통합조직의 신설), 집중화 및 전문화(부국별 총무업무의 단일화), 다양화(부−과 제도에서 벗어나 다양한 조직구성으로 분산화), 성과주의 강화(연공서열주의 타파, 성과평가 강화), 민간화(민영화, 민간위탁 확대)로 요약할 수 있다.

⚖ 제4장 요약

지방이 직면하고 있는 환경변화에 능동적으로 대처하기 위해서는 지방정부의 조직역량이 중요하다. 한국의 경우 지방자치단체 자치조직권에 대한 중앙의 통제가 완화되고는 있으나 여전히 제약이 적지 않은 실정이다. 이로 인해 새로운 시도나 실험, 지역 특성을 반영한 조직구성 및 운영에는 한계가 있다고 할 수 있다. 일본은 광역자치단체를 대상으로 한국과 유사한 자치조직권에 대한 통제가 있었으나 분권개혁을 통해 조례로 조직 및 정원을 자율적으로 정할 수 있게 되었다. 자율권 부여 이후에도 조직 및 정원의 증가 현상은 나타나지 않고 있는데, 이는 관련 정보의 비교·공표와 함께 교부세 반영과 같은 간접 통제가 작동하고 있기 때문이다. 미국은 한·일과 비교하여 홈룰 제도 등을 통해 자치조직권이 전폭적으로 보장된 형태라고 할 수 있다. 간부직이 정실임용되며 일반공무원에 대한 신분보장 수준은 한·일에 비해 낮은 편이다. 또한 지방자치단체 업무의 일부 혹은 대부분을 외부에 위탁하는 사례가 적지 않은데 공무원 인건비와 주민납세 부담이 밀접히 연동되기 때문이다.

생각해 볼 문제

1. 아래 대화를 읽고 어느 쪽 의견에 더 찬성하는지, 그리고 그 근거는 무엇인지를 설명하시오. 아울러 추가 질문에도 답하시오.

> 온달: 진정한 의미에서 지방분권이 되려면 지방자치단체 기구설치와 정원이 대폭 자율화되어야 해.
>
> 평강: 원론적으로는 옳은 말이긴 한데. 아무런 통제가 없으면 지방자치단체마다 기구와 정원을 마구 늘릴 것 같은데.
>
> 온달: 그런 우려가 없는 것은 아니지만, 내 생각에는 꼭 중앙정부가 통제하는 방식이 아니더라도 견제가 가능할 것 같아
>
> 평강: 어떤 식으로 가능한데?
>
> 온달: 자치단체장이 조직이나 정원을 늘리려 할 때 지방의회의 견제역할을 기대할 수 있지 않을까. 그리고 추가로 기구나 인력을 유사한 다른 지방자치단체와 비교해서 공개하도록 하고, 시민단체 대표 같은 외부인사가 참여하는 독립적 위원회의 의견을 반영하도록 하는 방안도 있을 수 있어.
>
> 평강: 한국은 단체장과 지방의회 다수파가 한 정당 출신인 경우가 많아서 견제가 잘 안될 것 같은데. 그리고 공무원들도 조직과 정원을 늘리려고 압력을 넣을 거라고. 수업에서 배운 파킨슨 법칙(Parkinson's law) 기억하지?
>
> 온달: 그럼 언제까지 중앙정부가 지방자치단체를 통제해야 할까? 지방자치가 부활한 지 벌써 30년이 넘었다고. 그렇게 미덥지 못하면 자율적인 통제가 가능한지 시범적으로 운영해볼 수 있지 않아. 문제가 생긴다면 그때는 다른 방법을 마련하면 되잖아?
>
> 평강: 그럼, 공무원 급여도 지방자치단체가 자율적으로 정하는 게 맞을 것 같아. 지역의 상황을 고려해서 조직, 정원, 급여 수준이 정해지는 것이 진정한 지방분권이 아닐까.
>
> 온달: 글쎄. 그건 조금 이르다고 생각해. 한국은 지역 간 격차가 너무 커. 비수도권 지방자치단체들은 지방세 수입으로 인건비도 지급하지 못하는 곳도 많다고.

(1) 지방자치단체 공무원 채용시험(응시자격, 시험과목 등)도 자율화되어야 한다는 주장에 대한 의견을 말하여 보시오.

(2) 거주 지역의 지방자치단체가 민간에게 위탁하여 수행하는 업무에는 어떤 것들이 있으며 전체 예산 대비 민간위탁 관련 예산의 비중을 알아보시오.

2. 미국 또는 일본의 지방자치단체 가운데 자신이 거주하는 지방자치단체와 유사한 지위, 인구규모를 갖는 지방자치단체 1곳을 선정하여 조직구성 및 각 조직의 기능을 비교하시오.

(1) 비교 결과 유사점과 차이점은 무엇인가?

(2) 주민 수 대비 공무원 수에 대해서도 비교하고 느낀 점을 제시하시오.

(3) 본인이 거주하는 기초 및 광역자치단체에 속한 공사·공단, 출자·출연기관 현황을 조사하고, 느낀 점을 제시하시오.

3. 아랫글을 읽고 물음에 답하시오.

MZ세대 공무원들의 낮은 만족도도 공무원 이탈을 부추기고 있다. 급여, 조직문화, 업무 강도 등이 공무원의 인기가 낮은 이유로 지적되었다. 인터뷰에 따르면, 공직사회의 가장 큰 문제는 부서를 옮길 때 인수인계가 전혀 이루어지지 않는 것이며, 전임자의 실수를 고치느라 1년이 걸린 적이 있다고 한다(구청에서 근무하는 8급 공무원). 또한, 일이 바쁠 때는 새벽에 퇴근하는 일이 많은데, 자긍심 없이 야근하니 퇴사율이 높다는 지적도 있다(중앙부처 5급 사무관).

선배 공무원과의 문화 차이도 공무원 인기를 떨어뜨리고 있다. 행정안전부가 공무원 중 주니어(1980~2000년대생) 1,810명과 시니어(1960~1970년대생) 1,196명을 대상으로 벌인 2020년 설문조사 결과, 직장생활 키워드에 대해 주니어들은 '일한 만큼 보상', '자유로움'을 꼽은 데 반해 시니어들은 '성취감', '소속감'을 제시했다. '회식의 의미'에 대해서도 주니어들은 '여가시간 침해'라는 태도를 보였지만, 시니어들은 '소통의 기회'라는 긍정적인 평가를 했다.

출처: 파이낸셜 뉴스(2022.6.29.)의 기사를 일부 수정하여 작성.

※ MZ세대: 1980년~1994년(M세대), 1995년~2004년(Z세대) 사이에 출생한 세대를 의미.

1) 상자에서 언급된 것 외에 MZ세대 지방공무원 성취동기 저하 요인은 무엇인가?
2) MZ세대 지방공무원의 성취동기를 높이는 방안을 토론해 보시오.

4. 아랫글을 읽고 물음에 답하시오.

시간제 공무원 제도는 2013년 9월 도입되었다. 시간선택제 채용공무원 제도는 공공분야의 고용을 창출하고 유연한 근무환경을 만들기 위해 도입되었다. 민간의 시간선택제 일자리와 마찬가지로 근로자의 경력단절을 예방하며, 고용률을 높일 수 있는 특징이 있다. 또한, 시간선택제 일반직 공무원은 업무 특성과 공무원 개인의 필요에 따라, 오전, 오후, 야간, 격일제 등 다양한 근무 시간대를 선택할 수 있다. 근무시간에 비례하여 승진, 보수 등 인사관리가 이루어지며 정년이 보장되도록 설계되었다.
시간선택제 공무원은 공무원의 통상적인 근무시간보다 짧게 근무하는 공무원으로 전일제 공무원이 본인 필요에 따라 시간선택제를 신청하는 '시간선택제 전환공무원', 시간선택제로 근무할 것을 예정하여 채용되며 정년이 보장되는 '시간선택제 채용공무원', 정년이 보장되지 않는 '시간선택제 임기제 공무원(일반임기제 또는 전문임기제 공무원)'으로 구분한다. 2020년 12월 말 현재 시간제 선택 공무원은 국가공무원 2,829명, 지방공무원 14,135명으로 총 16,964명이다.

출처: 국회입법조사처(2021.10.22.), 이슈와 논점, 제1886호.

(1) 시간선택제 채용 공무원 제도 도입의 당초 목적이 어느 정도 달성되고 있는지 알아보고 제도 활성화를 위한 과제를 파악해 보시오.
(2) 시간선택제 채용 공무원 도입 외에 전통적인 계층제 위주의 행정조직 운영방식에서 벗어나 창의적·능동적으로 운영할 방안을 제시해 보시오.

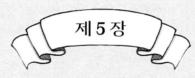

제 5 장

지방재정:
지방정부를 운영할 때 지방세만으로 충분한가?

지방정부가 중앙과 지방 간 역할 분담하에서 부여된 기능을 온전히 수행하기 위해서는 기능에 상응하는 재정적 자원의 확보가 필수적이다. 민간기업의 서비스 제공은 고객으로부터 징수하는 이용요금으로 그 비용을 충당하며, 시장 수요에 따라 공급량과 요금 수준이 결정된다. 이에 반해 지방정부의 서비스 제공에서 수익자 부담원칙은 일부 서비스에 국한된다. 대부분 서비스는 이용과 비용 지급이 직접적으로 대응하지 않으며, 세금으로 비용을 충당한다. 그리고 세금의 종류 및 부담금액은 시장 메커니즘이 아니라 국민 혹은 주민대표로 구성하는 의회라는 정치 기관을 통해 결정된다. "대표 없는 곳에 과세 없다(No taxation without representation)"라는 미국 독립전쟁 당시의 표어에서 알 수 있듯이 재정의 민주적 통제는 행정의 정당성과 투명성 확보의 필수조건이라고 할 수 있다.

　　한편, 지방정부의 재정적 자원 규모와 확보방식은 지방정부의 활동 범위 및 활동량, 지방자치제도의 역사적 형성과정, 지방행정체제의 형태 등에 따라 나라마다 차이가 있다. 중앙집권적 의사결정 시스템을 선호하는 국가일수록 지방의 세입 및 세출 결정권이 상대적으로 제약된다. 실질적 의미의 지방분권화를 위해서는 행정권한의 분권화(Administrative decentralization)에 상응하는 재정분권화(Fiscal decentralization)가 필요한데, 재정분권화란 중앙정부가 세출 및 세입에 대한 의사결정 권한을 포함한 재정적 권한과 책임을 지방으로 이양하는 것을 의미한다.

　　이 장에서는 먼저 정부 간 재정관계 이론 변천과 함께 자체 재원과 이전 재원의 차이를 알아본다. 다음으로 한국의 재정구조와 지방정부의 세입과 세출 현황에 대해 살펴본 후 미국과 일본의 지방재정 실태에 대해 검토해 보기로 한다. 실태 분석에서는 중앙정부의 재정통제 정도, 지방 세입의 주요 구성항목, 지방의 활동량과 재원확보 수준과의 관계, 지방재정에 대한 건전성 관리방식에 초점을 맞추기로 한다.

지방재정의 이론적 논의

1. 정부 간 재정관계 이론

국가재정에 대해 중앙과 지방간 바람직한 재원배분 방향을 둘러싸고 다양한 이론적 논쟁이 전개됐다. 주민 의사에 기초한 선거를 통해 구성된 주민대표들이 지방정부를 운영하고, 지방정부가 주민의 일상생활 영위에 필요한 공공서비스를 대부분 제공하는 선진국에서 재정의 분권화는 지방자치에 필수적인 요소로 간주한다.

재정분권화의 이론적 근거의 단초는 소위 제1세대 정부 간 재정관계론에서 찾아볼 수 있다. 머스그레브(Musgrave, 1959)는 정부가 수행해야만 하는 기능을 자원배분, 소득재분배, 경제안정으로 구분하고 소득재분배 기능과 경제안정 기능은 중앙정부가 담당하고 자원배분 기능은 중앙정부와 지방정부가 분담하는 것이 사회 전체의 후생 증대에 이바지한다고 주장하였다.

오우츠(Oates, 1972)는 중앙정부와 지방정부 간의 분담 논리를 더욱 정교화한 '분권화의 정리'를 제시하였다. 즉 일정한 조건에서 각 지방정부의 판단하에 각기 적합한 양을 공급하는 분권적 구조가 집권화된 구조보다 서비스 제공이나 업무 수행 측면에서 효율적이라는 것이다. 여기서 일정한 조건이란 첫째, 특정 공공서비스가 일정한 지리적 범위 내 주민들에 의해서만 소비되어야 하며(지역 간 이동성이 없을 것), 둘째, 각 지역에서 해당 서비스를 공급할 때 소요 비용이 중앙정부의 해당 서비스 공급 비용과 같을 것(규모의 경제가 작동하지 않을 것)이다.[1]

제1세대 정부 간 재정관계 이론은 정부 간 기능 배분에 상응하는 재정분권의

---

[1] 사무엘슨(Samuelson)은 무임승차의 문제로 공공재의 효율적 배분을 위해서는 정부(주로 중앙 정부)에 의한 강제력이 필요하다고 보는 데 반해 티부(Tiebout)는 지역주민 간 자유로운 이동 (Voting by feet)으로 공공재의 효율적 배분이 가능하다고 본다. 이러한 측면에서 티부 모형은 재정분권을 뒷받침하는 이론적 논의라고 할 수 있다.

이론적 논거를 제시하였다는 의의가 있지만, 여러 가지 한계가 지적되면서 1990년대 후반부터 제2세대 정부 간 재정관계론이 등장하였다. 구체적인 한계를 살펴보면 첫째, 제1세대 정부 간 재정관계론은 수준별 정부가 공공서비스 공급에서 선량한 관리자로서 행동할 것을 전제로 하지만, 공공선택론(Public choice theory)이 지적하는 바와 같이 자신의 이익을 극대화하는 행위자로서 행동한다는 측면을 충분히 고려하지 못하고 있다는 것이다. 따라서 이기적 행위를 극복하기 위해서는 정부 간 재정관계에서 시장주의적 요소를 수용하여 정부 간의 공공서비스 경쟁, 성과계약의 활용, 주민 등에 대한 정보공개 등을 적극적으로 추진하여야 한다고 본다. 둘째, 제1세대 정부 간 재정관계 이론은 소득재배분과 경제안정 기능 등 중앙정부에 더 많은 기능을 배분해야 한다는 것을 전제로 하고 있어서 중앙집권적 세원 배분으로 기울 수밖에 없다는 것이다. 셋째, 기능과 세원 배분이 일치하지 않는 경우(외부성이 존재할 때), 중앙정부에 의한 보조금 지급으로 조정해야 한다고 보기 때문에, 중앙정부에 의한 재정집권이 한층 강화되는 결과를 가져왔다는 것이다.

제2세대 정부 간 재정관계론은 제1세대 정부 간 재정관계 이론의 집권적 측면을 비판하면서 '보충성의 원칙(Principle of subsidiarity)'에 입각한 자체재원 중심의 세입 구조, 지방정부의 재정 책임성 강조, 세원 확충을 위한 경제 활성화 노력을 강조한다. 즉, 제2세대 정부 간 재정관계론은 중앙정부 중심의 재정 운용보다 지방정부가 재정에서 더 많은 책임과 권한을 가져야 한다고 본다. 그런데 이러한 제2세대 정부 간 재정관계론에 대해서는 단순히 재정분권화 혹은 경쟁 요소의 도입만으로 지방재정의 효율성과 책임성이 제고되는 것인가에 대한 의문도 제기된다. 실제로 개발도상국들의 재정분권화 노력에 대한 성과는 나라별로 상이하게 나타났는데 이는 각국의 지방자치를 둘러싼 역사적, 문화적, 제도적 맥락이 영향을 미친 결과라고 볼 수 있다.

한편, 국가 전체의 세원(과세 대상)을 대상으로 중앙정부가 징수하는 국세와 지방정부가 징수하는 지방세로 분류하고자 할 때 고려하여야 주요 원칙으로 응익(應益) 원칙, 안정성의 원칙, 불편제성(不偏制性) 원칙, 부담분임(負擔分任) 원칙 등을 들 수 있다.

응익 원칙이란 서비스 제공의 편익에 비례하여 과세가 이루어져야 한다는 원칙이다. 응익 원칙에 따르면 해당 서비스의 편익이 전국적인 범위라면 국세가, 특정 지역에 한정되는 경우라면 지방세가 적합하다. 응익 원칙과 대비되는 것이 응능(應能) 원칙인데 능력에 따라 세금부담을 달리하는 것으로 누진세 등이 대표적이다. 일반적으로 국세의 경우에는 응능 원칙이 지방세의 경우에는 응익 원칙이 상대적으로 중요시된다.

지방정부의 공공서비스는 주민의 일상생활 서비스와 밀접한 관련이 있기에 재원 조달의 안정성도 중요하다. 세수의 변동 폭이 지나치게 크거나 갈수록 세수가 감소하는 세원의 경우 지방재정의 예측 가능성과 예산안 수립의 타당성을 저해할 우려가 있다.

그리고 특정 지역에 편재된 재원을 지방세로 배분하는 경우, 지역 간의 재정력 격차를 초래하게 되기에 세원이 지역 간에 균형적으로 분포된 것이 이상적이다. 한국의 경우 수도권과 비수도권, 도시와 농촌 간의 경제력 격차가 있고 인구의 수도권 집중 현상도 두드러지는데 인구나 경제력 요소에 따른 지방세수 차이를 조정하기 위해 다양한 보완제도를 운용하고 있다.

부담분임의 원칙은 해당 지역의 주민이 지방정부 행정수요에 상응하는 세금을 널리 나누어 분담하는 세원이어야 한다는 것으로 지방자치 정신을 구현하기에 적합한 원칙이다.[2]

2. 자체재원과 이전재원

중앙과 지방 간의 재정관계는 크게 2가지 측면이 존재한다.

첫 번째 측면은 국가 전체수준의 재원을 둘러싸고 중앙과 지방 간의 재원 배분이다. 이는 바꾸어 말하면 어떤 세원을 어떤 주체에게 어떻게 배분할 것인가의 문제라고 바꾸어 말할 수 있다. 일반적으로 세원배분은 국가 전체차원에서 헌법과 법률이라는 제도적 틀을 통해 규정된다. 구체적인 배분 양상은 세금징수의 기술적 용이성, 징수 비용의 크기와 함께 사회경제적 환경 등에 따라 변화한다.

중앙과 지방 간 재원배분에서 때때로 쟁점화하는 문제는 중앙정부 차원의 법

---

2) 이밖에도 자원배분이 효율적으로 이루어져야 한다는 '효율성의 원칙', 징세가 용이하고 징세비용이 적어야 한다는 '세무행정 최소비용 원칙' 등이 있다.

률 및 정책변화가 지방재정에 부정적인 영향을 끼칠 수 있다는 점이다. 예컨대 노무현 정부에서 도입한 종합부동산세는 국세이지만, 이를 재원으로 하여 지방자치단체에 부동산교부세가 배분되고 있다. 부동산교부세의 배분은 지방자치단체의 재정 여건 등을 고려하여 주로 비수도권 지방자치단체를 대상으로 이루어지는데 종합부동산세의 폐지 및 개편은 비수도권 지방자치단체의 재원 축소로 이어질 수 있기에 비수도권의 반발을 불러올 수 있는 이슈이다.

그리고 지방정부의 독자적인 세원 발굴을 어디까지 허용할 것인지도 중앙과 지방이 자주 대립하는 문제이다. 한국은 지방자치단체가 노력을 통해 재정을 확충할 수 있도록 지방세 탄력세율, 재산 과세의 과표 및 수수료 탄력 결정 등과 같은 자치재정권은 인정되지만, 조례를 통한 독립적인 세금은 부과할 수 없다. 즉, 조세법률주의에 따라 지방세의 세목과 세율에 대해서는 국회가 제정하는 법률로 정해야 하며 조례로 세목을 신설할 수 없도록 하고 있다.

> **쉬어가기 5-1. 조례에 따른 세금부과와 '법정외세(法定外稅)'**
>
> 제주도는 관광자원의 보존과 관광시설 개선 목적으로 제주도를 방문하는 관광객을 대상으로 한 환경보전 기여금 징수를 여러 차례 추진하였다. 환경보전 기여금 부여는 사실상 입도세(入島稅) 또는 관광세 즉, 지방세금의 신설이라고 볼 수 있다. 그렇지만 한국은 '조세법률주의'를 채택하고 있어 국회의 별도 입법 조치 없이는 세목 신설이 불가능하다. 현행 지방세법에서는 특정 부동산(소방시설, 오물처리시설, 수리시설, 기타 공공시설 등)에 필요한 비용을 충당하기 위해 지역자원시설세를 두고 있는데, 대표적인 적용대상은 화력·원자력 발전 시설이다. 그런데 지역자원시설세의 적용대상 확대를 요구하는 목소리가 작지 않다. 시멘트 공장이 위치한 강원·충북 등은 환경오염, 주민피해 등을 들어 지역자원시설세 부과를 요구하고 있고 전남 등은 사용후핵연료 및 그 외 방사성폐기물을 과세대상으로 요구하고 있다. 그렇지만 이러한 요구 역시 국회의 법개정이 필요한 사항으로 국회 문턱을 넘지 못하고 있다.
>
> 일본은 '법정외세'제도를 허용하고 있어 조례로 세금(세목, 과세객체, 과세표준, 세율 등)을 부과할 수 있다. 즉, 일본 지방세법은 지방자치단체가 과세할 수 있는 세의 명칭(세목)을 법률에 열거하는 법정세목중심주의를 채택하면서도 그 외에도 법에

열거되지 않은 세(법정외세)에 대한 자주적 과세를 허용하고 있다. 다만, 법정외세 신설에는 총무 대신의 사전동의를 요건으로 하는 협의가 필요하다. 2022년 4월 기준 숙박세, 유어세(河口湖 낚시이용자에게 부과) 등 16종의 법정외세가 있으며 34개 도 도부현, 19개 시정촌에서 과세가 이루어지고 있다.

두 번째 측면은 국가에서 정한 세원배분이라는 제도적 틀하에서 이루어지는 재정이전이다. 지방정부는 해당 지역에서 발생하는 행정수요에 대응할 수 있는 수준의 재원이 뒷받침되어야 하는데, 지방세 수입으로 이러한 행정수요를 감당할 수 없을 때는 지방채를 발행하여 돈을 빌리거나 중앙정부나 상위 지방정부로부 터의 재정이전(재정지원)에 의존할 수밖에 없다.

지방교부세 제도는 지방재정조정제도의 핵심이다. 지방정부 간 경제력과 재 정력 격차를 축소해 국민으로서 누려야 할 최소한의 행정서비스를 보장(National Minimum의 확보)하는 역할을 담당한다. 지방교부세 대부분을 차지하는 보통교부 세의 배분액은 인구, 면적 등을 반영한 각 지방자치단체의 표준적인 재정수요(기 준재정수요)액이 해당 지방자치단체의 지방세입 등 표준적인 재정수입(기준재정수 입)액을 초과하는 재정부족액을 기준으로 산정한다. 따라서 재정 여건이 열악한 지방정부일수록 더 많은 지원을 받게 되는데 지방정부 스스로 지출감소 및 수입 확대를 위한 유인이 약화될 우려도 있다.

표 5-1 │ 한국 지방교부세와 국고보조금의 비교

구분	지방교부세	국고보조금
근거	지방교부세법	보조금 관리에 관한 법률
목적	재정력이 취약한 지방자치단체 지원	지방자치단체와 민간이 수행하는 특정 한 사업을 지원
재원	내국세의 19.24%	국가의 일반회계 또는 특별회계 예산
재원 성격	용도 지정 없는 일반재원	특정 목적 재원
특징	보통교부세(재원의 97%)는 재원 부족액 기준 배정 특별교부세(재원의 3%)는 지역별 특정 재 정 수요지원	사업별 용도 지정, 지방비(Matching fund) 의무확보

출처: 국회예산정책처(2021b: 178) <중앙정부 지방재정조정제도> 표를 수정 작성.

국고보조금은 중앙정부가 지방정부에 대하여 국가의 주요 시책사업을 수행하는 데 필요한 경비의 재원을 충당할 수 있도록, 사용 용도를 지정해서 내주는 지출금을 의미한다. 지방교부세에 별다른 사용의 제약이 없는 것과 비교하면, 보조금은 교부 조건은 물론 사후검사에 이르기까지 중앙정부의 엄격한 통제를 받는다 (<표 5-1> 참조). 이러한 특성 때문에, 재정 사용의 재량 정도를 의미하는 재정자주도를 측정할 때 지방교부세는 포함되지만, 국고보조금은 제외된다. 그런데 세입 측면에서 의존(이전)재원과 자주재원으로 구분할 때는 지방세와 세외수입만이 자주재원에 포함된다는 점에 유의할 필요가 있다.

보조금은 중앙정부 정책 목적의 효과적 달성과 지역 간 외부성 문제의 해결이라는 긍정적 측면이 있다. 그러나, 용도의 경직성이라는 문제 외에도 지방예산의 실질적 제약부여, 관료나 정치인의 지대추구나 부패 발생 우려가 적지 않다.[3] 중앙정부의 보조금 지원이 지역주민의 조세 삭감으로 이어지기보다는 오히려 지방정부의 지출증가로 귀결되는 '끈끈이 효과(Flypaper effect)'도 널리 알려진 보조금의 부정적 측면이다. 최근에는 보조금에 대해 규제를 완화하여 보조금 사용에서 지방자치단체의 재량을 확대하는 대신 성과달성에 대한 책임을 강화하는 포괄보조 방식이 도입되고 있는데, 한국의 광역·지역발전특별회계 지역개발 계정이 이에 해당한다.

지방정부의 주요 자체재원은 지방세와 세외수입인데 세외수입은 수수료, 재산 임대 및 매각 수입, 징수교부금, 과징금 및 과태료, 이자 수입, 사업수입, 이월금 등으로 구성된다. 재정자립도는 지방자치단체 전체세입에서 차지하는 지방세와 세외수입액의 비율을 가리키며, 지방자치단체가 스스로 자기 살림을 꾸릴 수 있는 능력을 의미한다. 이에 대해 전체세입에서 지방자치단체가 중앙정부의 통제를 받지 않고 자유롭게 사용할 수 있는 일부 이전 재원까지를 포함한 재원의 비율을 재정자주도라고 하는데, 이는 지방자치단체의 실질적인 재원 활용역량을 의미한다(<그림 5-1> 참조). 지출 용도를 정하지 않는 이전 재원으로는 중앙정부의 지방교부세 외에 광역단체장이 관할 구역의 기초자치단체 간 재정력 격차를 조정하기 위해 교부하는 자치구 조정교부금과 시군 조정교부금 등이 있다. 2022

---

3) 보조금 및 예산획득을 위해 매년 지방정부 집행부와 공무원들이 중앙부처나 국회를 상대로 로비활동을 벌이는 모습을 자주 목격할 수 있는데 일본에서는 이러한 현상을 '관관(官官) 접대'라고 지칭한다.

년 기준 한국 지방자치단체 평균 재정자립도는 49.9%, 재정자립도는 73.4%이다.[4]

그림 5-1 | 재정자립도와 재정자주도

$$* \text{ 재정자립도}(\%) = \frac{\text{지방세} + \text{세외 수입}}{\text{지방자치단체 예산 규모}} \times 100$$

$$* \text{ 재정자주도}(\%) = \frac{\text{지방세} + \text{세외 수입} + \text{지방교부세} + \text{조정교부금} + \text{재정보전금}}{\text{지방자치단체 예산 규모}} \times 100$$

🖥️ **쉬어가기 5-2. 포괄보조금 제도**

일반재원으로 운영되는 지방교부세와 특정 재원으로 지원되는 국고보조금 사이에 두 가지 재원의 특성을 절충하는 형태로 '포괄보조'제도가 있다. 다양한 형태가 있지만, 일반적으로 지방정부에 대해 보조금의 총량을 설정하고 한도 내에서 지방정부가 재량으로 사업을 수행하도록 포괄적으로 재원을 교부한다. 중앙과 지방이 공동으로 사업성과에 책임져야 하는 영역에서 제도설계에 따라서는 정부 간 성과계약 방식을 도입할 수도 있는데 중앙정부가 지방정부의 사업계획과 성과를 다음 연도 재원배분 결과에 반영하는 방식이다. 또한, 보통교부세와 같이 법적으로 재원 총량을 미리 결정할 수도 있다.

포괄보조를 가장 널리 활용하는 국가는 미국이다. 미국에서 지금까지 운영한 대표적인 포괄보조 유형은 첫째, 소규모 영세 보조사업들을 통합해 분야별로 포괄적으로 지방재정을 지원하는 관리 혁신형 포괄보조. 둘째, 개별 보조사업을 분야로 묶어 총액 규모를 축소하고 대신 사업 재량을 대폭 확대하는 감축관리형 포괄보조. 셋째, 중앙과 지방 간 성과계약 방식을 적용해 성과에 따른 차등 보조와 집행재량을 확대한 정부 간 계약형 포괄보조이다.

포괄보조제도는 중앙정부 사업에 지방자치단체의 혁신 역량을 활용할 수 있으며 지방은 중앙의 재원을 자주재원과 유사하게 집행할 수 있다는 장점이 있다. 하지만 현실에서는 반대 현상도 가능하다. 즉, 지방이 중앙정부 지침에 계속 의존하고 중앙정부는 사업에 계속 개입하면서 성과의 책임이 불분명해지는 현상도 나타날 수도 있다.

---

4) 재정자립도와 재정자주도는 지방자치단체 수준별로 차이가 큰데 특별시·광역시가 일관되게 높은 반면 재정자립도는 군(15.9%)이 가장 낮고 재정자주도는 자치구(45.2%)가 가장 낮다.

1. 한국

1) 재정의 기본구조

　국가 전체의 재정구조는 그 운영 주체에 따라 중앙정부 재정과 지방정부 재정으로 나누어 볼 수 있다. 한국의 경우 지방재정은 시도, 시군구의 일반재정과 교육자치단체(시·도교육청)의 재정(교육재정)으로 나뉘는데 시·도에는 교육·학예에 관한 경비(인건비, 사업비, 시설비 등)를 별도로 관리하기 위해 교육비특별회계를 설치하고 있다. 교육비특별회계의 세입은 지방교육재정교부금, 지방자치단체 일반회계 전입금, 자체수입(수업료) 등이다(<그림 5-2> 참조).[5]

그림 5-2 ┃ 한국의 재정구조

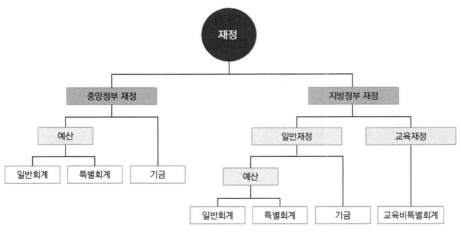

출처: 국회예산정책처(2021a: 17).

---

5) 지방교육재정교부금은 국가가 지방자치단체의 교육행정 재원을 지원하기 위해 내국세 총액의 20.79%로 정해져 있는데 시·도교육청 재원의 약 70%를 차지한다.

지방재정은 그 운용 수단에 따라 예산과 기금으로 구분한다. 예산은 일반회계와 특별회계를 포함하며 기금은 지방정부가 공익상 필요한 경우 등을 위한 자금을 운용하기 위한 것으로 예산과 별도로 설치·운용한다. 대표적인 기금 유형은 사업관리(복지, 문예진흥), 융자사업(중소기업 육성, 농어촌진흥), 적립(재해대책, 구호, 주차시설 확충) 등이다. 일반회계는 지방세, 세외수입, 지방교부세, 국고보조금 등으로 구성되는데, 지방자치단체마다 1개씩 운영되며 부족한 재원에 대해서는 지방채를 발행하여 충당하기도 한다. 특별회계는 교육비특별회계 이외에 공기업 특별회계(궤도사업, 지방도로사업, 하수도사업, 주택사업, 토지개발 사업 등)와 기타 특별회계(의료보호, 도시재생, 토지구획정리, 폐기물처리 시설) 등의 종류가 있는데 개수는 지방자치단체마다 차이가 있다. 특별회계는 법률 또는 조례로써 설치할 수 있다.

　　2020년 기준 한국의 총 조세수입은 약 387조 5천억 원인데, 국세가 약 285조 5천억 원(73.7%), 지방세가 약 102조 원(26.3%)으로 집계되어 약 74:26의 비율이다. 국제적으로 보면 연방제 국가는 지방세 비중이 높고, 단방제 국가는 지방세 비중이 낮은 편이다. 한국의 지방세 비중은 연방제 국가인 독일 53.9%, 미국 47.8%보다 낮은데, 같은 단방제 국가들과 비교하면 일본 40.5%보다는 낮지만, 영국 7.2%보다 높으며 프랑스 29.6%와 유사한 수준이다(e-나라지표, 2022.5.18. 검색).

　　지출 규모 면에서 중앙과 지방의 비교는 기준에 따라 상이하다. 먼저 일반회계 결산액(순계규모)을 기준으로 하면 2020년도 지출액은 중앙정부 385조 2,230억 원, 지방정부 239조 7,047억 원으로 나타났다(<표 5-2> 참조). 최근 5년간 재정 규모의 연평균 증가율은 국가 8.4%, 지방 11.2%로 나타나 중앙재정보다 지방재정 증가율이 더 높았는데, 일반회계 국가 총재정(중앙 및 지방재정)에서 차지하는 지방재정의 비율은 2020년 기준 중앙정부 61.6%, 지방정부 38.4%이다. 특별회계 및 기금을 포함한 통합재정지출 규모기준(2021년)도 일반회계기준 지출 비중과 유사한데 중앙정부 62.7%, 지방정부 29.2%, 지방교육재정 8.1%로 나타났다.[6]

　　그런데 통합재정지출에 교부금과 국고보조금 등 중앙정부로부터의 이전 재원을 반영한 통합재정사용액을 기준(2021년)으로 하면 지출 비중은 중앙정부 53.3%,

---

6) 통합재정지출은 일반회계, 특별회계, 기금의 지출을 합한 금액에서 회계·기금 간 내부거래 및 보전지출을 뺀 금액이다.

지방정부 36.1%, 지방교육재정 10.6%로 나타났다. 이를 종합하면 실제 사용액 측면에서 보면 중앙과 지방(일반재정 + 교육재정)의 상대 비율은 약 53:47인 셈이다. 한국 지방재정구조의 특징은 중앙정부 위주의 세입구조에서 지방으로의 대규모 재원 이전이 이루어져 지방의 지출 비중이 그 세입에 비해 높다는 것이다.

표 5-2 ▎ 중앙과 지방의 재정지출 규모 비교

(단위: 억 원)

구분	2016년	2017년	2018년	2019년	2020년	최근 5년간 연평균증가율
중앙	2,739,981	2,804,840	2,999,460	3,308,841	3,852,230	8.4%
지방	1,502,876	1,631,103	1,738,429	2,034,931	2,397,047	11.2%
비율	35.4%	36.8%	36.7%	38.1%	38.4%	

주: 비율은 국가(중앙+지방) 전체에서 차지하는 지방의 비율임.
출처: e-나라지표(https://www.index.go.kr).

2) 세입과 세출

지방자치단체의 세입은 지방세와 세외수입의 자체 세입과 중앙정부 및 상위 지방자치단체로부터의 이전재원으로 구성된다. 지방세는 성질별로 소득과세, 소비과세, 재산과세 등으로 유형화할 수 있다. 지방소득세와 주민세(종업원분, 균등분)는 소득과세에 속하고 지방소비세, 담배소비세, 레저세, 자동차세, 등록면허세, 지역자원시설세는 소비과세에 속한다. 2019년 결산기준 소득과세는 전체의 21.3%, 소비과세는 전체의 26.4%를 차지하는 것으로 나타났다. 전체 세수의 44.1%를 차지하는 재산과세는 재산세, 주민세(재산분), 지역자원시설세(부동산)의 보유과세와 취득세, 등록면허세(등록분)의 거래과세로 세분화할 수 있는데 취득세의 비중이 가장 크다. 기타과세는 지방교육세, 전년도 수입인데 전체의 7.4% 비중을 차지한다. 세목 가운데 지역자원시설세와 지방교육세는 특정 목적에 충당하는 목적세에 속한다.

지방자치단체 유형별(특별시·광역시, 도, 시·군, 자치구)로 징수하는 지방세의 세목이 다르다(<표 5-3> 참조). 광역자치단체와 비교하면 기초자치단체의 세원

이 협소한데 2019년 기준 전체 51%에 해당하는 124곳(18개 시, 71개 군, 35개 자치구)은 지방세 수입으로 공무원 인건비조차 해결하지 못하는 형편이다.[7] 특히, 자치구의 세목은 2가지에 불과하여 지방자치단체로서의 재정 상태가 가장 취약하다. 이를 고려하여 특별시와 광역시에서는 시세 중 보통세 수입의 일정액을 자치구에 배분하는 자치구 조정교부금제도를 운영하고 있다. 서울시의 경우는 재산세의 50%(일부 세수 제외)를 특별시분 재산세로 확보하여 전액을 자치구의 재정조정 재원으로 교부한다.

표 5-3 | 지방자치단체 유형별 지방세목

특별시·광역시	자치구
취득세, 주민세, 자동차세, 레저세, 담배소비세, 지방소비세, 지방소득세, 지역자원시설세, 지방교육세 (특별시분 재산세)	등록면허세, 재산세
도	시군
취득세, 등록면허세, 레저세, 지방소비세, 지역자원시설세, 지방교육세	담배소비세, 주민세, 지방소득세, 재산세, 자동차세

중앙정부로부터 이전되어 오는 지방교부세, 국고보조금 등의 의존재원은 지방자치단체 재정의 절반가량을 차지하고 있다. 지방교부세는 법률에 따라 목적세 및 종합부동산세와 다른 법률에 따른 특별회계의 재원으로 사용되는 세목의 해당 금액을 제외한 내국세의 19.24%에 해당하는 금액을 재원으로 하도록 정하고 있다.

지방교부세는 보통교부세, 특별교부세, 부동산교부세, 소방안전교부세로 나뉘는데, 보통교부세의 비중이 가장 크다(2022년 지방교부세 총액 약 65조원 중 51조 1천억원 차지). 보통교부세는 앞서 언급한 바와 같이 해당 지방자치단체의 기준재정수입액이 기준재정수요액에 미달할 경우 교부하는 것으로 지역 간 재정형평화 기능을 수행한다. 재정자립도가 높은 서울 등 일부 수도권 지역을 제외하고는 대부분 지방자치단체가 보통교부세를 교부받고 있다. 특별교부세는 보통교부세 산정에 반영할 수 없는 특별한 지역 현안 수요 발생에 대응하는 교부금으로 재난

---

7) 세외수입까지 포함하면 인건비 미충족 지방자치단체는 73곳으로 조사되었다(국회입법조사처, 이슈와 논점 제1646호).

및 안전관리, 국가적 사업의 장려, 우수 지방자치단체 지원 등에 활용된다. 부동산교부세는 종합부동산세를 재원으로 지방재정 형평화 기능을 수행하며 소방안전교부세는 담배에 부과하는 개별소비세를 재원으로 소방·재난·안전 분야에 사용한다.

국고보조금은 앞서 언급한 바와 같이 용도가 특정 목적으로 지정된 중앙정부 재원으로 중앙사무의 지방자치단체 위탁소요 경비지원, 중앙과 지방이 재원을 분담하는 국가사업, 중앙과 지방이 이해관계를 공유하는 지방사업의 보조에 사용된다. 그런데 보조금 사업의 증가는 지방의 재정자주도 하락을 불러오며 최근 들어 지나친 지방비 부담이 문제점으로 지적되고 있다. 국고보조사업에는 사업별로 일정 비율의 지방비 의무부담 비율이 수반되는 정률보조금이 대부분을 차지하는데 재정 여건이 열악한 지방자치단체는 매칭비 부담으로 인해 보조금 사업을 포기하는 일도 발생하고 있다.

지방자치단체는 자체재원과 이전재원으로도 소요재정을 충당하지 못하는 경우 부족분을 메우기 위해 지방채를 발행할 수 있다. 과거에는 행정안전부 장관이 각 지방자치단체의 지방채 발행 한도를 통제하였으나, 전전년도 예산액의 10% 범위 안에서 해당 지방자치단체장이 자율적으로 발행할 수 있도록 하고 있다. 다만 예산 대비 채무 비율이 25%를 넘는 지방자치단체에 대해서는 승인제를 유지하고 있다.

교육재정을 제외한 지방자치단체 일반재정(일반회계, 특별회계, 기금)의 세입예산 내역은 <표 5-4>와 같다. 2021년 최초 예산 순계기준 자체수입은 116조 7,480억 원으로 전체 세입의 44.4%로 나타났다. 이전수입은 지방교부세가 49조 2,632억 원(18.7%), 국고보조금이 69조 4,581억 원(26.4%)으로 전체세입의 45.1%를 차지하고 있다. 보전수입 및 내부거래는 21조 783억 원(8.0%), 지방채는 6조 5,442억 원(2.5%)이었는데, 단일 항목으로는 지방세의 비중이 가장 높았고 다음으로 국고보조금, 지방교부세의 순이었다. 지방정부 수준별로 보면 광역자치단체의 세입 규모가 전체 세입예산에서 차지하는 비중은 65.1%였으며 기초자치단체는 34.9%로 나타났다. 각 시도별 세출예산 규모와 비중 면에서는 경기도 51조 4,547억 원(19.6%), 서울특별시 40조 7,403억 원(15.5%), 경상북도 20조 1,105억 원(7.6%) 등으로 조사되었다.

표 5-4 │ 지방자치단체의 재원별 세입 규모(일반재정)

(단위: 억 원, %)

구분		2019년	2020년		2021년	
		최종예산	최초 예산	최종예산	최초 예산	구성비
자체수입	지방세	855,359	909,501	921,924	926,047	35.2
	세외수입	259,804	240,541	320,367	241,433	9.2
	소계	1,115,164	1,150,042	1,242,291	1,167,480	44.4
이전수입	지방교부세	561,809	493,705	501,232	492,632	18.7
	보조금	607,212	607,488	824,763	694,581	26.4
	소계	1,169,021	1,101,193	1,325,995	1,187,213	45.1
보전수입 및 내부거래		396,032	225,423	424,783	210,783	8.0
지방채		40,316	55,605	68,026	65,442	2.5
합계		2,720,533	2,532,263	3,061,095	2,630,917	100.0

출처: 국회예산정책처(2021b: 27) 일부 수정.

세출이란 특정 회계연도에서 중앙정부 또는 지방자치단체가 그 목적을 수행하기 위한 모든 지출을 지칭한다. 지방자치단체의 일반재정 순계규모를 기준으로 한 총세출 예산은 2003년 82조 원, 2013년 160조 원, 2021년 264조 원 규모로 계속 증가하고 있다.

2021년 기준 지방자치단체 세출을 분야별로 살펴보면 가장 큰 비중을 차지하는 것은 기초연금, 영유아 보육 등의 사회복지 관련 지출로 전체의 30.6%를 차지하고 있는 것으로 나타났다. 다음으로 인력운영비 12.5%, 환경 10.0%, 교통 및 물류 7.9%, 농림·해양·수산 6.6%, 국토 및 지역개발 6.2%, 교육 5.3%, 일반공공행정 5.1%, 문화 및 관광 4.6%의 순이었다(<표 5-5> 참조). 세출예산을 회계별로 보면 일반회계가 211조 3,126억 원으로 80.3%, 특별회계가 51조 7,792억 원으로 19.7%를 차지하는 것으로 나타났는데, 환경분야의 경우 상하수도, 수질, 폐기물처리 사업 등이 공기업특별회계에 계상되어 절반 이상의 예산이 특별회계로 편성되어 있는 점이 특징이다. 분야별 국비와 지방비 분담 비율을 살펴보면 인력운영, 기본경비, 교육, 일반공공행정 분야에서는 지방비 비중이 높고 사회복지, 보건, 농림·해양·수산 분야에서는 국비의 비중이 상대적으로 높다.

표 5-5 ▏ 지방자치단체의 분야별 세출규모와 비율(기능별)

(단위: 억 원, %)

분야	2018년		2019년		2020년		2021년	
	예산액	비중	예산액	비중	예산액	비중	예산액	비중
사회복지	571,293	27.1	661,588	28.6	751,015	29.7	804,767	30.6
교통 및 물류	182,878	8.7	190,101	8.2	206,290	8.1	209,007	7.9
국토 및 지역개발	141,816	6.7	165,482	7.2	174,719	6.9	163,007	6.2
인력운영비	279,434	13.3	298,994	12.9	315,348	12.5	330,141	12.5
환경	208,324	9.9	226,708	9.8	257,342	10.2	263,631	10.0
농림해양수산	132,074	6.3	141,542	6.1	157,957	6.2	172,441	6.6
교육	129,396	6.1	134,422	5.8	139,509	5.5	140,329	5.3
일반공공행정	126,003	6.0	125,331	5.4	133,454	5.3	134,496	5.1
문화 및 관광	102,866	4.9	110,233	4.8	121,263	4.8	119,744	4.6
기본경비 등	59,441	2.8	68,562	3.0	80,244	3.2	81,320	3.1
예비비	50,801	2.4	56,047	2.4	45,485	1.8	39,518	1.5
산업·중소기업 및 에너지	45,237	2.1	48,202	2.1	62,637	2.5	72,277	2.7
공공질서 및 안전	37,318	1.8	40,336	1.7	43,219	1.7	52,800	2.0
보건	35,217	1.7	37,002	1.6	40,057	1.6	44,091	1.7
과학기술	4,685	0.2	5,601	0.2	3,722	0.1	3,349	0.1
계	2,106,784	100	2,310,152	100	2,532,263	100	2,630,917	100.0

주: 일반회계와 특별회계 총계기준
자료: 국회예산정책처(2021b: 38) 일부 수정.

　　지방자치단체 세출예산 가운데 사회복지 지출의 증가세가 가파른데, 이는 저출산·고령화라는 인구사회구조의 변화와 함께 중앙정부의 복지프로그램 확대와도 맞물려 있다. 중앙정부가 추진하는 대부분의 사회복지분야 국고보조사업은 매칭보조금 형태로 운영되는데 앞서 지적한 지방자치단체 재정 압박의 주요 요인 가운데 하나가 사회복지 보조금 사업의 증가라고 할 수 있다.[8] 이 문제는 자치구에서 더욱 심각한데 기초연금 대응 지방비 부담 등 사회복지비 관련 지출이 세출의 50% 이상을 차지하는 예도 적지 않다. 지방의 복지비 부담을 완화하기 위해

---

8) 중앙정부 기준보조율 원칙이 불명확하며 유사 사업 간 보조율도 상이하여 지방자치단체로부터 자의적 설정이라는 비판이 제기되고 있다.

중앙정부는 기초생활보장 급여(의료급여 제외), 영유아 보육료 등 일부 사업의 국고보조금 기준보조율에 대해 복지재정 수요와 재정자주도를 기준으로 한 차등보조율제를 적용하고 있지만, 중앙과 지방 간의 사회복지 기능 분담의 근본적 조정을 요구하는 목소리가 크다.

3) 재정분권화와 관리

지방자치 부활 이후 지방자치단체의 세출 규모가 매년 증가하고 있으나, 이에 상응하는 지방자치단체 자체세입 확충과 이전재원 확보가 충분히 이루어지지 못하고 있다. 현행 지방재정제도의 골격은 중앙주도적인 경제발전과 국토개발을 위해 설계된 것으로, 일률적 행정 수행에는 적합하였다. 그러나 자율과 책임을 중시하는 지방분권화 시대에는 그에 걸맞은 새로운 제도설계가 필요한 실정이다. 그리고 세입과 세출 간의 지나친 괴리는 지방자치단체의 방만한 재정운영과 그에 따른 재정 책임성 저하, 중앙 의존적 재정구조의 고착, 지방재정의 타율성 심화 등의 문제를 야기하고 있다. 이러한 문제의식에서 지방자치제 부활 이후 재원 확충을 포함한 지방재정의 자율성 제고를 위한 재정분권화 노력과 함께 지방의 재정 책임성을 높이기 위한 재정관리제도의 강화 노력이 꾸준히 진행되고 있다.

지방재정관리는 사전관리, 집행관리, 사후관리, 기타관리 측면으로 나누어 볼 수 있다. 구체적인 내용으로 사전관리는 중기 지방재정계획, 투·융자 심사제도, 지방채발행 총액 한도제, 지방 예산편성 기준 제시 등이다. 집행관리는 예산편성의 주민참여 및 공개 확대, 지방재정 조기집행, 지방계약 지도 등이다. 사후관리에는 지방재정 분석 및 진단 제도, 교부세 인센티브 및 감액 제도가 포함된다. 기타관리제도에는 복식부기 회계, 지방 통합재정 분석, 지방재정 상황공개, 지방재정 위기 사전경보 시스템 등이 있다. 지방재정관리를 강화하는 차원에서 2015년 말 지방자치단체가 파산상태의 재정위기를 맞으면 정부가 관리인을 파견하는 긴급재정관리제도가 도입되었다. 이와 함께 지방공기업의 신설 및 신규 사업에 대한 심사를 강화하고 부실 지방공기업에 대해 행정안전부 장관의 해산 요구가 가능하게 하였다.

지방재정의 자율성 강화를 위해 교부금에 충당되는 국세수입 비율은 2000년 15%, 2005년 19.13%로 상향 조정되었고 다시 2006년 들어 19.24%로 추가 인상되어 현재에 이르고 있다. 2010년에는 지방소비세와 지방소득세가 도입되어 국세 일부가 지방세로 전환되었다. 문재인 정부는 재정분권 및 지방재정 확충을 위해 2.1% 수준의 지방소비세율을 2023년까지 4.3%로 단계적으로 인상하였다. 또한, 낙후지역 인프라 개선을 위한 1조 원 규모의 지역소멸대응기금도 신설하고 국고보조사업으로 추진되는 기초연금 사업 등의 국고보조율을 조정해 2천억 원 규모의 지방비 부담 완화조치를 취하였다.

그런데 지방소비세 등 자체재원 확충방식은 지방자치단체의 자구노력을 촉진하는 긍정적 효과가 기대되는 반면 지역 간 경제력 격차가 더욱 커질 우려도 있다. 이 때문에 국세인 부가가치세액의 5%를 세액으로 하는 지방소비세에 대해서 권역별 가중치(수도권 100%, 수도권 외 광역시 200%, 수도권 이외의 도 300%)가 적용되어 경제력이 약한 지역에 대한 배려가 이루어지고 있으며 수도권 지역의 재원 일부를 지역발전상생기금으로 활용하여 비수도권에 지원하고 있다.

🖥️ 쉬어가기 5-3. 주민참여 예산제도

주민참여 예산제도는 지방정부 집행부가 독점적으로 관장하였던 예산편성 과정에 시민이 직접 참여하여 신규 사업 등을 제안할 수 있도록 하는 제도이다. 이 제도를 통해 지방의회의 예산심의가 집행부 제출 예산에 대한 수정에 그치고 있다는 한계를 극복하여 지방재정의 효율성, 투명성, 신뢰성을 높일 것으로 기대하고 있다.

주민참여예산제의 기원은 1989년 브라질 포르투 알레그레시이다. 포르투 알레그레시의 참여예산제는 주민이 직접 예산편성과정에 참여하는 성공적인 모델로서 긍정적인 평가를 받았고 이후 참여예산제는 브라질을 넘어 미국 뉴욕 시카고, 스페인 세비야, 독일 리히텐베르크 등 전 세계의 수많은 도시로 확산하였다.

한국에서 주민참여 예산제도는 2003년 광주 북구에서 처음으로 시작되었다. 이후 타 지방자치단체로 확산하는 와중에 2011년 지방재정법 개정을 통해 주민참여예산제도 실시가 의무화되었다. 〈그림 5-3〉은 광주 북구청 주민참여예산제의 운영체계를 나타낸 것으로 주민참여예산과 관련하여 민관협의회, 북구주민참여예산위원회, 동 주민참여예산위원회, 청년위원회를 설치·운영하고 있다.

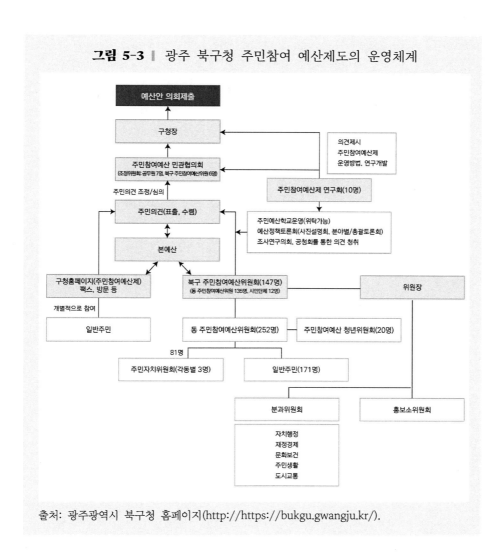

그림 5-3 │ 광주 북구청 주민참여 예산제도의 운영체계

출처: 광주광역시 북구청 홈페이지(http://https://bukgu.gwangju.kr/).

2. 미국

미국은 연방제 국가 성립 당시 연방정부의 권한은 최소한도로 국한하고, 주정부의 권한은 폭넓게 인정하는 매우 분권적인 체제로 출발하였다. 그러나 급속한 공업화 과정과 2번에 걸친 세계대전을 겪으면서 연방의 권한이 크게 강화되었다. 제2차 세계대전 이후에도 경제위기 극복, 건강 및 복지정책 강화, 광역적 경제활동의 확산 등으로 인해 1980년대 레이건(Reagan) 정부 시절 등 특정 시기를 제외하고는 연방정부의 역할은 계속 확대하는 경향을 보여 왔다고 할 수 있다.

미국의 연방세는 소득과세와 소비과세, 관세로 구성된다. 개인소득세, 법인소득세, 상속세 및 증여세가 소득과세에 속하고 소비세는 소비과세에 속한다. 연방정부의 전체 세수 중 개인소득세의 비중이 70%를 상회하는 수준으로 가장 높으며 소비세는 10% 미만이다. 연방성립 당시 미국 헌법은 관세에 대해 연방정부만이 징수할 수 있도록 규정하였다. 관세는 비교적 징수가 쉬운 세금이었는데 주정부가 개입하게 되면 자칫 외교관계에 혼란이나 국내 통상에 지장이 발생할 우려가 있었기 때문이다. 소득세가 연방정부의 세원으로 공식적으로 인정된 것은 1913년 헌법 수정 이후의 일이다. 소득세에 관해 위헌결정이 유지되었던 것은 소득세 징수에 큰 비용과 인력이 소요된다는 기술적 문제 외에 사유재산권 침해에 대한 우려, 연방정부 권한 확대에 대한 거부감 때문이었다.

주정부는 연방헌법과 주헌법이 금지하지 않는 한 새로운 세목을 도입할 권한이 있다. 따라서 지방세로서의 주세는 주마다 다를 수 있다. 일반적으로 주의 세목으로는 지방소득세(개인 및 법인대상), 재산세, 일반소비세, 인터넷 판매세, 상속·증여세, 개별소비세(담배세, 설탕·스낵세, 탄산세, 유류세, 호텔 및 관광세, 휴대폰 및 무선세) 등이 있다. 지방소비세는 판매세(Sales tax)를 근간으로 하고 있는데, 일반 판매세는 판매업체가 유형 개인 자산을 양도하거나 과세 대상 서비스를 판매할 때 부과하며, 특정 소비품(주류, 담배, 경마 등)에 대해 과세하는 개별 판매세가 있다.9) 1934년 뉴욕에서 최초로 도입된 지방소비세(판매세)는 38개 주에서 부과하고 있으며, 이들 주정부 수입의 약 55%를 차지한다. 그리고 개인소득, 법인소득세 등의 소득세는 주로 주정부 차원에서 부과되며 주정부 수입의 약 40% 정도를 차지한다. 나머지는 재산세인데 주정부 차원에서 재산세의 비중은 매우 낮은 편이다.

지방정부는 재산세가 주된 수입인데 대략 전체 수입의 70%가량을 차지한다. 그 외 지방소득세와 지방소비세(담배 및 주류 소비세, 등록세, 호텔숙박·관광, 경마,

---

9) 한국은 원자재로부터 생산되어 거래되는 모든 단계마다 늘어난 부가가치에 대해 일정한 세율로 부과되는 부가가치세(value-added tax) 형태이나 미국은 상품이 최종소비자에게 판매되는 최종단계에서만 소비자에게 주마다 서로 다른 세율로 부과되는 판매세(sales tax) 형태이다.

보험 등에 대한 과세 및 수수료 부과)도 징수한다. 재산세는 부동산(토지 및 건물) 또는 개인 재산(사업장비, 재고, 비영리 자동차)에 부과되는 과세로 주정부의 과세대상에도 일부 포함되지만, 기본적으로 지방정부(City) 및 준지방정부(County, 교육구 등) 차원에서 징수되는 세금이다. 그 밖에 주와 지방정부는 수수료를 받을 수 있는데 주립대 수업료, 공공병원 진료비, 공공서비스 정부 수수료 등이 있다.

지방소비세율에 대해서는 주와 지방정부가 일정 범위 내에서 세율결정권을 갖는다. 따라서 주와 지방정부마다 세율이 서로 다른 것이 일반적이다. 이에 따라 인접한 지방정부 간에 더 많은 소비자를 불러들이기 위한 소비세 하향 경쟁 양상이 나타나기도 한다. 전체적으로 보면 주 세원은 대부분 유사하지만, 주에 따라서는 특정 세원을 과세대상에서 제외하는 예도 있다.[10] 지방정부의 과세권은 주헌법, 주법, 주정부가 부여하는 헌장에 의해 규정되는데 과세대상, 방법, 세율, 특성 세목의 사용처, 지방채 발생 등에 대한 다양한 제약이 부여된다.[11] 홈룰 헌장(Home rule charter)에 의한 지방정부라고 하더라도 소득, 직업 등을 대상으로 한 과세는 주법이 특별히 허용하지 않는 한 과세권이 제한된다. 지방정부에 대한 주의 '타율적 과세제한' 이외에 주민에 의한 '자율적 과세제한'도 존재한다. '자율적 과세제한'과 관련하여 가장 널리 알려진 사례는 1978년 미국 캘리포니아주의 주민발안 제13호이다.

 쉬어가기 5-4. 주민발안 제13호(Proposition 13)

캘리포니아에서는 주 입법부 또는 등록된 유권자인 주민이 직접 법안을 발의하고 일정 수 이상의 지지를 얻으면 주민투표에 부칠 수 있다. 주민투표에서 과반수가 찬성하면 법안이 성립한다. 1970년대 후반 캘리포니아 지역 부동산 가격이 급등하자 재산세율 인상을 크게 제한하는 내용의 제안이 주민투표에서 65%의 찬성률로 통과되었다. 그리고 향후 세금을 인상 시 주의회 재적 3분의 2 이상의 찬성이라는 조건도 덧붙

---

10) Alaska, Nevada 등 7개 주는 개인소득세를 부과하지 않는다. 소비세의 경우에도 Delaware, Montana 등 5개 주는 징수하지 않는다.
11) 재산세에 대해서 최고세율 제한, 전년 대비 증가율의 제한, 재산세 평가액 증가율의 제한 등이 있다.

였다. 당시 주민발의 13호는 '납세자의 반란'이라고 불리었으며 감세를 핵심 공약으로 내세웠던 레이건 후보의 대선 승리에서 보듯 사회적 분위기도 우호적이었다.

그런데 재산세 수입이 절반 이상 줄고 경기가 침체하여지자 캘리포니아주의 재정은 큰 타격을 입게 되었다. 2009년 재정위기 타개를 위한 연방정부의 긴급 자금지원과 함께 주정부의 대규모 구조조정이 이루어졌다. 공무원 강제 무급휴가, 교직원 해고, 공립 시설 운영축소, 복지 혜택 축소 등의 사태가 초래된 것이다. 이러한 캘리포니아주 재정위기를 가속한 요인 중 하나는 경직성 경비이다. 1988년 통과된 주민발안 98호는 일반예산의 40%를 초중등 교육에 충당하도록 하였는데 그 결과 개별적 지출 조정이 거의 불가능하게 되어 재정의 경직성과 낭비적 요소가 증가하게 되었다.

이러한 부작용에도 불구하고 주민의 직접 참여를 통한 재정통제 장치로 활용되고 있는 주민발안에 대한 지지는 확고한 편이다. 현재도 형벌의 폐지·강화, 선거구 개편, 세금 및 기금의 증액·감면 등 다양한 주정부 소관 사항에 대한 제안이 활발히 이루어지고 있다. 카운티, 시와 같은 기초 지방정부 차원에서도 부담금 인상, 채권발행 등 재정 관련 주민발안과 투표가 빈번하게 이루어지고 있다.

한편, 총세입에서 차지하는 연방정부, 주정부, 지방정부 간 비중은 2017년 기준으로 54.2%:26.2%:19.6%로 나타났다(<표 5-6> 참조). 즉, 연방세입과 지방세입(주정부+지방정부)의 비중은 약 54:46으로 한국과 비교하면 지방세 비중이 높다.

표 5-6 ▌ 연방정부, 주정부, 지방정부 세입 비중(추정치)

(단위: 10억 달러, %)

구분	2015년		2016년		2017년	
	금액	비중	금액	비중	금액	비중
합계	6,147.3	100.0	6,551.1	100.0	6,925.6	100.0
연방정부	3,248.7	52.8	3,525.2	53.8	3,755.0	54.2
주정부	1,686.8	27.4	1,742.5	26.6	1,814.6	26.2
지방정부	1,211.7	19.7	1,283.3	19.6	1,356.0	19.6

주: 정부 간 보조금 제외하며 공기업 수입, 주류수입, 보험료 수입은 포함.
출처: 박훈(2015)의 <표 3-5>.

2019년 주 및 지방정부의 총세입 가운데 지방세가 차지하는 비중은 53.6%로 1조 9,000억 달러 규모였다. 일반세입 내역을 구체적으로 살펴보면 소비세에 해당하는 판매 및 총수입세가 6,406억 달러(34.4%), 재산세 5,770억 달러(31.0%), 개인소득세 4,485억 달러(24.1%)로 나타났다(<그림 5-4> 참조). 주 및 지방정부 총세입에서 연방정부의 지원액은 7,621억 달러(22.0%)였으며 각종 세외수입 5,745억 달러(16.6%), 기타수입 2,717억 달러(7.8%)로 나타났다.

그림 5-4 ▎ 주정부, 지방정부 세입 내역(추정치)

〈주정부·지방정부 전체세입 항목별 비중〉 〈주정부·지방정부 지방세입 항목별 비중〉
Sourse of State and Local Goverment General Revenue: 2019   State and Local Goverment Tax Revenue: 2019

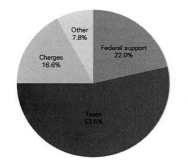
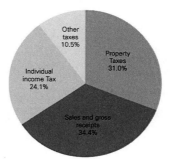

출처: U.S. Census Bureau(2021)의 figure1, figure2.

연방정부로부터의 주 및 지방정부로의 재원이전 방식은 크게 개별(특정)보조금(Categorical grants) 형태와 포괄보조금 형태로 구분할 수 있다.

개별보조금 방식은 재원의 사용 목적과 행정절차가 구체적이고 상세하게 규정되기에 재량의 여지가 협소하다. 절차가 번거롭고 용도 외 사용의 융통성이 제한되는 반면 형식적·절차적 책임성 확보에 유리하다. 이러한 개별보조금은 그 분배 방식에 따라 사업보조금(Project grants)과 계산식에 의한 보조금(Formula grants)으로 다시 세분화할 수 있다. 사업보조금은 특정 사업이나 정해진 기간의 특정 서비스 공급과 관련한 재원을 위한 것으로 재량의 여지가 가장 좁은 유형이다. 계산식에 의한 보조금은 연방법률상의 일정한 산정 공식에 따라 주정부에 재원을 제공하는 것으로 지역, 소득, 인구 등 다양한 변수가 활용된다. 계산식에 의해 배분되기에 계획적인 운영과 투명한 배분이 가능하며 지급 규모가 큰

편이다.[12]

포괄(Block grants)보조금은 사업의 재량이 개별보조금에 비해 폭넓다. 지역 사회개발 혹은 공중보건 활동과 같이 보다 상위 목적에 활용되며, 문제영역을 규명하고 그 해결을 위한 프로그램을 설계할 때 수혜자에게 더 많은 재량권을 준다. 보고 절차가 비교적 간단하고 현지 실정에 맞는 유연한 프로그램 설계가 가능하다는 장점이 있지만, 취지와 무관한 목적으로 사용되거나 절차준수 여부의 확인이 곤란하다는 단점도 있다.

포괄보조 프로그램이 연방정부의 이전재정 수단에 가장 크게 영향을 미친 것은 1980년대 레이건 정부 시대였다. 당시 연방정부의 복지재정 부담을 억제하고 주 및 지방정부의 복지지출 분담을 확대하기 위한 목적이 강하였다. 레이건 행정부는 개별보조금으로 운영되던 57개 사회복지 프로그램을 9개 포괄보조금으로 통합하였다. 포괄보조금으로 전환하면 행정관리 절감 효과가 있어 예산삭감이 가능할 것으로 기대하였기 때문이다. 레이건 정부 이후에도 개별보조금의 포괄보조금화와 재원 규모 축소가 이루어지고 있는데 대표적인 사례는 1996년 빈곤가정 일시부조(Temporary Assistance to Needed Families: TANF) 프로그램이다(자세한 내용은 제8장 참조). AFCD(아동부양세대부조), 고용기회·기초훈련(Jobs Opportunity and Basic Skill)보조금, 긴급원조(Emergency Assistance)가 통합되면서 포괄보조금화 한 것이다.[13] 2014년 기준으로 21개 포괄보조가 있으며 연방정부 보조금에서 10% 정도를 차지한다.

미국의 국고보조금에서 가장 높은 비중을 차지하는 분야는 시대에 따라 변화하는 모습을 보여 왔다. 1970년대만 하더라도 교육·훈련, 고용 및 사회서비스의 비중이 가장 높았으나, 1980년대에 들어서는 소득보장의 비중이 가장 높았으며, 1980년대 후반 이후에는 보건의 비중이 높아졌다. 현재 저소득층 의료보조(Medicaid) 제도 등 보건 분야 비중은 거의 절반에 육박하는 비중을 차지하고 있다. 2011년

---

12) 수혜대상에 대해 일정한 부담을 요구하는 보조금을 matching grants라고 지칭하는데 대부분의 프로젝트형 보조금이 이에 해당한다. 매칭 부담이 클수록 보조금의 재정 조정적 효과는 낮아지는데 부유한 주가 연방정부 보조금을 더 많이 획득할 수 있기 때문이다.

13) 실제로 TANF로 통합되면서 복지수급자가 급감하였는데 이에는 수급 기간이 한정(전생애 60 개월), 근로의무 부여, 경제상황의 호전, 근로소득세액공제와 같은 노동 인센티브 지급 등이 복합적으로 영향을 미쳤다.

기준, 보건 다음으로 소득보장, 교육·훈련, 고용 및 사회서비스 그리고 교통(고속도로 포함) 등의 순으로 연방보조금에서 차지하는 비중이 높은 것으로 나타났다.

그런데 연방정부에서 주정부로의 보조금을 지급할 때, 각 주의 소득수준 등 경제적 요소를 고려하는 비중이 작아 보조금의 재정조정적 효과가 작다. 이점이 미국 정부 간 재정관계의 특징 중 하나로 지적된다. 즉, 연방정부의 보조금 지급 목적은 '지역 간 형평성 확보'보다는 '새로운 정책적 접근법 권장', '정책 질의 개선', '지방정부 능력제고'에 우선순위를 두고 있다는 것이다.

주정부 지출의 30%~40%는 지방정부 및 준지방정부로 이전되는데 대부분의 주정부 보조금은 공공교육, 사회복지, 도로, 병원, 공공안전 및 건강 분야에 사업 보조금 형태로 배정된다. 주정부 예산이 지원되는 사업에 대해서는 지방정부 재량권이 거의 없고 주정부의 개입이 이루어진다.

지방 세입과 관련하여 2016년도 뉴욕시 세입예산 내용을 항목별로 구분하여 살펴보면 가장 높은 비중을 차지하는 것은 기타 지방세(37.15%) 이다(<표 5-7> 참조). 다음으로 재산세(27.87%), 주정부 보조금(16.16%), 연방정부 보조금(8.90%), 기타수입(8.14%), 기타 보전금(1.07%), 타 회계 전입금(0.72%)의 순으로 나타났다. 세입예산 총액에서 차지하는 지방세(재산세＋기타지방세) 비중은 65.02%이며, 여기에 기타수입을 합한 자체제원 비율은 73.16%이다. 재원 의존도는 세입예산 총액에서 차지하는 보조금 총액의 비율로 나타낼 수 있는데 26.84%이다.

미국에서도 한때 한국의 지방교부세 제도와 유사한 일반교부세(General revenue sharing) 방식이 도입·운용된 적이 있다. 일반교부세는 명시적으로 금지되지 않는 공공목적 지출이라면 조건 없이 사용할 수 있다는 점에서 가장 폭넓은 재량이 인정되는 재원이전 방식이다. 실제 도입된 일반교부세는 '치안, 환경, 교통, 보건, 도서관, 복지, 여가활동, 재무행정' 8개 분야에 속하기만 하면 주정부와 지방정부의 재량하에 지출이 가능하였다. 1970년대 닉슨 정부 때 한시 입법(State and Local Fiscal Assistance Act of 1972)으로 도입 후 계속 연장되다가 연방정부의 재정적자 누적을 이유로 1986년 레이건 정부에서 폐지되었다.[14]

---

14) 주나 지방정부 입장에서는 일반교부세에 대한 선호도가 높았으나 연방의회측에서 정치적 교섭과정이 개재되기 어려운 일반교부세에 대한 반감이 컸던 점도 폐지에 영향을 미쳤다.

표 5-7 | 뉴욕시 세입예산 명세(2016년)

(단위: USD, %)

Revenue Budget		Fiscal Year 2016 Adopted Budget	비율
City Funds and Capital Transfers			
	General Property taxes(재산세)	$22,384,192,000	27.87
	Other taxes(기타지방세)	$29,834,583,519	37.15
	Miscellaneous Revenues(기타수입)	$6,538,406,370	8.14
Total City Funds		**$58,757,181,889**	**73.16**
Other categorical grants(기타 보조금)		$855,583,364	1.07
Transfers from Capital Budget(타 회계 전입금)		$575,637,498	0.72
Total City Funds and Capital Budget Transfers		**$60,188,402,751**	**74.94**
Federal and State Funds			
	Federal Categorical Grants(연방정부보조금)	$7,145,594,491	8.90
	State Categorical Grants(주정부 보조금)	$12,977,567,860	16.16
Net Total Revenue Budget(세입예산 총액)		**$80,311,565,102**	**100.00**

출처: 금창호외(2016: 105) <뉴욕시 세입구조 표>에서 비율추가.

이처럼 연방-주-지방정부 간의 수직적 재정조정제도가 부재하다는 것이 미국의 정부 간 재정관계의 가장 눈에 띄는 특징이라고 할 수 있다. 미국의 일반교부세 제도는 한국 교부세 제도와 비교할 때 배분 재원 규모가 소규모였다는 점, 한시 입법으로 제도적 안정성이 약하다는 점에서 지방정부 격차를 고려한 재정조정기능이 약한 제도였다고 평가할 수 있다.

일반교부세 폐지 이후 연방정부 행정명령, 연방의회 입법, 사법적 규제를 통한 주 및 지방정부에 대한 각종 규제 및 책임 의무를 부과하는 위임명령(Mandates)의 증가는 주와 지방정부 재정 압박을 불러와 정부 간 재정관계의 주요 이슈로 부상하였다. 그 결과 1995년 적정한 재정지원 없는 연방정부의 사무위임을 방지하기 위해 「재정지원 없는 위임명령 개혁법(Unfunded mandates reform act: UMRA)」이 제정되었다.

UMRA의 주요 내용은 첫째, 미국의 의회예산처(Congressional Budget Office)로

하여금 제안된 법령이 주정부 및 지방정부의 예산에 상당 수준의 영향을 미치는 지, 민간영역에 재무적 영향이나 고용에 영향을 미치는지를 평가하도록 하고 아울 러 위임명령이 초래하는 직접비용을 측정하여 승인된 재원 규모가 비용을 충족하 는지 여부에 대한 보고서를 상임위원회인 수권 위원회(Authorizing Committee)에 제출토록 하였다. 둘째, 의회 위원회가 제출하는 세출법안 이외의 모든 법안 및 공동결의안에 대해서 본회의 심의에 앞서 수권위원회가 자신이 작성한 심사보고 서 혹은 의회예산처가 준비한 위임명령 보고서를 의회 의사록에 반드시 첨부하 도록 하였다. UMRA 시행 이후 정부 간 위임명령 비용추계를 포함하고 있는 보 고서 중 기준액을 초과하는 사례는 점차 감소하는 추세이다.[15]

표 5-8 ┃ 미국 주정부 및 지방정부 기능별 지출

(단위: 십억 달러, %)

항목	주정부 및 지방정부 지출 순계		정부별 비중	
	금액	지출 총액 대비 비중	주정부 비중	지방정부 비중
교육 서비스	977.3	27.9	31.2	68.8
사회복지	922.6	26.3	77.0	23.0
교통	206.8	5.9	52.6	47.4
공공안전	249.8	7.1	29.3	70.7
환경과 주택	203.1	5.8	18.9	81.1
행정	135.1	3.9	41.0	59.0
이자 비용	104.6	3.0	42.7	57.3
기타 일반 지출	137.5	3.9	27.5	72.5
공익사업 지출	224.1	6.4	12.2	87.8
주류 판매점 지출	7.7	0.2	83.9	16.1
보험 기금 지출	338.0	9.6	84.5	15.5
합계	3,506.7	100.0	48.3	51.7

출처: US Census Bureau(2016). 2016 Annual Survey of State and Local Government Finances.

---

15) 2015－2016년 기간 중 제출된 위임명령 비용추계보고서는 1,197건, 정부 간 위임명령 비용 포함 보고서는 40건, 기준액 초과 위임명령 비용 포함 보고서는 7건에 불과하였다(홍근석·김 봉균, 2019: 156).

2016년 기준으로 주와 지방정부 기능별 지출내용을 살펴보면 교육 항목에서 가장 많은 지출(전체 지출 대비 27.9%)이 이루어지고 있다(<표 5-8> 참조). 다음으로 사회복지(26.3%), 보험기금 지출(9.6%), 공공안전(7.1%), 공익사업지출(6.4%), 교통(5.9%), 환경과 주택(5.8%), 행정(3.9%) 등의 순으로 나타났다. 주정부와 지방정부의 상대적 역할 비중을 살펴볼 필요도 있는데 먼저 지출 비중이 높은 항목인 교육 서비스와 사회복지 서비스의 경우 주정부와 지방정부의 비중은 31.2:68.8, 그리고 77:23으로 나타나 대조적이다. 즉 교육 서비스는 지방정부가 주된 역할을 담당하는 데 반해, 사회복지서비스는 주정부가 주된 역할을 담당하고 있음을 알 수 있다. 주정부는 사회복지, 주류 판매점 지출, 보험기금 지출의 비중이 높았고, 지방정부는 교육 서비스, 공공안전, 환경과 주택, 공익사업지출, 기타 일반 지출에서 그 비중이 높았다.

재정관리와 관련하여 미국의 연방의회는 보조사업 관련 입법을 할 때, 보조사업의 각 단계에서 성과와 성과 책임의 증진을 위해서 다양한 유인 장치를 마련하고 있다. 의회 산하 회계감사원(GAO)은 일정 수준 이상의 성과를 달성하면 보상을 제공하고, 성과달성에 실패하면 보조금 삭감 등의 벌칙을 부과하는 방식을 적극적으로 활용하고 있다. 보상방식은 성과에 상응하는 현금 지급 외에 뛰어난 성과에 대해서 언론, 웹사이트, 소식지, 청문회, 시상식 등을 통한 인정 및 홍보도 활용된다. TANF의 경우에 최근 2년간의 혼외출산이나 낙태를 이전 기간보다 가장 많이 감소시킨 5개 주에 대해서는 2,000만~2,500만 달러의 장려금을 지급한 바 있다.

 쉬어가기 5-5. 미국의 학교구

미국 초·중등 교육행정의 특징은 그 운영 주체로써 일반 기초 지방정부(City, County 등)와 별개로, 주법에 따라 설치되는 교육구(School district)가 핵심적인 역할을 담당한다는 것이다.

대다수의 교육구는 준지방정부법인으로서(quasi-corporation) 주민선출에 의한 교육위원회 위원, 교육위원회가 임명하는 교육장, 교육장이 임명한 교육구 직원, 지역 각 공립학교로 구성된다. 카운티나 시(city)에서 교육위원회 위원 또는 교육장을 임명하는 예도 있다. 교육위원회는 관할지역 내 공립학교 교육내용의 결정, 교육시설 관리, 교사의 임면, 학교장 및 학교평가 등 폭넓은 권한을 갖는데 교육구 재정 원천 인 지역 재산세 세율을 직접 주민투표에 부쳐 결정할 수도 있다.

교육구는 기초 지방정부 행정구역과 관계없이 설정되며 기본적으로 교육구 재정 은 관할지역의 재산세로 충당된다. 이처럼 주법률에 따라 지역사회의 교육구가 상당 한 교육자치권을 보장받고 있다. 이는 지역 실정에 맞는 다양한 교육과정 운영이 가 능하다는 장점이 있으나, 거주 지역의 소득수준에 따라 교육구 사이의 재정력 격차 가 크고 이것이 교육환경의 격차로 이어진다는 단점도 지적된다. 최근에는 지나친 교육 격차를 줄이기 위한 상위정부의 재정적 지원강화와 함께 학업성취도 향상을 위 한 학교의 책무성이 강조되는 추세이다.

구체적으로 살펴보면 전체 초중등 교육비에서 차지하는 지출 주체별 비율은 대 략 연방 10%, 주정부 40%, 지역 교육구 50%이다. 연방 차원에서는 1956년에 제정 된 「초중등교육법」에 따른 저소득층 자녀교육 및 교육시설 개선을 위한 보조금 지원 이 대표적이다. 2000년대 이후 「낙오학생방지법(NCLB, No Child Left Behind)」도 입과 이를 수정한 「모든 학생 성공법(ESSA, Every Student Succeeds Act)」을 통한 학교성과평가에 따른 재정 조치가 취해졌다. 주정부는 주내 교육의 최종책임 주체로 서 예산(교육형평부금)을 지역 교육구에 배분하며 최소 교육기준 설정, 교육과정 지 침 수립 역할을 담당한다.

출처: 한국행정학회 행정학 전자사전: 미국의 교육자치제도(2022년 5월 30일 검색).

3. 일본

일본의 지방행정체제는 제2장에서 살펴본 바와 같이 광역자치단체와 기초자 치단체의 2계층으로 구성되어 있는데, 한국과 마찬가지로 중앙집권적 지방자치 가 오랫동안 유지됐다. 이에 따라 중앙과 지방의 재원분배도 중앙정부 비중이 높 은 가운데 지출 면에서는 지방의 비중이 상대적으로 높아, 한국과 마찬가지로 중 앙정부로부터 지방자치단체로의 대규모 수직적 재정조정이 이루어지고 있다. 지 방재정 제도는 한국과 같이 지방교부세, 국고지출금(보조금) 제도를 갖추고 있는

데, 지방정부 간의 수평적 재정조정제도는 발달하지 않고, 중앙과 지방 간의 세원이 폭넓게 공유되고 있는 점이 특징이다.[16]

일본의 경우는 소득과세 및 소비과세 중심의 국세와 재산과세 중심의 지방세라는 일반적인 세원배분 양상을 보이는 가운데, 상대적으로 지방세의 소득과세 비중이 다른 OECD 국가보다 높은 편에 속한다. 국세는 소득세, 법인세, 소비세 등으로 구성되며, 지방세는 징수 주체별로 세목이 상이하다. 광역자치단체의 도부현세로는 도부현민세, 사업세, 지방소비세, 자동차세 등이 있다. 기초자치단체의 시정촌세에는 시정촌민세, 고정자산세, 도시계획세 등이 있다(<표 5-9> 참조). 2020년 결산기준 지방세수 비중을 살펴보면 도부현세의 경우 지방소비세 29.5%, 개인 도부현민세 27.0%, 법인주민세·법인사업세 25.2%의 순이었고 시정촌의 경우 고정자산세 41.4%, 개인시정촌민세 37.5%, 법인시정촌민세 8.1%의 순으로 나타났다.

표 5-9 | 일본 지방세 체계

징세주체	용도	세부 항목
도부현세	보통세	도부현민세, 사업세, 지방소비세, 부동산취득세, 도부현담배세, 골프장이용세, 자동차취득세, 경유거래세, 자동차세, 광구(鑛區)세, 고정자산세(특례분), 도부현 법정외 보통세, 기타보통세
	목적세	수렵세, 수리지익세, 도부현 법정외 목적세
시정촌세	보통세	시정촌주민세, 고정자산세, 경자동차세, 시정촌담배세, 광산세, 특별토지보유세, 시정촌 법정외 보통세
	목적세	입탕세, 사업소세, 도시계획세, 수리지익세, 공동시설세, 택지개발세, 국민건강보험세, 시정촌 법정외 목적세

주: 도쿄도와 산하 특별구 및 시는 도부현세 및 시정촌세 체계와 다른 지방세 체계임.
출처: 총무성 홈페이지(https://www.soumu.go.jp/2022년 5월 18일 검색).

일본 조세수입 가운데 국세와 지방세 비중은 2018년도 결산기준으로 각각 61.2%(64조 2,241억 엔)와 38.8%(40조 7,514억 엔)이다. 전체 조세수입(104조 9,755억 엔)에서 국세의 비중이 상대적으로 높고, 지방세 비중은 한국(2018년 기준

---

16) 다만, 도쿄도와 (도쿄도 내) 자치구 간에는 도구간 재정조정제도를 운영하고 있다.

36.7%)과 유사한 수준이다.

한편, 세출 규모 면에서는 중앙 105조 7,801억 엔, 지방 97조 9,984억 엔이다
(2017년 결산기준). 중앙정부로부터 지방자치단체로의 재정 이전액은 34조 8,264
억 엔, 지방자치단체로부터 중앙정부로의 이전액은 7,344억 엔으로 나타났다. 따
라서 이전재원을 제외한 순수 지출액은 중앙 70조 9,537억 엔, 지방 97조 2,640
억 엔으로 전체 세출에서 차지하는 중앙과 지방의 비율은 약 42:58이다. 이를 한
국의 중앙 대 지방의 지출 비율(53:47)과 비교하면, 지방지출의 비중이 상대적으
로 더 높다. 이는 교육과 경찰 기능이 지방자치에 통합되어 있고, 사회복지 서
비스 기능의 상당 부분을 지방정부가 맡고 있다는 점이 반영된 결과라고 할 수
있다.[17]

일본은 1990년대 들어 기관위임사무 폐지를 중심으로 한 행정기능의 지방분
권이 추진되었는데 재정분권은 2000년대 초반 이른바 '삼위일체(三位一體)개혁'으
로 구체화 되었다. 고도성장기 일본은 공공투자 사업의 확대 등에 따른 재원 부
족에 대하여 대부분은 원리상환금을 종국적으로 국고에서 부담하는 교부세 특별
회계상의 차입금과 지방채의 발행을 통해 보전해 왔다. 그러나 경제가 저성장기
를 맞이하면서 중앙정부의 재정지원축소와 함께 지방자치단체의 긴축 및 재정자
립을 요구하는 움직임이 나타나게 된 것이다.

개혁내용은 '국가로부터 지방으로의 국고보조금 지출삭감', '지방교부세의 축
소 및 개혁', '세원이양'을 동시에 추진하는 것이었다. 그 결과 약 5조 1천억 엔의
지방교부세가 삭감되고, 약 4조 7천억 엔의 국고보조·부담금이 폐지·삭제됨과
동시에 3조 엔의 세원이양이 이루어졌다. 지방교부세 산정방식의 간소화와 함께
사업비 보정 및 단계보정을 축소하여[18] 재정건전화 노력을 강화하였다. 세원이
양은 국세인 소득세 세수의 일부분을 도도부현 및 시정촌의 지방세인 개인주민
세로 이전하였다. 그리고 2009년 말 등장하였던 민주당 정권은 지방분권개혁의

---

17) 일본에서 교육이 지방자치단체의 사무에 포함되어 있으며 교육예산은 해당 지방자치단체와
국가가 분담하는 구조이다. 기초자치단체인 시정촌이 초중학교 설립의 중심적 존재가 되며 광
역자치단체인 도도부현은 시정촌설립 초·중학교의 교직원의 급여를 부담(시정촌립학교직원
급여부담법)하는 동시에 인사권을 행사하는데 인사권행사에 있어서 시정촌의 의견을 존중하
도록 하고 있다.

18) 사업비보정 감축은 공공사업 추진시 지방비부담액을 교부세 산정에 반영함으로써 지방자치단
체의 경비부담을 덜어주어 결국 불필요한 공공사업을 조장한다는 지적에 따른 것이다.

하나로 기존 국고보조금을 포괄보조금화(Block grants)하는 일괄교부금 제도를 추진하였다. 하지만 SOC 투자 사업 일부를 제외하고 일괄교부금 제도는 처음 의도대로 추진되지 못하였다.[19]

'삼위일체 개혁'에 대한 평가는 양면적이라고 할 수 있다. 세원이양으로 지방의 재정 자율성이 높아진 측면이 있으나, 교부세가 삭감되면서 지방정부 입장에서는 약 3조 엔의 수입 증가와 함께 약 10조 엔의 수입이 감소하여, 전체적으로는 수입이 감소하게 되었다. 그리고 국고보조금의 경우 폐지보다는 주로 중앙정부 보조율의 하향 조정이 이루어져 지방 부담이 증가한 측면도 있다.

2000년대 중반 삼위일체 개혁으로 인해 지방세 비중이 40%대로 증가하는 동시에 지방교부세 비중도 다소 감소한 바 있으나, 2008년 글로벌 경제위기 이후에는 지방세수 감소로 세입총액에서 차지하는 지방세 비중은 2000년대 초반 수준으로 회귀하는 양상을 보였고, 같은 시기 국고보조금의 비중도 개혁 이전으로 회귀하는 양상을 나타냈다. 2018년도 결산기준 광역과 기초를 합친 지방의 세입총액을 재원별 구성비별로 살펴보면, 지방세 40.2%, 지방교부세 16.3%, 국고지출금(보조금) 14.7%, 지방채 10.4%, 지방양여세 등[20] 2.6%의 비율을 나타내고 있다. 종합적으로 볼 때 중앙정부로부터 지방정부로의 분권이라는 흐름 속에서 지방세원 확충이 시도되었으나 중앙과 지방 간 재정적 관계에 근본적 변화를 가져오지는 못하였다고 평가할 수 있다.

한편, 항목별로 지방자치단체 세출에서 차지하는 비율을 살펴보면, 민생비(보건, 복지비 등) 26.2%, 교육비 17.2%, 토목비 12.1%, 기타 공채비 등 12.6%, 총무비 9.5%의 순으로 나타났다(<표 5-10> 참조). 매년 민생비와 교육비가 지출 비중 1위와 2위를 차지하는 가운데 상공비의 비중은 작아지는 추세이다. 지방채의 원리 상환 비용인 공채비는 12.6%의 비중을 차지하는데 높은 공채비는 지방재정의 부담을 가중하고, 재정의 경직화를 초래하는 요인으로 작용한다.

---

19) 현재 운영되고 있는 포괄보조 사례로서 오키나와현에 대한 진흥교부금이 있다.
20) 지방양여세는 본래 지방세원이지만 일단 국가가 징수하여 인구 및 도로면적 등 객관적 기준에 따라 지방자치단체에 배분하는 재원이다.

표 5-10 지방자치단체 목적별 세출 구성의 추이(순계결산액 기준)

(단위: 억 엔, %)

구분	2011년	2012년	2013년	2014년	2015년	2016년	2017년	2018년
총무비	9.6	10.3	10.3	10.0	9.8	9.1	9.3	9.5
민생비	23.9	24.0	24.1	24.8	25.7	26.8	26.5	26.2
위생비	7.0	6.2	6.1	6.2	6.4	6.4	6.4	6.4
노동비	1.0	0.8	0.6	0.4	0.4	0.3	0.3	0.3
농림수산비	3.3	3.3	3.6	3.4	3.3	3.2	3.4	3.3
상공비	6.8	6.4	6.1	5.6	5.6	5.3	5.0	4.9
토목비	11.6	11.7	12.4	12.2	11.9	12.2	12.2	12.1
소방비	1.9	2.0	2.0	2.2	2.1	2.0	2.0	2.0
경찰비	3.3	3.3	3.2	3.2	3.3	3.3	3.3	3.4
교육비	16.7	16.7	16.5	16.9	17.1	17.1	17.2	17.2
공채비	13.4	13.5	13.5	13.6	13.1	12.8	12.9	12.6
기타	1.5	1.8	1.6	1.5	1.3	1.5	1.5	2.1
세출총액	970,026	964,186	974,120	985,228	984,052	981,415	979,984	980,206

출처: 總務省(2021) <目的別歲出決算額の推移> 수정.

중앙정부로부터의 재정이전에도 불구하고 일본의 지방자치단체는 재정 부족 현상에 직면하고 있다. 2011년도 지방재정의 재원 부족분은 총 14.2조 엔 규모였다. 기업수익회복으로 지방세 수입 및 지방교부세의 원자금인 국세 수입이 일부분 회복되었으나, 경비 절감 노력에도 사회보장비, 공채상환비 등의 부담으로 상당한 재정 부족이 발생하였다. 지방세 확충, 지방교부세 보전 등을 통해 해결되지 못하는 재정부족분에 대해서는 지방채발행을 증액하여 대처하고 있는데, 2018년도 기준 지방채 결산액은 10조 6,449억 엔으로 지방채의존도(세입총액에서 지방채가 차지하는 비율)는 10.5% 규모였다.

지방의 세원 확충과 관련하여 일본은 지방세법상의 법정세(法定稅) 이외에 보통세 혹은 목적세(法定外稅)를 부과할 수 있다. 법정외세는 보통세와 목적세로 구분되는데 법정외보통세에는 핵연료물질취급세(도도부현), 골재채취세(시정촌) 등이 있으며, 법정외목적세에는 산업폐기물세(도도부현), 환경협력세(시정촌) 등이 있다. 법정외세가 지방세 총세입에서 차지하는 세수 규모는 크지 않지만, 지방자치단체 세입 자율성 폭을 넓힌다는 의의가 있다.

　지방채는 과거에는 총무 대신 혹은 도도부현 지사의 허가를 받아 발행하였으나, 2000년 「지방분권일괄법」 제정으로 협의제로 변화하여 지방자치단체의 자율성이 높아졌다. 그런데 무리한 관광 투자와 분식회계로 인한 유바리시(夕張市) 파산사례를 계기로 재정관리 강화를 위한 제도 개선이 이루어졌다. 기존 지방재정재건촉진특별법을 「지방공공단체의 재정 건건화에 관한 법률(地方公共団体の財政の健全化に関する法律)」로 개정하였는데, 진단지표의 추가(연결실질적자비율, 장래부담비율) 및 재정건전화 단계 구분 도입(조기건전화, 재정재생) 등의 내용을 담고 있다. 법률 개정의 취지는 지방재정의 정보공개 확대, 재정위기 지방자치단체의 조기 발견, 재정건전성 관리강화를 위한 것이다. 지방 차원에서는 재정 상황 개선을 위해 세출 효율화의 방법으로 지방의원 및 공무원 정수 감축, 민간 위탁의 도입과 함께 기초자치단체 간 합병이 추진되었다. 그러나 지방채무액 수준이 주요 선진국과 비교하면 매우 높은 편으로 재정건전성 회복은 일본 지방재정의 현안 과제라고 할 수 있다.

 쉬어가기 5-6. 일본 고향세 제도

　2008년 '지방세법등 일부개정에 관한 법률' 개정을 통해 도입된 고향세(ふるさと納税) 제도는 개인이 지정한 지방자치단체에 기부할 때, 기부 금액에 대해 세액공제를 해주는 제도이다. 기부금 가운데 2,000엔 초과분에 대해서 소득세 환원 및 주민세 공제조치가 이루어지며, 기부금 사용처 지정이 가능하고 해당 지방으로부터 답례품 수령이 가능하다.

　현재까지 운영 결과 고향세 제도를 통해 지역에 대한 도시민·출향민의 관심 제고, 답례품 개발을 통한 낙후지역 활성화, 지방세수의 확충 등의 긍정적 효과가 나타났다. 기부액도 매년 증가하고 있는데 도입 첫해 81억 엔에서 2018년 5,127억 엔 규모로 성장하였다. 실제로 재정재건 단체로 지정된 유바리시는 지방세수가 약 9억 엔 수준인데, 특산품 멜론 등을 활용하여 2018년에는 3억 5,258만 엔의 고향세 수입을 확보하였다. 이러한 성과의 이면에는 더 많은 기부금을 모집하기 위한 지방자치단체 간 유치경쟁이 과열되면서, 과도한 혹은 현금성 답례품 제공이라는 문제점도 있다. 이에 따라 총무성은 기부액 30% 이내의 지역특산품으로 한정하도록 제도를 개선하였다.

한국도 2023년 1월부터 고향사랑기부제(고향세) 제도를 시행하고 있는데, 기부금 한도는 연간 최대 500만 원이며 일본과 마찬가지로 기부한 금액에 따라 세액공제(10만 원 이하 100%, 10만 원 초과 금액 16.5%)와 함께 해당 지방자치단체의 답례품 지급이 가능하다.

⚖ 제5장 요약

지방자치단체의 재정 활동은 세입과 세출을 중심으로 이루어진다. 한국 지방자치단체의 세출 규모는 중앙정부를 앞서지만, 세입 규모에서는 중앙정부에 비해 낮은 수준이다. 이에 따라 세입과 세출의 간극을 메우기 위해 중앙에서 지방으로의 재원이전이 상당한 규모로 이루어지고 있다. 이러한 재정구조는 지방의 부족한 재정적 자원 확충을 가능하게 하지만 지방의 재정 책임성과 자율성을 약화하는 요인으로도 작용한다. 일본은 한국과 유사한 재정제도를 운영하고 있는데 '삼위일체' 개혁을 통해 국고보조금 삭감 및 세원이양이 동시에 추진되었으나, 정부 간 재정관계에 근본적 변화를 가져오지는 못하였다. 일본 지방재정의 과제는 높은 부채비율인데 유바리시 파산을 계기로 지방재정관리제도 강화가 이루어졌다. 미국은 한·일에 비해 총세입에서 차지하는 지방(주·지방정부) 세입 규모가 상대적으로 큰 편인데 주별로 지방세 항목이 상이하다. 지방교부세 제도가 부재한 가운데 다양한 방식의 보조금을 중심으로 정부 간 재원이전이 이루어진다는 점도 한국·일본과의 큰 차이점이라고 할 수 있다.

생각해 볼 문제

1. **지방재정통합공개시스템(지방재정 365), e-나라지표 등을 활용하여 현재 거주하는 광역자치단체, 기초자치단체의 세입 및 세출예산 내용을 알아보시오.**
   (1) 전국 평균치와 인접 지방자치단체와 비교하여 차이를 분석하시오(재정자립도, 재정자주도, 부채 현황, 지방세 규모, 사회복지비 비율, 공무원 인건비 비율 등).
   (2) 현재 거주 지역에서 세수 확충을 위해 새로운 세원을 발굴한다면 가능한 대상은 무엇인지를 제시하시오. 세원 발굴의 일반적 원칙과 연관 지어 그 타당성을 설명하시오(※ 조례로 신세원 도입이 가능하다는 전제하에서 논의).
   (3) 해외 지방정부 가운데 다른 지역과 차별화되는 세원에 대해 독자적인 과세를 부여하고 있는 사례를 찾아보고 시사점을 제시하시오.

2. **아랫글을 읽고 물음에 답하시오.**

> 지방교육재정교부금(교부금)을 놓고 교육 당국과 재정 당국이 맞서고 있다. 교부금이란 지방교육자치단체가 학교나 교육청 같은 교육기관이나 교육행정기관을 설립하고 운영하는 데 사용하는 예산을 말한다. 주로 초·중·고의 운영예산으로 쓰이며 무상급식 등 사업에도 교부금이 활용된다. 교부금은 내국세의 20.79%와 교육세 일부로 충당한다.
>
> 기획재정부는 학령인구가 감소하는 상황에서도 교부금은 늘어나고 있기에, 교부금 산정 방식을 조정해야 한다고 주장한다. 교육부는 교부금은 학령인구 감소와 크게 상관없이 아이들의 교육환경 개선에 쓰이는 예산인 만큼 축소할 수 없다는 견해다. 2020년 55조 4,000억 원이던 교부금은 2021년 53조 2,000억 원으로 줄었지만, 2022년에는 64조 3,000억 원이 책정됐다. 한편, 학령인구는 2020년 546만 명에서 올해 521만 2,000명으로 줄었다.
>
> 출처: 세계일보(2022.02.07)의 기사를 일부 수정하여 작성.

(1) 지방교육재정교부금에 대한 재정 당국과 교육 당국의 주장 중에서 어느 쪽이 더 타당하다고 생각하는지 본인의 견해를 제시하시오.

(2) 본인이 거주하는 지역의 지방교육재정 예산 가운데 지방자치단체가 지원하는 금액이 어느 정도 규모인지 알아보시오. 그리고 지난 10년간 예산변화 추이를 학령인구 추세와 연관하여 조사하고, 느낀 점을 논의하시오.

3. 아랫글을 읽고 물음에 답하시오.

'예산은 먼저 쓰는 사람이 임자'라는 비난이 사라지지 않는다. 예산을 일단 확보하고 보자는 식의 관행이 지속되기 때문이다. 현행 제도에서 예산은 편성을 중시하는 구조로 이뤄지고, 성과 분석이나 효율성을 점검하는 장치가 부족하다. 예산정책의 비효율성에 대한 지적과 대책 마련이 사회 각계에서 요구됐지만, 예산 활용에 대한 정확한 진단이나 대책은 전혀 없다. 현실적으로 방법이 없다는 무책임한 인식이 공직사회에 관행으로 자리 잡고 있다.

과거 연말이면 멀쩡한 도로와 인도가 새로 포장되는 일이 많았다. 예산을 남기는 것이 금기시됐기 때문이다. 불용예산은 곧 다음 해 예산삭감으로 이어졌고, 지방자치단체는 예산을 남기지 않기 위해 애썼다. 예산이 남으면 지방자치단체 공무원도 힘들고 반납을 받는 정부 공무원도 귀찮은 일이 생겨서 서로 남기지 않기 위해 애쓴다는 지적이 있다. 결국 불용예산을 막기 위해 예산을 낭비하는 더 큰 문제가 발생하는 것이다.

현실적으로 예산이 남을 수밖에 없는 상황도 존재한다. 복지예산의 경우 같은 조건의 수급자가 지원을 받지 못하는 일이 생겨선 안 되기 때문에 추가 지원금을 미리 확보한다. 예산편성 뒤 추가로 발생한 수급자의 불이익을 막기 위해서다. 넉넉히 확보한 예산은 불용예산으로 이어질 수밖에 없다. 현장에서는 무수히 많은 사업을 진행하다 보면 예상을 빗나가는 경우가 많고, 예산 결산도 딱 떨어지는 일이 잘 없으며, 현실적으로 불용예산이 발생하지 않는 것은 불가능하다는 지적이 있다.

출처: 파이낸셜 뉴스(2021.12.21)의 기사를 일부 수정하여 작성.

(1) 불용예산의 문제점을 해결하기 위해서 어떤 방안이 있는지 논의하시오.

(2) 대표적인 불용예산 사용처로 알려진 보도블록 교체공사에 대해 설치와 관리 지침이 개정(국토교통부, 서울시 등)된 바 있는데 어떤 내용인지 알아보고 우수 관리사례를 찾아보시오.

4. 주민참여 예산제도의 장점과 한계를 서술하시오. 그리고 현재의 한계를 극복할 방안을 논의하시오.

제 6 장

정부 간 관계:
지방정부는 중앙정부와 대등할까?

제2장에서 지방행정체제를 설계하는 방식에 따라 정분 간 관계의 성격이 규정된다는 점을 언급하였다. 정부 간 관계(Inter-governmental relations: IGR)란 국가기능을 중심으로 한 중앙-지방정부 간, 지방-지방정부 간에 역사적·법 제도적으로 설정된 권한(Authority)과 책무성(Accountability)의 관계라고 정의할 수 있다. 좁은 의미로는 지방정부가 중앙정부에 예속하는 정도 또는 기초정부가 광역정부에 예속하는 정도이며, 넓은 의미로는 지방정부의 자치권이 행사되는 범위와 정도라고 볼 수 있다.

과거 단체장이 중앙에서 파견된 국가공무원이었을 때 지방자치단체는 중앙정부의 하위 집행기관으로 볼 수 있다. 반면에 법률에 근거하여 주민이 직접 단체장과 지방의원을 선출할 때 지방정부를 중앙정부에 완전히 예속되었다고 볼 수는 없다. 그렇다면 중앙정부와 지방정부는 서로 대등한 관계라고 할 수 있을까? 단체장과 지방의원을 선거로 뽑는다고 해도, 지방정부가 무슨 일을 하려고 할 때마다 중앙정부의 승인이 필요하다면 중앙정부와 지방정부가 대등하다고 할 수 있을까?

정부 간 관계가 지방자치와 행정을 공부하는 우리에게 주는 의미는 무엇일까? 제1장에서 보았듯이 한국의 지방자치 역사는 다른 나라들에 비해 오래되었다고 보기 힘들다. 1995년 이후 주민 직접선거의 도입으로 민선 지방자치단체장이 선출되고, 지방의회의 권한이 강화되었으며, 2020년의 「지방자치법」 전부개정으로 지방자치의 실질적 기능이 더욱 확대되어 가는 추세에 있다.

그렇지만, 지방자치단체가 중앙정부의 도움이나 간섭 없이 법률로 보장된 자치권을 온전히 행사하고 그에 따르는 책무성을 담보하기에는 여전히 고려해야 할 현실적 어려움이 많다. 또한 이러한 정부 간 관계는 역사적 측면에서 형성된 중앙정부와 지방자치단체의 관계 역시 영향을 미치고 있다고 할 수 있다.

본 장에서는 라이트(Wright)의 모형과 로즈(Rhodes)의 모형을 중심으로 정부 간 관계의 다양한 유형화를 살펴본다. 그리고 한국 지방자치 맥락에서 정부 간 관계를 형성하고 갈등을 관리하는 제도적 장치를 설명한다. 또한, 미국과 일본의 정부 간 관계 사례를 통해 이론적·역사적 측면의 정부 간 관계의 다양성과 변동성을 이해한다.

정부 간 관계의 이론적 논의

　정부 간 관계의 유형은 역사적으로 국가의 형태에 따라 다양하게 존재하지만, 일반적으로 국가 내에 존재하는 중앙정부와 지방정부의 체계상 집권화 혹은 분권화 정도로 구분할 수 있다. 쉽게 말해 정부 간 관계의 유형은 지방정부가 중앙정부에 대해 얼마나 예속되는지를 구분한 것이라 이해할 수 있다. 이러한 정부 간 관계는 국가마다 다른 역사적 형성요인을 고려하더라도 불변의 속성을 가진다기보다는 그 나라의 정치·사회적 변화에 따라 변동성을 지닌다고 보는 것이 맞을 것이다. 가령, 한국의 중앙정부와 지방자치단체 간 관계는 과거 수직적 관계에서 법률의 개정과 적용 확대 과정을 통해 차츰 협력적 동반자 관계로 변화해 가고 있다고 볼 수 있다.

　이처럼 국가마다 그리고 시대마다 다양한 정부 간 관계를 이해하기 위해 라이트(D. Wright) 모형과 로즈(R. Rhodes) 모형을 살펴보고자 한다. 라이트의 모형이 정부 간 권위의 상대적 차이에 따라 정부 간 관계를 상호독립적, 계층제적, 상호의존적으로 구조화시켜 보여준다면(Wright, 1988), 로즈 모형은 중앙 및 지방정부를 구성하는 다양한 정부 조직 및 준정부조직 간 권력 연합에 따른 관계의 역동성과 변화 가능성에 보다 초점을 맞추고 있다(Rhodes, 1981).

1. 라이트의 정부 간 관계 모형

1) 분리권위모형(Separated-authority model)

　분리권위모형은 중앙정부와 지방정부가 상호독립적이고 대등한 관계로 중앙정부, 지방정부의 권위가 독자적으로 행사된다. 지방정부는 고유하고 완전한 자치권을 행사하며, 이 과정에서 중앙정부가 그 권한을 간섭하거나 축소할 수 없다. 따라서 지방정부가 처리하는 사무 측면에서 볼 때, 위임사무보다는 자치사무의 비중이 클 것이라 할 수 있다. 일반적으로 이러한 유형은 연방제를 취하는 국가에서 주로 나타난다.

다만, 연방제를 취하는 미국의 예시를 들면, 연방정부와 독립적으로 권위가 행사하는 지방정부는 주(州)정부로 한정된다. 그리고 카운티, 시, 타운 등은 주정부에 예속되어 있고, 자치권을 주장할 수 없는 완전한 종속상태에 있다고 본다. 이러한 지방정부 계층 내에서의 종속적 관계를 딜런의 원칙이라 부른다(제1장 참조). 쉽게 생각하면 한국에서 행정시나 행정구와 같이 지역주민과 구역이 있지만, 독자적인 자치권을 행사하지 못하고 단순히 상급 지방자치단체로부터 부여된 집행적 권한만을 지니는 경우라 할 수 있다. 예를 들어, 광역자치단체에 해당하는 제주특별자치도와 제주시 및 서귀포시 간의 관계를 생각할 수 있다.

2) 포괄권위모형(Inclusive-authority model)

포괄권위모형은 분리권위모형과 정반대로 지방정부가 중앙정부의 권위에 완전하게 종속된 계층제적 유형이다. 지방정부의 자치권은 상당히 제약되며 중앙정부의 지방정부에 대한 재정과 인사의 관여 정도 매우 크다고 할 수 있다. 따라서 지방정부에서 처리하는 사무의 비중 역시 자치사무보다는 위임사무, 그중에서도 단체위임보다 기관위임 사무가 주류를 이룰 것이다.

이 유형으로 설명되는 정부 간 관계는 주로 지방자치와 분권화가 미성숙한 단계에서 발생한다. 지방정부의 재정 및 행정역량이 지역주민의 공공서비스에 대한 수요를 충족시키기 어려운 경우에 주로 나타나며, 중앙정부에 의한 행정능률이 강조된다. 그런데 이러한 포괄권위모형은 현대 지방자치 시대에도 여전히 효용성을 발휘할 때가 있다. 지방소멸이나 광역적 행정수요의 증가 등으로 중앙통제에 의한 자원의 효과적 배분 및 집중의 필요성이 대두되는 상황이 나타나기 때문이다.

3) 중첩권위모형(Overlapping-authority model)

중첩권위모형은 중앙정부와 지방정부의 관계가 완전히 종속적이지도 그렇다고 완전히 독립적이지도 않은 일종의 상호의존적 관계로 보는 유형이다. 여기서 정부 간의 권위는 협상의 대상이 된다. 지방정부는 자치권에 대한 일정 부분의 제약을 인정함으로써 중앙정부 또는 다른 지방정부로부터 반대급부로써 재정지원 혹은 권한위임(혹은 공유)을 받게 된다고 할 수 있다.

이러한 유형은 중앙정부와 지방정부 간의 인사교류나 대응투자(Matching fund) 조성을 통한 공동재정사업 추진과 같은 협력적 거버넌스의 형성을 설명하는 데 유용하다. 나아가 지방정부 간 협력 혹은 경쟁적 관계의 형성 기제를 파악하고 설명할 때도 유용하다.

그림 6-1 | 라이트의 정부 간 관계 모형의 이해

분리권위모형　　　　　　포괄권위모형　　　　　　중첩권위모형

🖥️ **쉬어가기 6-1. 스페인 카탈루냐 자치정부의 분리 독립 시도**

라이트의 정부 간 관계 모형 중 분리권위모형에서 지방정부의 독자적이고 고유한 자치권의 행사는 어느 정도까지 보장되는 것일까?

이러한 사례의 하나로 스페인 카탈루냐 자치정부의 분리·독립 움직임을 들 수 있다. 축구로 유명한 바르셀로나가 있는 스페인의 카탈루냐 지방정부는 미국의 주정부 격인 광역자치주이다. 입헌군주국이자 연방제 형태를 취하고 있는 스페인은 특이하게도 이러한 광역자치주별로 보장되는 자치권의 정도가 다양하고 일부 자치정부에 대해서는 광범위한 자치권을 인정함으로써 라이트(Wright)가 이야기한 분리권위모형에 가깝다고 할 수 있다.

2017년 10월, 카탈루냐 자치의회는 독립의사를 묻는 주민투표 결과에 따라 스페

인으로부터의 분리·독립선언을 승인하였다. 그러나 승인 직후 스페인 중앙정부 및 의회는 스페인 헌법에 따라 이러한 분리·독립을 위헌적 권한 남용으로 규정하고 강제력을 행사하여 움직임은 무위로 끝나게 되었다. 나아가 스페인 정부는 분리·독립을 추진한 카탈루냐 지방정부에 대해 자치권을 일정 기간 몰수하는 처분을 내리기도 했다.

사실, 스페인의 카탈루냐 사례처럼 분리권위모형하에서 연방정부가 지방정부의 자치권을 몰수하는 사례는 역사적으로 미국의 남북전쟁 이후 일부 남부지역 주에 대해서도 이루어진 바가 있다. 따라서 분리권위모형이라 할지라도 지방정부의 자치권 행사의 범위는 중앙정부 혹은 연방정부의 권위와 완전히 대등한 것이라 보기는 어렵다고 할 수 있다.

2. 로즈의 권력의존모형

로즈(Rhodes)는 중앙－지방정부 간 거시적 구조나 체제보다는 이들 정부를 구성하는 다양한 조직들과 이들 조직 간의 제도화된 관계의 역동성에 초점을 맞추고 있다. 즉, 각급 정부를 구성하는 다양한 조직들은 하나의 조직이 모든 권력자원을 독점할 수 없다. 따라서 다른 정부 혹은 준정부조직들과 자원의 교환을 통해 일종의 자원의존적 상황에서 협력관계를 형성하게 된다.

이렇게 형성된 지배적 연합은 여타 정부 내외의 조직 간의 자원 교환방식을 결정하는 일종의 게임의 규칙 형성에 영향을 주게 되며, 이를 통해 중앙－지방정부 간 관계가 형성된다. 조직 간에 교환되는 자원은 법적 자원(권위), 재정적 자원, 정치적 자원(정통성), 정보자원, 조직자원으로 분류하였다. 따라서 중앙과 지방정부의 관계는 고정적인 구조에 초점을 두기보다는 지배적 연합의 구성변화에 따라 나타나는 네트워크 형태의 정부 간 관계의 유연성 혹은 변동성에 초점을 맞춘다고 할 수 있다.

권력의존모형은 비슷한 중앙－지방정부 구조에서 이들 간 관계가 왜 다르게 나타나는지, 그리고 이들 정부 간 관계에서 실제 협업이나 사무 배분이 왜 그리고 어떻게 이루어지는지를 설명하는 데 있어 유용성을 찾을 수 있다. 가령, 정부의 일을 수행하는 데 중앙정부나 지방정부는 정부 조직 외에도 각종 산하 단체나 공기업 등의 준정부조직, 더 넓게는 민간이나 비영리 부문의 조직이나 단체를 활용한다. 이처럼 방대한 공공부문 내의 조직이나 단체들이 정책이나 사업예산을 통해 중앙 및 지방정부와 관계를 맺고 있고, 이는 다시 중앙과 지방정부의 관계가 형성·변화하는 기제를 이해하는 데 실마리를 제공한다. 이런 측면에서 권력의존모형은 국가 내에서 중앙과 지방정부 간 관계의 역동성을 거버넌스 관점에서 이해하는 데 도움을 줄 수 있다.

1) 대리인모형(Agent model)

대리인모형에서 지방정부는 중앙정부의 대리인 역할에 한정된다. 즉, 정부의 업무 추진과정에서 중앙정부의 통제가 강조되며, 지방정부의 자율성과 재량권은 축소된 수직화된 권위구조라 할 수 있다. 구체적인 정부 업무의 처리 과정에서 지방정부는 중앙정부의 하위기관으로서 위임된 업무를 처리하기 위한 예산과 인력, 조직의 운용 절차 및 과정에서 중앙정부로부터 높은 수준의 통제를 받으며, 지방정부는 재정적으로 중앙정부에 대해 높은 의존도를 지니게 된다.

2) 동반자모형(Partnership model)

동반자모형에서는 중앙과 지방정부 간 관계를 규정하는 데 있어 지방정부의 의지가 중요하다고 본다. 지방정부는 중앙정부로부터 위임받은 사무를 처리하지만, 그에 못지않은 고유한 권능을 보유하고 있다. 즉, 중앙과 지방이 상호협력적인 파트너십을 형성하고 있다고 본다. 따라서 국가적으로 중요한 사무의 성패는 중앙정부의 역량과 더불어 지방정부의 적극적인 협력 여부에 달려 있다고 볼 수 있다. 다만, 이러한 파트너십의 형성이 중앙과 지방정부 양자 간의 관계가 평등하다고 볼 수 있는 근거로 반드시 작용하지는 않는다.

3) 상호의존모형(Interdependent model)

앞서 대리인모형과 동반자모형이 이념 모형에 가까웠다면, 상호의존모형은 현실의 정부 간 관계에서 설명력을 높인 것이라 할 수 있다. 즉, 대리인모형이 제도화된 정부 간 관계에 따른 전통적 설명에 치중하고, 동반자모형이 다차원적인 정부 간 관계를 반영하지 못한다는 한계가 있다면, 상호의존모형은 네트워크 개념을 토대로 중앙과 지방정부를 일종의 느슨한 상호연결망에 따라 연계된 상호작용 관계로 보고 있다. 이러한 정부 간 상호의존 관계를 구성하는 요소로 법적 권한 및 재정적 자원, 정보, 전문성 등을 고려함으로써 이들 요소를 토대로 부처나 사업에 따라 중앙과 지방정부가 교환가치에 따라 상호관계를 형성－유지－변화시킬 수 있다는 관점을 취하고 있다.

제2절

정부 간 관계의 실태

실제 정부 간 관계는 중앙과 지방정부 간 헌법과 법률 등으로 구조화된 관계에 따라 사무 배분을 중심으로 지방정부의 자치권이 행사되는 범위와 정도라고 볼 수 있다. 중앙정부와 지방정부는 각각의 이해관계에 따라 수행하는 사무가 있으며, 동시에 공통의 이해관계에 따라 수행하는 사무가 존재한다. 즉, 정부 사무는 크게는 국가사무와 지방사무로 구분되며, 지방사무는 다시 자치사무와 위임사무로 구분할 수 있다.

자치사무라 할지라도 국가 운영의 큰 틀에서 이루어져야 하는 내생적 한계가 있으며, 특히 위임사무의 경우 사무처리의 효율성과 효과성을 담보하기 위한 중앙정부의 통제기제를 함께 두고 있다. 지방정부가 자치사무 및 위임사무를 처리할 때 지방정부의 자치권이 침해되거나 이해관계가 상충하는 상황에 대해 중앙정부와 지방정부 간, 그리고 지방정부 간 갈등을 관리하기 위한 제도 역시 마련하고 있다. 이처럼 중앙과 지방정부, 그리고 지방정부 간 관계는 지역주민에게 행정서비스 사무가 제공될 때 필요한 권한 설정과 실제 서비스의 제공과정에서 나타나는 현상과 관련된다.

1. 한국

1) 중앙정부와 지방자치단체 간 사무 배분

(1) 지방자치단체의 사무 구분

2019년 기준으로 지방자치단체가 처리하는 지방사무의 비중은 전체 정부 사무의 28.3%를 차지한다(<표 6-1> 참조). 전체 정부 사무 중에서 위임사무의 비중은 2009년 기준으로 5.5%이던 것이 2019년에는 11.1%로 증가했다. 자치사무의 비중은 2009년도에 20%이던 것이 2019년에는 17.2%로 줄어들었다.

반면에 정부 사무 중에서 국가사무는 전체 사무의 71.7%이다(<표 6-1> 참조). 국가사무는 첫째, 외교·국방 등 국가의 존립에 관한 사무, 둘째, 물가·금융 등 전국적으로 통일이 필요한 사무, 셋째, 국립공원·국가하천·우편 등 전국적 규모의 사무, 넷째, 항공 관리·원자력 개발 등 지방자치단체의 기술과 재정 능력으로 감당하기 어려운 사무 등이다(이승철, 2020).

2009년과 2019년의 사무 배분 현황을 비교하면, 지방자치단체가 처리하는 자치사무 및 위임사무가 과거보다 많이 증가하였다. 그렇지만, 국가기능의 세분화로 인한 국가사무의 증가 폭이 더 크게 나타났음을 알 수 있다. 자치사무 종류의 증가에도 불구하고 지방자치단체가 처리하는 사무의 비중이 상대적으로 낮다는 것을 알 수 있다.

표 6-1┃ 중앙정부와 지방자치단체 간 사무 배분 현황

구분	국가사무	위임사무	자치사무	합계
2009년	31,540 (74.5%)	2,324 (5.5%)	8,452 (20.0%)	42,316 (100.0%)
2019년	43,696 (71.7%)	6,801 (11.1%)	10,467 (17.2%)	60,964 (100.0%)

출처: 대한민국시도지사협의회(2021).

① 자치사무(Autonomous function)

자치사무는 지방자치단체의 존립 목적에 속하는 공공사무로서, 행정관리와 주민 복지, 산업진흥, 지역개발, 교육문화예술 진흥, 민방위 및 소방, 국제교류 등 「지방자치법」에서 이를 구체적으로 규정하고 있다(「지방자치법」 제13조 2항). 자치사무는 지방의 이해관계를 다루는 사무이기 때문에 처리에 따른 비용도 원칙적으로 지방정부가 부담한다.

중앙정부의 통제는 최소화된다. 중앙정부는 조례나 규칙을 통해 이루어지는 자치사무에 대해 원칙적으로 통제하지 않는다. 다만 사무처리 과정과 사후 결과에 대한 위법 사항에 대한 교정적 통제를 한다. 물론 중앙정부가 조례나 규칙의

제정과정에서 상위 법령 등의 위반 여부에 대해 재의요구를 할 수 있도록 규정하여 사전적 통제의 가능성이 있으나, 최근 판례를 통해서 나타나듯이 지방자치단체의 자치사무에 관한 조례나 규칙의 제·개정 자율성은 되도록 폭넓게 인정하는 추세라 할 수 있다.

② 위임사무(Delegated function)

위임사무는 자치사무와 달리 사무의 일부 혹은 대부분이 국가의 이해관계를 형성하나 그 사무의 처리에 있어 지방자치단체에 권한을 위임한 경우를 의미한다. 이러한 위임사무는 사무에 걸려 있는 국가의 이해관계 크기에 따라 국가와 지방의 이해관계가 공통으로 형성되어 있는 단체위임사무와 국가의 이해관계가 주를 이루는 기관위임사무로 구분된다.

먼저, 단체위임사무는 법인격을 지닌 지방자치단체에 위임하여 처리하며 주로 개별 법령에 따라 중앙정부가 수행하는 사무 중 지방자치단체도 이해관계를 가지는 보건소의 운영이나 시·군의 재해구호사업 등이 이에 해당한다(「지방자치법」 제13조 1항 후미). 사무에 관한 중앙과 지방자치단체의 이해관계가 공유되기 때문에 처리비용 역시 공동 부담하는 경우가 많으며, 위임된 이후에는 자치사무와 유사한 성격을 지니게 된다. 이처럼 자치 사무적 성격을 지니나 지방자치단체의 재정적 부담에 따른 자율성 제약 가능성으로 인해 중앙정부와 지방자치단체 간 사무의 성격 및 재정부담을 두고 갈등이 발생할 소지가 있다.

반면, 기관위임사무는 병무 행정 등 국가의 이해관계가 주로 관여되어 지방자치단체장에게 위임하여 처리되며, 이때 자치단체장은 포괄적인 법률적 권한위임이 아닌 하부 행정 집행기관의 지위로서 집행적 재량 위임만을 가진다고 본다(「지방자치법」 제115조 및 제116조). 따라서 기관위임사무의 처리비용은 국가가 부담하는 것이 원칙이며, 처리 과정에 대한 지방의회의 권한이 제한되고 대신 중앙정부의 사전·사후적 통제를 받게 된다.

(2) 사무 배분의 원칙 및 실제

지방정부의 사무 배분 방식은 크게 개별배분 방식과 포괄배분 방식, 혼합배분 방식으로 구분할 수 있다.

개별배분 방식은 지방정부 별로 개별법을 통해 사무 배분을 위한 지위와 권한을 배분하는 것으로 영국이나 호주 등에서 활용하고 있다. 다음으로 포괄배분 방식은 개별 사무에 대한 주체를 명시하기보다 지방정부의 자율적 목적에 따라 처리할 수 있도록 일괄적으로 배분하는 방식으로 독일이나 프랑스 등에서 활용하고 있다. 마지막으로 혼합배분 방식은 앞서 본 개별배분 방식과 포괄배분 방식을 혼합한 것으로 일반법상에서 지방정부에서 처리할 수 있는 사무를 일괄 지정하되, 구체적 사무 종류 등을 예시하는 방식으로 한국의 「지방자치법」이 취하고 있는 방식이기도 하다.

사무 배분 방식에 따라 지방정부에 사무를 배분할 때 고려하는 원칙으로 다음을 들 수 있다.

① 보충성의 원칙(Principle of subsidiarity)

보충성의 원칙은 기초정부 우선의 법칙이라고도 한다. 기초자치단체가 처리할 수 있는 사무는 원칙적으로 기초자치단체에 우선권을 주며 상위자치단체나 중앙정부가 간여하지 않아야 한다는 원칙이다(「지방자치법」 제11조 제2항). 달리 말하면, 기초자치단체 수준에서 행정수요 충족이 불가능할 때, 비로소 광역자치단체, 중앙정부 등의 순으로 행정수요 충족의 책임이 옮겨가는 것을 뜻한다.

② 비경합의 원칙(Principle of non-rivaly)

비경합의 원칙은 상호중복 금지의 원칙이라고도 한다. 지방사무를 배분할 때 지방자치단체가 해당 사무를 종합적·자율적으로 처리할 수 있도록 서로 경합하거나 중복되지 않도록 해야 한다는 원칙이다(「지방자치법」 제11조 제1항). 이는 이중행정, 중복행정을 피하기 위한 것이며, 이 원칙에 따라 기초자치단체와 광역자치단체가 공동으로 관할권을 갖는 사무는 인정되지 않는다(정하중, 2019). 다만, 일정 규모의 개발사업은 광역자치단체가, 작은 규모의 개발사업은 기초자치단체가 담당하듯이, 같은 성질의 사무여도 개별적·구체적으로 같은 것이 아니라면 광역자치단체와 기초자치단체에 동시에 귀속될 수 있다.

③ 포괄성의 원칙(Principle of comprehension)

포괄성의 원칙은 종합성의 원칙이라고도 한다. 사무를 배분받은 지방자치단체가 자신의 책임하에 종합적으로 처리할 수 있도록 사무의 특성상 상호연관성이 높은 사무는 같이 배분해 주어야 한다는 원칙이다(지방자치법 제11조 제3항).

④ 국가사무처리 제한의 원칙

국가사무처리 제한의 원칙은 원칙적으로 국가사무에 대해서는 지방자치단체가 처리할 수 없으며, 별도로 예외 조항을 두는 경우에 한해 국가사무에 대해서도 지방자치단체의 처리 권한을 배분한다는 원칙이다(「지방자치법」 제15조).

이러한 사무 구분과 배분 원칙에도 불구하고 현재 한국의 사무 배분의 실제는 지방자치단체의 사무처리에 따른 책무성을 담보하기에 다소 한계가 있다는 지적이 있다.

우선, 사무 구분이 포괄적 예시주의에 따라 규정되다 보니 자치사무와 단체위임사무 간 구분이 모호하다는 단점이 있다. 이는 광역자치단체의 사무와 기초자치단체의 사무에서도 발생하는 문제이기도 하며, 이로 인한 정부 간 책임 의식 부재 및 공동사무에 대한 책임성과 효율성이 저하되는 등의 문제가 발생할 우려가 있다.

또한 「지방자치법」 제13조 제1항의 단서 조항은 '법률에 이와 다른 규정이 있으면 그러하지 아니하다.'라고 규정하여 지방자치단체의 사무 범위의 명확성을 저해하고 있으며, 이로 인해 사무 배분의 실효성이 미흡하다는 지적이 있다. 마찬가지로 광역자치단체와 기초자치단체 간에 같은 종류의 사무가 중복하여 배분되고 있는 점 역시 사무 배분에 따른 원칙의 실효성을 저해하는 경우라 할 수 있다.

이러한 문제의식에 따라 한국은 지방자치단체에 대한 실질적 자치분권 확대를 위한 국가사무 이양을 위해 2013년과 2019년 두 차례에 걸쳐 법령상 규정된 모든 사무를 수행 주체 및 유형별로 분류하는 사무 총조사를 하였다. 이를 통해 어떠한 사무가 지방자치단체에서 수행하는 것이 더 적합한 것인지를 사무수행체계 현황을 중심으로 파악하여 중앙정부와 지방자치단체 간 사무 배분 및 이양을 위한 기초 근거자료로 활용하고 있다.

그 결과, 2020년 「중앙행정권한 및 사무 등의 지방일괄이양을 위한 물가안정에 관한 법률 등 46개 법률 일부개정을 위한 법률안」(이하, 제1차 지방일괄이양법)을 제정하여 2021년부터 시행하고 있다. 이를 통해 16개 부처 46개 법률의 400개 사무가 1차로 지방자치단체로 일괄 이양되었으며, 13개 부처 12개 법률의 지방이양 201개 사무 및 대도시 특례 60개 사무에 대한 2차 지방이양일괄 역시 추진하고 있다. 이러한 일괄이양을 통한 중앙정부–지방자치단체 간의 사무 배분은 기존의 사무 배분 과정에서 자치분권위원회의 심의의결 및 대통령 재가를 거친 지방이양 대상 사무가 담당부처의 개별 법령 제·개정 절차를 거쳐야 하는 과정에서 담당부처의 의지가 미흡할 때, 이를 강제할 법적 수단이 미비한 데 따른 대응이라 할 수 있다.

2) 지방자치단체에 대한 중앙정부의 통제기제

정부의 일을 처리하면서 중앙정부는 전체 국가적 관점에서 통일성을, 지방자치단체는 지역에 특화된 현안에 따른 자율성을 강조할 수밖에 없다. 이로 인해 중앙과 지방자치단체 간에는 일종의 긴장 관계가 형성되며 대응이 필요하다. 여기에서는 지방자치단체의 업무에 관한 중앙정부의 통제기제를 살펴본다.

(1) 입법적 통제

지방사무 중 자치사무의 처리에 대한 지방자치단체의 자율성은 법률 및 판례를 통해 폭넓게 인정되는 추세이나 그렇다 할지라도 지방의회 및 지방자치단체가 처리하는 사무와 관련한 조례 및 규칙이 국회의 법률이나 상위 지방의회의 조례에 어긋날 수는 없다. 나아가 국회의 법률과 광역의회의 조례는 기초자치단체의 사무를 직접 혹은 간접적으로 통제할 수 있으며, 이를 통해 지방자치단체 사무에 대한 입법적 통제가 이루어진다. 가령, 「지방자치법」 제24조에 따라 기초의회에서 제정한 조례라 할지라도 해당 지방자치단체가 소속된 광역의회에서 제정한 조례를 넘어서는 범위를 규정할 수 없도록 하고 있다.

이러한 입법적 통제는 지방자치단체가 수행하는 행정행위의 법적 근거와 구체적 내용을 규정함으로써 지방자치단체의 위법·부당한 활동을 원천적으로 통제할 수 있다는 효용을 지닌다. 그렇지만 지역 현안의 다양성과 환경변화에 신속하게 대응하는 데 한계를 보일 수 있다. 또한 입법적 통제의 실효성 측면에서도 한계가 지적될 수 있는데, 기초자치단체의 위법하거나 광역의회의 조례 등에 어긋나는 행정행위에 대해서는 입법적인 절차를 통해 사후적으로 이를 직접 통제하기보다는 집행기관을 통한 지방의회 의결에 대한 재의요구나 제소 등의 간접적 수단에 의존할 수밖에 없다.

한편, 이러한 입법적 통제와 관련하여 운용되고 있는 표준조례제도 역시 지방자치단체의 자치입법권을 제약하는 기능을 하고 있다. 과거 조례준칙이라는 용어로 활용되던 표준조례는 중앙정부의 법률에 대한 일종의 표준화된 시안으로 지방자치단체가 조례로 제정할 사항에 대해 사전적 통제가 이루어진다는 비판이 있다. 이는 주로 전국적 통일성을 요구하는 시설물 등의 관리기준 등에 대해 이루어지는 경우가 많으나 궁극적으로 표준조례 자체가 지방의회의 조례제정과정에서 재의요구나 대법원 제소의 근거로 활용될 수 있어 앞서 살펴보았던 사무 배분의 원칙 중 보충성의 원칙에 어긋날 가능성이 있다.

(2) 사법적 통제

사법적 통제는 소송을 통한 법원이나 헌법재판소에 의한 사후적 통제를 의미한다. 구체적으로 「헌법」은 지방자치단체의 명령이나 규칙, 처분에 대한 심사를 규정하고 있다. 「지방자치법」도 지방의회 등의 재의결사항에 대한 소송 및 중앙과 지방자치단체 간 혹은 지방자치단체 상호 간 행정소송을 규정하고 있다. 이에 법원은 구체적 사건에 대한 소송 및 판결을 통해, 그리고 헌법재판소는 기관 간 권한쟁의심판이나 헌법소원심판을 통해 지방자치단체의 행정행위의 효력을 사후적으로 통제한다.

이러한 사법적 통제는 종국적 권한의 행사라는 점에서 중앙정부의 지방자치단체에 대한 통제 수단 중 가장 강력한 통제 수단이라 할 수 있다. 그러나, 이로 인한 지방자치단체의 소극적 행정행위를 유도할 수 있다는 점 및 소송으로 인한 시간 및 비용이 과다하다는 점에서 한계를 지닌다고 할 수 있다.

(3) 행정적 통제

행정적 통제는 중앙정부의 지방자치단체에 대한 통제 수단 중 상대적으로 가장 직접적인 수단이라 할 수 있다. 일반적으로 중앙정부는 각급 행정기관과 지방자치단체에 대한 감독권을 지닌다. 가장 대표적으로 감사원을 통한 행정감사는 지방자치단체의 회계 및 사무, 소속 지방공무원의 직무에 관한 사항을 감사원 감사대상으로 적시하고 있다. 이들 사무의 위임 혹은 자치사무에 대한 구별 없이 합법성 및 합목적성에도 감사할 수 있다고 본다. 마찬가지로 기초자치단체의 회계 및 사무 등에 대해서 소관 부처나 광역자치단체의 감사 역시 이러한 행정적 통제의 범주에 해당한다고 할 수 있다.

지방자치단체의 회계 및 사무 등에 대한 감독권으로서 감사 외에도 행정적 통제의 수단으로 「지방자치법」은 위임사무에 대해 상위 지방자치단체의 장과 주무부 장관으로부터 지도와 감독을 받도록 규정하고 있다(「지방자치법」 제185조 제1항). 즉, 지방자치단체의 업무에 대한 시정명령이나 취소, 정지 등 직접적인 행정적 통제 수단을 규정하고 있다. 나아가 지방자치단체의 자치사무에 대해서는 자율성을 최대한 보장하되, 법령이나 상위 지방자치단체 조례 등에 상충하는 조례에 대해서는 지방의회 의결에 대한 재의 요구권 및 재의결에 대한 제소 요구권을 역시 상위 지방자치단체의 장과 주무부 장관에게 부여함으로써 제한적이나마 행정적 통제의 대상으로 규정하고 있다.

이러한 행정적 통제는 실제 지방사무의 처리에 있어 실질적인 효력을 즉각적으로 지닌다는 점에서 지방자치단체에서 발생하는 위법하거나 상위 지방자치단체의 조례 및 규칙에 어긋나는 사안에 대해 직접적인 통제 수단으로서 실효성을 지닌다고 볼 수 있다. 그렇지만 이러한 행정적 통제는 어떤 상황에서도 자치권을 제약할 수 있는 최소 조건에서만 행사됨이 바람직하다고 할 수 있다. 즉, 행정적 통제의 행사 조건으로 달성하고자 하는 공익과 자치권의 제약에서 발생하는 손실 사이에 적절한 비례 관계를 형량하여 자치권의 제약이 입법 목적에 적합한 최소한에 머물러야 한다는 비례의 원칙이 적용되어야 한다. 또한 지방자치단체의 위법한 업무처리에 대한 국가 감독권의 발동 요건 역시 엄격하게 구성하여 자치권을 존중하여야 한다. 정부 계층 간의 수직적 권력 분립 원리에 따라 의심스러울 때는 지방자치단체의 이익을 존중하는 방식으로 해석하는 호의적 행위의 원칙이 고려되어야 한다.

한편, 과거 지방자치단체의 사무가 기관위임사무 중심으로 이루어져 있던 시기와는 달리 중앙정부와 공동의 이해관계를 형성하는 단체위임 사무의 처리에서는 행정적 통제 수단에도 불구하고 중앙정부와 지방자치단체의 사무 배분에 따른 관계가 대등하거나 협력적 동반자 관계로 형성되기도 한다. 대부분 단체위임 사무의 처리는 비용을 국가와 지방자치단체가 공동으로 부담하는 형식을 취한다. 이 과정에서 지방자치단체는 소관 부처 등의 전국 단위 사업에 대한 공모를 통해 대응투자(Matching fund) 형태로 참여하게 된다. 그러나 이 과정에서 지방자치단체의 재정 여력이나 정책적 우선순위에 대한 고려에 따라 중앙정부에서 추진하는 위임사무라 할지라도 이에 참여하지 않기로 하거나, 사업참여 방식변경에 대한 협의체 등을 운영하는 사례도 점차 늘어가고 있어 행정적 통제를 중심으로 중앙정부와 지방자치단체의 관계가 수직적이고 일방적이지만은 않다는 사실을 알 수 있다.

3) 정부 간 갈등 관리의 기제

지방자치제도의 운영은 중앙정부와 지방자치단체 간 혹은 지방자치단체 상호 간에 긴장 관계를 만들어 낼 수밖에 없다. 이러한 긴장 관계는 때때로 정부 간 갈등으로 번지기도 한다.

앞에서 살펴본 지방자치단체에 대한 통제기제가 중앙정부 혹은 상위 지방자치단체의 정책 일관성 및 효율성에 초점을 맞추었다면, 이하에서 다룰 정부 간 갈등 관리 기제는 지방자치단체의 자치권 보유와 행사의 측면에서 적법하지 않은 국가 혹은 상위 지방자치단체의 개입을 방어할 수 있는 권리에 초점을 맞추고 있다. 대표적인 정부 간 갈등 관리 기제는 사법적 소송을 들 수 있다. 그러나 분쟁 해결 과정에 드는 비용과 시간, 소송 남발의 우려 등으로 제삼자 의사결정의 형식을 취하는 대안적 분쟁 해결(Alternative dispute resolution: ADR)에 대한 제도적 관심과 적용사례가 증가하고 있다(<그림 6-2> 참조).

그림 6-2 ┃ 갈등 관리 기제

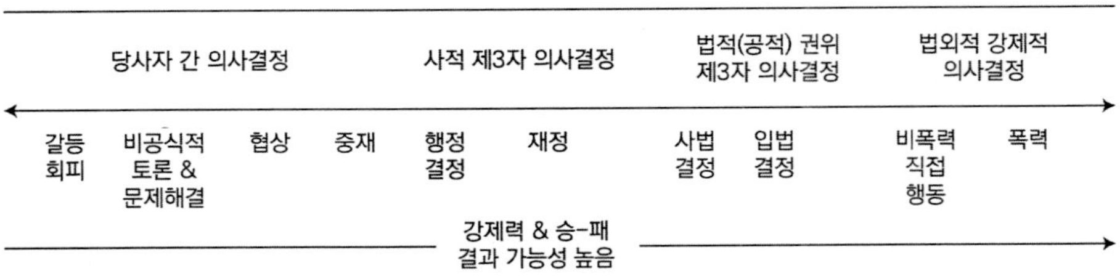

당사자 간 의사결정				사적 제3자 의사결정		법적(공적) 권위 제3자 의사결정		법외적 강제적 의사결정	
갈등 회피	비공식적 토론 & 문제해결	협상	중재	행정 결정	재정	사법 결정	입법 결정	비폭력 직접 행동	폭력

강제력 & 승-패
결과 가능성 높음

출처: Moore(2003); 임동진(2013).

(1) 중앙정부와 지방자치단체 간 갈등 관리 기제

① 사법적 소송

사법적 소송은 국가기관의 지방자치단체에 대한 행정행위가 위법한 경우 이에 불복하여 대항하기 위한 공식적이고 최종적인 수단이라 할 수 있다. 이에는 대법원에 대한 제소, 헌법재판소에 대한 권한쟁의심판 등의 수단이 있다.

대법원 제소는 지방자치단체장의 자치사무에 관한 명령이나 처분에 대한 주무부 장관의 취소 및 정지 처분에 대해 그 효력을 다투는 경우(「지방자치법」 제188조)나 주무부 장관의 직무이행명령에 대한 이의제기(「지방자치법」 제189조) 형식을 들 수 있다. 헌법재판소에 대한 권한쟁의심판은 헌법 제111조 및 헌법재판소법 제2조 제4호에 따라 국가기관과 지방자치단체 간에 발생하는 권한 분쟁에 대해 청구할 수 있다.

② 대안적 분쟁 해결 제도

국가를 대상으로 하는 사법적 소송은 공식적인 분쟁 해결을 위한 최종적 제도이다. 그러나 그 과정에서 큰 비용과 시간이 들고, 소송 과정에서 지방자치단체와 중앙정부 간의 갈등이 심화할 우려가 있으며, 정책의 일관성 및 정책 수용성을 저해하는 결과를 초래할 수 있다. 따라서 본격적인 소송에 돌입하기 전 대안적 분쟁해결제도를 두고 있다.

「지방자치법」 제187조 제1항에서는 국가와 지방자치단체 간 사무처리에 대한 의견이 다를 경우 이를 협의·조정하기 위해 국무총리 소속으로 행정협의조정위원회를 두도록 하고 있다. 이는 아래의 <그림 6-3>과 같이 당사자의 일방 혹은 쌍방의 서면 신청으로 협의 및 조정절차가 개시되며, 실무위원회의 사전심의 및 본위원회의 심의·조정에 따라 결정 사항을 당사자에게 통보하는 절차로 구성되어 있다.

그림 6-3 ▍ 행정협의조정위원회 조정절차

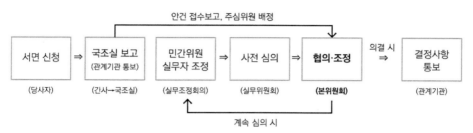

이처럼 전통적인 화해 및 조정절차를 활용하여 이루어지는 대안적 분쟁해결 제도는 소송비용의 감소 및 중앙정부-지방자치단체 간 갈등의 완화 등의 장점이 있는 제도로 평가된다. 그러나 협의·조정 결과에 대한 불이행에 따른 실질적 강제 수단이 부재하다는 한계를 지니고 있다. 이에 대해 「지방자치법」 시행령 제106조 제6항에서는 위원회의 결정에 대한 구속력을 부여하고 있다. 그렇지만 당사자 간의 합의·조정이 실패할 때는 앞서 살펴보았던 사법적 소송으로 넘어가게 된다.

(2) 지방자치단체 상호 간 갈등 관리 기제

지방분권의 강화에 따라 중앙정부와 지방자치단체 간의 위임사무를 둘러싼 갈등의 증가와 함께 지방자치단체 상호 간의 사무를 둘러싼 갈등 역시 증가하는 추세이다. 특히, 지방자치단체 간 사무와 관련한 갈등은 권한 및 이익갈등의 형태로 표출되는 사례가 증가하고 있다. 선호시설 혹은 비선호시설의 입지를 둘러싼 시설입지 갈등이 대표적이라 할 수 있다. 이러한 광역지방자치단체와 기초자치단체 간 혹은 광역자치단체나 기초자치단체 상호 간 사무를 둘러싼 갈등은 중앙정부와 지방자치단체 간 갈등 관리 기제와 비슷하다고 할 수 있다.

표 6-2 | 지방자치단체 간 갈등 유형 및 사례

갈등영역		주요 사례
시설	선호시설 (핌피갈등)	부산대학교 이전, 경북도청 이전, 울산시 법조타운 유치, 영남권 신공항 유치, 경부고속철도 역사 명칭, 부산·경남 경마장 설치, 전북 공립고등학교 유치, 대구시 동물원 유치, 제7차 세계물포럼의 주요행사 개최, 외국 기업 유치, 동해안 대게축제 개최, 대구 전시컨벤션 시설확장 투자, 호남선 KTX 2단계 무안공항 경유, 항공정비단지 유치, 인천 2호선 연장사업 옥길지구 경유, 국립철도박물관 유치
	비선호시설 (님비갈등)	천안시 쓰레기 소각장, 영광군 쓰레기 소각장, 광명시 환경기초시설, 추모공원 조성(서울시 원지동, 홍성군, 부산시), 청주 화장장 추가건립, 서남권 광역 화장장 설치, 서울시 장사·화장시설 설치, 동두천 하수처리장 건설사업비 정산, 양주 축산농가 악취발생 민원, 서울 은평광역자원 순환센터 건립, 수원·화성 군공항 이전, 음성 가축분뇨 및 음식을 공공처리시설 건립, 광주시 종합폐기물처리시설 건립, 동두천시 신시가지 악취 발생
권한	수리권	위천공단 조성, 용담 수리권 갈등, 한강수계 물이용 부담금, 영월군 평창강 장곡취수장 설치, 섬진강댐(옥정호) 상수원보호구역, 대구취수원 이전, 지리산댐 건설, 금강호 농업·공업 취수원, 진주 남강댐 용수 공급, 유전취수장/진위천 상수원 취수장/장양취수장으로 인한 상수원 보호, 취수장 통합·이전으로 기득수리권 인정 요구
	행정구역	새만금 간척지 행정구역 경계(군산↔김제↔부안), 행정구역 경계(남양주↔구리), 평택·당진항 공유수면 매립지 경계분쟁(평택↔충남 당진·아산), 학군 조정(수원↔용인), 굴포천 행정구역 경계 조정(부천↔인천 부평·계양구), 공유수면 매립지 관할권(경남↔부산), 행정구역 통합(진주↔사천, 속초↔고성·인제·양양)

출처: 경기연구원(2021).

① 사법적 소송

중앙정부에 대한 지방자치단체의 사법적 소송과 마찬가지로 기초자치단체가 상급 광역자치단체의 위법한 행정행위에 대해 소송을 제기할 수 있다. 대법원 제소는 기초단체장의 자치사무에 관한 명령이나 처분에 대한 광역단체장의 취소 및 정지 처분에 대해 그 효력을 다투는 경우(「지방자치법」 제188조)나 광역단체장의 직무이행명령에 대한 이의제기(「지방자치법」 제189조) 형식을 들 수 있다. 헌법

재판소에 대한 권한쟁의심판은 광역자치단체와 기초자치단체 상호 간에 이루어지기도 하며, 나아가 광역자치단체 상호 간 혹은 기초자치단체 상호 간에도 성립된다.

② 대안적 분쟁 해결 제도

중앙정부와 지방자치단체를 당사자로 하는 대안적 분쟁 해결 제도와 마찬가지로 지방자치단체 상호 간에 사무의 다툼이나 분쟁이 발생하였을 경우, 당사자의 신청에 따라 행정안전부 장관이나 시·도지사가 이를 조정할 수 있도록 하고 있다. 이를 위한 대안적 분쟁해결제도로서 행정안전부에 소속한 중앙분쟁조정위원회는 시·도와 소속 시·군·구 간 혹은 시·도 간, 시·도를 달리하는 시·군 및 자치구 간의 광역 규모의 분쟁 사안을 심의·의결한다. 그리고 광역자치단체에 설치되는 지방분쟁조정위원회는 기초자치단체 간의 분쟁 사안을 심의·의결한다. 이들 분쟁심의기구의 의결 결과를 반영하여 중앙분쟁조정위원회의 의결에 대해서는 행정안전부 장관이, 그리고 지방분쟁조정위원회의 의결에 대해서는 해당 시·도지사가 조정을 결정한다.

이처럼 당사자 신청에 따라 개시되는 대안적 분쟁 해결제도 외에 지방자치단체 간 분쟁에 대해서는 행정안전부 장관이나 시·도지사가 당사자 신청이 없어도 직권으로 조정을 할 수 있다(「지방자치법」 제165조 제1항). 이는 그 갈등이나 분쟁이 시급한 조정을 필요로 하고 공익에 현저한 피해를 줄 상황에 해당한다.

또한 중앙정부와 지방자치단체 간 분쟁의 조정 결과와 달리 지방자치단체 상호 간 대안적 분쟁해결제도를 통한 조정 결과는 강제성을 지닌다는 특징이 있다. 이에 따라 행정안전부 장관 혹은 시·도지사는 조정 결과에 따른 이행명령이나 행정대집행을 명령할 수 있으며, 이에 대한 불복 시 사법 소송절차로 넘어간다.

쓰레기 처리는 지방자치단체 간 대표적인 분쟁 발생 사례라 할 수 있다. 특히, 수도권에 있는 지방자치단체들은 그간 공동으로 사용하던 수도권 매립지가 포화상태에 이름에 따라 발생지 처리원칙을 근거로 개별 지방자치단체별 혹은 인접한 지방자치단체와 공동으로 쓰레기 처리 문제를 해결하기 위해 노력하고 있다.

경기도 구리시의 경우, 2013년 인접한 기초자치단체인 양주시와 쓰레기 처리를 위한 공동 소각시설 건립 및 운영에 대해 협약을 체결하였다. 그러나, 이후 양주시가 신도시 건설로 인한 자체 쓰레기 발생량 증가 예상에 따라 자체적인 소각시설을 건설·운영하기로 함에 따라 협약이행 의무에 대한 소송에 앞서 분쟁 조정위원회에 조정을 신청한 상태이다.

2. 미국

국가는 그 주권 소재에 따라 크게 단방제 국가와 연방제 국가로 구분할 수 있다. 한국, 일본, 프랑스 등은 단방제 국가에 속하는데 지방자치단체에 어느 정도 권한을 부여할 것인가는 헌법과 단일 주권을 갖는 중앙정부가 제정하는 법률에 따라서 규정된다. 이에 반해 미국, 캐나다, 독일 등과 같은 연방제 국가는 연방을 구성하는 주정부(State)가 각각 주권과 헌법을 가지며, 각주가 주권의 일부를 연방정부에 위임하는 형태를 띤다. 단방제는 행정의 책임소재가 명확하고 기능의 중복성이 적은 장점이 있고 연방제는 국토면적이 넓은 다민족 국가에서 많이 볼 수 있는데 다원성 확보와 소수자 보호에 유리하다.

역사적으로 미국의 정부 간 관계는 시대적 배경, 대통령의 정책 성향에 따라 변화가 나타나지만, 그 기본 성격은 연방주의(Federalism)라는 제도적 틀이 규정한다. 건국 초기 연방제는 헌법 규정상 연방의 권한이 상대적으로 약하였으며 연방과 주의 권한을 명확히 구분한다는 특징을 지니고 있었다. 즉, 헌법에서 연방정부에 위임하는 것으로 명백하게 열거되지 않은 권한 및 새롭게 발생한 권한은 원칙적으로 주정부 권한으로 간주하였다. 이처럼 건국 이후부터 잭슨(Jackson) 대통령 시절까지는 연방정부와 주정부 간 권한의 명확한 분리 및 주정부의 포괄적 권한이 강조되던 시기로 이 시기의 연방제를 이중 연방주의(Dual federalism)라고 부른다(강용기, 2021).

이후, 대공황을 계기로 1930년대 민주당 출신 루스벨트(Roosevelt) 대통령의 뉴딜 정책과 같이 대규모 인프라의 건설사업 등을 둘러싼 연방정부의 관여 수준이 높아짐에 따라 주정부의 권한은 다소 약화하였다. 다양한 정책분야에 걸쳐 연방정부와 책임과 재정을 공유하는 협력적 연방주의(Cooperative federalism) 시기를 맞이하게 된다.

주정부 권한의 약화와 연방정부 권한 강화 움직임이 가속화 한 계기는 1960년대 존슨(Johnson) 대통령 시절의 '위대한 사회 프로그램(Great society movement)' 추진이었다. 이 시기 연방정부는 인종 갈등 및 빈곤 문제에 진지하게 대처하기 시작했다. 주정부 및 지방정부의 일정 요건 충족을 보조금 수령의 전제조건으로 하는 프로젝트형 보조금이 대폭 증가하였다. 주정부를 거치지 않고 직접 지방정부에 전달되는 사례도 급증했다. 빈곤과 범죄, 도시와 농촌개발, 사회보험, 교육 등의 분야에서 연방정부, 주정부, 지방정부가 동시에 업무를 다루는 상황이 전개되었다. 연방정부 스스로가 사회적 과제해결을 내걸고 그 정책목표를 주정부와 지방정부가 달성하도록 독려한다는 의미에서 이 시기를 창조적 연방주의(Creative federalism)라고 부른다.

그런데, 연방정부의 주정부 및 지방정부에 대한 영향력 강화 수단은 보조금이라는 재정수단뿐만 아니라 연방정부가 주에 대해 부여하는 강제명령(Mandate) 및 주 권한에 대한 연방정부의 법률선점(Preemption)이라는 수단도 활용되었다. 법률선점은 미국 연방헌법 제6조에 따른 것으로 모든 주의 법률은 연방의 헌법과 법률에 위반되어서는 안 되며, 연방 법률에 합치되지 않는 주법률의 효력은 정지될 수 있다는 것이다.

1970년대 닉슨(Nixon) 행정부는 신연방주의(New federalism)를 내세우면서 경직적인 개별보조금 난립의 문제점을 개선하고 주정부 및 지방정부에 자율성을 확대하기 위해 용도 제한을 완화한 포괄보조금(Block grant)과 일정한 계산식에 의해 재원을 배분하는 세입공유제도를 도입하였다. 1980년대 등장한 닉슨과 같은 공화당 출신의 레이건 대통령은 '작은 정부'를 내세우면서 신연방주의 기조를 더욱 강화하였다. 당시는 연방정부의 대규모 재정적자 해소가 시급한 상황이었다. 사용 목적이 개별적으로 상세하게 규정되었던 개별보조금을 주정부와 지방정부의 재량 폭이 넓은 포괄보조금으로 대폭 통합하는 대신 연방정부의 재정지원은 축소하는 전략이 취해졌다.1) 포괄보조금의 확대는 사회문제 대처에 대한 재정적 책임 주체를 연방이 아닌 주와 지방정부로 이전시키는 효과를 가져왔다. 그리고 이 시기에는 세입공유제도의 폐지, 정부간관계자문위원회(Advisory commission for intergovernmental relations)에 대한 예산삭감, 의회 일반회계실 정부 간 관계과 폐지 등도 이루어졌다.

레이건(Reagan) 행정부 이후 연방 차원에서 연방주의에 대한 대담한 변화를 추진하려는 뚜렷한 움직임은 나타나지 않고 있다. 2010년대 주 재정에서 차지하는 연방정부의 보조금은 평균 30% 정도로 안정된 수준을 나타내었으며 지급된 연방보조금의 약 50%는 의료보험에 충당되었다. 클린턴(Cliton) 행정부와 부시(Bush) 행정부 하에서는 연방정부의 재정이 악화하는 가운데 복지예산에 대한 지급기준의 엄격화, 보조사업에 대한 성과평가의 강화와 함께 복지 분야의 시장화가 진행되었다. 복지 등 사회서비스 공급에서 민간기업 및 비영리단체의 비중이 계속 확대된 결과 전통적인 정부 간 관계 관리에 관한 관심은 공사조직을 망라하는 조직간관리(Inter-organizational management)로 확대되는 경향도 나타났다.

마지막으로 여전히 논란이 있으나 트럼프(Trump) 행정부를 앞뒤로 한 시기를 기존과는 달리 정체성(Identity) 논의를 중심으로 정치적 결집과 분열이 동시에 나타나는 일종의 전통적 연방주의의 위기로 보는 견해가 있다. 보수와 진보 간에 양극단 중심으로 정치적 결집이 강화되면서 연방정부와 주정부 간의 우세 정당 간 차이가 정부 간 관계에 큰 영향을 미치며, 정당이 다를 경우 연방정부와 주정부 간, 주정부 상호 간, 주정부와 지방정부 간 정책 갈등이 발생하면서 정책실패로 귀결되기 쉽다는 것이다.

---

1) 아동복지, 정신보건, 지역사회개발 분야에서 개별 보조사업이 포괄보조사업으로 전환된 대신 예산의 25% 정도가 삭감되었다.

쉬어가기 6-3. 미국의 레이어 케이크와 마블 케이크 연방주의

Marble Cake Federalism
is based on a pragmatic mixing of authority and programs among the national, state, and local governments.

Layer Cake Federalism
is based on a clear delineation of authority and programs among the levels of government.

　미국의 연방주의 변천사를 설명할 때, 자주 인용되는 비유가 케이크의 단면을 묘사한 레이어 케이크(Layder Cake)와 마블 케이크(Marble Cake) 연방주의라 할 수 있다. 레이어 케이크는 단면으로 잘랐을 때, 케이크 내부의 각 층이 따로따로 분리된 모양이라 할 수 있으며, 마블 케이크는 각 층이 서로 섞여 있는 모습이라 할 수 있다.

　이러한 비유는 건국 초기 이후 주정부의 권한이 연방정부의 권한과 대등하던 시기를 다양한 정부가 서로 섞이지 않고 하나의 연합국가 형태로 구성되던 이중연방주의를 일종의 레이어 케이크로 비유하던 것에서 비롯되었다. 즉, 각각의 주정부가 주권에 버금가는 권한과 기능을 행사하고 연방정부는 이들 주정부의 연합대표로서 역할을 하던 시기의 연방주의라 할 수 있다.

　이후, 대공황 이후 연방정부의 역할과 기능이 점차 강화됨에 따라 연방정부는 주정부에 대한 보조금 예산 등 기존 주정부가 독자적으로 수행하던 행정 프로그램에 대한 감독과 관여의 폭과 범위가 확대되면서 연방정부와 주정부 간 권한 경계가 모호해지는 동시에 상호협력적 관계가 나타나게 되었다. 그 결과 정부 간 관계의 모습이 마치 다양한 층이 서로 섞여 있는 모습과 같다고 하여 레이어 케이크와 대비되는 개념으로 마블 케이크라는 비유를 하게 되었다.

3. 일본

일본은 메이지유신 이래 근대화를 추진하면서 오랫동안 강력한 중앙집권형 체제를 유지했다. 일본 자치제도의 특징은 중앙정부 내 지방자치단체를 다루는 내무부서가 존재했다는 것과 기관위임사무를 중심으로 중앙의 지방에 대한 일상적인 행정통제가 이루어졌었다는 점이다. 이러한 제도적 특징에 의해 중앙정부는 지방자치단체를 권력적 수단과 지시·명령으로 일방적으로 통제하고, 지방자치단체는 중앙정부의 정책을 행정적으로 집행하며 중앙정부의 지시와 명령에 복종하는 수직적 정부 간 관계를 형성하였었다.

그런데 제도적 제약에도 불구하고 일본의 중앙·지방 관계를 반드시 수직적 관계라고 단정할 수는 없다. 무라마쓰(松村, 1988)는 중앙과 지방이 정책을 둘러싸고 서로 경쟁 관계를 유지하며, 지방자치단체는 정책의 실험을 통해 성공한 정책을 중앙정부에 요구하기도 하고 중앙정부와 지방자치단체가 상호 협력하면서 경쟁하는 상호의존적인 관계를 형성한다는 의미에서 수평적 경쟁모형을 제시하였다. 일본의 정부 간 관계가 제도상으로는 수직적 행정적 통제모형이지만 실제 양상은 수평적 경쟁모형에 가깝다고 본 것이다.

1990년대 들어 일본의 중앙·지방 관계는 제도상으로도 큰 전기를 맞이하게 된다. 자민당 장기 집권하에 지속적인 경제성장을 이루어왔던 일본은 자산 거품이 한꺼번에 꺼지면서 '잃어버린 10년'이라는 말로 상징되는 장기침체기를 맞이하게 되었다. 이를 계기로 지방분권화를 통한 중앙집권형 체제의 개혁에 착수하게 되었다. 이러한 일본의 정부 간 관계는 사무 배분의 변화에서도 확인할 수 있다. 과거 자치사무 격인 공공사무와 행정사무, 위임사무 격인 단체위임사무와 기관위임사무로 구성되어 있던 일본의 지방사무는 기관위임사무의 과다로 인해 지방정부의 자율성이 훼손되고 있다는 비판에 따라 1999년 「지방분권일괄법」을 제정하여 기관위임사무를 전면적으로 폐지하게 되었다. 기관위임사무란 중앙정부가 지방자치단체를 중앙정부의 하부기관으로 간주하여 본래 중앙정부의 사무를 지방자치단체에 대행하게 하는 제도로 기관위임사무는 광역자치단체 사무의 80%, 기초자치단체 사무의 40%를 차지하고 있었다.

기관위임사무 폐지에 따라 지방자치단체 사무를 자치사무와 법정수탁사무로 재편하였다. 이 과정에서 과거 공공사무에 더해 단체위임사무와 기관위임사무의 일부 역시 자치사무에 포함하여 지방정부의 자율성을 크게 확대하였다. 여기에 포함되지 않는 잔여 국가사무를 법정수탁사무로 지정하여 전체적인 지방정부의 사무 구분 및 배분에 있어 중앙정부의 지휘·감독을 축소하는 방향으로 변화하고 있다고 할 수 있다. 특히, 과거 기관위임사무에 대해서는 지방정부가 조례 및 규칙 등을 통해 권한을 행사할 수 없었던 것과 달리 변화된 법정수탁사무에 대해서는 국가가 관계되는 사무라도 지방정부의 사무에 해당하므로 조례로 제정할 수 있는 특징을 지닌다.

2009년 등장한 민주당 정권에서도 지방분권 흐름은 이어졌는데 지방분권의 이념을 실현하기 위한 구체적인 수단으로 민주당 정권은 2011년 4월 지역주권 관련 3개 법안의 입법화를 실현하였다. 첫째, 국가와 지방 간 협의의 장 설치이다. 이는 전국지사회 등 지방으로부터 강력한 요구에 의한 것인데 지방자치에 관련한 국가정책의 입안단계부터 중앙과 지방의 협의를 명문화한 것이다.[2] 둘째, 중앙정부에 의한 지방자치단체 사무의 법률적 제약인 '의무부여', '기준부여'를 완화하는 일괄개정법의 제정이다. 민주당 정권 이후에도 일괄개정법에 의한 주기적인 지방이양은 계속 이루어지고 있다. 셋째, 지방의회의 의원정수 상한 철폐 및 행정기관의 공동 설치를 가능하게 하는 「地方自治法」의 개정이다. 시·정·촌 의회 의원정수는 과거 법률로 정수를 규정하였으나 1999년 「지방분권일괄법」 제정으로 조례에 따라 정수를 조정할 수 있도록 하였다. 다만 시·정·촌 의회 의원정수는 「地方自治法」 제91조의 규정에 따라 인구 규모에 의한 상한선이 정해져 있었는데 2011년의 법 개정을 통해 이마저도 조례로 정할 수 있도록 한 것이다.

그런데 현행 47개 광역자치단체(도도부현)를 소수의 도주(道州)로 통합한 후 중앙정부의 권한 및 재정을 대폭 이양하는 도주제 구상은 민주당 정권의 선거공약으로 채택되었지만, 실질적인 진전은 이루어지지 못하였다. 그리고 도주제로의 이행을 염두에 두고 2010년 출범한 간사이광역연합의 경우 처음에는 구성 지방자치단체의 사무뿐만 아니라 특별지방행정기관 사무(지방정비국, 경제산업국, 환경

---

2) 협의의 대상은 중앙과 지방의 역할 분담에 관한 사항, 지방행·재정 관련 사항, 지방세 관련 사항, 기타 지방자치에 영향을 미칠 수 있는 경제·사회정책 등이다. 협의 개최는 총리가 매년 1회 정기회를 소집하며 수상 혹은 지방6단체 대표의 요구로도 임시회를 개최할 수도 있다.

사무소)의 이양을 기대하였다. 그러나 특별지방행정기관 사무의 이양은 거의 진전되지 못하고 있는데 이로 인해 광역적 행정서비스 제공 역할보다는 기획과 조정업무에 중점을 두고 운영되고 있다.

2010년대 초반까지의 지방분권 추진에 대해 지방분권개혁유식자회의(2014년)는 긍정과 부정의 평가를 동시에 내리고 있다. 우선, 국가와 지방의 관계를 상하·주종 관계에서 대등·협력 관계로 변화시켜 지방분권형 행정 시스템을 확립한다고 하는 지방분권개혁의 이념을 정립하였다는 점, 기관위임사무제도 폐지 및 국가의 관여에 대한 기본원칙을 확립함과 함께 지방에 대한 사무·권한의 이양(권한이양) 및 지방에 대한 규제 완화(의무와 기준부여 완화)를 통해 자치의 담당 주체로서의 지방자치단체 위상을 높였다는 점에 대해 긍정적 평가를 하고 있다. 반면에 주민 자치의 확충, 재정적인 자립성 확보 등의 분야에서는 상대적으로 진전이 부족하다고 평가하였다.

민주당 정권에 뒤이어 등장한 자민당 아베(安部) 정권하에서 지방분권 추진은 단순히 중앙집권형 행정 시스템의 개혁을 위한 수단이라는 의미만이 아니라 일본의 재생 및 풍요로운 국민 생활의 실현이라는 이념 아래에 추진되어야 함이 강조되었다. 개혁의 추진방식도 지금까지 국가 주도로 단기 집중형 개혁방식에서 벗어나 지역 실정 및 과제를 잘 알고 있는 지방의 제안에 바탕을 둔 개혁방식으로 전환하는 것이 바람직하다고 보았다. 이에 2014년 지방 6단체뿐만 아니라 개별 지방자치단체로부터 제도개혁(권한이양 및 규제완화)에 관한 요구를 수렴하는 '제안모집방식'이 도입되었다.[3)]

총무성 집계에 따르면 2014년부터 2018년까지 제안 건수는 도입 첫해가 953 건으로 가장 많았고 이후 평균 약 300건 대를 유지하고 있다(<표 6-3> 참조). 제안 주체별로는 도도부현과 시·구의 제안 비중이 높고 정·촌은 낮았다. 제안내용을 성질별로 분류하면 권한이양보다는 규제완화 관련 사항이 대부분을 차지하였는데 정책 분야별로는 아동·육아 지원 등을 포함하는 의료·복지 분야의 비율이 높게 나타났다. 이와 같은 지방으로부터의 전체 제안 건수 대비 중앙정부의 제안 취지 반영 대응 비율은 37.5%로 조사되었다.

---

3) 다만, 보조금(률)의 인상, 보조금의 폐지와 일반재원화 등은 규제완화에 포함되지 않으며 제안 모집 대상에서 제외하고 있다(보조금 조건의 개선 및 절차 간소화는 대상에 포함).

또한, 전국에 일률적인 권한이양이 곤란할 때는 지역별로 다양한 사정을 반영할 수 있도록 개혁추진 방식을 이른바 '손들기 방식(手あげ方式)'도 도입하였다. 이는 전국일률적 권한이양이 아니라 개별 지방자치단체의 의사에 따라 선택적으로 권한이양을 한다는 것으로 일종의 '차등 분권' 방식의 도입을 의미하는데 동제도를 통해 시정촌 수도사업 인가·감독 권한을 중앙정부로부터 희망 도도부현으로 이양하였다.

표 6-3 | 제안 분야 및 비중 추이

구분	2014년 건수(구성비)	2015년 건수(구성비)	2016년 건수(구성비)	2017년 건수(구성비)	2018년 건수(구성비)
토지이용	95(10%)	22(7%)	24(8%)	14(5%)	20(6%)
농업·농지	147(15%)	39(12%)	28(9%)	28(9%)	23(7%)
의료·복지	202(21%)	85(25%)	93(31%)	115(37%)	106(33%)
고용·노동	43(5%)	7(2%)	1(0%)	3(6%)	3(1%)
교육·문화	46(5%)	29(9%)	17(6%)	20(6%)	16(5%)
환경·위생	80(8%)	29(9%)	19(6%)	15(5%)	28(9%)
산업진흥	109(11%)	26(8%)	23(8%)	9(3%)	12(4%)
소방·방재	20(2%)	18(5%)	16(5%)	14(5%)	24(8%)
토목·건축	88(9%)	21(6%)	20(7%)	25(8%)	15(5%)
운수·교통	40(4%)	11(3%)	13(4%)	19(6%)	15(5%)
기타	83(95)	47(14%)	49(16%)	49(16%)	57(18%)
합계	953	334	303	311	319

자료: 内閣府(https://www.cao.go.jp/bunken-suishin/teianbosyu/teianbosyu.html).

최근에는 도·도·부·현지사의 권한에 속하는 사무 일부를 도도부현의 조례제정을 통해 시정촌에서 처리를 위임할 수 있도록 한 「地方自治法」 규정(제252조17의 2)을 활용하여 광역자치단체 권한의 기초자치단체로의 이양이 이루어지고 있다. 그리고 인구감소로 인한 지방소멸을 극복하기 위한 전략의 하나로 지방자치단체 간 통합보다 제2장에서 살펴본 바와 같이 연계중추도시권, 정주자립권과 같은 지방자치단체 간 연계·협력 강화정책이 추진되고 있다.

🜪 **제6장 요약**

중앙정부와 지방정부 간 관계는 다른 말로 지방정부의 중앙정부에 대한 예속 정도라 볼 수 있으며, 넓은 의미로는 지방정부의 자치권이 행사되는 범위와 정도라고 볼 수 있다. 이러한 중앙정부-지방정부 간 그리고 지방정부 상호 간 관계는 각급 정부 간에 이루어지는 사무 배분과 사무 배분을 둘러싼 정부 간 통제 및 갈등 해소 기제를 통해 그 실태를 파악할 수 있다.

단방제이며 중앙집권 국가의 성격이 강한 한국과 일본은 공통으로 1990년대 이후 지방분권화를 위한 노력을 강화하고 있다. 특히 중앙정부의 이해관계가 크게 대변되고 예산 등 중앙정부의 통제 수준이 높은 기관위임 사무를 폐지(일본)하거나 축소(한국)하여 지방의 권한을 확대하였다. 연방주의 국가인 미국은 전통적으로 연방정부와 주정부의 권한이 분리되어 있고 연방의 권한이 약한 체제로 출발하였다. 이후 대공황을 거지면서 연방정부의 권한이 커지기 시작하였고 복지프로그램 확대에 따라 주·지방정부 자율성 축소가 가속화되었다. 하지만 연방 적자 해소와 '작은 정부'를 내세운 레이건 행정부의 등장으로 보조금 축소와 주·지방정부 재량 확대가 동시에 추진되었다. 최근에는 정치이념의 양극화 심화에 따른 정부 간 정책 갈등 현상이 나타나고 있다.

제3절

생각해 볼 문제

1. 아래의 광진구청 문화체육과 홈페이지(지방자치단체 사무 예시)를 참조하여 다음 물음에 답하시오.

(1) 본인이 거주하거나 공부하고 있는 기초자치단체의 홈페이지에 접속하여 현재 지방자치단체가 수행하고 있는 기능(가령, 복지행정이나 문화체육행정 등) 두 가지를 선정해 보자. 해당 기능을 수행하는 담당 부서의 조직도를 보

면 연락처와 함께 간략하게 정의된 업무 내용이 여러분이 선택한 지방자치단체가 해당 사무를 수행하고 있는 목록의 요약이라 할 수 있다. 이들 사무를 자치사무와 위임사무(기관위임 및 단체위임)로 구분해 보고, 왜 그렇게 구분하게 되었는지 본인의 생각을 정리하시오.

(2) 해당 사무는 중앙정부의 이해관계를 더 많이 반영하는가 혹은 지방정부의 이해관계를 더 많이 반영하는가? 이러한 정보를 근거로 해당 사무가 자치사무 혹은 위임사무로서 정당한지에 대해 논의하시오.

2. 본인이 거주하거나 공부하고 있는 기초자치단체 혹은 광역자치단체가 당사자로 되어 있는 대안적 분쟁해결제도 사례를 하나씩 조사하시오.

(1) 해당 사례는 어떠한 사유로 대안적 분쟁해결절차에 돌입하게 되었으며, 이 해당사자는 누구이며 어떠한 이해관계가 관련되어 있는가?

(2) 해당 분쟁 해결의 조정 결과는 어떻게 정책에 반영되었는가?

3, 로즈(Rhodes)의 권력의존모형에서 제시하는 세 가지 유형을 염두에 두고 다음 질문에 답하시오.

(1) 한국의 중앙정부와 지방정부 간 관계를 가장 잘 설명하는 유형은 어떤 것인가? 그리고 그렇게 생각하게 된 이유는 무엇인가?

(2) 한국의 중앙–지방정부 간 유형은 로즈의 모형 중 하나로 고정됐는가 혹은 변화해 왔는가? 본인이 주장하는 바의 근거를 구체적 사례를 들어 설명하시오.

제 7 장

주민참여:

주민은 지방정부가 하는 일에 어떻게 참여할까?

주민참여는 꼭 필요한 것일까? 주민참여는 만능일까? 새삼스러운 질문일 수 있으나 지방정부가 일을 추진할 때, 더 많이 주민의 의견을 듣고 수렴하며, 때로는 직접 결정하게끔 하는 방향으로 나아가고 있다.

다시 질문해보자면, 우리는 정말로 지역에서 일어나는 모든 일에 대해 그 일이 결정되고 처리되는 과정과 결과에 대해 듣고 질문하며 의견을 개진하고 심지어 직접 결정하고 집행하는 것을 원하는 것일까? 다소 억지스러운 이 질문은 사실 이 장에서 다루고자 하는 주민참여라는 주제와 관련하여 주민참여의 의미와 유형, 수단 등을 이해하는 데 핵심을 관통한다. 주민참여는 왜 하는 것이고, 왜 중요하며, 어디까지 참여할 것이며, 어떻게 참여할 것인가?

이러한 질문에 대한 답을 구하기 위해서는 주민참여가 원래 주어진 것 혹은 그냥 좋은 것이라 하는 것이 아니라, 지방자치의 요소인 지방정부의 권한 및 기능을 다소간 제약하거나 상충할 수 있고, 근본적으로는 우리가 현재의 정치적 삶을 영위하는 방식인 대의 민주주의와는 다소 결이 다른 움직임이라는 점을 이해할 필요가 있다. 우리는 모든 일을 스스로 결정해야 하는 책무에서 벗어나기 위해서 이 복잡한 일을 대신 맡아줄 단체장과 지방의원 등을 선출하는 대의 민주주의 체제를 선택하고 있다. 이들이 나를 위해 기꺼이 수고스러운 일을 수행해주리라는 신탁적 믿음에 기대어 우리는 기꺼이 세금을 납부하고 이들이 정한 규칙과 조례를 따르며 사는 것이다.

그런데 주민참여라는 것은 이러한 지방정부와 주민으로서 나와의 관계에 일종의 긴장상태를 만들어낸다. 투표를 통해 내 권한의 일부를 위임하였음에도 나의 개인적 시간과 노력을 들여서 그 권한이 행사되는 것을 지켜보고, 때로는 그 권한을 다시 가져와서 내가 직접 행사하겠다는 것이기 때문이다. 우리는 다시금 대의 민주주의 이전과 같이 모든 일을 직접 결정하고 책임지는 시대로 향하고 있는 것인가?

위에서 제기한 의문들에 대한 답을 이 장에서는 주민참여의 의미와 유형, 수단을 통해 이론적으로 살펴보고, 한국 및 미국과 일본의 사례를 통해 실제 주민참여는 어떻게 이루어지고 있는지를 살펴본다.

제1절

주민참여에 대한 이론적 논의

1. 주민참여의 의미

1) 주민의 권리와 의무

주민참여는 주민이라는 자격에 바탕을 둔 행위이다. 이때의 주민이란 지방자치단체의 구역에 주소를 가진 자이다(「지방자치법」 제16조). 국적법에 따른 국적취득과 비교하면 권리와 의무를 갖는 주민이 되는 자격은 거주할 목적의 주민등록 전입신고를 통해 간단히 취득된다. 다만, 외국인과 일정 나이 미만의 주민은 참정권 행사에서 「공직선거법」 등에 의해 제약받기도 한다. 주민의 자격을 얻게 되면 법령이 정하는 바에 따라 거주 지역을 관할하는 지방자치단체의 구성과 활동에 대한 권리를 누리며(「지방자치법」 제17조), 비용 분담의 의무를 지닌다(「지방자치법」 제27조).

주민으로서 권리와 관련하여서는 주민참여권과 수익권(남재걸, 2022), 참정권을 논할 수 있다. 먼저, 주민참여권은 주민 생활에 직·간접적으로 영향을 미치는 지방자치단체의 정책결정 및 집행과정에 참여할 권리(「지방자치법」 제17조 제1항)로서 주민투표권과 조례 및 규칙의 제·개정 및 폐지 청구권 혹은 의견 제출권, 주민감사청구권, 주민소송권, 주민소환권, 청원권 등이 있다. 또한 주민은 지방자치단체의 재산과 공공시설을 이용하고, 지방자치단체에서 제공하는 행정의 혜택을 공정하게 받을 수 있는 수익권을 보장받는다(「지방자치법」 제17조 제2항). 마지막으로 주민은 지방선거, 즉 지방자치단체를 구성하는 지방자치단체장과 지방의회의원을 선출하는 선거에 대한 참정권을 지닌다(「지방자치법」 제17조 제3항).

이러한 주민으로서 권리를 누림으로써 발생하는 비용에 대한 의무 역시 법으로 규정하고 있다. 주민참여 혹은 선거를 통해 권한을 받은 지방자치단체가 제정·개정한 조례 및 규칙에 대한 준수 의무를 기본으로 하되, 지방세 및 각종 사용료와 분담금 등 지방자치단체에서 발생하는 비용에 대해서도 원칙적으로 주민이 부담하도록 하는 의무의 대상이 되기도 한다(「지방자치법」 제27조).

2) 주민참여의 의미

주민참여는 다양한 학자들이 정의를 내렸으나 대표적인 것만 보면, 우선 아른슈타인(Arnstein, 1969)은 권력 관계상의 시민참여 관점에서 '현재의 정치적·경제적 권력과정으로부터 배제된 시민이 미래의 권력과정에 신중하게 관여할 수 있게 만드는 것'으로 정의하고 있다. 버크(Burke, 1968) 역시 지역공동체의 기획과정에서 시민의 참여를 사례로 하여, 주민이 자신들의 미래에 영향을 주는 결정을 공유하고, 최종적으로 영향력을 미치는 주체로서 역할을 해야 함을 강조한다. 푸트넘(Putnam, 1995)은 수동적 정치 주체였던 시민의 능동성을 강조하며, 주민참여의 필요성과 중요성을 강조한 바 있다. 이처럼 주민참여는 지역공동체의 주체로서 주민이 자신과 관련된 정책과정에 영향을 미치는 다양한 활동과 행위로 정의할 수 있으며, 민주주의 원칙에서는 당연시되는 것이라 할 수 있다.

그렇다면 왜 우리는 지역에서 일어나는, 보다 구체적으로는 나에게 혹은 나의 미래에 영향을 주는 정책의 결정이나 집행에 참여하고 있지 않은가? 또 다른 관점에서는 「지방자치법」 및 관련 법령의 변화에 따라 주민참여 요소가 강화되고 있는데, 왜 이러한 변화는 더 일찍 일어나지 않았는가?

일반적으로 직접 민주주의 형태의 주민참여는 대의 민주주의와 보완적 관계에 있다고 말한다. 이는 주민참여가 지니는 다양한 순기능에도 불구하고 대의 민주주의를 완전히 대체하기에는 일련의 역기능 역시 내재하고 있기 때문이다. 따라서 일련의 주민참여와 관련한 제도의 변화는 직접 민주주의로의 원칙론적 회귀나 전면적 대체를 의미하기보다는 그간 대의 민주주의 체제에서 발생한 문제점을 주민참여라는 방식을 통해 보완해 나가기 위해 이루어진다는 역사적 관점에서 바라볼 필요가 있다.

주민참여가 가져오는 순기능은 크게 세 가지로 살펴볼 수 있다.

첫째, 주민의 주인의식을 고취한다(이승철, 2020; 최봉기 외, 2015).

주민이 자신이 속한 지역의 주인임을 인식하게 되는 순간은 지방선거를 통해 참정권을 행사하는 때를 제외하고는 제한적이다. 주민의 권리는 주민투표법 등

법령을 통해 별도로 명시하지 않는 한 선출된 지방정부에 위임되어 행사되기 때문이다. 따라서, 참정권을 넘어 주민의 권리를 더 적극적으로 행사하는 의미의 주민참여는 위임된 주민 주권에 대한 감시와 감독을 비롯하여 직접적인 행사에 이르기까지 지역에서 발생하는 다양한 현안에 대한 주민 개인과 지역공동체의 연고성을 강화하고, 지역의 미래와 관련한 자기 결정권을 높이며, 궁극적으로는 민주시민을 양성하는 교육적 측면에서도 긍정적 기능을 수행한다(Irvin & Stanbury, 2004). 이러한 주민참여의 순기능은 최근 지역단위에서 활발하게 진행되고 있는 쓰레기 줍기와 운동을 결합한 자발적 주민참여 활동인 플로깅(Plogging) 등에서도 확인할 수 있다.

그림 7-1 ┃ 경기도 평택시의 플로깅 활동 사례

출처: 한국방송뉴스(2022/08/23).

둘째, 지방정부의 정책역량과 행정 서비스의 질 향상에 이바지한다(남재걸, 2022).

주민참여는 행정의 효율성과 전문성보다 민주성과 대응성에 초점을 맞추고 있다. 그러나 주민참여를 기반으로 한 이들 행정가치 간의 관계는 상호 대립적이

라기보다는 민주성과 대응성이 지방정부의 책무성을 강화한다는 점에서 궁극적으로는 행정의 효율성과 전문성을 보완하는 기능을 수행한다고 할 수 있다. 특히, 주민 개인이나 지역시민단체 등을 통한 행정정보공개청구 활동 등은 지방정부의 투명성 강화에 긍정적으로 작용한다. 그리고 지방정부의 정책 입안과 결정에 주민의 적극적 참여는 정책의 수용성을 높일 수 있다. 결국, 주민참여는 정책역량의 강화와 행정서비스의 질적 향상에 긍정적 효과를 가져온다고 할 수 있다.

셋째, 주민 갈등 해소와 지역의 사회적 형평성을 높인다(김병준, 2010; 남재준, 2022).

주민참여는 주민과 행정, 주민과 주민, 주민과 기업 사이의 정보 소통을 원활하게 한다. 각자의 견해를 밝히고, 이를 정책결정이나 집행에 반영할 기회를 제공함으로써, 지방정부나 소수집단의 정보독점으로 인해 발생하는 정책과정상의 오해, 편견, 갈등을 줄이는 역할을 한다(Irvin & Stanbury, 2014; Weeks, 2000). 나아가 장애인이나 복지 취약계층 등 경제적·정치적 권력관계에서 소외된 개인이나 집단의 목소리를 정책과정에 반영할 기회를 보장함으로써 지역의 사회적 불평등을 개선하는 긍정적 기능을 수행한다.

반면, 대의 민주주의를 보완하는 주민참여의 순기능이 제대로 작동하지 않는다면, 오히려 주민참여의 활성화가 대의 민주주의의 순기능을 제약하는 역기능적 요소로 작동할 수 있다. 이러한 주민참여의 역기능을 크게 세 가지로 살펴볼 수 있다.

첫째, 대표성과 참여의 비용 문제가 발생할 수 있다.

기본적으로 직접 참여는 비용을 수반한다. 참여의 확대가 정책과정에서 주인의식을 함양할지 모르나, 각기 다른 주장과 견해를 하나의 결정으로 수렴하기 위한 과정에서 시간과 비용을 어느 수준까지 부담할 것인가를 결정하는 것은 또 다른 문제이다. 특히, 대립하는 견해가 표출되어 갈등으로 치닫는 상황에서 결정이나 집행의 지연은 지역 사회에 원하지 않는 추가 비용을 부담하게 한다(Irvin & Stanbury, 2014). 나아가 주민참여의 대표성 확보는 참여를 통한 결정과 집행의 정당성, 나아가 수용성에 영향을 미친다. 따라서 대표성을 공정하게 확보할 방안을 신중하게 설계할 필요가 있다.

둘째, 행정의 비효율과 책무성 약화를 불러올 수 있다(김병준, 2010).

주민참여는 이상적 관점에서 바람직하나, 지방정부가 정책결정이나 집행의 책임을 회피하기 위한 수단으로 악용할 수 있다. 특히, 지방정부가 정책 정당성을 과장하기 위해 주민을 동원하거나 포섭하는 경우와 같이 조작적 참여가 발생할 때 주민참여의 의미는 퇴색할 수밖에 없다. 오히려 주민참여가 행정의 비효율화와 책무성 약화라는 부정적 결과로 나타날 수 있다

셋째, 과잉대표와 지역이기주의 문제가 발생할 수 있다(Irvin & Stanbury, 2014).

모든 지역주민이 모든 지역 현안에 대해 직접 참여하는 것을 선호한다고 말할 수 없다. 오히려 많은 주민은 자신의 일상생활을 영위하기 위해 주민 주권의 일부를 지방정부에 위임하고, 권한의 오남용이나 부패와 같은 특정한 위법 혹은 부당한 귀결 상황에 반응하여 정치적 행동에 나설 뿐이다. 이러한 대의 민주주의 원칙하에서 직접 참여라는 주민참여는 주민 개인에게 상당한 시간과 노력, 그리고 관심을 요구한다는 점에서 소수의 적극적 참여자에 의한 참여의 독점 및 과잉대표가 발생할 수 있다. 그리고 이러한 과잉대표는 특수이익과 공익 간의 경계를 모호하게 함으로써 정책결정 및 집행의 정당성이 왜곡되는 결과를 낳을 수 있다. 나아가 각종 혐오시설 혹은 선호시설의 입지 갈등에서 나타나는 지역이기주의는 주민참여를 통한 주민 갈등을 해소하는 데 걸림돌로 작용할 수 있다.

이상에서 살펴본 것과 같이, 주민참여는 민주주의의 가장 기본적인 원칙의 실현이라는 측면에서 현재의 대의 민주주의 원칙에 따른 지방정부 활동의 문제점을 보완하는 긍정적 기능을 수행한다. 동시에 그 기능이 오용될 때 나타날 수 있는 부작용 역시 심각함을 알 수 있다. 이런 점에서 주민권력에 대한 이해가 없는 주민참여는 단순히 의례적 행위(Empty ritual)에 지나지 않으며, 이로 인한 편익은 여전히 소수의 권력 계층에 집중될 수 있다는 경고(Arstein, 1969)를 새길 필요가 있다.

 쉬어가기 7-1. 참여 민주주의

2000년대 들어 사회적 난제나 갈등을 낳는 정책문제에 대한 시민의 참여를 정책 결정과정에 반영하기 위한 참여 민주주의 수단으로 공론화 제도가 다양하게 시도되

고 있다. 이미 2017년 신고리 5·6호기 건설에 대한 공론화가 국가 주도로 이루어졌으며, 이후 중앙정부 차원에서 총 4회의 공론화 제도가 운용된 바 있다.

이에 지방자치단체 차원에서도 지역 사회의 현안이나 갈등 이슈를 주민공론화를 통해 해결하려는 시도가 이루어지고 있다. 특히, 비선호시설의 입지갈등을 해소하기 위해 다양한 지방자치단체에서 이러한 공론화제도를 통한 주민참여를 시도하고 있으며, 대표적인 사례로 제주도의 녹지국제병원 공론화와 서산 자원 회수시설 공론화, 순천 쓰레기 처리 공론조사 등을 들 수 있을 것이다.

이러한 지방자치단체의 공론화 제도 활성화는 주민참여의 제고라는 측면에서 긍정적인 효과를 나타내고 있다는 지적에도 불구하고, 대표성 확보의 문제와 충분한 숙의과정 보장의 한계, 공론화 결과의 정책반영 미흡이라는 개선의 여지를 여전히 남겨 놓고 있기도 하다(채종헌 외. 2019). 이를 보여주는 대표적인 사례로 2018년 시행된 제주특별자치도의 녹지병원 공론화 사례를 들 수 있다.

2005년부터 추진되던 전국 최초의 외국 영리의료기관 설립은 의료법상 영리법인 금지조항과의 형평성 및 내국인 진료 허용 문제 등으로 제주도 조례를 근거로 시민단체의 청구를 통해 공론화위원회가 구성되어 활동하였다. 그 결과 외국인 전용 영리의료기관 설립을 불허해야 한다는 합의에 도달하였다. 그러나 합의 결과에 대한 법적 기속력이 없어 제주도지사는 법인설립에 대한 조건부 개설허가를 내주었다.

제주 영리병원 추진 일지

2005년 11월	정부. 제주도에 외국영리법인 의료기관 설립 추진
2006년 2월	외국인 영리병원 내용 담긴 제주특별자치 설치 및 국제자유도시 조성을 위한 특별법제정
2015년 3월	녹지그룹, 녹지국제병원 건립사업계획서 제주도에 제출
12월	보건복지부, 녹지국제병원 건립사업 승인
2017년 7월	녹지국제병원 건물 준공 및 사용승인 완료
8월	녹지그룹, 인력 채용 및 병원 개설 허가 신청서 제주도에 제출
2018년 2월	시민단체. 숙의민주주의 조례 근거해 제주도에 공론조사 청구
10월	공론조사위원회. 녹지국제병원 개설 불허 권고안 제주도에 제출
12월 5일	원희룡 지사, 녹지국제병원 외국인 전용 조건부 개설 허가

2. 주민참여의 유형과 수단

1) 주민참여의 유형

학자마다 주민참여의 유형을 다양하게 제시하였다. 가령, 짐머만(Zimmerman)은 참여의 강도에 따라 수동적 참여와 능동적 참여로 구분한다. 수동적 참여는 관료로부터 정보를 얻고 이에 대해 지지하는 태도를 보이는 참여이다(예, 정책홍보 모임에 대한 참여나 방송 청취 등). 반면, 능동적 참여는 주민의 의사를 직·간접적으로 정책과정에 반영하기 위한 활동을 수반한다(예, 주민총회나 공청회, 시민자문회의, 주민투표, 주민발의, 주민소환, 자원봉사 등). 아래에서는 아른슈타인(Arnstein)이 제시한 주민참여의 유형을 중점적으로 소개한다.

아른슈타인은 미국의 1,000개의 지역공동체 사업(Community action program) 사례를 분석하여 주민참여를 유형화하였다(<그림 7-2> 참조). 주민참여의 수준을 사다리에 비유하고, 주민이 정책결정에 관련되는 단계를 8단계로 구분하였다. 주민참여란 주민에게 그들의 목표를 달성할 수 있는 권력을 부여하는 것이며, 그러한 의미에서 권력을 동반하지 않는 참여는 주민참여라고 말하기 어렵다고 본다.

그렇기에 주민권력 요소를 중심으로 주민참여를 3가지 수준(Degree), 8단계(Rung)로 구분하고 있다. 우선, 3가지 수준은 권력으로부터 배제된 주민이 실질적으로 권력적 요소를 행사하는 주민권력 수준(Degree of citizen power), 정책과정에서 실질적 권력을 행사하지 못하는 형식적 참여(Degree of tokenism)에 그치는 수준, 주민이 배제되는 비참여 수준(Non-participation)으로 나눌 수 있다.

그리고, 주민권력 수준은 다시 주민통제(Citizen control), 권한위임(Delegated power), 협동(Partnership)의 세 단계로 구성되어 있다. 그리고 형식적 참여에 그치는 수준은 회유(Placation), 상담(Consulting), 정보제공(Informing) 유형의 주민참여가 이루어진다. 또한 비참여 수준에서는 치료(Therapy)와 조작(Manipulation)이 발생한다. 이를 하위 단계별로 구체화하여 살펴보되, 주민참여에 대한 실효성을 중심으로 비참여 단계와 형식적 참여단계를 생략하고 실질적 주민 권력 단계인 6단계 이상의 의미에 집중하기로 한다.

그림 7-2 ┃ 아른슈타인의 주민참여 8단계

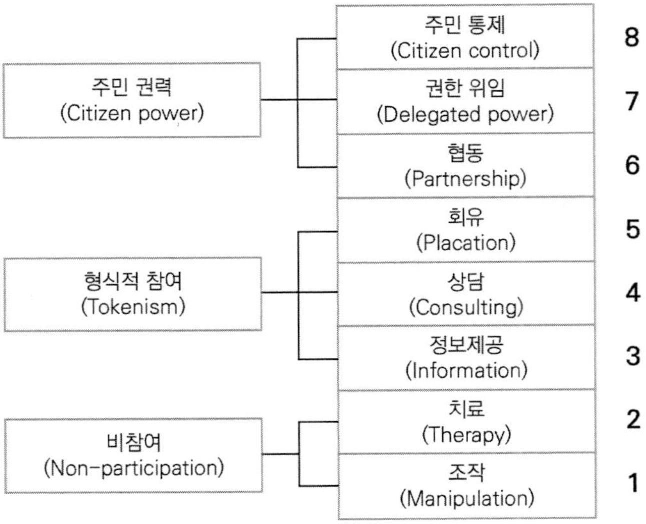

주민 권력 (Citizen power)	주민 통제 (Citizen control)	8
	권한 위임 (Delegated power)	7
	협동 (Partnership)	6
형식적 참여 (Tokenism)	회유 (Placation)	5
	상담 (Consulting)	4
	정보제공 (Information)	3
비참여 (Non-participation)	치료 (Therapy)	2
	조작 (Manipulation)	1

출처: Arnstein(1969).

주민이 지방정부의 정책과정에서 실질적 주민권력을 행사하여 참여하는 수준 중에서 협동은 가장 낮은 단계이다(전체적으로는 6단계). 주민은 정책과정에서 지방정부와 협상을 할 수 있는 권한을 지니며, 이를 통해 정책과정의 권한은 지방정부와 주민 사이에 재배분된다. 주민은 정책협의회의 주민대표나 위원회 활동을 통해 지방정부의 정책과정 계획이나 결정권을 공유하며, 반대 권한(Veto power)을 가진다는 점에서 어느 정도 지방정부를 견제할 수 있는 권력을 행사하게 된다. 다만, 최종적인 정책결정 권한은 여전히 지방정부가 가진다는 점에서 지방정부와 주민이 대립하는 견해를 지니는 정책문제의 해결에서 주민권력의 행사는 한계를 지닐 수밖에 없다.

권한위임에서는 주민이 지방정부와 협상에서 우월한 결정 권한을 지닌다. 즉, 지방정부와 주민이 대립하는 정책에 관한 결정의 귀결을 주민 측에 유리하도록 정할 수 있는 권한을 주민이 가지게 되는 것이다. 다만, 이 경우에도 주민참여의 대상은 특정 계획이나 프로그램이며, 지방정부의 고유한 업무영역에 관한 결정은 그 대상에서 배제된다.

주민통제는 주민이 스스로 지방정부의 일을 입안하고 결정하며, 집행과 평가까지 통제하는 단계이다. 이는 주로 학교나 지역사회개발과 같이 주민 및 지역공동체의 통제를 통해 지역의 수요가 발생하고 증가하는 영역에서 이루어진다. 다만, 이 경우에도 주민이 지방정부 기관 자체를 통제하기보다는 각종 프로그램의 계획이나 예산, 운영, 평가에 이르는 전반적인 과정을 통제하는 권한을 행사함을 의미한다.

아른슈타인의 유형론은 지방정부에서 나타나는 주민참여 형태가 어느 단계를 지향하며, 현실에서는 어떤 단계에서 실시되고 있는가를 검증할 때 유용하다. 주민참여에서는 현실과 목표의 차이를 인식하고, 그러한 차이를 메우기 위한 정책이 무엇인가를 탐색할 필요가 있기 때문이다.

 쉬어가기 7-2. 아른슈타인의 주민참여 8단계 중 비참여 및 형식적 참여

앞서 살펴본 아른슈타인의 주민참여 8단계 중 비참여 단계에 해당하는 1단계부터 2단계, 그리고 형식적 참여단계에 해당하는 3단계부터 5단계까지를 따로 정리한다.

먼저 비참여 수준의 최하위 유형인 조작단계에서 주민은 지방정부에 의해 동원되는 수동적 존재로서 관료나 정치인에 의한 일방적인 교육이나 설득이 이루어지고 주민은 단순히 참석 확인을 해주는 역할에 그치게 된다. 주민은 참여라는 사실에 만족한다.

2단계인 치료단계에서 역시 주민은 수동적 존재이자 교육의 대상이다. 즉 임상적 치료의 대상으로 여긴다. 관료나 정치인은 정책이나 행정 사항에 대한 주민의 무지나 편견을 교정 혹은 치료하며, 주민이 올바른 정보와 견해를 지니도록 학습하는 데 초점을 맞춘다.

지방정부의 정책과정에 형식적으로나마 참여하게 되는 형식적 참여 수준에서 3단계는 정보제공이다. 주민은 정책과정에서 지방정부가 생성하는 각종 정보를 전달받는 수신자의 역할을 말한다. 그러나 이러한 정보제공과정은 여전히 일방적이며, 제공된 정보에 대한 환류 과정이 마련되어 있지 않다는 점에서 주민참여의 의미는 제한적이다. 즉, 제공된 정보에 대해 지방정부에 대해 직접 질의하거나 수정을 요구할 수 있는 권한이 주민에게 보장되어 있지 않다. 이러한 환류 과정은 정치체제 외부의 언론이나 정당 등을 통한 비공식적 참여자를 통해 간접적으로 이루어진다.

4단계인 상담의 대표적인 주민참여 유형은 공청회나 설문조사라 할 수 있다. 3단계가 불특정 다수에 대한 일방적 정보제공이었던 반면, 이 단계에서는 정책과정에 직접적 이해관계를 지니는 특정 집단이나 개인에 대한 정보제공의 범주화가 이루어진다는 특징을 지닌다. 그렇지만 공청회나 설문조사를 통한 의견수렴의 결과는 지방정부의 결정을 구속하지 않고, 자문하는 지위를 지닌다는 점에서 정책과정에 대한 직접적 참여와는 여전히 거리가 있다.

형식적 참여의 마지막 단계인 5단계 회유는 지방정부의 각종 위원회 활동에 대한 주민참여로 이해할 수 있다. 이 단계에서 주민은 더 직접적이고 개인적인 견해에 따라 의견을 개진할 수 있다. 명목적이나마 지방정부는 주민의 의견을 수렴하여 반영하고자 하는 의도를 가진다는 점에서 앞선 단계와는 구분된다. 다만, 이러한 주민 의견을 어느 정도 수용 혹은 반영할지는 여전히 지방정부의 권한으로 남아있다는 점에서 주민이 정책과정에서 직접적인 권력을 행사한다고 보기는 어렵다.

2) 주민참여의 수단

아른슈타인이 제시한 3가지 수준의 주민참여 유형 중 비참여를 제외한 형식적 참여 및 실질적 주민권력을 명목적 수준 이상의 주민참여가 이루어지는 과정이라 보고 이에 따른 실질적 주민참여 수단을 살펴보면, 먼저 실질적 혹은 직접적 주민참여 수단으로는 주민투표, 주민발안, 주민감시 및 감사, 주민소송, 주민소환, 주민참여예산제도 등을 들 수 있다. 또한 형식적 혹은 간접적 주민참여 수단으로는 공청회와 간담회, 주민옴부즈만제도, 주민자치회제도 등을 들 수 있다.

(1) 주민투표

주민투표는 주민이 지방자치단체의 중요한 사안에 대해 투표를 통해 직접 결정하게끔 하는 제도이다. 2004년 「주민투표법」의 제정에 따라 본격적으로 시행되고 있다.

주민투표의 대상이 되는 지방자치단체의 중요한 사안이란 지방자치단체의 결정사항 중 지역주민에 과도한 부담 혹은 중대한 영향을 주는 지방자치단체의 주요 결정사항에 해당한다(「지방자치법」 제14조 및 「주민투표법」 제7조). 가령, 지방자치단체의 예산을 새로이 투입하여 중등 학급의 무상급식사업을 시행할 것인가에 대한 주민투표가 이에 해당한다. 특히, 2022년 개정을 통해 기존에는 주민투표 대상의 여부가 조례로 정하는 사항에 한정되던 것을 완화하여, 조례 지정 없이도 신속하게 주민투표에 부칠 수 있도록 하였다. 또한 국가사무 중 지역의 이해관계 와 관련하여 주민의 의견을 구할 필요가 있는 사항에 대해서도 주민투표를 할 수 있다(「주민투표법」 제8조). 이에 대한 사례로는 국가정책 상 각종 국가시설에 대한 입지선정 및 설치와 관련하여 해당 지역주민의 의견을 수렴하는 주민투표의 시 행을 들 수 있다.

그러나 지방자치단체의 모든 주요 결정사항이 주민투표의 대상은 아니며, 조 례에 따를지라도 법령에 위반되거나 재판 중인 사항 등 법령에서 제한할 때는 주 민투표를 할 수 없다(「주민투표법」 제7조 제2항[1]). 이는 주민투표를 통한 주민참여 권한의 행사 범위를 지방자치단체 권한 내로 한정하되, 법령의 범위 내에서 조례 로서 대상 여부를 결정할 수 있도록 하는 자기결정권을 최대한 보장하는 것이라 할 수 있다.

지방자치단체의 결정사항에 대한 주민투표 여부는 주민과 지방의회의 청구에 따라 혹은 지방자치단체장의 직권에 의해 실시될 수 있다. 국가정책에 대한 주민 투표 여부는 중앙행정기관장의 요구에 따라 지방자치단체장이 실시한다. 이때 주 민과 지방의회에 의한 주민투표 청구는 일정한 자격요건을 두도록 하고 있어, 상 술한 주민투표 대상 제한사항과 더불어 지방자치단체의 행정 안정성 및 연속성 에 대한 침해가 최소화되도록 하고 있다.

주민투표가 부쳐진 사항에 대해서는 주민투표권자 총수의 4분의 1 이상의 투 표와 유효투표수 과반수의 득표를 통해 확정된다. 이러한 조건을 충족하지 못하 면, 주민투표 결과를 보수적으로 해석하며, 유효투표가 동수인 경우에도 주민투 표 결과를 수용하지 않는다. 다만, 과거 주민투표를 하여 주민의 의사가 표현되

---

1) 「주민투표법」 제7조 제2항에서는 주민투표 제외 사항으로 1) 법령에 위반되거나 재판 중인 사항, 2) 국가 또는 다른 지방자치단체의 권한 또는 사무에 속하는 사항, 3) 지방자치단체의 예산·회계·계약 및 재산관리에 관한 사항과 지방세·사용료·수수료·분담금 등 각종 공과금 의 부과 또는 감면에 관한 사항, 4) 행정기구의 설치·변경에 관한 사항과 공무원의 인사·정 원 등 신분과 보수에 관한 사항, 5) 다른 법률에 의하여 주민대표가 직접 의사결정주체로서 참여할 수 있는 공공시설의 설치에 관한 사항, 6) 동일한 사항에 대하여 주민투표가 실시된 후 2년이 경과되지 아니한 사항을 규정하고 있다.

었음에도 전체 투표수가 주민투표권자 총수의 3분의 1에 미달하면, 유효하지 않은 것으로 보고 개표를 하지 않던 조항을 삭제하여 유효투표수가 적더라도 개표하여 주민의 의사를 확인하도록 하고 있다. 또한 이상의 조건을 충족하면 지방자치단체의 결정사항에 관한 결과는 구속력을 지니나, 국가정책에 관한 사항에 대해서는 자문적 주민의사를 확인하는 성격만을 지니게 된다.

한편, 2022년도 「주민투표법」 개정을 통해 새로워진 주민투표 방식으로 전자투표제도의 도입을 들 수 있는데, 이는 전국 단위 선거나 투표 등에 비해 이슈의 범위가 작은 주민투표의 특성을 생각하여 주민의 의견을 다양한 방법을 활용하여 직접적으로 반영하기 위한 제도적 개선이라 할 수 있다.

(2) 주민발안

주민발안은 지방의회 및 지방자치단체장의 권한인 조례나 규칙의 제정권 중 일부를 주민이 직접 행사하는 제도이다. 조례에 대해서는 제정 및 개·폐 청구권이, 그리고 규칙에 대해서는 제정 및 개·폐에 관한 의견 제출권이 보장되어 있다.

먼저, 조례의 제정 및 개·폐 청구권은 지역에 주민등록을 둔 18세 이상의 주민이면 누구나 조례에 대한 제정이나 개정, 폐지를 일정 규모 이상의 연대 서명을 통해 발의할 수 있도록 한 제도이다. 이때 청구대상이 되는 조례의 내용에 대한 한정은 없으나 법령을 위반한 사항이나 지방세·사용료·수수료·부담금의 부과·징수·감면에 관한 내용, 행정기구의 설치 및 변경, 공공시설에 대한 설치반대에 관한 내용은 제한된다. 이러한 주민의 조례제정 및 개·폐 청구권은 2020년 「지방자치법」 개정 이전에는 지방자치단체장에게 먼저 제출하도록 규정하였으나, 개정 이후부터 지방의회에 직접 제출할 수 있도록 하였다.

이러한 주민발안제도는 조례에 한정하여 허용되다가 「지방자치법」 개정으로 규칙을 비롯하여 훈령이나 예규 등 행정규칙에 대해서도 청구가 가능해졌다. 주민은 이러한 청구사항에 대해 지방자치단체장에게 제출한다. 다만, 조례에 대한 주민발안과는 달리 규칙에 대해서는 그 청구대상이 권리나 의무와 직접 관련되는 사항으로 한정하며, 청구된 사항에 대해 지방자치단체장은 의견을 검토하여 그 결과를 통보하도록 하고 있다.

(3) 주민감사청구

주민감사청구제도는 지방정부 운영에 대한 주민의 통제 방안으로 상급 정부나 감사 담당기관에 지방정부 감사를 청구할 수 있도록 하는 제도이다. 지방공직자들이 주민의 권익을 최대한 보장하는 방향으로 지방정부를 운영하도록 하는 일종의 사전적 통제 기능을 수행한다.

주민감사청구권은 18세 이상의 주민이 행사할 수 있으며, 이 역시 일정 규모 이상 청구권자의 연대 서명을 통해 청구할 수 있다(「지방자치법」 제21조). 청구 자격에 대해 시·도는 300명, 50만 이상 대도시에서는 200명, 시·군·자치구에서는 150명 이내에서 지방자치단체의 조례로 정하는 수 이상으로 지정하고 있다.

주민감사청구 대상은 지방사무의 처리가 법령에 위반되거나 현저히 공익을 침해할 경우로 규정하고 있으며, 여기에는 행정기관이나 공직자의 위법·부당한 조치나 행위로 인한 일반 주민 및 특정 주민의 손실과 피해 발생이 해당한다. 다만, 현재 수사나 재판이 진행 중인 사안이나 타 기관에서 이미 감사를 하였거나 감사 중인 사안으로 새로운 사항이 발견되거나 중요한 누락 사항이 발생하지 않는 경우에 대해서는 청구가 제한된다.

(4) 주민소송

주민소송은 사법적 수단을 통해 행정법규의 적정한 적용을 확보하기 위한 주민참여제도이다. 이러한 주민소송은 민중소송의 일종으로 행정법규의 위법한 적용에 대하여 이를 시정하기 위해 일반 선거인 또는 일반 주민이 제기할 수 있다. 일반적으로 행정소송은 국민의 권리구제를 목적으로 하기에 자기의 법률상 이익이 침해된 이해당사자 자격으로만 제기할 수 있다.

한편, 주민소송은 소송 사안에 대해 직접적인 제기를 할 수 없으며, 반드시 사전에 주민감사청구를 통해 그 사안을 다루었을 때에만 가능하다는 점에서 주민감사 전치주의의 적용을 받는다「지방자치법」 제22조). 즉, 이미 청구한 주민감사청구에 대해 감사청구 후 60일 이상 감사기관이 감사를 종료하지 않은 경우나 감사 결과에 관한 조치를 지방자치단체장이 이행하지 않은 경우, 지방자치단체장의 조치에 불복하는 경우에 한해 제기할 수 있다. 또한 청구 사유로는 지방자치단체의 위법한 재무행정에 대한 시정조치에 관한 내용이 인정된다. 여기에는 재무행정 상 공금의 지출이나 재산의 취득·관리·처분, 지방자치단체 대상 계약의 체결 및 이행, 지방세 등 공금의 부과·징수와 관련된 사항이 해당한다.

(5) 주민소환

주민소환은 정치인에게 가장 확실하고 직접적인 주민의 통제 수단으로, 지방의원 및 지방자치단체장 등 선출직 공무원의 임기 및 재직 중에 이루어지는 불신임 투표의 일종이다. 다만, 지방의원이라 할지라도 비례대표는 선출직이 아니므로 그 대상에서 제외된다.

주민소환의 청구 사유는 제한되어 있지 않으며, 지방자치단체의 행정처분이나 결정에 심각한 문제점이 있다고 판단하면, 19세 이상의 주민이라면 누구라도 제기할 수 있다(「주민소환에 관한 법률」 제3조). 주민소환 청구를 위해서는 광역단체장에 대해서는 청구권자 총수의 10/100 이상, 기초단체장에 대해서는 15/100 이상, 지방의원의 경우에는 20/100 이상의 연대 서명이 필요하다(「주민소환에 관한 법률」 제7조).

이러한 주민소환제도는 선출직 공무원을 직무로부터 배제하는 직접적이고 강력한 통제 수단이므로 정치적 남용을 막기 위해 일정한 청구 금지 조건을 규정하고 있다. 선출직 공직자의 임기 개시일로부터 1년이 지나지 않을 때, 임기 만료일로부터 1년 미만일 때, 해당 선출직 공직자에 대한 주민소환 투표를 한 날로부터 1년 이내일 때는 각각 청구가 제한된다(「주민소환에 관한 법률」 제8조).

📠 **쉬어가기 7-3. 디지털 주민참여**

한국은 1980년대 후반 국가기간전산망과 행정전산망 구축사업과 함께 전자정부가 시작되었다고 볼 수 있다. 1995년에는 각종 정보화정책을 효과적으로 수행하기 위한 법적 근거 마련을 위해 '정보화촉진기본법'이 제정되었고 2001년 행정업무의 전자적 처리를 위한 기본원칙과 절차, 추진 방법을 규정한 '전자정부법'이 제정되었다. 2010년 '민원24' 등 온라인 민원 이용률이 50%를 넘어 방문민원(46.1%)을 처음

으로 앞서게 되었고 이런 성과를 바탕으로 2010년, 2012년, 2014년 UN 전자정부 평가에서 세계 1위를 차지하였다. 2016년 미래창조과학부의 인터넷 이용 실태조사에 따르면 한국의 스마트폰 보급률은 85%였으며 88.3%가 인터넷을 이용하고 있는 것으로 나타났다. 국민의 인터넷 평균 이용 시간은 주 평균 14.3시간이었고 인터넷 이용 빈도는 주 1회 이상이 98.9%, 소셜네트워크 서비스 이용률은 65.2%로 나타났다 (미래창조과학부 · 한국인터넷진흥원, 2016). 이와 같은 높은 인터넷 이용률과 스마트폰 보급률은 온라인상의 시민참여를 가능하게 하는 환경이 일정 수준 갖추어졌다고 볼 수 있다.

그런데 디지털 주민참여는 기존의 전통적인 오프라인 참여방식에 비해 어떠한 장점이 있을까? 이는 디지털 참여의 기대효과라고 할 수 있는데 참여의 양적 확대, 지역사회의 문제해결 기여, 새로운 정치문화 형성, 정치적 효능감의 제고 등을 들 수 있다. 4년에 한 번 이루어지는 투표라는 수동적 참여의 한계를 비교적 적은 비용으로 극복하게 함으로써 시민들의 정치적 자기효능감 제고에도 이바지할 수 있다.

디지털 참여의 유형은 첫째, 정보공개, 단순 민원 및 청원의 처리를 중심으로 하는 모니터링 모형 둘째, 온라인 투표, 설문 조사, 공개포럼 등 의사결정 과정을 중심으로 참여가 이루어지는 정책결정 모형 셋째, 데이터 생산 · 가공에 대한 적극적 참여를 통해 특정 사회문제에 대한 해결책을 주민과 행정이 함께 모색해 나가는 협업 모형으로 구분할 수 있다. 디지털 참여 활성화의 과제로는 정보격차 해소를 위해 노인층과 소외계층 등의 디지털기기 활용 능력 지원이 필요하며 타인에 대한 존중과 정보의 비판적 수용과 같은 디지털 리터러시(Digital Literacy) 교육도 중요하다.

제2절

주민참여의 현황과 쟁점

1. 한국

주민참여제도가 지방자치제도의 변천 과정에 따라 확대됐다. 여기서는 주민투표, 주민소송, 주민소환을 중심으로 살펴본다.

첫째, 주민투표제도의 경우, 이전 「지방자치법」에도 조항은 있었으나 유명무실한 제도로 운영됐다. 이후 1995년 시·군 통합 과정에서 주민투표가 시행되었음에도 법적 근거가 약하다는 지적이 있었다. 이에 따라 2004년에 「주민투표법」이 제정되면서 본격적인 주민참여제도로 정착되게 되었다.

표 7-1 ┃ 주민투표 현황

구분	대표자 증명서 교부일	지역	청구권자	투표일	주민 투표명 (추진사유)	투표율(%)	투표결과(%) (진행상황)
투표실시 (12건)	2005. 06.21.	제주특별 자치도	행정자치 부 장관	2005. 07.27.	행정구조 개편	36.7%	단일광역자치(57.0%) 현행 유지(43.0%)
	2005. 08.12.	충청북도 청주시	행정자치 부 장관	2005. 09.29.	청주-청원 통합	35.5%	찬성(91.3%) 반대(8.7%)
		충청북도 청원군				42.2%	찬성(46.5%) 반대(53.5%)
	2005. 09.15	전라북도 군산시	산업자원 부 장관	2005. 11.02.	방사성폐 기물 처분시설 유치	70.2%	찬성(84.4%) 반대(15.6%)
		경상북도 포항시				47.7%	찬성(67.5%) 반대(32.5%)
		경상북도 경주시				70.8%	찬성(89.5%) 반대(10.5%)
		경상북도 영덕군				80.2%	찬성(79.3%) 반대(20.7%)

2011.02.08.	서울특별시		2011.08.24.	무상급식 지원범위	25.7%	미개표 종결
2011.09.14.	경상북도 영주시		2011.12 07.	평은면사무소 소재지 결정	39.2%	평은리(91.7%) 오운리(8.3%)
2012.05.16.	충점북도 청원군	행정안전부 장관	2012.06.27.	청주-청원 통합	36.8%	찬성(79.0%) 반대(21.0%)
2012.09.05.	경상남도 남해군	남해군수	2012.10.17	남해에너지파크 유치동의서 제출	53.2%	찬성(48.9%) 반대(51.1%)
2013.05.30	전라북도 완주군	안전행정부 장관	2013.05.26.	전주-완주 통합	53.2%	찬성(44.7%) 반대(55.3%)
2017.03.15.	강원도 평창군		2019.02.01.	미탄면 주민지원기금 관리방안 결정	61.7%	찬성(97.7%) 반대(2.3%)
2019.09.05.	경상남도 거창군	거창군수	2019.10.16.	거장 구치소 신축사업 요구서 제출	52.81%	찬성(64.7%) 반대(35.2%)
2019.12.19.	대구 군위·의성군	국방부 장관	2020.01.21.	대구 군 공항 이전	군위(우보) / 군위(소보) 80.6% / 의성(비안) 88.6	찬성률50%+ 투표율50%(78.4%) / 찬성률50%+ 투표율50%(53.2%) / 찬성률50%+ 투표율50%(89.5%)
2020.06.03.	충남 천안시	천안시장	2020.06.26.	일봉산 도시공원 개발	10.3	미개표 종결

출처: 행정안전부 주민참여 통계 사이트.

법 제정 이후 2020년까지 총 15건의 주민투표가 청구되었다. 2005년 제주특별자치도의 행정구역 개편에 관한 주민투표가 시작이었으며, <표 7-1>에서 보듯이 12건의 주민투표가 시행되었다. 총 12건의 주민투표 참여율은 평균 52.01%로 2007년 이후 치러진 4번의 대통령 선거 투표율 평균(73.28%), 2008년 이후 4번의 국회의원 선거 투표율 평균(56.13%, 2008-2020), 2010년 이후 4번의 지방선거 투표율 평균(55.6%, 2010-2022)보다 낮다는 것을 알 수 있다.

이렇게 실시된 총 12건의 주민투표 사례 중 중앙정부가 청구권자로 시행한 사례가 총 6건으로 절반을 차지하고 있다. 청구 내용을 보면, 행정구역이나 구조의 개편이나 통합과 관련한 주민투표 청구가 5건으로 가장 많고, 입지선정과 관련한 주민투표가 3건으로 뒤를 잇고 있음을 알 수 있다. 또한 2011년의 서울특별시의 무상급식 지원범위에 관한 주민투표와 2020년 충남 천안시의 일봉산 도시공원 개발에 관한 주민투표는 모두 투표율 미달로 미개표 종결되었다는 특징을 지닌다. 한편, 전체 청구된 15건의 주민투표 중 3건은 각각 서명부 미제출이나 서명인 수 미달 등으로 청구 각하되었다.

둘째, 주민소송제도는 초기 「지방자치법」에 유사한 제도가 존치하였으나 실효성이 없다는 이유로 1988년 폐지되었다가 2005년 「지방자치법」의 개정으로 주민소송제라는 이름으로 다시 도입되었다. 2006년 1월 제도의 시행 이후 2020년까지 진행된 주민소송 건수는 총 45건으로 이 중 39건이 종결되었으며, 6건이 진행 중이다. 종결된 주민소송 사안은 불법 의정비 인상분 환수 요구 건이 전체 39건 중 12건으로 가장 많았으며, 업무추진비 위법 지출이나 예산 낭비 등에 대한 주민소송이 뒤를 잇고 있다. 주민소송 결과를 보면, 전체 39건의 종결 소송 중 33건이 주민패소 결정이 났으며, 각하 결정이 3건, 소취하 2건, 일부 승소 1건으로 주민소송은 대부분 주민의 패소 결과로 나타났음을 알 수 있다.

셋째, 주민소환제도는 직접적 주민참여제도로는 가장 늦게 제도화되었는데, 2006년 주민소환에 관한 법률이 제정됨에 따라 2007년부터 시행되어 지금에 이르고 있다. 2007년부터 2020년까지 이루어진 주민소환 현황을 보면, 다음의 <표 7-2>에서 보듯이 총 10건에 대해 주민소환 투표가 시행되었다. 그러나 표에는 나타나지 않지만 현재 진행되고 있거나 미투표 종결된 사례는 106건으로 실제 실시된 사례보다 월등히 많다고 할 수 있다.

투표가 시행되어 종료된 주민소환 사례에서는 실제 소환에 이르는 결정이 이루어진 사례가 2건으로 모두 경기도 하남시의 화장장 건립 추진과 관련하여 시의원에 대해 주민소환이 이루어졌다. 다만, 나머지 8건은 전체 투표율 미달로 인해 미개표 처리됨에 따라 실제 소환에 이르지는 못한 것으로 나타났다.

표 7-2 | 주민소환 현황

대표자 증명서 교부일	지역	소환 대상	투표일	추진사유	투표율 (%)	투표결과
2007. 07.02.	경기 하남	시장	2007. 12.12	화장장건립 추진관련 갈등	31.1%	소환무산(미개표)
		시의원			23.8%	소환무산(미개표)
		시의원			37.6%	소환(찬성 91.7%, 반대 6.3%, 무효 2.0%)
		시의원			37.6%	소환(찬성 83.0%, 반대 13.7%, 무효 3.3%)
2009. 06 29.	제주	도지사	2009. 08.26.	해군기지 건설 추진	11.0%	소환무산(미개표)
2011. 07.19.	경기 과천	시장	2011. 11.16.	보금자리 지정 수용	17.8%	소환무산(미개표)
2012. 06.26.	강원 삼척	시장	2012. 10.31	원전 유치 강행	25.9%	소환무산(미개표)
2011. 12.01.	전남 구례	군수	2013. 12.04.	법정구속에 따른 군정공백	8.3%	소환무산(미개표)
2019. 07.22	경북 포항	시의원	2019. 12.18.	생활폐기물 에너지화시설(SRF) 운영에 따른 주민피해 직무유기	21.75%	소환무산(미개표)
		시의원				

출처: 행정안전부 주민참여 통계 사이트.

2. 미국

미국 역사는 주민참여의 역사라고 부를 수 있다. 영국의 식민지였던 시대부터 주민은 주체로서 주민자치를 했던 전통이 있다(제1장 참조). 타운홀 미팅(Townhall meeting)을 중심으로 주민은 지방정부 및 정책에 적극적으로 참여하는 특징이 있다. 타운홀 미팅은 식민지 시대 뉴잉글랜드 지방을 중심으로 확산한 일종의 주민자치회이다. 주민 전체가 마을회관에 모여 토론을 통한 투표에 따라 예산안과 공무원 선출, 조례제정, 지방정부 구성 및 운영에 대한 중요 의사결정에 참여하는 주민참여를 의미한다.

민주성에 기반한 주민참여의 전통은 현재까지도 미국의 많은 기초정부 단위에서 발견할 수 있다. 그렇지만 1950년대까지 이루어졌던 지방정부 개혁과정에서 이러한 민주성 외에 효율성과 능률이 강조되기도 하였다(이승종, 1996). 지방정부의 관리와 성과에 초점을 맞춘 행정담당관(City manager)을 두는 지방자치단체 구조 개편이 전국적으로 이루어지기도 했다. 1960년대 이후 민주성과 참여를 강조하면서, 민주성과 능률성이라는 두 가지 기조가 미국의 지방정부 주민참여제도의 바탕을 이루고 있다.

미국의 주민참여는 주정부마다 조금씩 상이하게 운영되고 있다. 주민소환(Recall), 주민투표(Referendum), 주민발안(Initiative), 협동에 초점을 두고 살펴본다.

첫째, 연방정부 수준에서 선출직 공직자에 대한 소환제도는 없으나, 주정부와 지방정부는 주민소환제도를 채택한 곳이 적지 않다(하혜영·이상팔, 2012; 이용수, 2010).

지방정부로는 로스앤젤레스시가 최초로 주민소환제를 채택하였고(1903년), 주정부로는 오리건주가 처음으로 도입하였다(1908년). 2011년 기준으로 주정부의 공직자 소환과 관련하여 19개 주가 소환 규정을 두고 있고, 지방의 공직자에 대한 소환 규정을 두고 있는 주는 적어도 19개이다. 소환 사유를 주헌법이나 법령에 명시하는 주와 특별히 사유를 명시하지 않은 주가 섞여 있고, 발의 요건도 주마다 차이가 있다.

주민소환제로 가장 유명한 사례는 2003년 10월 미국의 캘리포니아주의 주지사 소환이다(하혜영·이상팔, 2012). 유권자의 55.4%가 소환에 찬성하여 주지사는 해임되었고, 영화배우로 유명한 공화당의 슈워제네거(Schwarzenegger)가 주지사로 당선되었다. 주지사를 소환한 사례는 많지 않으나, 지방정부 단위의 시장이나 시의회의원에 대한 주민소환은 상대적으로 많은 편이다.

둘째, 주민투표제도는 미국 건국 초기에 몇 개 주에서만 채택되었으나, 20세기 초부터 주, 지방정부에 도입되었다(鈴木 2011). 그 규모나 이해관계의 다양성 때문에 주 수준의 주민투표에 관심이 많았으나, 2000년대 후반부터 지방정부의 주민투표제도에 관한 관심이 높아졌다.

미국에서 주민투표는 크게 의회 신탁 주민투표(Legislative referendum)와 항의 주민투표(Popular referendum)로 나뉜다.2) 전자는 주헌법이나 법률이 규정하고 있는 조건에서 시행되는 주민투표이다. 주에 따라 다르지만, 주헌법의 개정, 세율의 변경 등과 같이 주헌법이나 법률이 정한 규정에 따라 주민투표가 시행된다. 예를 들어 주헌법 개정에 대한 주민투표는 델라웨어주를 제외한 49개 주에서 채택하고 있다(정정화, 2012).

후자는 의회가 제정한 법률을 주민이 저지하기 위한 제도이다. 의회가 제정한 법률을 반대하는 주민은 법안이 가결된 후에 일정 기간 내에 필요한 서명을 모으고, 그 법안의 가부에 대해 주민투표를 할 수 있다. 주민투표에서 법안이 가결되면, 그 법안은 무효가 된다.

예를 들어 2009년 워싱턴주의 시애틀주민은 시의회가 결정한 조례를 주민투표로 무효로 만들었다(鈴木. 2011). 시애틀시는 1960년대부터 환경문제가 중요한 과제였고, 1980년대 중반부터 폐기물처리가 중요한 의제로 떠올랐다. 재사용 활동을 촉진하기 위해 2007년에 쓰레기 감량 전략(Zero waste strategy)을 내세우고, 시의회는 2008년에 환경세인 비닐봉지 세금(Shopping bag tax) 조례를 제정하였다. 그러나 주민들은 조례 폐지를 위해 서명운동을 하였고, 2009년 시애틀시의 시장, 시의회의원 등의 공직 후보자를 선출하는 예비선거 투표일에 주민투표가 시행되었다. 투표 결과 비닐봉지 세금 조례는 주민투표에 부결되었고, 결국 조례는 폐지되었다.

셋째, 주민발안제도는 주에 따라 직접 주민발안(Direct initiative)과 간접 주민발안(Indirect initiative) 제도를 채택한다. 직접 주민발안제도는 주민이 일정 서명을 모아 청원하여 주헌법이나 법률의 개정·수정을 제안하는 제도이다. 이때 의회가 관여할 수 없고, 직접 유권자에게 찬반을 묻는 주민투표가 이루어진다. 일

---

2) 주민투표의 유형을 헌법 개정과 같은 의무적 주민투표, 항의 주민투표, 의회의 선택에 따라 주민투표에 부칠 수 있는 선택적 주민투표로 구분하기도 한다(정정화, 2012).

정 수 이상의 찬성표가 나오면 그 제안은 법률 개정이나 수정의 효력을 발휘한다.

간접 발안제도는 주민이 청원한 제안이 먼저 의회에 상정된다. 의회가 그 제안을 승인하면 주헌법이나 법률 개정의 효력이 발생한다. 만약 일정 기간이 지나도 의회가 의결하지 않거나 제안을 수정해서 가결할 때, 제안자는 일정 수 이상의 서명을 받아 처음 제시했던 제안을 주민투표에 붙일 수 있다. 직접 주민발안제도와 비슷하게 주민투표를 통해 가결된 제안은 그대로 주헌법 또는 법률 개정의 효력을 발휘한다.

예를 들어, 캘리포니아주와 오리건주의 경우에는 주헌법에 주민발안을 명시하고 있다(김영기, 2008). 미국 주정부 단위에서 이루어지고 있는 주민발안의 내용은 한국보다 매우 다양하다.

넷째, 1960년대 이후 협동(Cooperation, collaboration, partnership)이 주민참여와 관련하여 주목받고 있다(鈴木, 2019). 1960년대는 사회적·정치적으로 유색 인종, 여성, 학생 운동 등 다양한 유형의 참여와 협동이 나타났다. 지방자치와 관련하면 도시문제를 해결할 때 협동이 유효하다는 인식이 커지고, 실제로 협동이 실행되었다.

지역의 활동 주체를 살펴보면 Neighborhood, Community 등의 용어가 협동과 관련하여 등장한다. 전자는 적절한 수준의 주거지역과 생활시설을 포함하는 도시지역의 가장 기초적인 공동체 단위를 뜻한다(최재송, 2007). 그들의 활동은 공간적으로 지방정부 내의 일정 구역에 근거하고 있다는 점에서 동네(조직), 지역(조직), 근린(近隣, 이웃하는 동네) 등으로 표현할 수 있다. 반면에 후자는 교회·학교·인종·각종 문제 등에 근거해서 구성된다는 점이 강조된다. 물론 양자를 구별하지 않고 혼합해서 사용하기도 한다. 예를 들어, 도시에서 자주 발견되는 Community Association은 일정한 경계를 가진 주거지역을 하나의 공동체로 정의하면서 조직화한 집합체인데, 이를 가장 흔한 근린 조직의 형태라고 표현하기도 한다.

미국에서는 동네 협동이 중심이며, 주민이 자주적으로 참여한다. 주민의 필요를 파악하거나 사업의 구상 등 사업의 초기 단계부터 협동이 이루어진다(鈴木, 2019). 협동을 통해 사업에 파급되는 효과와 발전적 효과가 나타난다. 또한 정책분야 중에서는 지역개발 분야에서 협동이 가장 활발하게 이루어진다(제9장 참조). 그렇지만 복지, 빈곤 등의 정책분야에서도 협동은 자주 관찰된다. 미국에서는 행정과 주민의 각 주체가 협동을 통해 정책내용과 집행방법 등을 다듬어 나가는 식으로 상승효과를 끌어내면서 동네 협업이 성과를 거두는 사례가 많다. 이에 반해 일본에서는 협동의 필요성이 재정 압박, 행정개혁으로 공무원이 감소하는 등 지방정부의 자원 부족으로 인해 촉발되고, 행정이 실행할 수 없는 부분을 주민이 보완한다는 관점에서 협동이 논의된다는 점에서 양국의 협동에 대한 인식 차이가 두드러진다.

3. 일본

일본의 주민참여는 1960년대 후반부터 시작된 주민운동과 밀접한 연관이 있다. 정부가 추진하던 개발정책, 공공사업에 반대하여 1960년대 후반부터 1970년 초반까지 주민운동이 분출하였다. 이러한 주민운동은 1970년대 후반을 지나면서 조금씩 그 힘을 잃었다. 여기에는 여러 요인이 있었으나 도시화·산업화의 과정에서 주민의 지역 기반이 약화한 점, 신자유주의·작은 정부론 등을 배경으로 효율성을 강조하는 시장 중심의 사상이 유행한 점, 주민운동을 대신하는 시민단체의 활성화 등을 들 수 있다(中村, 2005).

주민운동의 흐름이 약화하면서 1980년대 이후에는 정보공개운동과 분권·자치운동 등의 활동이 나타났고, 1990년대부터는 시민단체, 자원봉사 활동 등을 통한 집단적 참여가 등장했다(한국지방자치학회, 2010). 지방자치단체는 집단적 참여를 보장하기 위해 주민참여의 제도화를 모색하였다. 예를 들어, 기초자치단체는 정보공개조례, 시민참가조례 등을 제정하면서 지방행정에 주민이 참여할 수 있는 제도를 구축하였다. 특히, 1995년 지방분권추진법의 제정 이후 지방분권추진위원회의 활동에 따라 주민의 자기 결정권 및 주민참여 확대의 제도적 기반이 마련되었다(민현정, 2008).

주민의 참여를 제도적인 측면에서 살펴보면, 한국과 외형이 상당히 유사하다. 예를 들어, 「地方自治法」은 조례의 제정 및 개폐 청구권, 사무 감사 청구권, 주민소송 등을 규정하고 있다. 또한, 주민소환제도와 비슷한 해직 청구권 제도가 있는데, 그 범위가 한국보다 넓은 것이 특징이다. 즉, 주민은 의회 의원, 단체장, 부단체장(부지사 혹은 부시장 등), 선거관리위원, 감사위원, 공안위원회의 위원, 교육장 및 교육위원에 대한 해직 청구권이 있다. 여기에 더하여 주민은 의회해산권도 행사할 수 있다. 그리고 지방의회의 해산 청구, 단체장과 지방의원의 해직 청구는 주민투표로 결정하도록 하고 있다. 헌법과 법률에서 주민투표에 관한 규정을 두고 있으며, 지방자치단체도 주민투표에 관한 조례를 제정하여 주민의 의사를 묻는 주민투표를 한다는 점은 한국과의 차이라고 할 수 있다(김순은, 2011). 그 외에도 옴부즈만(Ombudsman) 제도를 운용하는 지방자치단체도 적지 않다.

주민참여의 유형으로는 광역자치단체에서는 주로 간담회, 심의회의 형태가 많고, 기초자치단체 수준에서는 워크숍, 간담회 등이 많다(민현정, 2008). 참여를 정책형성과정과 연관해서 살펴보면, 지방자치단체가 의사결정을 할 때 주민의 의견 반영에 초점을 두는 참여(참획, 參劃), 지방자치단체와 주민이 협력적 활동을 하는 것(참가), 그리고 정책형성과정에서 결정과 책임을 공유하는 것에 초점을 두는 활동(협동)으로 구분할 수도 있다. 이러한 구분을 따를 때 참획에서 참가, 협동으로 참여의 범위가 확대되는 경향이 있다.

한편, 일본의 주민참여는 자치회(自治会, 지역에 따라서는 초우나이카이(町内会))라고 하는 독특한 제도가 있다. 한국의 주민자치회 제도를 논의할 때 학습 대상으로 언급되는 제도이기도 하다. 자치회는 지역주민의 연대감을 부양하고, 지역의 환경·방재·방범 등 다양한 과제에 대응하면서 살기 좋은 지역을 만들려는 자주적인 단체이다. 자치 구역 내 거주하는 세대와 사업소로 구성되며, 해당 구역 내에서 발생하는 지역 현안에 공동으로 대처하는 자치조직이다. 특히, 해당 구역 내에서 대표성과 포괄성을 지니며, 전 세대 참여라는 특징을 통해 지역 합의체 역할을 함께 수행하고 있다.

자치회는 역사에 존재했던 다양한 형태의 자생적인 지역 조직과 연관이 있지만, 현재와 같은 형태의 자치회는 메이지 시대에서 그 기원을 찾을 수 있다(堀口, 2019). 근대적 지방제도의 틀을 형성하면서, 중앙정부는 지역에 있던 기존의 자생적 조직을 관리하려고 하였다. 그 과정에서 마을(ムラ, 무라)을 행정단위로 인정하지는 않았지만, 암묵적으로 시정촌의 하부단위로 인정하였다. 마을의 유력가 중에서 한 명을 정·촌의 장으로 하고. 마을의 지배층을 권력의 말단기관으로 편성하였다. 이러한 연유로 자치회(당시에는 주로 초우나이카이로 불림)는 세대 단위로 가입하며, 일정 구역에 거주하면 가입이 반강제적이거나 자동이었고, 한 구역

에는 하나만 존재할 수 있는 특성이 생겨났다.

20세기 초·중반 일본의 제국주의 움직임이 강화되면서 자치회는 중앙정부의 직접 통제를 받았고, 전체주의적 성격을 지녔다. 이에 2차 세계대전이 끝난 후에 자치회의 폐지가 결정되었고, 초우나이카이의 장 등이 하던 업무를 기초자치단체에 이관하도록 하였다. 그렇지만, 지방의 재정 능력 저하에 대한 대응, 질서 유지, 상호 부조 기능, 전후 부흥의 필요성 등의 이유로 조직은 실질적으로 유지되었다. 1960년대를 거치면서 지역에 뿌리를 둔 단체로 계승·형성되어 현재에 이르고 있다.

21세기에 접어들어 일본의 거품 경제가 무너지고, 오랜 경제침체, 인구감소, 고령화 등의 상황이 이어지면서 자치회의 역할이 다시금 조명받고 있다. 예를 들어, 지역복지의 관점에서 자치회는 복지 서비스를 대행할 수 있는 조직으로서 주목받고 있다. 지역사회 및 지방정부의 쇠퇴 및 통폐합의 과정을 거치면서 지역재생에서 중요한 역할이 기대되고 있다. 한신 대지진 및 동일본 대지진 등 재난과정에서도 사회안전망으로서 주목받게 되었다.

이러한 자치회(혹은 초우나이카이)의 특성을 정리하면 크게 다섯 가지이다(伊藤, 2007). 첫째, 개인이 아니라 세대를 단위로 하여 가입한다. 둘째, 일정 구역의 거주자를 구성원으로 하며, 그 구역에는 같은 종류의 단체는 존재하지 않는다. 셋째, 구역에 거주하는 주민은 자동으로 구성원이 되거나, 적어도 자격을 취득한다. 넷째, 규약에 그 목적이 정해져 있지만, 전체의 80%를 넘는 단체가 다양한 목적을 열거하고 있다. 청소, 도로 관리, 쓰레기 수집과 처리, 주거환경관리 등 다양하고 포괄적 기능을 수행한다. 다섯째, 행정의 말단기관 역할을 하는데, 많은 기초자치단체는 자치회장 등을 행정협력위원으로 임명하고, 문서의 배포나 행정협력을 위탁하고 수당을 지급한다. 동시에 기초자치단체의 담당과나 간담회를 통해 주민의 요구사항을 전달하는 역할도 한다.

　　자치회는 일본의 독특한 주민참여제도라고 할 수 있는데, 그 현황을 살펴보자.
　　일본의 중앙정부는 자치회 등의 현황을 조사하는데, 이때 사용하는 용어는 지연
단체(地緣団体, 해당 기초자치단체의 일정 구역에 거주하는 사람의 지역으로 맺어진
관계에 근거하여 만들어진 단체)이다. 여기에는 자치회, 초우나이카이(町内会) 또는
초우가이(町会), 구(区) 또는 구회(区会), 부락회(部落会), 기타 등으로 구성된다. 사용
되는 명칭으로는 자치회(38.5%), 초우나이카이・초우카이(28.1%), 구・구회(16.3%),
부락회(5.3%), 기타(11.6%) 등의 순서로 나타났다(2002년 조사). 정기 조사가 아니어
서 1946년부터 1980년까지의 기간에는 자치회 등의 수가 명확하지 않다. 그렇지만
1940년 이후부터 1990년대까지는 증가하였으며, 1990년대 이후 증가 추세는 멈추었
고 때로는 감소하고 있다. 2002년 시점에는 자치회 등 지역단체의 수가 296,770이었
으며, 2018년 시점에서는 296,800으로 나타났다.

그림 7-6 ┃ 자치회 등 총수의 변화

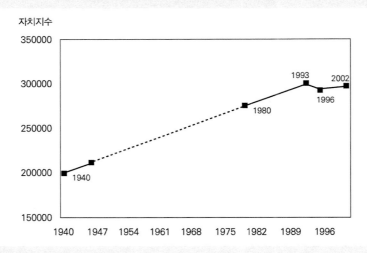

출처: 伊藤(2007)의 그림 1.

　　한편, 1991년 「地方自治法」의 개정으로 자치회 등은 법인격을 취득할 수 있다.
기초단체장의 인가를 받으면 인가지연단체(認可地緣団体)가 된다. 법 개정 이후 2004

년까지 22,050단체가 인가를 받았고(伊藤, 2007), 2013년 4월 1일 기준 인가지연단체의 수는 44,008단체이다(총무성). 인가를 받으면 법률상 권리와 의무의 주체가 되고, 토지·부동산을 단체 명의로 등기를 할 수 있고, 단체 활동에 투자하는 재산을 단체 명의로 소유하고 빌릴 수 있다.

⚖️ 제7장 요약

주민참여는 권위주의나 형식적 지방자치와 구분되는 직접 민주주의 요소에 기반한 정책결정 및 집행, 자문 등을 의미한다. 이러한 주민참여는 주민의 권리이자 의무이기도 하며, 실질적 권력행사의 정도에 따라 유형을 구분하기도 한다. 한국은「지방자치법」의 전부개정 등 주민의 참여조건 및 범위를 확대하기 위한 제도적 노력을 지속하고 있다. 일본은 지방정부의 일을 함께 혹은 대신 수행할 수 있는 주체로서 지역주민의 참여를 독려하고 있다. 이처럼 국가나 공동체 중심의 한국과 일본과는 달리 미국은 토크빌의 묘사에서도 알 수 있듯이 개인주의의 발로에서 자연스럽게 이익 혹은 이해관계 공동체로서 지역사회에 대한 개인 및 집단의 적극적 참여문화가 뿌리깊게 자리잡은 사회라 할 수 있다.

생각해 볼 문제

1. 아랫글을 읽고 물음에 답하시오.

수도권에서 멀리 위치한 ○○시는 지역 외곽에 대규모 아파트 단지가 개발되면서 구도심 지역이 침체하는 현상을 겪었다. 시는 구도심 지역의 활성화를 위해 여러 사업을 시행하였고 성과를 거두었다. 주민 의식 변화를 위한 ○○시의 노력, ○○시에 대한 주민의 신뢰, 사업 초기 과정부터 주민참여를 촉진한 제도 등이 성과에 영향을 준 요인으로 제기되었다. 특히 다른 지방자치단체와 달리 주민이 적극적으로 사업에 참여한 것이 성과를 거둔 핵심적 요인으로 지목된다.

(1) 독자가 거주하는 지방자치단체의 정책이나 사업에 주민이 적극적으로 참여하면서 긍정적인 결과가 나타난 사례를 찾아보자. 해당 사례에서 주민이 적극적으로 참여할 수 있었던 요인은 무엇인지를 논의하시오.

(2) 지방자치단체가 정책을 추진하는 과정에서 주민의 참여가 가장 필요한 정책 혹은 사업 영역은 무엇인가? 만약, 해당 영역에서 주민참여가 충분하게 이루어지지 않는다면 그 요인은 무엇이라고 생각하는지 논의하시오.

2. 아랫글을 읽고 물음에 답하시오.

주민참여의 수단과 범위 확대는 지방자치제도가 성숙하면서 자연스럽게 일어나는 현상이다. 그러나 주민참여 확대가 반드시 바람직한 방향으로만 이루어지는 것은 아니라는 논의도 있다. 지역 현안에 대한 민주적 의사결정의 보장은 다른 한편으로는 지역이기주의의 정책결과로 나타나기도 한다는 것이다. 국가정책으로 추진되는 국가시설에 대한 입지 선정과정에서 지역이기주의로 정책 지역이나 지역 간 갈등이 문제가 되기도 한다.

(1) 주민참여 확대가 지역이기주의를 강화한다는 주장과 지역이기주의를 배제할 수 있다는 주장이 있다. 타당하다고 생각하는 주장을 선택하고, 본인의 입장을 뒷받침할 수 있는 논리를 전개하시오.

(2) 지방자치에서 주민은 지역의 이익을 극대화하려는 경향이 있다. 반면에 중앙정부는 국가 전체의 이익을 극대화하려는 경향이 있다. 두 경향이 충돌하면서 정책이 지연될 때, 이를 어떻게 해석해야 하는가? 그리고 대응할 방안은 무엇이 있는가?

3. 현재 독자가 거주하거나 공부하고 있는 자치단체에서 시행하고 있는 대표적인 주민참여제도를 선정하여 설명해 보자(주민자치센터나 구청의 홈페이지 등에서 해당 주민참여제도에 대한 홍보 및 소개의 글을 찾을 수 있을 것이며, 운이 좋다면 회의 일정 등 운영기록도 찾는 것이 가능할 것이다).

(1) 지방의회 홈페이지나 법령정보센터(www.law.go.kr)에서 선정한 해당 참여제도를 검색하여 관련 조례를 찾아보자.

(2) 독자가 찾을 수 있는 정보는 해당 주민참여제도를 이해할 때, 혹은 참여를 결정하려고 할 때, 충분히 제공되고 있다고 생각하는가? 만약, 그렇지 않다면 어떠한 점이 개선되어야 할 것으로 생각하는가?

(3) 찾은 정보를 바탕으로 해당 주민참여제도의 성과를 평가해 보자. 주민참여의 관점에서 해당 제도는 어떤 성과와 어떤 아쉬움을 만들어내는가?

4. 주민참여제도와 관련하여 현행 제도의 개선과 관련하여 여러 논점이 있다.

(1) 주민소송은 사전에 주민감사청구가 이루어져야 한다(주민감사전치제도). 주민소송 전에 주민감사청구를 하도록 하는 이유는 무엇인가? 그리고 해당 제도의 문제점이 있다면, 그것은 무엇이라고 생각하는가?

(2) 현재 주민소환제도에 대한 비판이 있는데, 주요 논점은 무엇인가? 현재의 제도를 개선한다면 구체적인 개선방안은 무엇이 있는가?

제 8 장

복지와 지방자치:
복지는 누가 해야 하나요?

2015년 미국의 잡지 타임(Time) 2월호는 아기 얼굴을 커버 사진으로 사용하였다. 제목은 〈This baby could live to be 142 years old〉. 인간 수명을 늘리기 위해 개발되는 약을 먹으면 100살을 넘어서 장수할 수 있다는 것이다.

잡지 내용이 언제 현실로 다가올지 알 수 없으나, 인간의 오래 살고 싶은 욕망을 생각하면 허무맹랑한 이야기만은 아니다. 100년 전과 비교할 때 인간의 평균수명은 많이 늘어났다. 1970년과 2019년의 한국인 평균수명도 61.9세에서 83.3세로 바뀌었다. 2018년 기준 OECD 가입국 중에서 9위를 차지하였다(1위는 스위스). 평균수명 증가는 교육, 노동, 건강, 의료, 연금 등 많은 분야에서 정책의 큰 변화를 요구한다. 특히 고령화가 저출산, 정부 재정 악화 등과 함께 나타나면서 국가의 적절한 대응 방법이 중요해졌다.

현재의 국가는 복지국가라고 명명된다. 19세기의 본격적인 산업화를 거치면서 20세기에 등장한 복지국가는 이전의 국가와 완전히 다른 모습이었다. 1776년 『국부론(The Wealth of Nations)』이 출판되었을 때와 비교해보라. 물론 20세기 후반을 거치면서 신자유주의가 맹위를 떨치고, 복지국가를 지향하려는 이전의 목소리는 힘을 잃어가는 모습이다. 그렇다고 해서 복지국가를 폐기할 수 있을까?

저출산과 고령화는 복지의 수요를 증가시키고 있다. 과거에는 복지국가를 실현하기 위하여 경제적으로 부유한 사람에게서 세금을 징수하였다. 이는 가진 자와 덜 가진 자의 대립이라고 하는 계급적 갈등 구조를 내포하였다. 이러한 구조는 여전히 유효하지만, 평균수명 증가는 복지가 지닌 보편성의 범위를 확장한다. 누구라도 이전보다 오래 살게 되었고, 그에 따라 복지의 필요성은 커지고 있기 때문이다.

그렇다면 정부는 증가하는 복지 수요를 어떻게 관리해야 하는가? 주민의 복리를 증진하는 지방정부는 어떠한 역할을 해야 하는가?

제8장에서는 복지국가의 유형을 서술하고, 지방정부가 복지정책을 적극적으로 추진할 가능성과 관련하여 피터슨(Peterson)의 주장을 소개한다. 그리고 복지에 관한 세 국가의 기본적인 틀을 살펴보고, 관심이 높아지고 있는 노인 돌봄 복지에 관한 내용을 간략하게 소개한다.

제1절

복지국가와 지방정부

1. 복지국가의 세 유형

복지(Welfare)란 좋은 건강, 윤택한 생활, 안락한 환경 등이 어우러져 행복을 누릴 수 있는 상태이다. 현대국가는 정부가 국민 생활의 최저 수준 보장을 의무로 삼는다(길종백·배정아, 2021).

역사적으로 복지국가라는 개념이 명확하게 등장한 것은 1930년대이다. 당시 복지국가는 바이마르 공화국(1920년대)을 서술하는 용어로 사용되었다(Oakely, 1994). 1940년대는 복지에 대하여 정신적·도덕적으로 관심이 없는 권력 국가(Power state)와 대비되는 개념으로 사용되기도 했다. 또한, 19세기의 자유방임 국가와 비교하면서 20세기 국가를 묘사하는 의미로 사용되었다. 여기에는 결핍으로부터의 자유를 포함하는 사회적 권리에 대한 요구에 초점이 있었다.

복지국가 발전과정을 시행기(1870년대~1920년대), 정착기(1930년대~1940년대), 확장기(1950년대~1960년대), 재편기(1970년대 이후)로 구분하기도 한다(Heclo, 1981; 재인용, 宮本, 1999). 시행기는 복지국가의 준비단계로 관련 제도가 싹트는 시기이며, 정착기는 복지국가를 구성하는 제도가 조정, 통합, 정착된다. 확장기는 각 국가가 높은 경제성장의 상황에서 복지국가를 확장한 시기이다. 재편기는 저성장 경제가 나타나면서 재편의 방향성이 모색되기 시작한 시기이다. 경제발전 경로에 따르면 경제가 일정 수준을 넘어서면 대부분 저성장 경제로 진입한다. 현재 선진국으로 불리는 국가들은 재편기에 해당하는 과정에 있다고 할 것이다.

복지국가는 크게 두 가지 특징이 있다(西尾, 1990). 첫째, 국가가 국민에게 다양한 서비스와 재화를 제공하는 주체가 되었다는 것이다. 연금, 의료보조, 사회복지, 사회보험, 고용보험, 공적 부조, 그 외 복지 급여 등을 국가가 제공한다. 국가는 개인이 직면하는 다양한 위험을 방지하거나 조정하는 것을 담당한다. 둘째, 국가는 철도, 우편, 전력 등과 같은 공익사업을 직·간접적으로 운영한다. 국유기업은 저렴한 비용으로 국민에게 양질의 서비스를 제공한다. 그리고 최대 노동 시간 제한, 최저 임금제, 여성과 아동의 고용 제한 등 노동조건을 법적으로 규제한다.

복지국가에 관한 연구는 다양한 형태로 나타났다. 1960년대까지는 복지국가의 발전을 산업화나 경제성장 혹은 고령화 등 사회경제적 요인으로 설명하였다(宮本, 1999). 사회경제적 변화로 복지국가는 필연적으로 발전하며, 각 국가의 정치경제는 복지국가 방향으로 수렴한다고 보았다. 1970년대 중반부터는 정치적 요인에 주목하면서 복지국가 사이의 차이점을 분석하려는 연구가 늘어났다. 예를 들어 노동운동의 힘이 복지국가의 전개에 미치는 영향을 분석하였다. 노동운동이 정치적으로 큰 영향력을 행사하는 국가와 그렇지 못한 국가는 복지국가 제도에서 큰 차이가 있다는 것이다. 1980년대 이후 서구 복지국가 프로그램의 재편과 다양성을 역사적 제도론으로 설명하기도 한다(남궁근, 1999).

이러한 복지국가의 다양성과 관련하여 대표적인 논의는 자유주의, 보수주의, 사회민주주의 유형으로 구분하는 것이다(Esping-Andersen, 1990).

첫째, 자유주의적 복지국가는 자유주의의 영향력이 반영된 국가이며, 시장이 큰 역할을 한다. 개인의 자산조사에 기반한 부조(扶助), 그저 그런 보편주의적 소득 이전과 사회보험제도를 특징으로 한다. 국가에 생계를 의존하는 저소득 보호 대상자는 급부를 받는다. 그렇지만 수급 자격 규정은 엄격하고, 급부 금액 수준은 낮은 편이다. 그리고 전통적인 자유주의적 노동 윤리 규범이 강하게 작용한다. 빈곤은 충분하게 해결되지 않지만, 국가복지 수혜자 사이에서 빈곤은 상대적으로 평등하다. 미국, 캐나다, 오스트레일리아 등이 대표적인 국가이다.

둘째, 보수주의적 복지국가는 가톨릭 정당을 중심으로 한 보수주의 세력이 주도하였고, 가족의 역할을 강조한다. 보충성의 원칙에 근거하여 가족이 구성원을 부양할 능력이 소진되었을 때만 국가가 개입한다는 점을 강조한다. 예를 들어 사회보험은 전업주부를 배제하는 성향이 강하고, 가족 급여가 모성을 지원한다. 역사적으로 볼 때 조합주의적 국가주의 유산이 시대 변화에 맞게 개선된 모습이다. 오스트리아, 프랑스, 독일, 이탈리아 등이 대표적이다.

셋째, 사회민주주의 복지국가는 노동운동이 강한 주도권을 발휘하면서 형성된 국가이며, 정부의 역할이 크다. 노동계급과 중간계급이 이중으로 존재하는 구조를 묵인하지 않고, 최고 수준의 평등을 장려하는 복지국가를 추구한다. 가족에 대한 의존을 최대화하는 것이 아니라, 개인의 자립역량을 최대화하는 것을 이상으로 한다. 가족의 부조 능력이 소진될 때까지 기다리는 것이 아니라, 선제적으로 가족 비용을 사회화하는 것이 원칙이다. 스웨덴, 노르웨이 등이 해당한다. 국가가 통상적인 사회적 위험의 전 범위에 걸쳐 (포괄성) 모든 시민에게 (보편주의) 적절한 생활 수준을 확실하게 보장해주는 것이 진정한 복지국가라면, 사회민주주의 복지국가 유형이 여기에 해당한다.

그렇다면 지방정부는 복지정책을 적극적으로 추진할 수 있을까? 피터슨 (Peterson)의 주장을 중심으로 지방정부의 복지정책 추진 가능성을 이론적으로 살펴보자.

 쉬어가기 8-1. 탈상품화와 계층화

에스핑-앤더슨(Esping-Andersen)은 탈상품화와 계층화라는 개념을 핵심으로, 복지에서 국가, 시장, 가족이 서로 질적으로 다르게 배열되어 있다고 주장한다.

첫째, 탈상품화는 ⟨decommodification⟩의 번역어이다. commodification은 상업화, 상품화라는 뜻이다. 중세에 사람들의 생존능력을 결정한 것은 노동계약이 아니라 가족, 교회, 영주였다. 그런데 자본주의사회에서 노동자는 시장에서 노동력을 팔고, 그 대가로 받은 임금으로 생계를 유지한다. 노동력이 하나의 상품이 되었을 때, 노동시장에 참가할 수 없는 사람들의 생존권은 중요한 사회문제로 나타났다. 즉 노동자가 자신의 노동력을 시장에서 팔지 않고도 생존할 수 있는가이다. 탈상품화란 개인이나 가족이 (노동) 시장에 참가하는 것과 상관없이 사회적으로 용인될 수 있는 생활 수준을 유지할 수 있는 정도를 의미한다. 만약 사회지출이 확대되어 노동자가 시장 규칙에 종속되는 노동력 상품의 성격으로부터 자유로운 상태라면 탈상품화가 높다고 할 것이다.

탈상품화에 대해서 세 가지 종류의 제도를 구분할 수 있다. 첫째 유형은 명백한 극빈을 축으로 하여 자격을 부여하는 것이다. 가장 중요하게 고려되는 것은 자산·소득조사에 따른 자격 제한과 관대한 급부금이다. 둘째 유형은 노동 성과에 기초하여 자격을 부여한다. 여기서 권리란 노동시장 진입과 재정적 기여를 명백한 조건으로 보험통계주의 논리를 따른다. 셋째 유형은 시민권이라는 보편적 권리를 따른다. 수급 자격은 빈곤이나 노동 성과의 정도와는 무관하게 그 나라의 시민이라는 점과 장기간 거주했다는 것에 기반한다.

둘째, 계층화는 〈stratification〉의 번역어이다. 중세처럼 엄격한 계급제는 아니지만, 현대사회에도 계층제가 있다. 정책은 사회에 존재하는 계층 틀이 만들어지는 방식에 영향을 준다. 예를 들어, 자유주의적 교의에 따르면 시장에서 산출된 계층화의 결과를 국가가 변경할 근거는 없다. 계층화는 노력, 열의, 숙련도, 자립성을 반영하기 때문에 정당하다. 계층제에서 하층에 속한 집단은 낙인이 찍히는 구제에 주로 의존하고, 중간층에 속한 집단은 사회보험의 주요 고객이 되고, 특권층 집단은 시장에서 자신의 주요 복지를 끌어낸다. 반면에 사회민주주의자들은 중간계급 수준의 보편주의로 나아가는 길을 닦아 놓았다. 보편적 자격 부여와 고소득층의 등급별 급부를 결합하여, 복지국가의 급부금과 서비스를 중간계급의 기대에 맞추는 방식으로 이루어졌다. 그 결과 사회적 시민으로서의 평균적 노동자들은 상승이동을 경험했다. 그리고 일부 국가에서는 국가가 특정 신분의 특권을 인정하거나 일부 집단이 다른 집단의 사회 입법 참가를 거부하면서, 수많은 신분별 사회보험제도를 구축하는 전통이 출현했다. 각각은 고유한 규정, 재정, 급부 구조가 있고, 그에 어울리는 수혜자의 상대적 신분 지위를 명시했다.

그림 8-1 ┃ 에스핑-앤더슨의 복지국가 유형

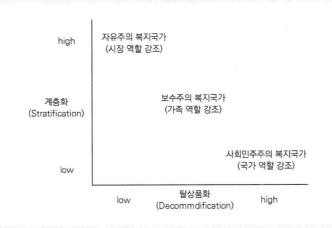

제8장 복지와 지방자치: 복지는 누가 해야 하나요?

2. 피터슨 모형(Peterson Model)

피터슨은 미국의 지방정부를 사례로 들면서 도시가 복지과 같은 재분배 정책을 열심히 추구하기 어렵다고 주장한다. 저서(『City Limits』)의 제목이 은유적으로 표현하듯이 지방정부는 지리적인 경계가 있고, 할 수 있는 일에 한계가 있다. 그것은 지방정부가 중앙정부와 달리 아주 제한된 범위에서만 권력을 행사할 수 있기 때문이다.

도시란 무엇인가? 미국에서 도시(City)는 지방정부로 인준된 2,500명 이상의 인구를 가진 도회지로, 시장(Mayor)에 의해 통치되는 행정단위를 말한다(제2장 참조). 따라서 피터슨이 말하는 도시는 지방정부를 뜻한다고 볼 수 있다. 다만 로스앤젤레스 도시라는 말을 들었을 때와 LA 지방정부라고 할 때의 느낌은 완전히 다르다.

도시는 사회적 상호작용이 구조화된 사회 시스템이다(Peterson, 1981). 보통 시스템은 특정한 방식으로 서로 연결된 부분들의 총체를 말한다. 달리 말하면, 시스템을 구성하는 각 요소가 상호관계로 연결된 집합이라고 할 수 있다. 허허벌판에서 새롭게 도시가 만들어지는 과정을 상상해보면 좋을 것이다. 예를 들어, 로스앤젤레스는 1920년대 자동차 보급을 토대로 넓은 토지를 구획화하며 등장한 도시이다(박진빈, 2016). 로스앤젤레스라는 도시는 자동차 보급을 배경으로 한 도심 건설, 고속도로와 도시 확장, 자연환경의 변화, 아시아계 이민자의 등장 등이 어우러진 결과이다.

사회적 구성물로써 도시는 이익(Interests)이 있다. 노동조합, 회사, 정치인 등이 이익을 가지듯이 도시도 이익이 있다. 그렇다고 도시 이익이 해당 도시에 사는 개인의 이익을 모두 합한 것은 아니다. 전체적으로 도시의 경제적 지위, 사회적 명성, 정치적 권력을 유지하거나 강화하는 정책이 있다면, 그러한 정책을 도시의 이익이라고 부를 수 있다.

학교 시스템을 생각해 보자. 학교 시스템은 사회적 행위의 구조화된 형태이다. 학교는 다양한 구성원이 있고, 구성원들은 서로 다른 이해관계를 가지고 협동하며 때로는 충돌한다. 그렇지만 학교의 물질적 자원, 명성, 정치적 권력을 높이는 정책이나 일은 학교의 이익이라고 할 수 있다. 정부가 지원하는 사업에 선정되면 학교 시스템의 물질적 부유함, 사회적 명성이 높아진다. 이러한 사업에 선정되는 것은 학교의 이익이다.

그런데 도시는 특정한 지리적 공간을 차지한다. 도시가 어디에 위치하는가는 사회적 상호작용에 영향을 주고, 도시는 그러한 상호작용으로 구성된다. 물론 도시는 수많은 구성원이 있고, (마치 학교와 비슷하게) 수행되는 사회적 역할은 다양하며 다툼이 있다. 그렇지만 사회적 역할은 특별한 공간에서 발생하며, 그러한 공간은 해당 지방정부의 권한 안에 있다. 그래서 해당 지역의 복리에 영향을 주는 정책은 도시의 모든 구성원의 이익이다. 해당 지역의 매력을 높이는 정책은 도시의 이익이 된다.

결국 도시는 경제, 사회, 정치 등의 부문에서 자신의 위상을 높이려고 노력한다. 특히 도시는 시장에서 차지하는 그들의 위상을 높이려고 한다. 경제적 활동이 이루어지는 장소로서의 매력을 높이려고 한다. 따라서 도시는 토지, 노동, 자본 등 생산요소를 효율적으로 사용해야 할 필요성이 높아진다.

세 생산요소 중에서 토지는 도시가 통제할 수 있는 요소이다. 동시에 도시는 토지라는 자원에 묶여 있는 존재이기도 하다. 주민은 이동할 수 있지만, 도시는 그 토지를 벗어날 수 없다. 도시가 토지를 어떻게 활용하는가에 따라서 도시의 미래는 바뀔 수 있다. 따라서 도시는 자본과 (높은 생산성을 지닌) 노동력을 자신의 지역에 끌어들이려고 한다. 지방정부가 대기업 투자를 유치하기 위해 세금을 감면하는 사례를 종종 발견할 수 있다.

그렇지만 지방정부는 노동과 자본 등의 생산요소를 통제할 수 있는 능력이 제한된다. 중앙정부와 달리 지방정부는 노동과 자본의 흐름을 통제할 수 있는 규제 권한이 없다. 즉 경제적 발전을 통제할 힘은 제한된다. 지방정부는 그들의 경제적 위상을 극대화하기 위해 다른 지방정부와 경쟁한다. 제한된 범위 내에서 도시의 이익을 극대화하려고 노력한다.

이때 지역 정부의 지도자들은 그들의 공동체의 경제적 이익에 민감하다. 첫째, 경제적 번영은 지방정부의 재정 기반을 보호하는 데 필요하다. 지역의 자원에 대한 세금과 공공요금은 지방정부 세입의 중요한 부분이다. 둘째, 좋은 정부는 좋은 정치라고 할 수 있다. 지방 정치가는 지방 공동체의 경제적 번영에 공헌하는 정책을 추진하고자 하며, 자신의 정치적 유리함을 높이는 정책을 선택한다.

지역의 정치가들은 광범위한 이익을 가지는 목표를 추진하려고 한다. 경제적 성장과 번영보다 더 인기 있는 정책은 거의 없다. 셋째, 지역의 공직자들은 공동체의 번영과 쇠락에 관한 책임을 느낀다. 공동체의 경제적 번영이 유지되지 못하면, 지역 기업은 고통받고, 노동자들은 고용 기회를 잃을 것이고, 문화적 삶은 퇴색할 것이며, 도시의 토지 가격은 내려갈 것이라는 점을 잘 알고 있다. 이러한 미래의 재앙을 피하려고, 공직자들은 그들의 공동체의 번영을 도울 수 있는 정책을 발전시키려고 노력한다.

이러한 상황에서 지방정부가 수행하는 정책은 세 유형이 있다. 개발정책, 재분배 정책, 할당 정책 등이다.

첫째, 개발정책은 도시의 경제적 위상을 높이는 정책이다. 지역공동체의 복지를 위해 사용될 수 있는 부가적 자원을 만들어내고, 지역 경제를 강화하고, 지역의 재정 기초를 강화한다. 주민이 부담하는 비용보다 경제적 성과가 더 크기 때문에 지역 경제를 활성화할 수 있다. 개발정책이라고 해서 기업이나 산업을 지역에 유인하는 정책수단만 생각할 필요는 없다. 예를 들어 지역의 좋은 학교가 해당 지역을 매력적인 장소로 바꿀 수 있듯이 개발정책에는 여러 수단이 있다.

둘째, 재분배 정책이다. 여기서 재분배 정책이란 해당 지역의 부유한 사람으로부터 가난한 사람으로의 부의 이전을 의미하고, 동시에 지역 경제에 부정적 효과를 주는 정책을 의미한다. 재분배 정책은 도움이 필요하거나 불우한 사람을 도와주며, 모든 시민이 공공서비스에 공정하게 접근할 기회를 제공한다. 따라서 재분배 정책의 필요성은 강조되며, 관련 정책은 지방정부 조례 등에 포함된다. 그렇지만 재분배 정책은 상대적으로 적은 세금을 내는 사람에게 더 많은 서비스를 공급하는 것이며, 이는 더 생산적인 사람에게 비용을 더 요구하는 것을 의미한다.

셋째, 할당 정책이 있다. 위에서 말한 개발정책도 재분배 정책도 아닌 정책을 의미한다. 소방, 쓰레기 수집과 재활용 등이 해당하며, 공동체의 모든 구성원이 혜택을 본다. 각 개인이 이러한 서비스에 부여하는 가치는 다르지만, 모두 중요한 이익을 얻는다. 게다가 이러한 서비스는 더 부자인 세금 부담자에게 가치를 인정받을 것이다. 보호가 더 필요한 자원을 많이 가지고 있기 때문이다. 정치적 거래가 정책에 영향을 주며, 그러한 거래는 다원주의의 모습을 띤다.

표 8-1 | 피터슨의 정책 유형

정책 유형	개념
개발(Developmental)정책	도시의 경제적 위상을 높이는 정책
재분배(Redistributive) 정책	저소득 거주자에게 이익을 주지만 지역 경제에 부정적 영향
할당(Allocational) 정책	위의 두 영역에 해당하지 않는 정책. 경제적 효과는 중립적

그렇다면 지방정부가 세 유형의 정책을 공급할 때 영향을 주는 요인은 무엇인가? 그것은 재정 역량, 서비스 공급 비용, 서비스 수요 등이다. 개발정책을 위한 재정적 지원의 양은 개발정책의 경제적 수요에 의해 결정된다. 예를 들어 관광객을 필요로 하는 도시는 관련 서비스에 더 많은 지출을 할 것이다. 지역 경제를 약화하는 재분배 정책은 도시가 감당할 수 있는 수준에서만 제공될 것이다. 할당 정책은 도시 성장에 큰 영향을 주지 않는다. 그래서 제공되는 수준은 재정역량, 서비스 공급 비용, 경제적 수요의 함수와 관련이 있다.

결과적으로 도시의 이익을 증진하는 데 도움이 되는 개발정책은 주민의 동의를 받기 쉽다. 반면에 재분배 정책은 열심히 하기 어렵다. 물론 뉴욕과 같은 일부 도시에서는 구조적 제약이 있음에도 복지정책을 추진하였다. 그렇지만 뉴욕은 일탈적인 사례에 해당하며, 결국에는 재정적으로 어려움에 직면하면서 일반적인 패턴으로 회귀하였다.

복지정책의 성격을 가진 재분배 정책은 지방정부가 감당하기 어려운 영역이다. 시가 도움이 필요한 시민을 위한 서비스를 확장한다면, 가난한 사람들을 위한 거주지로서의 매력을 높이게 된다. 다른 조건이 같다고 가정하고, 그러한 정책을 일관되게 추구하는 지방정부는 파산으로 이어진다. 그래서 지방정부는 재분배 정책에 대한 유혹을 견딘다. 지방정부를 대신하여 연방정부가 재분배 정책의 많은 부분을 담당해야 한다.

쉬어가기 8-2. 이중국가 모형과 복지

피터슨에 따르면 지방정부가 복지정책을 적극적으로 결정·집행하기 어렵다. 반면에 이중국가 모형을 제시하는 손더스(Saunders, 1981)의 논의에 따르면 지방정부는 복지 분야에 적극적이다. 양자의 차이는 어디에서 오는 것일까? 손더스의 주장을 살펴보자.

서구 사회에서 자본주의 발달과 함께 경제적으로 이중 구조가 형성된다. 과거와 달리 생산과정과 소비과정이 각기 별개의 영역을 이루며, 대등한 위치를 차지한다. 이러한 경제적 이중 구조는 생산의 정치와 소비의 정치라는 정치의 이중적 구조를 낳는다(장세훈, 1991). 생산의 정치는 사적 소유의 원칙을 고수하고 원활한 자본축적을 통해 민간 부문의 수익성을 높이고자 한다. 그리하여 계급으로 분할된 자본과 노동이 조합주의적 정치원리에 따라 상호 갈등하는 형태로 전개된다. 반면 소비의 정치는 시민권 보장을 목적으로 계급적 기반과는 무관하게 다양한 이익집단이 다원주의적 정치원리에 따라 상호 경쟁적 관계를 이루면서 이루어진다.

소비과정에서 개인은 개인적 통제력과 자율성을 지닐 수 있다. 그리고 개인의 재산(Domestic property)을 소유하고 이용하는 문제는 도시지역이라는 공간적 단위에서 나타난다. 지방자치가 발달한 국가는 지방정부가 이러한 문제를 처리하는 권한을 지닌다. 따라서 지방정부 차원에서 일상에서의 소비 수단을 중심으로 사회적 관계가 맺어진다. 이는 전국적인 차원의 노동운동을 포함한 계급정치와 차원을 달리하며, 도시정치가 나타나는 배경이다.

도시정치에서 지방정부는 사회 소비(Social consumption)와 관련된 정책을 담당한다. 이는 지방정부가 주민에 대한 투자나 서비스 제공이라는 형태로 이루어지며, 사회적·물질적으로 임금 노동자(Working population)를 지원하는 정부 지출이다. 지역에서는 이러한 지출을 둘러싸고 경쟁적인 정치 투쟁의 모습이 나타난다. 반면에 중앙정부는 사회 투자(Social investment)에 치중한다. 사회 투자 정책은 중앙정부의 기능이며, 생산성 향상을 목적으로 한다.

이중국가 모형은 영국의 시대적 상황을 배경으로 한다. 대처 정권이 중앙정부 수준에서 복지국가의 해체를 시도할 때, 노동당 좌파가 장악한 지방정부는 중앙정부와 다른 정책을 전개하였다. 지방정부와 중앙정부의 다툼이라는 현실정치의 전개하에서 어느 정도 설득력이 있었다.

그러나 영국에서도 이중국가론 모형은 상당한 비판을 받았다(秋月, 2001). 첫째, 결정론에 기울어 중앙과 지방의 리더의 정치적 전략 등의 연구를 무시하고 있다는 것이다. 국가와 사회의 관계 그 자체에 초점을 둔 나머지 중앙·지방을 포함한 공공부문 내부의 조직이나 전략을 소홀하게 다루었다. 둘째, 자본주의 국가의 공공지출을 이분법으로 접근하는 것의 타당성에 관한 의문이다. 교육정책은 개인의 교양을 높여 사회에서 생활의 질을 높인다는 의미에서 사회 소비의 요소를 지닌다. 동시에 노동력의 질을 높여 생산성을 개선한다는 의미에서는 투자의 요소를 가진다. 셋째, 현실에서는 단순한 기능분화가 나타나지 않는다는 점이다. 예를 들어, 산업정책 등의 사회투자(피터슨의 용어로는 개발정책)에서도 지방정부는 중요한 역할을 하고 있었다. 또한 전국 기준에서 중앙정부가 시행하는 사회보장 프로그램이 존재하고 있었다.

표 8-2 ▌ 도시문제의 요소

개념적 기준	도시 관점	관계 관점
주요 기능	사회 소비	사회 투자
이익 중개 유형	경쟁적 정치	조합주의 정치
집행 수준	지방정부	지역·중앙 정부

출처) Saunders(1981)의 <표 2>의 내용 일부.

지방정부의 복지정책 비교

복지정책은 사회적으로 보았을 때 정부의 원조가 필요하다고 보이는 사람들을 돕도록 설계되는 정책이라고 할 수 있다(西山, 2004). 고령자, 어린이, 장애인, 실업자, 빈곤자 등 소수의 사람에게는 도움이 필요하다고 가정한다. 물론 필요의 판단기준은 사회규범, 시대에 따라 변한다. 아래에서는 세 국가의 지방정부의 복지정책을 살펴보고, 지방정부가 복지와 관련하여 펼쳐야 할 정책을 탐색한다.

1. 한국

한국에서는 복지와 관련하여 지방자치단체가 하는 일이 없다는 의견과 상당히 크다는 의견이 혼재되어 있다. 이러한 상반된 의견 차이는 어디에서 유래하는 것일까? 먼저 지방자치단체의 사회복지와 관련된 실태를 살펴보자.

지방자치단체는 사회복지에 많은 예산을 투입한다. 지방자치단체가 지출하는 예산 항목 중에서 가장 큰 몫을 차지하며, 2021년 기준으로 사회복지에 총 80.4조를 지출하였다. 이는 지방자치단체 전체 세출예산의 31%에 해당한다(<그림 8-2> 참조). 2008년 지방자치단체의 전체 세출에서 사회복지 지출이 차지하는 비중은 17.9%였고, 이를 2012년의 사회복지에 투입된 예산 규모 30.9조(원)와 비중 20.5%과 비교하면 복지지출의 증가 경향을 알 수 있다(최성은, 2013).

그림 8-2 ▌ 2021년도 지방자치단체의 분야별 지출 현황.

(단위: %)

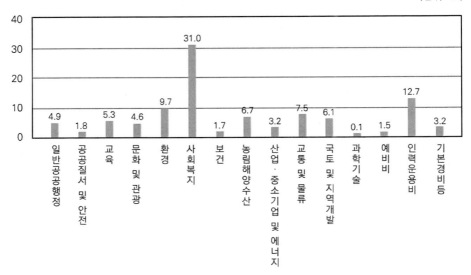

출처: 행정안전부(2021a: 8).

전체 예산에서 사회복지예산이 차지하는 비중을 기초 및 광역으로 세분화해서 살펴보면, 특별시·광역시가 35.9%, 도는 38.6%, 구는 55.7%, 시는 30.8%, 군은 21.5%를 차지한다(김이배, 2021). 그렇다면 지방자치단체의 복지정책은 구체적으로 어떠한 분야이며, 어떻게 이루어질까?

복지정책은 공공부조, 사회보험, 사회서비스로 구분하여 논의한다. 이러한 구분을 따를 때, 지방자치단체는 공공부조와 사회서비스 영역을 담당한다. 이때 국고보조사업 등을 통해 중앙정부와 공동으로 재정을 부담하고 지방자치단체가 집행을 담당하는 형태가 있고(허만형·김은경, 2018), 지방자치단체가 자체 사업을 통

그림 8-3 ▌ 한국의 복지정책 유형

해 복지정책을 결정·집행하는 형태가 있다(윤성원·양재진, 2019).

첫째, 국고보조사업을 통해 복지사업이 이루어지는 형태를 살펴보자.

국고보조사업은 지출 경비의 일정 비율을 보조하는 정률 보조 방식으로 이루어진다. 사회복지 분야의 국고보조사업은 국고, 시·도 지원, 시·군·구가 경비를 분담하는 형태가 가장 많다(윤성원·양재진, 2019). 이때 지방자치단체가 담당하는 사회복지서비스의 내용과 방향은 중앙정부가 국고보조사업(중앙정부가 지출 경비의 일부분을 보조)을 통해 결정한다. 중앙정부가 국고보조사업의 중요 사항을 결정하기에 지방자치단체는 사업과 관련하여 결정권이 없다는 한계가 있다.

물론 지방자치단체는 복지사업 외에도 중앙정부의 보조를 받아 진행하는 사업이 많다. 2020년 기준으로 볼 때 지방자치단체 전체 예산의 43.5%는 중앙정부의 보조였다(김연준 외, 2021). 그렇지만 지방자치단체의 사회복지지출로 한정하면 국비가 차지하는 비중은 훨씬 크다. 예를 들어, 지방자치단체의 사회복지지출에서 국비가 차지하는 비중은 2009년 52.1%, 2014년 54.5%, 2020년 55.8%로 계속 증가하고 있다. 금액으로 환산하면 2021년 기준으로 지방자치단체는 사회복지 사업에서 48.39조(원)의 국고보조금을 받았다. 지방자치단체의 사회복지사업은 중앙정부의 보조사업과 연관되어 있다고 할 수 있다.

다음으로 사회복지에 관한 내용을 기초자치단체로 한정해서 살펴보자. 사회복지지출로 사회복지사업을 추정할 때, 2018년 기준으로 지방자치단체의 사회복지사업은 9만 4,240개이다. 여기에서 기초자치단체는 9만 4,072개의 사업을 집행한다(최정은 외, 2020). 기초자치단체가 복지정책 집행에서 핵심적 행위자임을 알 수 있다. 그렇지만 기초자치단체가 수행하는 사회복지사업에서 국고보조사업에 의존하는 규모는 78.2%에 달한다. 지방자치단체의 사회복지사업에서 국고보조사업이 차지하는 비중을 고려하면, 기초자치단체의 사회복지사업은 국고보조사업의 비중이 상당히 크다는 것을 알 수 있다(<표 8-3> 참조).

표 8-3 ┃ 2018년 기준 기초자치단체의 사회복지지출 재원과 지출 규모

(단위: 원)

재원	지출 규모	지출 형태	지출 규모
국고 보조	37조 8,979억	현금	20조 9,292억
광역자치단체	7조 1,007억	현물	24조 5,832억
지초자치단체	3조 4,225억	적극적 노동시장	2조 9,087억
총액	48조 4,212억	총액	48조 4,212억

출처: 최정은 외(2020, 282; 284)의 내용을 토대로 작성.

표 8-4 ┃ 기초자치단체의 자체 사업 유형과 현금 급여의 지출 규모

(단: 원)

지출 형태	지출 규모	현금 급여의 주요 내용	지출 규모
현금	1,848억	가족 보육	940억 (50.9%)
현물	2조 9,202억	유족 지원	632억 (34.2%)
적극적 노동시장	3,173억	기타 사회정책·공공부조	113억 (6.1%)
총액	3조 4,225억	노령 지원	92억 (5%)

출처: 최정은 외(2020)의 <표 2>와 <표 3>의 내용을 토대로 작성.

둘째, 지방자치단체는 자체 사업을 통해 복지정책을 추진하기도 한다. 예산을 편성하고 자체적으로 맞춤형 복지전달체계를 운영한다. 광역자치단체는 자체적으로 사업을 집행하거나, 기초자치단체에 광역보조금을 제공하여 복지사업을 집행한다. 기초자치단체도 자체적으로 예산을 편성하여 복지사업을 진행한다. 지방자치단체가 자체적으로 결정·집행하는 복지사업을 기초자치단체에 한정해서 살펴보면, 그 규모는 전체 사회복지사업의 7.1%인 약 3조 4천억 원이다(<표 8-3> 참조).

사회복지지출이 이루어지는 형태를 현금 급여, 현물 급여, 적극적 노동시장 급여로 구분할 때, 기초자치단체가 자체적으로 시행하는 사회복지사업은 현물 급여가 가장 높은 비율을 차지하고 있다(85.3%)(<표 8-4> 참조). 반면, 국고보조 사업을 포함하여 기초자치단체가 집행하는 복지사업은 현물 급여(50.8%)와 현금 급여(43.2%) 사이에 큰 차이가 없다(<표 8-3> 참조).

셋째, 지방자치단체는 지역사회보장계획을 기본으로 자체 사회복지사업을 수행한다.

중앙정부는 「사회보장기본법」에 따라 5년마다 사회보장에 관한 기본계획을 수립한다. 지방자치단체는 같은 법 제19조와 「사회보장 급여의 이용·제공 및 수급 절차 발굴에 관한 법률」(약칭, 사회보장급여법) 제35조에 따라 4년마다 지역사회보장에 관한 계획(약칭, 지역사회보장계획)을 수립한다(윤성원·양재진, 2019). 그리고 매년 지역사회보장계획에 따라 연차별 시행계획을 수립하며, 이때 「사회보장기본법」의 기본계획과 연계하도록 하고 있다. 예를 들어, 2022년에는 제5기(2023년~2026년) 지역사회보장계획이 수립되었다.

지역사회보장계획은 돌봄-아동, 돌봄-성인, 보호, 안전, 건강, 교육, 고용, 주거, 문화-여가, 환경, 총괄 등 다양한 정책 영역을 포함한다. 이는 2015년에 「사회보장급여법」이 제정되면서 사회복지·보건의료 중심의 지역사회복지계획이 교육·고용·주거·문화 등을 포괄하는 지역사회보장계획으로 확대된 결과이다(강혜정 외, 2018). 2003년 7월 「사회복지사업법」 개정으로 기초자치단체는 지역사회복지계획을 수립하는 것이 의무이다.

지역사회보장계획은 각 정책 영역별로 비전을 설정하고, 비전에 맞는 전략을 설정한다(강혜정 외, 2018). 그리고 전략을 달성하기 위한 세부 사업을 기획한다. 기획 단계에는 전략을 달성하기 위한 사업 대상, 사업 내용, 사업 주체를 결정하고, 성과지표를 설정하는 것이 중심이 된다. 그리고 기획 단계에 지역사회보장협의체가 적극적으로 참여하며, 지역의 사회복지 관련 이해관계자들은 정책을 형성하는 과정에 참여한다. 사업이 기획된 이후에는 재정계획과 행정계획을 수립한다.

🖥️ 쉬어가기 8-3. 저부담·저복지 국가와 노인 돌봄 제도

한국을 다른 국가들과 비교하면 저부담·저복지 국가에 해당한다(국회예산처, 2021). 우선, 국민부담률(조세와 사회보장기여금이 GDP에서 차지하는 비율)이 OECD 평균보다 낮다. 2018년 기준으로 국민부담률은 26.7%(조세부담률 19.9% + 사회보장부담률 6.8%)이다. 또한, GDP 대비 공공사회복지지출 비중도 적다. 공공사회복지지출은 정부의 직접적 지출을 의미하며, 국가 사이의 공공사회보장 수준을 비교할 수 있는 대표적 지표이다. 2019년 기준, GDP 대비 공공사회복지지출 비율은 12.2%이며(OECD 평균 20.0%), OECD 회원국 중에서 35위였다.

1990년 이후 30년 동안 공공사회복지지출 비율의 변화를 보면 연평균 5.6% 증가하였다. 사회보험제도(국민연금, 건강보험 등) 정착, 저출산·고령화, 다양한 복지 수요 요구로 공공사회복지지출이 증가하였다. 특히, 보건 영역의 지출 비중이 크다. 보건 영역은 의료 및 예방 등 공공 보건을 주요 내용으로 하며, 의료서비스, 공공 보건 서비스, 입원환자 요양 서비스, 보조 의료서비스, 의약품 지급 등을 예로 들 수 있다.

앞으로 고령자의 증가는 공공사회복지지출의 규모를 더욱 확대할 가능성이 있다. 한국은 2008년부터 노인 돌봄 제도를 시작하였다. 돌봄이 필요한 고령자 비율 증가, 핵가족 현상의 진행과 여성의 사회진출 증가 등으로 가족을 통한 노인 돌봄의 한계, 돌봄을 목적으로 한 고령자의 의료비용 증가 등이 제도 도입의 주요 배경이었다. 국가가 최종 책임자이며, 보건복지부가 기본계획의 수립, 관련 정책 입안, 각종 기준 설정 등을 담당한다(增田, 2008).

노인 돌봄과 관련하여 지방자치단체는 노인 돌봄의 보험자인 국민건강보험공단을 지원하는 역할을 한다. 구체적으로는 노인 돌봄 급여 기관의 정비와 설립 지원, 노인 돌봄 서비스 사업소의 신고 수리와 부정 청구서 등의 행정감사와 행정처분, 돌보미(Helper) 양성 기관의 지도·감독과 돌보미 자격 관리, 노인 돌봄 대상자의 대리 신청, 노인 돌봄 판정위원회 참여, 노인 돌봄 예방 사업, 노인 돌봄 급여비 지원, 노인성 질환 예방 사업 등이다.

지방자치단체는 국가와 함께 재원의 일부를 부담한다. 노인 돌봄 제도의 재원은 이용자의 자기 부담이 15%~20%, 국고 부담이 20%, 보험료가 60%~65%로 구성된다. 이용자가 시설을 이용할 때는 20%, 재택일 때는 15%를 부담한다. 다만, 이용자가 저소득층이면 자기 부담의 50%, 생활보장대상자라면 자기 부담의 전액을 지방자치단체와 국가가 부담한다. 국고 부담 20%에서 국가와 지방자치단체의 부담 비율은 명확하게 설정되어 있지 않다. 국고 부담과 관련하여 국가는 매년 예산의 범위 내에서 100분의 20에 해당하는 금액을 국민건강보험공단에 지원한다는 규정이 있을 뿐이다. 그리고 보험료는 20세 이상의 국민이 내는 건강보험료의 4.05%의 부담으로 구성된다. 지방자치단체의 재정 격차 등의 이유로 노인 돌봄 보험의 보험자는 국민건강보험공단이다.

2. 미국

미국에서 사회복지는 기본적으로 개인의 몫이다. 개인이 제 역할을 다하지 못하는 특별한 때 국가가 복지에 개입한다(김덕호, 1997). 복지는 국민이 실업이나 질병 등으로 물질적으로 어려운 시기에 국가에 요구할 수 있는 권리가 아니라, 게으름과 도덕적 허약함의 표상으로 간주한다.

19세기에는 빈곤자를 돕기 위해 교회 중심의 민간 자선단체가 등장하였다. 1935년 이전까지 자유주의 사상에 기초하여 연방은 사회보장을 책임져야 할 의무가 없었다. 사회보장은 주정부의 재량으로 수행되었다. 그러나 대공황에 따라 실업과 빈곤이 심각한 사회문제로 등장하고, 주정부의 재정이 열악해지면서 연방정부가 복지에 적극적으로 개입하게 되었다(홍석한, 2020).

미국의 복지제도는 사회보장(Social security)과 공공부조(Public assistance)의 이원적 구조로 형성되어 있다. 사회보장법(Social Security Act, 1935년)은 두 개의 주요 사회복지 프로그램을 만들었으며, 이원적 구조형성에 결정적 역할을 하였다(백종현, 2007).

첫째, 고령보험과 실업보험을 포함한 사회보험이다. 사회보험은 노동자와 그들의 가족을 위한 공적 기금을 모으는 계획이었으며, 은퇴 및 무능력 등으로 일을 할 수 없을 때 또는 사망했을 때 경제적 자원을 제공하는 것이 주요 목적이었다. 연금을 통해 고령자, 실업보험을 통해 실업자 등의 구매력을 부여한다는 수요 창출 정책의 의미도 있었다. 사회보험은 그 대상이 노동자에서 점차로 가족, 자영업자, 농민 등을 포괄하면서 보편적인 내용으로 변화되었다(広井, 1999).

둘째, 공공부조는 65세 이상의 노인, 보호가 필요한 아동, 시각장애인 등을 돕는 것이다. 일정 수준 이하로 수입이 떨어져 가난에 직면한 사람들을 정부가 돕는 제도였다. 세금을 통해 사업이 집행되기에 공공성을 띠지만, 지원은 일시적으로 곤란한 자에게 도움을 주는 것이었다.

예컨대 아동 부양 세대 부조(Aid to Families with Dependent Children: AFDC, 1963년~1995년) 사업은 부모의 재정적 여건이 열악한 상황에서 아동을 양육하는 세대에 현금을 지급한다. 즉, 가장 역할을 기대할 성인 남성이 없고 부양이 필요한 아동이 있는 가족에 현금 급부를 하는 연방 프로그램이다. 구체적인 사업 집행은 기본적으로 주정부에 맡겨지며, 사업의 운영방식은 주에 따라 다르다. 예를 들어 사업 운용은 지방정부가 하고, 연방에서 받는 보조금을 제외한 액수를 주정부와 지방정부가 분담한다. 일할 능력이나 의욕이 없는 사람들과 그 가족에 안전망을 제공하고, 경멸적인 의미를 포함하여 Welfare라고 불리는 경우가 많았다(西山, 2004).

미국 사회보장법의 가장 큰 특징은 빈민과 빈민이 아닌 사람들을 차별하고, 분담금을 본인이 낸다는 점과 공공부조에 대한 거부감이다(김덕호, 1997). 이러한 구분은 미국에서 Welfare라는 개념의 범위와 사회적 인식에 영향을 주었다. 미국에서 Welfare는 부정적인 의미를 지니며, 공공부조와 동의어로 쓰이는 경우가 많다.

그림 8-5 | 미국 복지제도의 기본 구조 예시

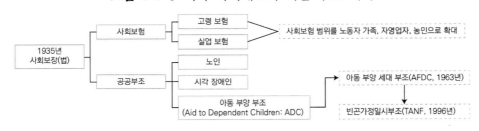

1935년 사회보장법 이후 1960년대 '빈곤과의 전쟁' 등의 시기를 지나면서, 미국의 복지체계는 중앙집권적 성격을 띠게 되었다(홍석한, 2020). 그런데, 1980년대 레이건 행정부와 부시 행정부를 거치면서 포괄보조금(Block grant) 방식의 프로그램이 크게 확대되는 등 복지의 분권화 경향이 강화되었다. 레이건 행정부는 연방정부의 책임과 권력을 주와 지방으로 옮기는 것, 민간 부문에 사회복지 서비스 제공을 위탁하는 것 등을 목표로 설정하였다. 1990년대 중반에는 사회복지서비스 축소와 연방정부의 지원으로부터의 변화가 추진되었고, 1996년 8월 성립한 개인 책임과 근로 기회 조정법(The Personal Responsibility and Work Opportunity Reconciliation Act of 1996: PRWORA) 등의 복지개혁은 '복지에서 근로(Welfare to Work)'를 연방정부 복지정책의 기본방침으로 하였다. 특히, 법이 시행됨으로써 AFDC를 대신하여 빈곤가정일시부조(TANF)가 공공부조의 핵심이 되는 복지의 새로운 변혁이 시작되었다.

빈곤가정일시부조 프로그램은 복지 체제의 분권화라는 측면에서 큰 변화로 볼 수 있다(홍석한, 2020). 그 특징은 첫째, 복지프로그램을 개발하고 실행하는 권한을 각 주에 부여하고 있다. 수급 대상자의 선정, 프로그램 내용, 실행 조직 등에서 상당한 재량권을 부여하고 있다.

둘째, 포괄보조금 형태의 재정지원을 통해 각 주가 재정 운영에서도 재량권을 행사할 수 있다. 연방은 주정부가 프로그램을 운영하는데 필요한 예산을 포괄보조금으로 지급함으로써 항목 상호 간에 예산 사용 변경, 성과에 따라 보조금의 용도 변경 및 다음연도로 이월하여 사용할 수 있다. 다만, 기본적인 요건을 준수하지 않거나 성과가 없을 때는 보조금 축소의 재정적 불이익을 감수하고, 적자 부분은 주정부 예산으로 부담한다.

셋째, 연방정부의 기준과 주정부의 재량이 조화를 이루고 있다. 주정부는 프로그램의 내용을 구체적으로 선택할 수 있는 재량이 있지만, 수급 기간의 제한, 근로활동 참여 강제 및 최소참여율 준수, 프로그램 운영 계획의 보고 등 절차와 내용 측면에서 연방이 제시한 기준을 준수해야 한다.

넷째, 주정부의 프로그램 개발 및 실행 과정에 대한 연방정부의 권한이 축소되었다. 프로그램의 특징을 요약한 계획보고서를 제출하고, 성과에 대한 보상 관리를 통해 효율적·효과적 프로그램의 개발 및 운영을 끌어내는 방식이다.

미국의 복지제도는 연방정부 중심에서 주정부 중심으로 변화하고 있다. 미국에는 한국의 생활보호제와 같이 연방정부에 의한 포괄적인 공적부조제도가 없다. 고령자, 장애인, 아동 등 대상자에 따라 각 제도가 분립하고 있다. 또한 주정부의 자체적인 제도도 존재한다.

🖥 쉬어가기 8-4. 미국의 노인 돌봄 제도

미국 노인 돌봄 제도에서 Medicare(Medical+Care)와 Medicaid(Medical+Aid)는 중요한 역할을 한다. 두 제도를 통해 노인 돌봄 서비스를 받을 수 있기 때문이다.

우선, Medicare는 65세 이상의 노인을 대상으로 연방정부가 운용하는 공적인 의료보험제도다. Part A(입원 의료비), Part B(외래 진료비), Part C(Part A·B·D에 상응하는 서비스를 Managed Care에 위탁하여 제공하는 것), Part D(외래 약제 급부) 등으로 구성된다(增田, 2008). 'Part A'의 주요 재원(86%)은 고용주와 피고용자가 공동으로 부담하는 Medicare Payroll Tax다. 고령자 본인 또는 배우자가 최저 10년간 근로하고, Medicare Payroll Tax를 부담하였다면, 65세 이후부터 Part A의 수급자격이 생긴다. Part B의 주요 재원은 가입자의 보험료(21%)와 연방정부의 일반 세입(76%) 등이다. Medicare에 따른 노인 돌봄 서비스는 퇴원 후의 돌봄(care) 등 의료에 관련된 경우에만 제공되며, 급부는 퇴원 후의 일정 기간에 한정된다.

한편, Medicaid는 빈곤층에 의료서비스와 건강 관련 서비스를 제공하는 연방정부와 주정부의 협력 프로그램이다(신영진, 2004). 연방정부의 법령·지침 내에서 재정적 지원을 받은 주정부가 운영한다. 저소득 어린이와 그 부모를 위한 의료지원 프로그램, 장애 노인과 신체·정신 장애인을 위한 의료지원 프로그램, Medicare에 속해 있는 저소득 노인들을 위한 추가 보조 프로그램 등의 조합이다. 연방정부의 개괄적 지침 내에서 주정부는 수혜기준, 유형·수·기간·서비스 범위·서비스 지불율 등을 결정하며, 프로그램을 관리한다.

Medicaid는 노인 돌봄 서비스와 관련하여 버팀목이 되는 제도이다. 지출 총액의 약 1/3이 노인 돌봄 서비스 관련 급부에 해당한다(이 비율은 주에 따라 다름). 시설 돌봄이나 재택 돌봄 서비스를 제공한다. 고령자가 수입이나 자산이 있을 때는 Medicaid에 의한 급부는 제공되지 않는다. 노인 돌봄 서비스가 필요한 고령자의 다수는 처음에는 개인 비용으로 부담하며, 자산을 모두 사용한 후에 Medicaid의 수급자격을 얻어 서비스를 받는다.

미국의 노인 돌봄 시스템은 Medicare를 통한 부분적 급부를 제외하면, 고령자가 개인의 경제적 부담으로 대응할 수 없을 때 Medicaid를 통해 공적 구제를 받는 틀이다(增田, 2008). 2017년 기준 전체 인구 중 15%가 Medicare, 18%가 Medicaid의 지원 대상이다(국회예산처, 2021). 양 제도 외에 고령·유족·장해연금(Old-Age, Survivors, and Disability Insurance), 생계보조금(Supplement Security Income: SSI, 고령자나 장애인 등 노동을 통해 자활할 수 없는 사람에 대한 연방정부의 공적 부조 제도, 수급 요건은 월수입과 자산이 일정액 이하여야 함), 빈곤가정일시부조(Temporary Assistance for Needy Families: TANF), 영양지원(Supplemental Nutrition Assistance Stamp: SNAP, 2008년 10월부터 Food Stamp에서 명칭 변경), 일반 부조(General Assistance) 등이 미국의 주요 사회복지제도이다.

3. 일본

복지와 관련하여 복지국가, 사회보장 등의 표현이 주로 사용된다. 사회보장은 영어의 Social Security의 번역어이다.

사회보장은 공적 부조(협의의 복지)와 사회보험을 근간으로 한다. 공적 부조는 세금을 재원으로 소득의 재분배를 기본으로 한다. 생활이 곤궁한 사람이 건강하며 문화적으로 최저한도의 생활을 보장하는 생활보호와 관련된다. 산업화를 거치면서 복지라는 개념은 엘리자베스 시절의 구빈법과 같이 자선적 시책이라는 것에서 벗어나, 사회권 혹은 생존권으로서 적극적 권리로 자리를 잡았다(広井, 1999).

사회보험은 개인이 보험료를 서로 내고 집단으로 위험에 대비하는 것, 즉 위험 분산을 기본원리로 한다. 다만 사회보험은 보험회사가 보험자(보험료를 징수하고 보험사업을 운영하는 기관)가 되는 방식과 다르게, 국가나 지방자치단체 등 공적기관이 보험자가 되는 특징이 있다. 운영 비용 일부는 세금으로 부담하고, 강제가입이 적용되기도 한다(伊藤, 2008).

그림 8-5 | 일본의 주요 사회보장 체계

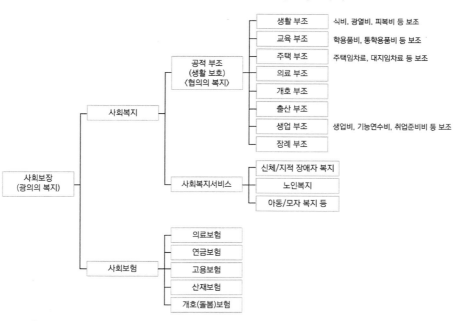

출처: 広井(1999), 伊藤(2008)의 그림 1, 국중호(2022) 등을 참조로 작성.

일본의 복지정책의 특징은 크게 네 가지로 요약할 수 있다(広井, 1999).

첫째, 독일형 사회보험 시스템을 출발점으로 하였으며, 시간이 흐르면서 영국형 보편주의적 방향으로 이행하였다. 독일은 사회보험 시스템이 가장 먼저 등장한 국가이다. 사회보험은 산업화에 따른 공동체 해체, 대량의 도시 노동자 발생이라는 새로운 환경에서 농촌 공동체가 맡았던 상호 부조의 기능을 인위적인 형태로 국가가 대체하는 것으로 등장한 것이다. 19세기 후반 독일의 비스마르크 시대에 질병보험(1883년), 노동자 재해보험(1884년), 장애·노령보험(1889년, 연금에 해당)이 창설되었고, 1927년에 실업보험, 1994년에 제5의 사회보험으로 돌봄 보험이 제도화되었다. 일본은 전후 사회보장을 사회보험(國民皆保險, 1961년) 중심으로 구축한다는 방향을 제시하였다. 그리고 1985년에는 기초연금제도가 도입되었다. 다만 기초연금제도는 독일형 사회보험제도와 달리 재원의 1/3은 세금, 2/3는 보험료로 충당하였다. 사회보험 분야는 중앙정부의 영역이다.

둘째, 의료보험이 먼저 정비되었고, 뒤처져서 시작한 연금은 급속하게 팽창하였다.

셋째, 국가가 사회보험의 보험자로 되었다는 점이다. 즉, 의료보험에서는 정부가 관장하는 건강보험제도를, 연금에서는 국민연금과 후생연금제도가 실시되었다.

넷째, 농림수산업자, 자영업자 등 월급 생활자가 아닌 사람이 상대적으로 많은 경제구조를 반영하여, 그들을 포함할 수 있도록 제도가 설계되었다.

한편, 지방자치단체는 주로 공적 부조와 사회복지서비스에서 일정 역할을 담당한다.

첫째, 아동복지, 장애인복지, 아동수당 등을 포함하지만, 최저생활보장을 위해 필요한 서비스로서의 성격도 가진다(국중호, 2022). 사회복지서비스는 주로 지방자치단체가 제공한다. 복지서비스의 성격과 대상에 따라 기초자치단체가 담당하거나 광역자치단체가 담당한다. 예를 들어, 노인, 신체장애인, 지적장애인, 보육이 필요한 아동 등을 대상으로 한 복지서비스는 기초자치단체가 담당한다. 반면에 보육 이외의 보호가 필요한 아동을 대상으로 한 복지서비스는 광역자치단체가 담당한다.

사회복지의 재원별 수입을 보면, 국고 부담은 2009년 60.3%에서 2019년

52.3%로 감소하고, 지방 부담은 2009년 39.7%에서 2019년 47.7%로 높아졌다. 사회복지 재원이 사회보장수입 총액에서 차지하는 비중도 2009년 3.2%에서 2019년 4.3%로 상승하였다. 사회복지비는 대부분 의료 이외 급부로 지출하고 있다. 그 항목은 아동복지, 장애인복지, 노인복지 등이 포함된다. 지출 비중은 2009년 58.1%에서 2019년 78.9%로 높아졌다.

둘째, 공적 부조 또는 생활보호 서비스가 있다. 생활보호 서비스는 최저생활을 보장하려는 취지로 설계되었다. 세대주(世帶主)의 소득이 최저한도의 생활에 필요한 수준에 미치지 못할 때, 현금 및 현물 급부를 통해 최저한도의 생활을 영위할 수 있도록 1950년에 도입되었다(생활보호법). 소득재분배 성격이 강하기에 중앙정부가 크게 관여하였으나, 최근에는 지방자치단체의 역할이 커지고 있다.

생활보호에는 8종류가 있다(<그림 8-5> 참조). 생활보호의 대상자는 1955년도에 193만 명(보호율 2.16%), 1995년도에 88만 명(보호율 0.7%)이었고, 2021년 시점에서 204만 명(보호율 1.63%)이다. 보호 대상자의 55.5%는 고령자 세대이다. 실제로 이 제도를 이용하는 세대는 20%~40% 정도로 추산한다.

일본의 생활보호 제도는 국고 부담이 75%를 차지하고, 지방의 재원 부담이 25%를 차지한다. 생활 보호비의 약 50%는 질병·출산과 관련된 의료 부조비로 지출되고 있다. 일본의 사회보장 재원 구성의 특징은 국고 부담과 지방자치단체 부담으로 구성되는 공적 비용 부담이 크다는 점이다.

표 8-5 ┃ 일본의 생활보호·사회복지 재원별 수입(2019년도)

	생활보호		사회복지	
	수입 (10억엔)	비중 (%)	수입 (10억엔)	비중 (%)
국고 부담 (a)	2,737	75.0	3,979	52.3
지방 부담 (b)	912	25.0	3,635	47.7
소계 (c=a+b)	3,649	100.0	7,614	100.0
c의 사회보장수입 총액 대비 비중	2.1%		4.3%	
총액		48조 4,212억		48조 4,212억

출처: 국중호(2022)의 <표 1> 일부 수정.

🖥 쉬어가기 8-5. 일본의 노인 돌봄 제도

일본은 복지와 관련하여 중부담-중복지 국가 유형에 속한다. 국민부담률이 31% 를 넘고(조세부담률은 18.8%, 사회보장부담률은 12.6%), 공공사회복지지출은 22%를 넘는 수준이다. 2017년 기준으로 65세 이상 노인 인구의 비중이 27.7%로 초고령사회이며, 노인 영역의 지출 비중이 45.1%를 차지한다.

고령자 인구가 급속하게 증가하면서 일본에서는 1997년 12월에 노인 돌봄 법안 (介護保險法)이 성립하고, 2000년 4월부터 재택 돌봄 서비스와 시설 돌봄 서비스 급부가 시작하였다(和田, 2007). 피보험자가 보험료를 내고, 돌봄 서비스 대상이 되면 보험자로부터 서비스 등 보험 급부를 받는 형태인 사회보험 서비스 방식으로 진행된다.

우선, 40세 이상이면 강제적으로 피보험자가 된다. 피보험자는 65세 이상의 피보험자와 40세 이상~65세 미만의 피보험자 그룹으로 구분된다. 전자는 보험료를 거주 지역의 기초자치단체가 징수하고, 돌봄 대상 상태가 되면 보험 급여를 받을 수 있다. 후자는 가입한 의료보험별로 보험 수준이 설정되며, 의료보험자가 징수한다. 징수 후 일정 절차를 거쳐 기초자치단체에 교부금으로 지급한다. 그리고 특정 질병에 따라 돌봄 서비스가 필요할 때 한하여 보험 급여를 받을 수 있다. 이때 돌봄 서비스에 쓰인 비용의 90%를 기금에서 지급하고, 나머지 10%는 본인 부담으로 한다(增田, 2008).

다음으로, 노인 돌봄 서비스를 위한 기금의 50%는 피보험자가 내는 보험료로 구성하고, 나머지 50%는 공적 비용인 세금으로 구성한다. 이때 보험자는 기초자치단체이다. 그렇지만 기초자치단체 사이에는 인구, 재정 등에서 차이가 있어서 중앙정부, 광역자치단체 등이 지원한다. 즉, 기금 50%를 구성하는 공적 비용을 중앙정부가 1/2, 광역자치단체가 1/4, 기초자치단체가 1/4을 부담한다.

한편, 중앙정부가 노인 돌봄 보험의 광역화를 장려하고 있어서 노인 돌봄 인정을 위한 업무, 보험 재정의 운영에서 일부 사무 조합을 설립하여 복수의 기초자치단체가 공동으로 운용하는 경우가 많다. 또한 광역 연합을 조직하여 보험자 기능을 광역적으로 하는 기초자치단체도 있다.

제8장 요약

복지정책과 관련하여 지방정부는 구조적 한계로 인하여 복지사업을 충분하게 시행하기 어렵다는 피터슨의 의견과 사회소비가 지방정부의 핵심적 기능이라는 점을 들어 지방정부가 복지사업을 적극적으로 추진할 것이라는 손더스의 의견이 충돌한다. 한국은 지방자치단체가 주로 공적 부조와 사회서비스 영역을 담당한다. 국고보조사업 등을 통해 중앙정부와 공동으로 재정을 부담하고, 복지정책의 집행을 담당하고 있다. 자조를 중시하는 미국은 복지라는 단어 자체에 부정적인 이미지를 지니며, 분권화의 움직임 속에 주정부에 많은 권한을 부여하고 있다. 독일형 사회복지시스템을 복지정책의 출발점으로 한 일본은 지방자치단체가 공적 부조와 사회복지서비스를 중심으로 복지를 집행하고 있다.

생각해 볼 문제

1. 다음 대화를 읽고 두 사람 중 한 사람을 선택하여, 그 사람의 입장을 옹호할 수 있는 논리적 근거와 실증 자료를 서술하고, 다른 입장을 가진 사람과 토론을 통해 대화의 결론을 도출하시오. 그리고 추가 질문에 대하여 답하시오.

> 온달: 코로나19가 유행할 때, 지방자치단체 지원금 얼마나 받았어?
>
> 평강: 우리 동네는 30만(원) 준 것 같아. 너는?
>
> 온달: 우리는 10만(원)이야. 부럽다.
>
> 평강: 우리 동네는 복지가 좋은 편인가. 부러우면 이사 와.
>
> 온달: 20만(원) 때문에 이사하라고? 그건 아니잖아.
>
> 평강: 그렇기는 하네. 그런데, 그거 말고도 복지 혜택이 많아. 아이를 낳으면 2년 동안 1,000만(원)도 주고, 시영 아파트 임대료도 싸거든.
>
> 온달: 그런 사업하려면 돈이 많이 들 텐데.
>
> 평강: 자세한 내용은 잘 모르겠는데.
>
> 온달: 요즈음 주거복지, 의료복지, 교육복지 같은 말도 있는데, 국민으로서 누려야 할 최소한의 복지서비스는 사는 지역과 무관하게 받아야 하는 게 아닐까?
>
> 평강: National Minimum을 말하는구나. 그런데 그 최소한이라는 것의 기준을 어떻게 설정해야 할까?
>
> 온달: 글쎄, 사회적으로 합의해야 하지 않을까? 최저임금제도를 보면 쉽지 않을 것 같기는 하지만.
>
> 평강: 만약 잘 되어서 합의해도, 국가가 다양한 복지 분야를 담당하면 지방자치단체는 무슨 일을 해야 할까?

(1) 복지 사회라는 개념이 주목을 받고 있다. 해당 개념이 등장하게 된 배경과 강조하는 내용을 조사하고, 복지국가와의 차이점을 설명하시오. 그리고 지방정부 수준에서 복지 사회라는 개념이 어떤 모습으로 구현될 수 있는지 논하시오.

(2) 주민은 복지서비스의 객체인가? 아니면 복지서비스의 주체인가?

2. 아랫글을 읽고 물음에 답하시오.

> 복지국가의 역설이라는 용어가 있다. 복지국가는 사회 안전, 교육, 주택, 개인의 사회서비스, 국가의 건강 서비스 등에 국가가 개입하는 것을 의미한다. 그런데, 이는 다른 사람이 선택할 수 있는 자유에 국가가 개입하는 것이기도 하다. 누구로부터의 자유와 누구에게로의 자유, 제한과 기회, 개인 자유와 평등 권리 사이의 긴장은 복지에 관하여 많은 논쟁을 거쳤다.

(1) 복지국가에서 발생하는 역설과 이와 관련된 논쟁에서 당신의 입장은 무엇인지를 생각하고, 그 근거의 타당성을 주장하시오.

(2) 지역 수준에서 나타나는 복지국가 역설에 대해서 논의하시오. 지역에서 복지와 관련된 갈등을 조정하는데 필요한 정치 혹은 도덕 가치는 무엇인지 토론하시오.

3. 과거에는 복지를 저소득이라는 점에 주목한 시책이었다면, 최근에는 사람들이 지닌 다양한 사회적·심리적 필요를 충족하기 위해 제공되는 서비스를 포괄하는 방식으로 바뀌고 있다. 보살핌(care)이라는 단어로 바꾸어도 될 정도로 그 범위가 넓고, 깊어지고 있다. 복지가 보편적 계층을 대상으로 할 때, 정부와 시장의 역할 분담에 논의가 필요해진다. 이때 양자의 역할을 어떻게 분담할 것인가 논의하시오. 이와 관련하여 복지의 시장화 개념을 조사하고, 이에 대해 논하시오.

4. 복지와 관련하여 한국의 지방자치단체 역할에 관하여 두 견해가 있다. 지방자치단체가 하는 일이 거의 없다는 의견과 상당히 많다는 의견이 충돌한다.

(1) 두 견해의 차이는 왜 발생했는지, 지방자치단체의 복지정책과 관련하여 어떠한 의미를 지니는지 토론하고, 결론을 도출하시오.

(2) 현재 지방자치단체의 복지서비스 전달체계의 현황, 장점, 문제점 등을 조사하고, 개선방안을 논의하시오.

티부(Tiebout) 모형

본문에서 소개한 피터슨의 논의는 티부의 주장을 바탕으로 한다. 여기에서는 1956년에 발표된 논문을 중심으로 티부 모형을 살펴본다.

정부는 국민이나 주민에 공공서비스를 제공하며, 이는 대부분 공공재의 성격을 지닌다. 공공재는 비경합성(nonrivalness)과 비배제성(nonexcludability)이라는 특성이 있고, 이러한 특성으로 소비에 따른 비용을 부담하지 않고 편익만 누리려는 무임승차자 문제가 발생한다. 만약 사람들이 공공재에 대하여 각자의 선호를 정직하게 표현한다면, 적절한 양의 공공재가 제공될 것이고, 그에 어울리는 세금이 매겨질 것이다. 그런데 현실에서는 사람들의 선호를 정직하게 나타내도록 하는 메커니즘이 없다. 합리적 행위자라면 자신의 선호를 덜 말하고, 세금을 피하면서도 공공재의 혜택을 누리려고 한다. 즉, 공공재를 어느 정도 제공할 것인지, 달리 말하면 공공재에 얼마나 (세금을) 비용으로 지출할지 결정할 수 있는 가격 메커니즘이 존재하지 않는다. 선거를 통해 정치적으로 해결하는 것이 일반적인 방법이다.

그런데 중앙정부와 지방정부는 공공재 공급에서 큰 차이가 있다. 중앙정부는 사람들의 선호를 주어진 것으로 보고, 이를 충족하려고 노력한다. 반면에 지방정부는 그 수만큼이나 세입과 지출의 조합을 통해 다양한 형태가 존재할 수 있다. 이때 사람들은 공공재에 관하여 자신의 선호 패턴을 충족하는 지방정부를 선택할 것이다. 즉, 소비자가 물건을 구매할 때와 비슷하게 자신의 선호에 부합하는 세금-서비스 묶음(을 제공하는 지역)을 고를 것이다. 티부가 사용한 consumer-voter라는 용어는 이러한 현상을 잘 보여주는 단어이다. 이를 voter-taxpayer라고 표현하기도 한다(Krebs 외, 2020).

티부의 주장에는 몇 가지 전제조건이 있다. 첫째, 주민은 자신의 선호를 만족시킬 수 있는 지방정부로 이동하는 것이 가능하다. 둘째, 주민은 지방정부의 세입과 지출에 대하여 충분한 지식을 가진다. 셋째, 주민이 선택할 수 있는 지방정부의 수가 많다. 넷째, 고용기회가 사람들 행동에 영향을 주지 않는다. 사람들은 배당소득으로 살아간다고 가정할 수 있다. 다섯째, 공공서비스는 지방정부 사이에 외부효과를 발생시키지 않는다. 여섯째, 공공서비스의 패턴과 관련하여 지방정부는 최적의 규모가 있다. 최적의 규모란 그 지역에 거주하는 주민의 수라는 관점에서 다루어지고, 이는 해당 주민들에게 가장 낮은 평균 비용으로 서비스 묶음이 제공될 수 있음을 의미한다. 일곱째, (지역의 규모가) 최적 수준보다 낮은 지방정부는 평균 비용을 낮추어서 새로운 주민을 끌어들이려고 노력한다.

이러한 전제조건을 정리하면 다음과 같다. 첫째, 주민이 다른 지방정부로 이사할 때 비용은 발생하지 않는다. 둘째, 주민은 지방정부의 정책 메뉴(과세액, 제공하는 서비스의 종류, 질, 양 등)에 대하여 정보가 있고, 자신의 선호에 근거하여 지방정부를 선택한다. 셋째, 제공되는 공공서비스는 파급효과(spill over)를 발생시키지 않는다. 즉, 한 지방정부가 제공하는 서비스는 그 지방정부의 주민 이외는 누릴 수 없다(秋月. 2001).

이러한 조건이 충족되면 지방정부의 경계선을 넘어서 자유롭게 이동하는 주민과 복수의 지방정부 사이에는 시장 메커니즘에 가까운 자원 배분이 가능하다. 주민들은 자신의 선호에 맞는 공공재를 제공하는 지방정부에 거주하게 된다. 공공재 소비에서 주민들의 선호는 같게 되며, 공급에서 발생하는 비용도 공평하게 징수할 수 있다. 선호를 표시하지 않고 무임승차자가 되려는 문제는 사라지며, 자원은 효율적으로 배분될 수 있다(김석태, 2016b).

한편, 피터슨은 이러한 가정의 비현실성을 지적한다(Peterson, 1981). 첫째, 지방정부가 제공하는 서비스는 집합재(collective good) 성격이 있다. 한 개인에게 제공되는 서비스는 타인에게도 공급된다. 예를 들면, 학교, 공원, 치안 등은 개별 주민의 선호를 충족할 수 있도록 맞춤형으로 제공될 수 없다. 둘째, 공공서비스는 효율적으로 공급될 수 없다. 왜냐하면 공공 자원이 적절하게 할당되지 않아도 오류를 정확하게 나타내는 가격 메커니즘이 없기 때문이다. 셋째, 지방정부는 주민이 소비하는 공공서비스의 양에 근거해서 주민에게 요금을 부과할 수 없다. 주민들은 각기 다른 선호와 요구를 지니기에 공공서비스를 소비할 때 서로 차이가 있기 때문이다. 지방정부는 주민이 받는 혜택에 비례해서 각자가 비용을 부담하는 방식을 적용하기 어렵다.

이러한 제한 때문에 지방정부의 공공서비스 한계 비용은 평균적인 세금 부담자가 인지하는 한계 이익보다 늘 크다. 세금 부담자의 세금과 이익의 한계 (효용의) 비율 (benefit/tax)은 1.0보다 작게 된다. 즉, 본인이 내는 세금보다 덜 이익을 받으며, 그가 원하는 모든 서비스를 지방정부로부터 받을 수 없다는 것이다.

도시와 지방자치:
매력 있는 도시공간 어떻게 만들어야 할까?

제8장에서는 복지정책을 중심으로 지방정부의 역할을 살펴보았다. 본 장에서는 지방정부의 구역 내 도시공간 정책을 중심으로 매력적인 도시 만들기에 대해 살펴보고자 한다. 복지정책은 저출산 고령화라는 사회구조의 변화와 맞물려 앞으로 양과 질 측면에서 그 비중이 더욱 커질 것으로 예상되는데 현금이나 현물(대인 서비스) 제공과 같은 이른바 '소프트웨어'적 성격이 강한 정책이라고 할 수 있다. 대조적으로 도시공간 형성과 관련된 정책은 다양한 이해관계를 갖는 주체들의 장기에 걸친 누적적 활동의 결과가 물리적인 건축물 혹은 총체적인 도시경관의 형식으로 발현된다는 점에서 이른바 '하드웨어'적 성격이 강한 정책이다.

그런데 한 도시의 복지 수준이나 공간의 매력도는 주민의 삶과 직접 연관되는 동시에 도시 간 인구이동에서도 중요한 고려 요소이다. 특히, 한국의 경우 기존의 팽창 일변도의 도시공간 정책은 인구감소, 저성장 기조의 고착, 지구환경 위기 심화 등으로 더는 지속 가능하지 않게 되었다. 또한, 제조업에서 정보·문화 산업으로 산업구조의 중심축이 옮겨감에 따라 기업과 인재 유치에서 사회간접자본(SOC) 충실도에 더하여 정주 여건의 중요성이 커지고 있다. 이러한 의미에서 주민의 삶의 질 향상과 행복도 증진을 위한 필수조건 중 하나가 매력적인 도시공간 창출이라고 할 수 있다.

이하에서는 먼저 지속 가능성과 매력을 겸비한 도시공간 형성에 대한 대표적 이론에 대해 살펴본다. 그리고, 한국의 도시계획 및 재개발 관련 제도 및 쟁점을 알아본다. 특히 도시계획과 재개발에서 결정 권한의 소재, 주민참여 등 지방자치와 관련성이 높은 주제에 초점을 맞춘다. 다음으로 미국과 일본의 도시공간 형성과 관련된 주요 제도와 사례를 다루는데 주민, 비영리단체 등의 도시계획 및 재개발 과정에 대한 참여방식에 주목하고자 한다.

제1절

도시공간의 이론과 지방자치

1. 도시와 지방자치

　도시화는 농·어촌을 떠난 사람들이 도시로 이주하면서 도시에 인구가 집중하는 현상이다. 한국의 경우 1970년 50.1%에 불과하던 도시화율은 고도 경제성장 시기를 거치면서 크게 상승하여 1990년대 81.95%에 이르고, 이후 2000년 88.35%, 2010년 90.93%, 2018년 91.84%를 기록하면서 증가세가 둔화하고 있다.[1] 2020년 유엔 해비타트(UN-Habitat: 유엔인간정주계획)가 발간한 '2020 세계 도시 보고서'는 현재 도시에 거주하는 인구가 전 인류의 56.2% 수준이지만, 2030년까지 60.4%로 증가하고, 2050년에는 66%에 도달하리라 전망하였다. 도시화는 전 세계적인 현상임을 알 수 있다.

　세계적인 도시화 흐름의 배경에는 교통통신의 발달, 경제구조의 고도화, 문화생활에 대한 욕구 등 다양한 요인이 작용하고 있다. 무엇보다 도시가 주는 이점은 혁신과 경제성장의 원동력 제공이라는 측면이다. 급속한 도시화가 교통난, 주거난 등 여러 가지 문제점을 낳지만, 역사적으로 보면 도시의 발전은 인류를 더 부유하고, 똑똑하고, 건강하고, 행복하게 살 수 있도록 만들었다고 평가할 수 있다(Glaeser, 2011). 인구밀도가 높고 거주 편의성과 주변 도시들과의 연계성이 높은 메가시티(Mega city)를 많이 보유한 국가들의 국가경쟁력이 그렇지 못한 국가들에 비해 높은 경향을 나타내는데, 메가시티에서 개인의 창의성과 기술, 재능을 활용하는 '창조산업'이 발전하기 쉽다.[2]

　지방자치 제도도 도시와 불가분의 관계에 있다. 유럽 중세시기 도시의 규모가

---

1) 도시화율은 용도지역상 도시인구를 기준으로 하는 경우와 행정구역상 읍 이상 지역을 기준으로 하는 경우가 있다. 행정구역 기준이 용도지역 기준보다 도시화율이 1% 정도 높다
2) 영국은 광고, 건축, 게임, 소프트웨어, 디자인, 영화, 방송, 음악, 공연, 출판, 미술, 공예, 패션 등을 창조산업으로 분류한다.

커지면서 도시의 형태는 성곽으로 둘러싸인 성채도시의 양상을 띠게 되었다. 성 안에 거주하는 도시민 가운데 상인들을 중심으로 한 주요 납세자층이 세금납부를 조건으로 영주로부터 일정한 자치권(특허장을 통한 시장개설, 부역 면제, 여행 자유, 상품몰수금지, 상업 관련 세금의 자의적 부과 금지 등)을 획득하여 도시를 자율적으로 운영하기 시작하였다.3) 이러한 자유도시로부터 자치권 개념이 발전되었다고 볼 수 있으며 과세권과 자치권의 밀접한 관련성을 보여준다. 자유도시는 주변 농촌과 비교하여 경제적으로도 번성하였다.

중세도시의 발전 동력은 크게 네 가지 요인을 들 수 있다(Benevolo, 1993).

첫째, 거리와 광장의 존재이다. 중세도시는 다양한 시민들이 자유롭게 활동할 수 있도록 하는 편리한 통로와 공공 교류 공간이 확보되어 있었다.

둘째, 사제–영주–시민 등 다양한 도시 운영 주체들의 협력에 의한 도시 운영이다. 즉, 종교–정치–경제적 주체들이 비교적 대등한 권력관계 하에서 도시 운영과 관련한 제반 사항을 명문화된 법규나 조례에 근거하여 운영하였다.

셋째, 성벽으로 도시의 외연적 성장을 제한함으로써 고밀도 도시를 형성하였다는 점이다. 도시의 외연적 성장을 물리적으로 억제함으로써 건축물의 고층화와 함께 시민 간 빈번한 접촉을 가능케 하였으며, 많은 인구를 부양하기 위한 상업(교역) 기능이 발전하게 되었다.

넷째, 시간의 흐름에 따라 변화하는 역동성이다. 중세도시는 장기간에 걸쳐 건설되는 교회와 공공건축물이 다수 존재하였는데, 민간 건축물과 함께 도시 전체적 관점에서 보면 항시적으로 건축이 이루어지는 상태였다고 할 수 있다. 전통이 유지되는 가운데 새로운 건축적 시도가 끊임없이 이루어짐으로써 전통과 현대의 적절한 조화가 가능하였다.

자유도시에서 보듯이 특정 도시공간의 모습은 그 도시를 둘러싼 정치, 경제, 사회, 기술, 지리 등의 제반 조건을 반영하는데 한번 형성된 도시공간의 특성은 도시의 미래에 계속 영향을 미친다. 특히 도시의 공공공간 개발은 공적 재원이 투자되는 경우가 일반적으로 주변 지역의 경제적 가치 변동과 함께 시민의 일상

---

3) 1284년 독일 플렌스부르크(Flensburg)에서 최초로 도시특권을 명시한 도시법을 제정하였다. "도시의 공기가 자유를 만든다(Stadtluft macht frei)"라는 독일속담처럼 농노라도 도시로 들어와 일정 기간이 지나면 시민 신분이 될 수 있었고 도시는 농촌의 봉건적 예속과 착취가 상대적으로 적은 곳이었다.

생활 편의성에 큰 영향을 미치기에 관심도와 주목도가 높을 수밖에 없다.

최근 한국의 도시들은 저성장 기조의 정착에 따른 양극화의 심화, 고령화와 1인 가구 증가에 따른 인프라 재구축 필요성 증대 등의 문제에 직면하고 있다. 이에 더해 출생률 저하 등에 따른 인구감소로 전국적으로 소멸 위기에 처한 지방 자치단체는 89곳에 이른다(행정안전부, 2021).⁴⁾ 소멸 위기 극복을 위한 중앙정부의 지원이 강화되고는 있으나, 위기 극복의 핵심은 지역의 매력도를 높여 사람과 일자리를 끌어당기는 힘을 기르는 일이다. 이를 위해서는 공공건축물을 중심으로 하는 도시공간의 쾌적성·연결성·이용성 제고와 함께 지역의 개성 있는 삶의 방식(Life style)에 대해 주민들 스스로 자부심을 가질 수 있도록 할 필요가 있다. 이러한 노력은 지방의 소멸 위기에 대한 대응이라는 소극적 의의를 넘어서 매력적인 다양한 삶의 방식을 선택할 수 있도록 함으로써 주민의 행복 증진이라는 지방자치의 본질적 가치 실현으로 이어지는 적극적 의의를 지닌다.

2. 매력 있는 도시공간 형성의 이론

도시공간 형성에 대해서는 실제 도시를 대상으로 계층 혹은 기능별 입지분포를 분석한 논의 등이 다수 존재한다. 지가와 교통 접근성을 중심으로 한 도시 내부 공간구조 이론이 대표적이다. 여기서는 도시의 지속가능성과 매력도 제고라는 측면에서 이상적인 도시공간 구성을 제시한 대표적인 논의에 한정하여 소개하기로 한다.⁵⁾

1) 제인 제이콥스(Jane Jacobs)의 도시 유기체론

『미국 대도시의 죽음과 삶(The Death and Life of Great American Cities, 1961)』이라는 저서에서 제이콥스는 획일적인 도시재개발에 정면으로 반대하였다. 낡은 건물을 부수고 번쩍거리는 대형 건물을 짓는 방식의 전면적인 도시재개발 방식은 오히려 도시를 죽게 만든다고 주장한다. 오직 수익성과 편의만으로 도시 공간

---

4) 행정안전부는 연평균 인구증감률, 인구밀도, 청년 순이동률, 고령화 비율, 재정자립도 등 8개 지표로 89곳을 선정하였다.
5) 최근 녹색성장 내지 지속가능한 성장에 바탕을 둔 도시설계의 원칙도 강조되고 있는데 SDGs (지속가능개발목표)이론, 그린 어바니즘(Green urbanism)이 대표적 이론이다.

을 재편함으로써 '인간성'을 상실한 공간이 된다는 것이다. 전 세계 도시계획사에 가장 큰 영향을 미친 제이콥스는 대안적 도시재생 방안으로 거리에 많은 사람이 다니도록 하는 것, 오래된 건물들을 그대로 두는 것 그리고 인기 있는 업종만이 아니라 여러 종류의 가게가 어우러져 조화를 이루어야 한다는 것 등을 주장하였는데 도시를 물건이나 건물의 집합체가 아니라 생명체 혹은 유기체로 보았다.

제이콥스는 대도시 중심부의 핵심 요소를 '활력'이라고 본다. 도심공동화와 쇠퇴 문제에 대해, 도심의 활력을 회복하고 지속할 방안으로 밀집과 다양성이라는 처방을 내린다. 이를 실현하기 위해서 둘 이상의 주요 기능을 혼합하는 용도 혼합 개발, 소규모 블록 형태의 도시 가로(街路) 형성, 오래된 건물의 유지, 적정한 인구집중을 통한 밀도 유지 등이 중요하다고 보았다(그림 <9-1> 참조). 블록을 짧게 설계하고 모퉁이가 빈번하게 나타나야 사람들은 다양한 경로를 선택할수 있게 되고, 각 골목이 활성화될 수 있다는 것이다.

그림 9-1 | 블록 길이에 따른 경로 선택의 다양성 차이

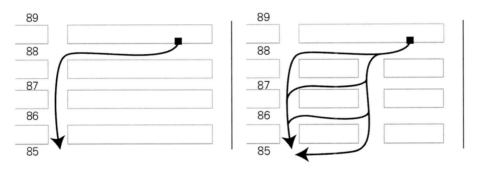

Fig. 2 – Movement across Long Blocks   Fig. 3 – Movement across Short Blocks

출처: https://www.pinterest.co.kr/kubalawashatko/short-blocks/

또한, 오래된 건물은 값싼 임대료로 입주할 수 있기에 신생 소규모 사업들의 좋은 인큐베이터가 되어 업종의 다양성에 이바지한다는 것이다. 제이콥스는 거리가 도시의 생명선 구실을 한다고 보았는데, 늦은 밤까지 활력 있고 북적이는 도로의 존재는 도시의 안전과 직결되며 근린의 응집력, 경제발전에도 핵심적인 공간이라고 주장하였다.

도시계획 수립방식도 외부 전문가에 의존하는 행정 중심의 하향적인 계획이 아니라 지역주민 등이 참여하는 상향식 근린계획이 더 지역 실정에 적합한 개발이 이루어질 수 있다고 한다. 제이콥스의 도시계획은 도시 전체 규모를 대상으로 한 것이 아니라, 주거 중심의 근린(Neighborhood) 수준의 역동성 제고에 초점을 맞추고 있다.

2) 뉴어바니즘(New urbanism)과 스마트 성장(Smart growth)

뉴어바니즘은 무분별한 외연적인 확장과 자동차에 점령당한 도시가 2차 세계대전 이전의 개발패턴으로 돌아가야 한다고 주장하는 일단의 건축가와 도시설계가에 의해 1980년대 등장하였다. 도시적 생활 요소들을 체계적으로 변형시켜 전통적인 소규모 공동체 생활방식으로의 회귀를 주장하였는데, 도시설계뿐만 아니라 신전통주의 사회운동의 측면도 있다. 뉴어바니즘의 도시계획 개념은 전통적 도시에서 볼 수 있는 긴밀하게 연결된 도시조직을 지향하는 전통 근린 개발(Traditional neighborhood development)[6], 대중교통수단의 이용과 에너지 효율화를 지향하는 대중교통 지향개발(Transit oriented development), 보행 거리 내에 상업, 업무, 위락, 주거시설 등의 용도를 혼합하는 복합용도개발(Mixed use development)을 핵심 요소로 한다.

스마트 성장은 도심의 쇠퇴와 인구 및 산업의 교외화라는 문제가 동전의 양면이라는 인식하에 환경 파괴를 최소화하면서 경제성장을 지속하는 것을 목표로 하며 토지개발업자, 환경 보호주의자, 시민, 공무원 등 다양한 이해관계자들의 상호협력적 의사결정을 통한 성장관리형 개발개념이라고 할 수 있다. 구체적인 정책수단으로 스마트 성장론도 뉴어바니즘과 유사하게 직장·주거 근접(Job-shop-housing mix), 교통수단의 다양성 제공을 중요시한다. 또한, 외연적 확산보다는 기존 근린대상 주택개량 및 지구(地區) 수복 프로그램 촉진과 함께 개발과정에서 커뮤니티와 이해 당사자 간의 협력을 강조한다.

---

6) 1927년 Perry의 전통적 근린 구조는 중심과 경계가 명확하며 중심지구에 공공공간(초등학교)이 입지하여 친밀한 사회적 교류를 중시하였다. 1990년대 말 등장한 신전통주의 근린주구론은 가장 밀도가 높은 중심지구가 간선도로변에 형성되도록 하여 용도혼합과 보행 활성화를 중시한다.

3) 압축도시(Compact city)

압축도시는 도시기능의 고밀화 즉 주거와 직장, 여가시설 등을 집중시킴으로써 이동 거리를 최소화하여 효율적인 에너지 소비와 친환경적인 도시환경 조성에 중점을 두는 도시계획 이론이다. 고밀도의 도심 기능 추구로 저밀도 도시보다 더 작은 면적의 토지를 이용하고, 그 결과 녹지 등의 자연 훼손 최소화를 추구한다. 직장, 주거, 여가시설 등을 가까이 배치하여 이동 거리를 줄이고, 에너지사용의 효율성 증대와 대기오염물질 배출 감소를 기대한다.

압축도시의 필요성으로는 크게 세 가지를 들 수 있다.

첫째, 행정서비스의 효율화이다. 외연적으로 확산한 도시는 추가적인 공공인프라 구축 때문에 투자효율의 저하를 가져온다. 또한, 공공서비스 제공에서도 이동비용 등이 발생한다.

둘째, 에너지 효율화이다. 도시의 외연적 확산은 필연적으로 자동차에 대한 의존을 심화한다. 이에 따른 에너지의 소비 확대와 환경부하 증가는 압축도시로의 전환을 촉진하는 배경 요인이다.

셋째, 도심의 쇠퇴와 공동화 문제의 극복 필요성이다. 공공시설 및 상업시설의 교외화는 서비스 효율의 저하와 함께 도심의 활력 상실 원인으로 작용하고 있다. 즉 적절한 고밀도가 도심의 활력을 가져올 수 있기에 외연적 확산보다는 중심지 기능으로의 집적이 필요하다는 것이다.

구체적인 도시계획 원칙으로는 자동차 이용의 억제와 공공교통 이용 촉진, 도심 및 역세권 고밀개발, 도시 외곽으로의 외연적 개발 억제 및 시가지 내 미 이용지 우선 개발, 시내의 고밀도 이용 및 복합 기능 배치 등이다. 압축도시 구축을 위해서는 도보나 자전거를 이용하여 쇼핑, 직장, 거주, 의료, 복지, 교육, 교류 등의 기능이 일정 권역 내에서 충족되도록 하여야 한다. 또한, 외곽지역에 거주하는 주민의 중심지 이동을 유도하기 위한 정책적 노력이 경주될 필요도 있다. 무엇보다 중심시가지 지역의 매력을 높여야 하는데 쾌적성과 편의성을 갖춘 생활 거점을 형성할 필요가 있다.

압축도시는 인구감소와 고령화가 진행되고 있는 한국과 일본에서 그 필요성이 크며 특히 인구감소가 급격한 비수도권지역에서 도입 필요성이 더 크다.

쉬어가기 9-1. 공공공간 개선과 Project for public spaces(PPS)

1975년 설립된 PPS는 도시계획, 디자인, 시민교육을 포함한 공공공간 개선 프로젝트를 주목적으로 하는 뉴욕 맨해튼에 있는 민간비영리단체이다. 공공공간을 재창조 함으로써 더 살기 좋은 도시, 건강한 커뮤니티를 만들고자 하는 것으로 시민들의 아이디어와 참여를 적극적으로 장려하고 있다.

겉만 번지르한 공간(Space)을 사람들의 일상적인 삶에 변화를 가져오는 유의미한 장소(Place)로 변모시키는 Place making의 이념과 기법을 활용한다. '좋은 장소(Great places)'는 다음과 같은 요소를 갖추어야 한다. 첫째, 접근성과 연계성이다. 지역 내 다른 장소보다 접근하기 쉽고, 연결성이 높아야 한다는 것이다. 둘째, 쾌적성과 이미지이다. 쾌적한 환경과 함께 좋은 이미지를 가져야 한다는 것이다. 셋째, 이용성과 활동성이다. 그 장소와 관련된 활동에 참여하는 사람들을 끌어들일 수 있어야 한다는 것이다. 넷째, 사회성이다. 사람들이 반복해서 방문하고 싶은 사회환경을 갖출 필요가 있다는 것이다.

PPS의 설립자인 캔트(Fred Kent)는 좋은 도시가 갖추어야 할 요소로 'Power of 10' 이론을 제시하고 있다. 훌륭한 도시는 최소 10개의 명소가 있어야 하고, 각 명소에서 사람들이 즐길 수 있는 10가지 이상의 활동이 이루어져야 한다는 것이다. 요컨대 장소를 단일 용도가 아닌 다양한 용도로 디자인하여 사람들이 머물고 즐길 수 있는 공간으로 만들어야 함을 의미한다. 공공공간의 개선대상은 편의시설(버스정류장, 거리의 벤치 등), 공공예술, 공원, 이벤트, 도로와 보도 등이다. PPS는 대규모 개발프로젝트보다는 저비용 개발을 선호하는데 지역개발에 따른 위험부담을 줄이고 저예산으로 실행하기 위해서다.

제2절

도시공간 관련 제도와 도시공간 사례

1. 한국

한국의 도시화는 1960년대부터 급속하게 진행되었으나 도시의 장기적인 미래상을 나타내는 도시기본계획 수립제도는 1981년 「도시계획법」 개정을 통해 뒤늦게 도입되었다. 인구 10만 이상 도시는 의무적으로 도시기본계획을 수립해야 했고, 이는 체계적 도시관리에 이바지했다고 평가할 수 있다. 최근 들어서는 성장 위주의 도시계획 기조에서 벗어나 인구감소, 고령화, 1인 가구 증가 등 새로운 사회구조를 반영한 공간계획 수립과 함께 노후화되고 있는 주거지나 상업지의 재생이 주요 과제로 등장하고 있다.

1) 도시계획제도와 주민참여

한국의 도시공간 구성과 관련한 계획체계는 「국토기본법」에 따른 체계와 「국토의 계획 및 이용에 관한 법률」(약칭, 국토계획법)에 따른 체계로 구분된다. 「국토기본법」은 대상 공간 수준에 따라 국토종합계획, 도종합계획, 시·군종합계획의 체계로 이루어져 있다. 한편, 「국토계획법」은 광역도시계획, 도시기본계획, 도시관리계획, 지구단위계획 체계로 이루어져 있다(그림 <9-2> 참조).

광역도시계획은 인접한 둘 이상의 특별시·광역시·시 또는 군의 행정구역에 대하여 장기적인 발전 방향을 제시하거나, 시·군 기능을 상호 연계함으로써 적정한 성장관리를 도모할 목적으로 책정한다. 20년 단위의 길잡이가 되는 장기계획이자 도시계획체계상 최상위 계획으로 도시·군기본계획, 도시·군관리계획 등 하위계획에 대한 지침이 된다. 광역계획권이 둘 이상의 광역시·도의 관할구역에 걸쳐 있는 경우에는 국토교통부 장관이 계획 승인권자이며, 광역계획권이 개별 도의 관할구역에만 속하는 경우 계획 승인권자는 도지사이다.

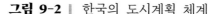

그림 9-2 ▏ 한국의 도시계획 체계

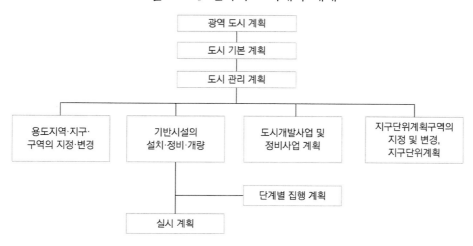

도시기본계획은 장기적으로 시·군이 공간적으로 발전해 나아갈 공간구조 틀과 발전 방향에 대한 계획이다. 계획수립 절차는 기초조사 및 입안(시장, 군수) → 공청회 개최(시장, 군수) → 의견 청취(주민과 시·군의회) → 승인신청(시장, 군수 공동) → 관계기관 협의 및 계획승인(도지사) 순으로 이루어진다. 계획기간은 20년 단위이며 5년마다 타당성을 점검한다.

도시관리계획은 토지를 이용하는 행위의 종류나 그 강도를 일정 범위로 제한하는 기능을 수행하는 것으로 주민의 재산권을 규제하는 구체적·물리적 계획이다. 용도지역, 용도지구의 지정 및 변경, 개발제한구역 및 시가화조정구역 등의 지정 및 변경, 기반시설의 설치와 정비에 관한 계획, 도시개발사업 또는 정비사업에 관한 계획 등의 내용을 담고 있다.[7] 계획수립 절차는 기초조사 및 관리계획안 작성(시장, 군수) → 주민 의견 청취(지방의회 의견 청취, 시군구 도시계획위원회 자문) → 관리계획안 입안(시장, 군수) → 관계기관장 협의 및 시도 도시계획위원회 심의 → 승인(도지사) 순으로 이루어진다. 계획기간은 10년이며 5년마다 타당

---

7) 용도지역, 용도지구, 용도구역 지정은 건축물의 용도, 건폐율, 용적률, 높이 등을 제한함으로써 토지를 경제적·효율적 이용과 함께 공공복리 증진을 도모하려는 것이다. 용도지역은 모든 토지를 대상으로 적용되는 데 반해 용도지구는 용도지역을 보완할 목적으로, 용도구역은 용도지역 및 지구를 보완할 목적으로 설정된다. 용도구역은 개발제한구역이 대표적 예인데 국토교통부 장관이 지정권자이다.

성 검토가 이루어진다.

그런데, 광역계획－도시기본계획－도시관리계획의 수직적 체계 외에 개별법에 근거한 부분별 법정계획이 있다. 특정한 지역을 대상으로 특정 목적을 달성하기 위한 계획법률인 「수도권정비계획법」, 「개발촉진지구개발계획에 관한 법률」 등이 대표적이다. 또한, 특정 부문의 장기발전을 위한 중앙정부 소관 업무 관련 개별법률도 도시공간 구조형성에 영향을 미친다. 「도시 및 주거환경정비법(도시정비법)」에 따른 도시 및 주거환경정비기본계획, 「주택법」에 따른 국가주택종합계획, 「환경정책기본법」에 따른 국가환경종합계획, 「경관법」에 따른 기본 및 시가지 경관계획 등이 이에 속한다. 이러한 개별계획을 광역계획－도시기본계획－도시관리계획이라는 전반적 체계 속에 정합성 있게, 그리고 각 개별계획의 상호 연계가 이루어지도록 할 필요가 있다.

광역도시계획, 도시기본계획, 도시관리계획은 주민의 재산권 및 생활에 큰 영향을 미치는 계획이기에 수립과정에서 주민의 참여를 의무화하고 있다. 즉, 「국토계획법」과 시행령에서 광역도시계획과 도시기본계획에 대한 공청회 개최와 계획안의 열람 절차를 명시하고 있다. 도시관리계획에서는 주민 의견 청취, 열람 외에 주민 제안(「국토계획법」 제26조) 제도를 두고 있다. 주민은 특정 사안에 대해 도시관리계획을 입안할 수 있는 자(지방자치단체장)에게 도시관리계획의 입안을 제안할 수 있도록 하고 있다. 구체적으로는 기반시설의 설치·정비 또는 개량에 관한 사항, 지구단위계획구역의 지정 및 변경과 지구단위계획의 수립 및 변경 관련 사항, 입지규제 최소구역의 지정 및 변경과 입지규제 최소구역계획의 수립 및 변경 관련 사항 등이다.[8]

도시계획에 대한 법정 주민참여제도의 문제점으로는 대부분의 참여가 계획안 작성 후 의견수렴 방식이라는 점, 제시된 의견에 대한 검토 절차나 공개 관련 의무규정이 미비하다는 점, 계획안에 대한 정보제공 수준이 낮다는 점 등이 지적되고 있다. 이러한 한계를 극복하기 위해 법정의무 사항은 아니지만, 개별 지방자치단체에 따라 주민계획단의 구성·운영, 설문조사 실시, 주민간담회 및 주민설명회 개최 등 다양한 방식이 도입되고 있다. 다만, 이 경우에도 참여대상이나 규

---

8) 주민이 도시관리계획의 입안을 제안할 경우 도시관리계획도서와 계획설명서를 제출해야 하며 시장·군수는 제안일로부터 60일 이내에 계획으로의 입안 여부를 제안자에게 통보하여야 한다.

모, 대표성 확보 등이 과제로 지적되고 있다. 도시계획은 행정과 시민사회가 협력을 통해 바람직한 도시의 미래상과 발전 방향을 함께 만들어가는 과정이다. 그러나 여전히 상당수의 도시계획은 전문가와 행정의 주도하에 수립되고 있으며 주민참여는 사후적·형식적 수준에 머물러 있는 실정이다.

2) 도시재생 및 재개발제도

2013년 제정된 「도시재생 활성화 및 지원에 관한 특별법(도시재생법)」은 도시 재생이 단순히 노후 지역의 물리적 정비를 넘어 포괄적 삶의 질 향상을 도모하는 것으로 정의한다. 즉, 「도시재생법」 제1조는 "도시의 경제적·사회적·문화적 활력 회복을 위하여 공공의 역할과 지원을 강화함으로써 도시의 자생적 성장기반을 확충하고 도시의 경쟁력을 제고하며 지역공동체를 회복하는 등 국민의 삶의 질 향상에 이바지함"을 그 목적으로 밝히고 있다. 도시재생 대상 지역은 인구감소, 사업체 수 감소, 생활환경 악화와 관련한 5개 법정지표를 기준으로 설정한다.[9]

도시재생을 위한 계획체계는 국가 도시재생 기본방침－도시재생 전략계획－도시재생 활성화 계획의 수직적 체계로 구성된다(<그림 9-3> 참조). 국가 도시재생 기본방침은 도시재생 정책을 계획적·효율적으로 추진하기 위해 도시재생의 목표, 중점시책, 지원 방향 등을 제시하는 국가 차원의 도시재생 전략이다. 10년 단위로 수립(필요시 5년마다 정비)하며, 국토부 장관이 입안하되 국무회의를 거쳐 대통령이 승인한다. 도시재생 전략계획은 도시재생 추진 방향을 정하고, 중점적으로 역량을 투입할 도시재생활성화지역을 선정하는 도시 차원의 중장기 전략계획이다.

도시재생 활성화 계획은 도시재생활성화지역 내 도시재생사업을 효율적으로 집행 및 추진하기 위한 실행계획이다. 도새재생 전략계획은 10년 단위(필요시 5년 마다 정비), 활성화 계획은 5년 이상 단위로 단체장이 수립하며 기초조사, 주민공청회, 관계행정기관 협의, 지방도시재생위원회의 심의를 거쳐 확정한다. 각 지방정부는 도시재생사업의 전담 조직으로 도시재생지원센터 등을 설치할 수 있다.

---

9) 생활환경 악화 관련 지표는 20년 이상 노후 건축물 50% 이상이다.

그림 9-3 ┃ 도시재생 추진 절차

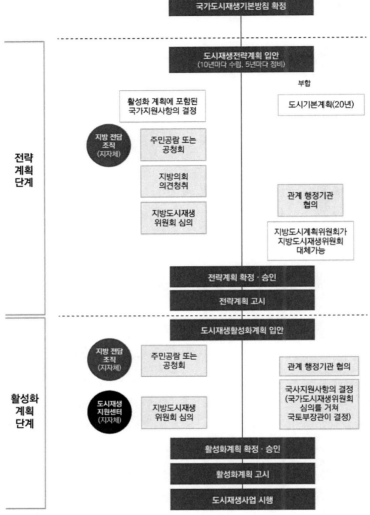

출처: 도시재생 종합정보체계 포털(https://www.city.go.kr/index.do).

　　도시재생 지원을 위한 특례 및 지원 내용으로는 국·공유재산 처분임대, 조세·부담금 감면, 건축규제 완화, 중앙정부의 지방정부 도시재생 계획수립비 지원, 공원·주차장·문화시설 등 기초생활 인프라 정비와 주택 개보수 등 지원, 마을기업 창업지원 및 상권 활성화 등 사업비 보조·융자 등이다. 선정방식은 지방자치단체 신청 중앙정부 지정방식, 기초자치단체 신청 광역자치단체 선정방식으로 구분할 수 있는데 2019년 「도시재생법」 개정을 통해 사업시행자가 국토교통부 장관에게 혁신지구로 지정받아 사업을 추진하는 '혁신지구제도'가 도입되었다.

도시 내에서 노후 또는 낙후지역의 기반시설 정비와 주택 등 건축물 개량·신설은 「도시정비법」에 따라 이루어진다. 정비사업의 유형은 다음과 같다.

첫째, 도시 저소득 주민이 집단거주하는 지역으로서 정비기반시설이 극히 열악하고 노후·불량건축물이 과도하게 밀집한 지역의 주거환경을 개선하거나 단독주택·다세대주택이 밀집한 지역에서 정비기반시설과 공동이용시설 확충을 통하여 주거환경을 보전·정비·개량하기 위한 주거환경개선사업이다.[10] 정비사업 시행자는 주로 지방자치단체이며 한국토지주택공사(LH)가 시공자인 경우가 대부분이다.

둘째, 정비기반시설이 열악하고 노후·불량건축물이 밀집한 지역에서 주거환경을 개선하거나 상업지역·공업지역 등에서 도시기능 회복, 상권 활성화 등을 위해 도시환경을 개선하기 위한 재개발사업이다. 노후 단독 혹은 다세대주택 밀집 지역으로 도로 등 기반시설이 열악한 지역이 대상이다.

셋째, 정비기반시설은 양호하나 노후·불량건축물에 해당하는 공동주택이 밀집한 지역에서 주거환경을 개선하기 위한 재건축사업이다. 단독 및 다세대주택 밀집 지역도 가능하지만 주로 아파트 단지를 대상으로 하는데 사업추진 전에 건물의 노후도를 측정하는 안전진단 절차를 거쳐야 한다. 재건축은 아파트 주민 중심으로 추진되는 민간 주도 성격이 강하며, 재개발은 공공이 나서서 추진하는 공공주도 성격이 강하다.[11]

정비구역은 법령에서 정하는 일정 요건에 부합하는 지역에 대하여 정비사업의 명칭, 정비구역 및 면적, 도시계획시설의 설치, 공동이용시설의 설치, 건축물의 용도, 건폐율(대지면적에 대한 건축면적의 비율), 용적률(대지면적에 대한 대지 안의 모든 건축물의 연면적의 비율), 높이에 관한 사항, 사업시행 예정 시기, 세입자 주거

---

10) 정비기반시설은 도로, 상하수도, 공원, 주차장, 광장, 지역 난방시설 등으로 사업시행자가 기부채납 할 수 있다. 공동이용시설은 놀이터, 마을회관, 탁아소, 경로당 등이다.

11) 재건축에 대해서는 재건축으로 인한 집값 상승분에 대해 일정 부분을 세금으로 환수하는 초과이익환수제가 운영되고 있다. 재개발은 기반시설을 확충을 위한 기부채납 비율이 상대적으로 높다.

대책 등을 포함하는 정비계획을 결정하여 지정할 수 있다. 정비계획 및 정비구역은 「국토계획법」에 따른 지구단위계획 및 지구단위계획구역과 같은 효력을 갖는다.

> ### 🖥️ 쉬어가기 9-2. 서울시 뉴타운 사업과 도시재생사업
>
> 서울시는 이명박 시장 재임 중이던 2002년부터 강북지역 노후 불량주택지를 계획적으로 정비하는 '뉴타운(재정비촉진지구)사업'을 추진하였다. 같은 해 10월 은평, 길음, 왕십리 3곳이 뉴타운 시범지구로 지정되는 것을 시작으로 하여 2003년 2차 12곳, 2005년 3차 10곳, 2007년 1곳 등 총 26곳의 뉴타운이 지정되었다. 지구지정으로 해당 지역의 땅값이 급등하면서 2008년 총선에서는 후보마다 뉴타운 지정 공약을 내세우는 등 뉴타운 열풍이 불었다. 하지만 부동산 경기가 하강하자 조합원 부담액이 늘면서 뉴타운사업 추진이 지지부진하게 되었고 지정철회를 요구하는 곳이 늘어나게 되었다. 그뿐만 아니라 사업이 완료된 곳에서도 여러 문제점이 나타났다. 즉, 개발이익을 높이기 위한 중대형 위주의 분양으로 분양가가 시세보다 높아 주변 집값 상승을 불러일으켰고 높은 분양가로 인해 원주민과 세입자가 원래 살던 지역에서 내쫓기면서 기존 공동체가 해체되는 현상이 야기되었다.
>
> 박원순 시장 취임 이후에는 대규모 전면 재개발 방식에서 소규모 도시재생 방식으로의 전환이 추진되었다. 2014년부터 뉴타운·재개발 해제 구역이나 노후화된 저층 주거지 등 정비가 시급한 지역을 '도시재생활성화지역'으로 지정하여 역사적 공간 보존, 거점 공간 조성, 공동체 활성화 사업 등을 지원하는 내용이었다. 도시재생사업은 역사 유산의 가치 재조명, 골목상권 활성화, 지역공동체 강화 등 성과도 있었으나 개발보다는 보존과 환경개선에 초점이 맞추어져 민간참여의 저조, 신규 주택공급 부족, 기반시설 개선에 한계를 보였다는 비판도 있다.
>
> 2021년 10년 만에 재등장한 오세훈 시장은 주택공급 확대를 목표로 정비구역 지정 기간 단축 등 각종 재개발 규제완화 조치를 통해 신속·통합 방식의 재개발을 추진하고 있다.

3) 도시공간 사례: 폐선(廢線) 부지(敷地)의 도시공원화

매력적인 도시공간 만들기에서 도시공원은 중요한 역할을 한다. 누구에게나

제9장 도시와 지방자치: 매력 있는 도시공간 어떻게 만들어야 할까?

열린 공간으로 평등한 이용이 가능하고 다양한 계층 간의 자연스러운 마주침이 발생하는 공간이 공원이다. 또한, 휴식 활동이나 문화 활동을 통해 도시의 풍광과 함께 도시의 정체성을 느끼고 즐길 수 있는 공간이자 도심 속에서 자연을 되살리고 자연과 접촉할 수 있는 장소이기도 하다.

지방자치제도가 부활한 1990년대 중반 이후 서울시는 도시 내 중·대규모 공원 확충을 위한 노력을 지속하였다. 여의도 광장의 공원화, 쓰레기 매립지를 환경 생태 공간으로 복원한 월드컵 공원, 쇠락한 테마파크(놀이동산)를 초대형 공원으로 탈바꿈시킨 북서울꿈의숲 등이 대표적인 예이다. 그런데 시내에 대형공원을 조성할 수 있는 가용부지가 점차 줄어들면서 지금은 사용되지 않는 철도 선로 주변을 선형의 공원으로 개발하는 방식이 모색되기 시작했다.

1906년 개통된 경의선은 초기에는 산업철도로 한국전쟁 이후로는 통근을 위한 철도로 이용되었다. 그런데 도시를 가로지르는 철도로 인한 지역단절 및 주변 환경낙후 등의 문제점이 꾸준히 제기되면서 철길 지중화 사업이 시작되기에 이르렀다. 2006년 국토교통부는 경의선 용산~가좌역 구간 지하화를 결정하였다. 지상의 폐선 부지(길이 6.3㎞, 폭 10~60m, 면적 10만1,668㎢) 활용방안을 놓고 부지 소유주인 한국철도시설공단은 수익사업이 가능한 상업용지로의 활용을 주장했지만, 관할 지방자치단체인 마포구, 용산구, 서울시는 녹지, 도로, 공공시설 용지 등으로의 활용을 주장하여 의견이 대립하였다. 논의를 거듭한 끝에 철도시설공단이 토지의 무상사용을 승인하는 대신 마포구는 역세권 개발에 협조하는 업무협약이 체결되었다. 2010년 공원화 사업의 재정부담 문제로 사업 주체가 서울시로 변경되어 철도시설공단과의 공원 조성 협약이 정식 체결되었다. 이로써 경의선 폐선 부지는 서울에서 가장 긴 공원(경의선숲길공원)으로 재탄생하게 되었다.

2017년 7월 전 구간 공사가 완료되었는데 경의선숲길공원은 공원 구간(4.4㎞)과 역사 구간(1.9㎞)으로 이루어져 있으며 산책로, 자전거 도로, 지하철역 및 복합시설 등이 입지하고 있다. 도심을 관통하는 녹색의 선형공원이라는 점에서 접근성이 뛰어날 뿐만 아니라 자연과 문화를 동시에 즐길 수 있는 휴식공간으로 평가받고 있다(<그림 9-4> 참조). 또한, 경의선숲길공원 조성을 통해 서로 다른 동네가 연결되고 거리의 보행자가 늘어났는데, 지하철 홍익대입구역 인근의 번화한 상권이 경의선숲길공원이 위치한 연남동까지 이어지면서 유동 인구가 밀집하는 서울의 '핫플레이스'로 자리매김하고 있다. 이러한 상권 활성화는 지역 일자리와 세수 증가로 이어지고 있다.[12]

그림 9-4 | 경의선숲길공원

<경의선 숲길 연남동 구간>   <실개천 산책로>

출처: 서울시 홈페이지(https://news.seoul.go.kr/citybuild/archives/228518).

2. 미국

1) 도시계획·개발 제도

미국에서는 주별로 도시계획·개발 관련 제도가 상이한데, 주민참여와 수익자 부담 원리에 입각한 지역개발 방식에 대해 초점을 맞추어 살펴보기로 한다. 구체적으로는 풀뿌리 주민자치 조직(커뮤니티 보드)을 통한 도시계획 참여제도, 특별구의 일종인 BID 설립을 통한 지역개발 및 관리제도, 고정자산세를 활용한 도시 재개발 제도이다.

① 뉴욕시 주민참여형 도시계획

뉴욕시는 1916년 미국에서 최초로 조닝(Zoning) 제도를 도입하여 체계적인 도시공간 관리를 선도했다. 1969년 「연방도시개발법」 제정으로 주민들의 개발과

---

12) 뉴욕의 센트럴파크를 연상시킨다고 하여 '연트럴파크'라고도 불리고 있다. 그런데 신흥상권으로 주목받으면서 임대료상승으로 인해 기존 상인과 입주자가 내쫓기고 대형 프랜차이즈점이 입점하는 이른바 젠트리피케이션(gentrification) 현상이 우려되고 있다.

정 참여가 법적으로 보장되었고 「National Environmental Policy Act(NEPA)」 제정으로 대형 개발프로젝트에 대한 환경영향 평가도 의무화되었다. 뉴욕시는 주민 참여 확대라는 시대적 흐름에 발맞추어 1975년 시 헌장 개정을 통해 59개 커뮤니티 보드(Community board)를 설치하였다.

표 9-1 ▮ 도시계획 · 개발 관련 뉴욕시 커뮤니티 보드 주요 기능

주요 기능	책임 사항
표준 토지이용 심의과정 (ULURP) 참여	• 시 정부가 결정 권한을 가진 토지이용 제안에 대한 의견제시 - 60일 이내에 제안에 대한 공청회를 개최하고 의견서 작성
197-a 계획수립	• 커뮤니티 구역의 목표와 비전, 부문별 계획 내용의 작성 - 해당 지역의 문제 파악 및 해결방안 제시
시설 입지과정 참여	• 커뮤니티 내 시설입지와 관리에 대한 의견제시 - 시설입지 결정 후 시설 모니터닝 위원회 설립

출처: 이다예 외(2022)의 <표 2>.

커뮤니티 보드는 시에 다양한 민원을 전달하는 기능과 함께 지역의 장기계획 작성 역할도 담당하도록 하였다.[13] 해당 지역에 거주하거나 직장이 있는 50명의 무급 위원으로 구성되며 위원 중 절반은 시의회의원으로 구성하도록 권장되고 있다. 커뮤니티 보드는 시 헌장에 기반한 독립적 시 기관으로 각 보드는 조례제정 및 특정 목적 달성을 위한 위원회를 설치할 수 있다. 커뮤니티 보드의 권한은 토지이용 및 조닝 관련 자문 · 제안, 시예산에 대한 권고와 평가, 기타 커뮤니티 관련 관심사 등이다.

도시계획 · 개발 관련 권한을 보다 구체적으로 살펴보면 첫째, 시정부가 결정 권한을 갖는 토지이용에 대한 표준 토지이용 심의과정(Uniform land use review procedure: ULURP)에 참여하여, 60일 이내에 제안에 대한 공청회를 개최하고, 주민 의견을 수렴하여 의견서 형태로 상위 행정기관인 버로우(Borough)의 장과 시 도시계획위원회에 제출한다.[14] 둘째, 시 헌장 197-a에 의거하여 해당 커뮤니티

---

13) 시 전체를 최대인구 25만명을 기준으로 일정한 지리적 범위로 구분하여 설치한다.
14) ULURP는 토지이용에 관한 복잡한 절차를 '제안서 제출-제안서 인정-커뮤니티 보드 검토-버로우장 검토-시 도시계획위원회 검토-시의회 승인-시장의 거부 여부 검토'로 표준화한 것이다.

구역의 지역발전계획 수립하는데, 주민참여 계획안이 발의되면 ULURP의 일반 검토 절차를 거쳐 뉴욕시의 장기지역발전계획에 수렴된다. 셋째, 커뮤니티내 시설입지 및 관리(사후 모니터링 포함)에 대한 의견제시이다(<표 9-1> 참조).

커뮤니티 보도의 의견은 강제력이 없으나 공식적 도시계획을 수립하는 절차의 필수 부분이라는 점, 현실적으로 주민들이 반대하는 사업을 진행하기는 어렵다는 점에서 높은 수용력을 갖는다. 또한, 특정 주민집단의 이해관계에 좌우되지 않도록 공청회 시간과 안건의 사전공지, 회의록 기록, 보드위원의 투표에 의한 의사결정 원칙이 확립되어 있어서 주민 의견의 대표성이 높다고 할 수 있다. 뉴욕시는 이러한 커뮤니티 보드가 제 기능을 발휘할 수 있도록 행·재정적 지원을 하고 있다. 사무실 임대료, 운영비, 직원 급여를 부담하며, 시장실에 커뮤니티 지원단을 운영하고 있다.

② BID(Business improvement district)

미국에서 지역개발과 관리 운영을 맡는 지역자치조직이 BID이다. BID는 1980년대부터 중심 시가지의 활성화(Urban renaissance)를 목적으로 창설되었는데 구체적인 재원 조달, 운영, 권한 등은 주정부 법률에 따라 규정된다.

일반적으로 BID는 개발업자, 부동산 소유자, 상인 또는 사업자의 자발적 요구로 설치되며 이해관계자들의 투표를 통한 일정 수준 이상의 동의(부동산가액의 50% 이상 소유자의 찬성 등)를 필요로 한다. BID는 민간 자율로 설립·운영되지만, 지방정부가 이사회에 직접 참여하거나 사업자로부터의 부담금 징수를 비롯한 행·재정적 편의 제공을 통해 활성화를 지원한다(<그림 9-5> 참조). 주요 재원은 지구내 토지소유자, 사업자를 대상으로 한 1~3% 정도의 부가세(재산, 토지, 접도 길이 등의 기준)이다. 재원은 자체 재원을 원칙으로 하며 일부 부족분에 대해서만 보조금, 기부 등으로 충당한다.

그림 9-5 | 민관협력형 BID의 거버넌스 구조

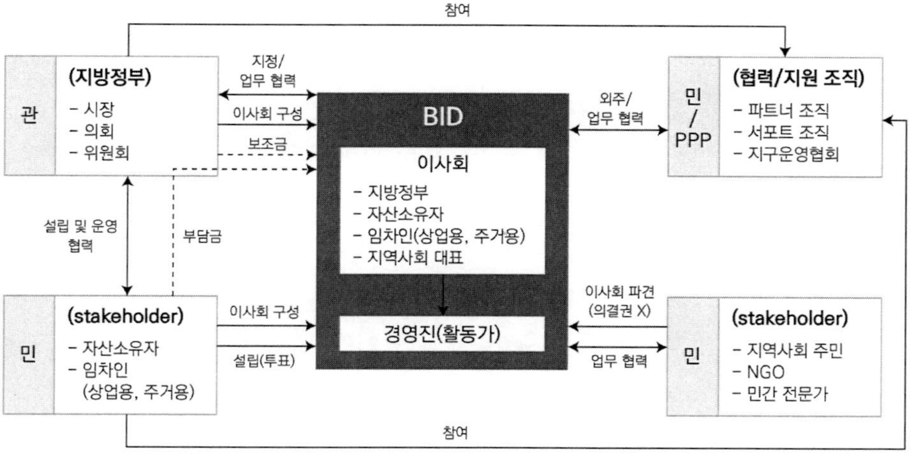

출처: 박원석(2021)의 <그림 1>.

서비스 공급 주체별 형태는 비영리민간단체(NPO)형, 공사형(지방정부 하부조직), 제3섹터 형(민관협력형)으로 나누어진다. 소규모 도시일수록 공사의 비중이 높고, 대규모 도시는 비영리민간단체의 비중이 높다.[15] BID가 수행하는 기능은 지역의 유지·관리(가로등, 도로 등 정비), 안전, 소비자 마케팅(이벤트 및 축제 개최 등), 상점 유치 및 관리, 공공공간관리, 주차 및 교통관리, 도시설계, 지역사회 서비스(노숙자 지원, 직업훈련 지원 등), 전략계획수립, 가로환경개선 및 관리, 정책 제안 및 청원 등이다.

BID의 특징은 크게 다섯 가지이다.

첫째, 수익자 부담의 원칙에 따라 지방정부로부터 공적인 재정지원을 최소화한다. 둘째, 민간의 힘과 지혜를 활용하면서도 지방정부와의 민·관 협력이 유기적으로 이루어진다. 셋째, 의사결정과정은 정부의 지배를 받지 않고 독립적 사업주체로서의 정체성을 유지한다. 넷째, 지방정부의 공공서비스를 보완하는 역할을 담당한다. 다섯째, 지구 활성화를 통한 자산가치 상승이 부담금 지불자의 이익으로 환원된다.

---

15) 비영리조직 형태로는 공무원, 지역상인, 세입자, 토지주 등으로 구성하는 지구운영협회(District Management Association)가 대표적이다.

BID는 항구적인 조직이 아니라 그 성과는 정량화된 목표치를 기준으로 측정되며 3~5년 주기로 지속 여부를 재평가한다.[16]

③ 고정자산세를 활용한 도시재개발 자금조달

고정자산세 증가분(Tax increment financing: TIF)을 활용한 도시재개발 방식은 1952년 캘리포니아주에서 최초로 도입되었다. 이후 많은 주에서 도입하였는데 이하에서는 오리건주 포틀랜드시 사례를 중심으로 절차 및 특징을 살펴보기로 한다.

TIF방식은 오리건주에서는 1960년에 도입되었고, 포틀랜드시에서는 포틀랜드 도시개발국(Portland development commission: PDC)이 실시기관이다. PDC가 도시재생에 투자하는 예산 재원은 대부분 세금이며 세금 가운데 97%는 도시재생지구에서 거두는 고정자산세 증가분으로 조달한다.[17] 도시재생사업을 통해 지역개발이 완료되면 고정자산세와 사업세 등의 세수 증가가 나타날 것으로 예상할 수 있는데 이러한 예상 수입을 기반으로 자금을 조달하는 방식이다.

TIF를 통한 도시재생 절차 및 단계는 다음과 같다.

첫째, 대상 지역의 결정 단계이다. 도시재생에 필요한 황폐지구를 대상으로 하며 시의회의 승인이 필요하다.

둘째, 고정자산 세액의 고정화단계이다. 지역 내 지상권자가 내는 고정자산 세액의 원천인 자산평가 상한액이 고정된다. 또한, 행정 수입이 되는 세수액이 일정해진다.

셋째, 도시재생 채권의 발행단계이다. 재개발(20~30년) 후의 고정자산 평가를 예측하고 이를 바탕으로 대상 지역의 최대채권액을 산출한다. 이 금액에 대해 시가 채권을 발행하고 PDC의 개발자금으로 사용한다.

넷째, 자금투자 단계이다. 지역 내 사회기반시설과 건물, 주차장, 공원, 주택 등에 대한 투자를 시행하며 이에 추가하여 민간투자를 유치한다. 재개발 시행 중에도 해당지구 고정자산세 증가분은 채권변제에 충당한다.

다섯째, 세금의 회수 단계이다. 개발프로젝트가 완료되면 부동산 가치가 상승

---

16) BID 재지정은 해당 지방정부의 권한이다.
17) 3%는 시의 일반재원과 PDC 소유 주차장 수입 등이다.

한다. 세수는 자동으로 증가하는데 채권을 갚을 때까지 세금 회수가 이루어진다.

TIF의 특징은 고정자산세율이 변하지 않는다는 점에서 증세가 아니라는 점이다. 그리고 TIF를 마중물로 삼아 민간투자를 끌어내는 방식을 취하고 있기에 PPP(Public private partnership) 유형의 재개발사업의 성격을 갖는다. 특정 지구 내 고정자산 세수 증가분을 재원으로 하기에 범위를 초과한 난개발 우려가 적다. 요컨대 TIF는 도시재개발(재생)의 수혜자 즉, 도시 재생지구 내 자산보유자가 부담하는 고정자산세 증가분(예상 수입액)을 종잣돈으로 활용한다는 점에서 수익자 부담원칙에 기반한 도시재개발 방식이라고 할 수 있다.

2) 도시공간 사례: 광역 정부를 활용한 도시성장관리

미국 북서부의 포틀랜드시는 오리건주에서 가장 큰 도시로 2020년 현재 약 65만 명이 거주한다. 인근 도시를 포함한 포틀랜드 대도시권역(Portland metropolitan area) 거주인구는 약 250만 명으로 미국 내에서 25번째로 많은 인구를 가진 도시 권역이다. 포틀랜드의 도시공간 특징은 다른 미국 도시들과 달리 적극적인 도시 성장관리 정책 도입을 통해 대중교통 중심도시, 친환경 도시를 조성하였다는 점이다. 이를 통해 포틀랜드는 미국 내에서 살기 좋은 도시 상위 순위에 이름을 올리고 있다.[18]

포틀랜드의 매력적인 도시공간 형성에 핵심적 요소로 도시성장경계선, 광역 메트로 정부, 도시계획과 연관된 대중교통 시스템 수립을 들 수 있다.

광역 메트로 정부는 포틀랜드시를 둘러싼 3개 카운티(23개 시 포함)를 관할구역으로 폐기물처리와 재활용, 토지이용·개발 계획, 광역교통, 녹지대 관리 등을 담당한다. 주민투표로 선출되는 의회와 독자적인 헌장(과세권 포함)을 가지고 있다.[19] 광역 메트로 정부는 20~40년 단위의 장기 성장 비전 설정을 주도하는데 이 과정에서 권역 내 다양한 이해관계자를 참여시키고 이견을 조율한다.

'도시성장경계선(Urban growth boundary)'은 1979년 오리건주가 주내 28개 시를 대상으로 도입하면서 시작되었다. 오리건주의 움직임에 발맞추어 포틀랜드시

---

18) US 뉴스&월드리포트지는 '2018년 미국 살기 좋은 도시'순위에서 광역 포틀랜드가 전국 6위를 차지하였다.
19) 메트로 전역을 대상으로 의회의장(단체장) 1명 및 의원 6명(4년 임기)을 선출하는데 정당공천은 배제된다.

도 성장과 환경보호의 균형을 위한 도시성장경계선을 획정하였다. 포틀랜드 대도시권 전체 면적의 약 12%가 도시성장경계선으로 둘러싸인 도시구역이며 경계선 바깥 지역의 주거 및 상업시설 입지는 원칙적으로 제한된다. 광역 메트로 정부는 5년마다 도시성장경계선 변경 여부를 평가하는데 도시성장경계선 도입 이전과 비교하여 녹지잠식 속도가 늦춰지는 성과를 거두었다고 평가받고 있다.[20]

　　미국 내 대부분 도시는 자동차 중심의 교통체계이나 포틀랜드는 도시계획과 연관한 다양한 대중교통 시스템을 구축하고 있다. 1969년 오리건주의회와 포틀랜드시의회는 대중교통 운영 특별구인 '트라이멧(TriMet)'을 설립하여 버스와 노면전차를 통합 운영토록 하였다. 이후 경전철 노선이 확대되면서 도심으로 통근·통학하는 수요의 약 45%가 대중교통을 이용하고 있다. 특히 포틀랜드는 미국 내에서 대표적인 자전거 친화 도시이다. 시내에 약 500㎞에 이르는 자전거 도로가 있으며 약 6%의 통근자들이 자전거를 이용하여 출퇴근하고 있다.

쉬어가기 9-3. 도시 내 단절과 Gated community

　　미국에서는 19세기 중엽부터 초부유층 마을이라는 형태로 특정 경제 계층의 주민이 모여서 거주하는 소규모 공동체들이 존재하였다. 그런데 이러한 형태의 계층 간 거주 분리가 일반화되는 계기는 1960년 퇴직자들을 대상으로 한 주택가가 출현하면서부터이다. 이후 경제가 일시적 호황기를 맞이하였던 1980년대에는 부유층을 대상으로 그리고 1990년대에는 중산층을 대상으로 한 이른바 '빗장 공동체(Gated Community)'가 확산하였다(〈그림 9-6〉 참조). '빗장 공동체'는 공적 공간이 사유화됨으로써 공중의 출입이 제한된 주거단지로 입구에 게이트와 이를 통제하는 출입관리 시스템, 단지와 그 주변을 이분하는 담장에 의해 구성된 폐쇄적 공동체를 뜻한다.

　　'빗장 공동체'는 단순히 거주 공간의 물리적 단절만을 의미하는 것이 아니라 거주 주민과 비거주 주민 간의 사회적, 문화적, 심리적 단절로 이어진다. 이러한 '빗장 공동체'는 증가추세를 보이는데 1997년 2만 개소, 거주인구 800만 명 수준이었던 것이 2007년에는 5만 개소, 거주인구 2,000만 명 이상으로 늘어났다. 증가의 배경으로

---

20) 도시경계선 도입 전에는 연 124.4㎢씩 농지를 상실하였으나 도입 후에는 연 8.1㎢에 그치고 있다(이왕건 외, 2015: 75).

는 소득 격차의 확대와 함께 흑인문제로 대표되는 인종 문제가 자리 잡고 있다. 백인 부유층을 중심으로 잠재적 범죄자로 간주하는 흑인 등의 이질적 인종 집단과 물리적 거리를 확보하고자 하는 욕구가 강하게 작동한다는 것이다. 그 외에도 자산가치의 증대, 동질적인 사회 배경으로 구성된 주거단지 형성, 은퇴 후 평안한 노후 공간의 확보 욕구 등도 증가의 배경이라고 할 수 있다.

그림 9-6 ┃ Gated Community 이미지

출처: https://blog.meqasa.com/gated-community-pros-and-cons/

미국의 지방정부 설립과 운영방식은 주에 따라 다양하지만, 주민의 자발적 의사에 의한 부분이 크다. 일부 '빗장 공동체'는 지방정부를 대신하여 특정 서비스에 대한 세금징수권을 행사하기도 한다. '빗장 공동체'가 준지방정부 성격을 갖는 셈인데 행정 입장에서도 도로, 하수도, 기타 사회기반시설을 개발업자나 입주자의 부담으로 설치할 수 있으므로 '빗장 공동체'를 부정적으로만 대하기 어렵다. Gated community가 늘어나는 현상에 대해서는 도시 내 빈곤, 안전, 인종 갈등 문제를 사회 공동과제로 인정하는 것이 아니라 '개인화·민영화'를 통해 해결하고자 하는 발상이라는 비판이 있다.

3. 일본

1) 도시계획·개발 제도

① 도시계획과 주민참여

주민 중심의 경관 보전 및 마을 활성화 운동인 '마을만들기(まちづくり)'는 1960년대부터 시작되었다. 그리고 1980년대 들어 선진 지방자치단체들을 중심으로 조례를 통한 주민참여형 도시계획 수립이라는 형태로 제도화되었다.[21] 고베시(1981년)와 도쿄도 세타가야구(1982년)는 지구계획제도를 활용한 조례를 제정하여, 번잡한 시가지의 주거환경정비계획에 주민의 의사를 반영하도록 하였다. 조례에서는 지구단위별로 '마을만들기협의회' 설치를 허용하고, 활동비 지원과 전문가파견을 통해 '마을만들기제안'을 작성토록 하였다. 그리고 행정과의 협의를 거쳐 '마을만들기협정'을 체결하여 도시계획에 관련 내용을 반영하도록 하였다. 이러한 주민주도형 마을만들기협의회 방식은 지구 내 인프라 정비, 토지이용 관련 이해관계 조정에서 출발하여, 1990년대 들어서는 주거환경의 보전, 매력적인 환경조성 등으로 그 대상 범위를 넓히면서 전국 지방자치단체로 확산하였다.

1990년대 중반 이후 일본의 정치·행정 체제에 대한 근본적 변화 요구가 거세짐에 따라 지방분권과 주민참여 확대를 위한 일련의 개혁이 이루어지게 되었다. 도시계획 분야에서도 지방으로의 권한이양이 추진되었다. 1992년 도시계획법 개정을 통해 기초자치단체인 시정촌 차원에서 책정하는 계획인 '도시계획에 관한 기본적 방침(시정촌마스터플랜)'에 주민의 참여를 의무화하였다. 1998년 도시계획법 개정에서는 지방자치단체가 조례로써 지구 토지이용 내용을 결정할 수 있도록 허용하였다.[22] 1999년 「지방분권일괄법」제정을 계기로 그동안 기관위임사무였던 도시계획의 결정 권한이 자치사무로 변경되었고, 도도부현의 도시계획 결정 권한도 시정촌으로 대폭 이양되었다.

---

21) 일본에서 도시계획과 마을만들기(まちづくり)라는 용어가 혼용되는 경우가 많은데 강조하는 측면이 다르다. 도시계획은 대규모, 물리적, 행정주도, 청원과 진정, Top-down의 성격을 띠지만, 마을만들기는 지구단위, 물리적+사회적, 행정과 주민의 협력, 학습과 제안, Bottom-up의 성격을 갖는다.
22) 2001년 도시계획법 개정에서는 지구 내 주민 또는 토지소유자가 지구계획을 발의할 수 있도록 하였다.

도시계획에 대한 주민참여 확대에는 1998년 말 제정된 「특정비영리활동촉진법(NOP법)」도 중요한 계기가 되었다. 이 법이 제정됨에 따라 기존에 행정이 독점하고 있었던 공공영역에 주민을 비롯한 민간 부분의 참여가 가능하게 되었다. NPO는 보건, 의료, 복지, 사회교육 등과 함께 마을만들기 분야를 주요 활동 대상으로 하는데, 주민 주체의 마을만들기가 법적으로 공인되었다는 의미를 지닌다.

도시계획에 대한 주민의 참여를 활성화하기 위해 지방자치단체가 '마을만들기 센터', '마을만들기 펀드'를 설치하는 사례도 적지 않다. '마을만들기 센터'의 역할은 주민 활동에 대한 조언, 정보 및 기술제공 외에 행정으로부터의 수탁사무(공원 조성, 공공시설 계획설계, 도시계획 마스터플랜 작성 등) 처리, 기업체 의뢰 위탁 조사 및 상담 시행, 자체 사업(빈집·빈점포 대책, 시민교육 등) 실시 등이다. '마을만드기 센터'는 지방자치단체가 설치하고 시 직원이 운영하는 형태, 또는 지방자치단체가 설치하되 민간이 운영하는 형태로 구분된다. 마을만들기 활동에 대한 재정적 지원은 행정으로부터의 보조금 지급 방식으로 이루어지는 경우가 많으나, 펀드 조성을 통해 안정적·독립적 재정지원이 가능하게 하는 지방자치단체도 적지 않다. 대표적 사례는 세타가야구의 '공익신탁 세타가야 마을만들기 펀드'인데 공익신탁 방식으로 운영하고 있다. 즉, 행정이 기본펀드를 출자·조성하지만, 조성금의 사용처는 지방자치단체와 독립적인 운영위원회에서 결정하여 공정성과 투명성을 확보하는 방식이다.

② 도시공원 공모설치관리제도(Park-PFI)

일본에서는 고도성장기를 거치면서 도시공원 면적이 계속 증가하였다. 그런데 시설 노후화가 진행되면서 관리비용 증대, 공원 매력 저하 등의 문제에 직면하였다. 동시에 저성장이 굳어지면서 지방정부의 재정 능력은 한계에 봉착하였다.

이에 대처하기 위해 2017년 도시공원법을 대폭 개정하였는데, 개정의 주요 목적은 다음과 같다. 첫째, 현재 보유하고 있는 공원의 활성화이다. 양적으로는 일정 수준에 달하였다는 판단하에 도시공원 재편을 포함하여 현재의 도시공원을 어떻게 운영할 것인지 자산의 운용이라는 시점이 필요하다는 것이다. 둘째, 민간과의 연계강화이다. 민간자본의 활용과 민간을 통한 공원 운영 확대를 통해 공원의 매력도 향상을 추구해야 한다는 것이다. 셋째, 공원 운영의 다양화이다. 시설의 획일성, 관리방식의 획일성에서 벗어나 공원의 개성을 최대한 끌어낼 수 있도록 해야 한다는 것이다.

구체적으로는 공모설치관리제도 도입, PFI(Private finance initiative)법상의 PFI 사업 설치관리허가 기간 연장(최대 30년간), 공원 활성화에 관한 협의회 설치, 도시공원 유지 수선기준 법령화(점검·정비, 수선 의무화) 등이 이루어졌다. 공모설치관리제도는 카페, 레스토랑 등 공원 이용자 편의시설(공모대상공원시설) 설치와 해당 시설에서 발생하는 수익을 활용해 주변 지역 산책로, 광장, 녹지 등의 공원시설(특정공원시설) 정비를 통합적으로 실시하는 사업자를 공모로 선정하는 제도이다. 특정 공원시설에 대해서는 공적자금만이 투입될 수 있었는데, 민간의 자금과 영업방식을 활용하여 공원 전체의 재생과 활성화를 도모하는 것이다. 투자자금 회수의 안정성을 높이기 위해 설치관리허가 기간을 종래 10년에서 20년으로 연장하고, 건폐율 상향, 점용 물건 특례(자전거 주차장, 간판, 광고탑의 허용)가 부여된다. 중앙정부도 제도 활성화를 위해 해당 지방자치단체에 재정지원을 시행하고 있다.[23] 2021년 9월 기준 48개 Park-PFI 사업이 완료 및 진행 중이다.[24]

 쉬어가기 9-4. Area(Town) management 부담금 제도

미국의 BID와 유사하게 일본에서는 민간(주민, 사업자, 토지·건물소유자) 주도의 지역 활성화와 장소 마케팅을 의미하는 '에리어 매니지먼트(Area management)' 또는 '타운 매니지먼트(Town management)'라는 용어가 널리 사용된다.

에리어 매니지먼트 또는 타운 매니지먼트를 위해서는 집행을 위한 주체가 필요한데 NPO법인, 재단법인, 사단법인 등이 담당한다. 주요 역할은 방문객(소비자) 유치, 방범·방재, 경관 및 환경 정비·개선, 지역문화의 계승·발전, 지역공동체 활성화, 지역홍보, 공공시설 및 공간의 관리 운영, 민간시설(빈집, 빈땅)의 공공목적 활용 등이다. 중심시가지 활성화 사업에서는 자영업자 중심의 TMO(Town management organization)가 설립되었으나 성과가 미흡하였다. 이러한 한계를 극복하고자 상점

---

23) 특정공원시설 정부 비용 중 지방자치단체 부담금액의 절반을 국가가 지원하거나 민간사업자에 대해 저금리로 대출을 시행한다.
24) https://www.mlit.go.jp/sogoseisaku/kanminrenkei/content/001388164.pdf.

가 진흥만이 아닌 지역단위의 진흥을 도모하는 방향으로 추진될 필요성이 커지게 되었다.

이러한 흐름 속에서 2018년 도시재생법에 근거해 '에리어 매니지먼트 부담금 제도'가 도입되었다. 동 제도는 해당지구 사업자 2/3 이상의 동의를 요건으로 기초자치단체가 에리어 매니지먼트 단체 활동비용을 활동지구 내 수익자로부터 징수(단, 이익 창출 한도 내)하여, 에리어 매니지먼트 단체를 지원할 수 있도록 하는 내용이다.

2) 도시공간 사례

① 인구감소에 대응하는 압축도시(Compact city) 추진

도야마(富山)시는 도야마현의 현청 소재지이며, 2022년 9월 기준 인구 약 41만 명이 거주한다. 시는 평지에 위치하여 주민들이 시 전역에 분산하여 거주하는 경향으로 현청 소재지 도시 가운데 도심지구 인구밀도가 가장 낮았다. 또한, 통근자의 약 84%가 자동차를 이용하는 자동차 의존도가 높았다. 인구가 감소하고 고령화가 진행되는 와중에 도심공동화 현상이 심화하면서 2002년부터 압축도시를 본격 추진하고 있다.

압축도시를 통한 마을만들기(まちづくり) 전략은 철도, 버스 등 대중교통 이용을 활성화하는 동시에 대중교통 도로를 따라 거주, 상업, 업무, 문화 등 도시의 주요 기능을 집약시키는 이른바 '꼬챙이와 경단형 도시구조'이다. 꼬챙이는 일정 수준 이상의 대중교통 시스템을 의미하고 경단은 도로선을 따라 자리한 거점(도보권)을 의미한다(<그림 9-7> 참조).

그림 9-7 | 도야마시의 압축도시 추진방향

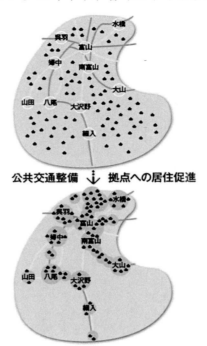

출처: 富山市(2019: 25-30), https://news.yahoo.co.jp/feature/423/.

압축도시 실현을 위한 구체적인 정책을 살펴보면 첫째, 기존 공공교통망 이외에 시내를 순환하는 신형 노면전차(LRT)를 도입하여 도보생활권 실현을 가능하게 하였다. 둘째, 도심지구·공공교통 연선(沿線) 거주 추진지구를 설정하고, 높은 품질의 주택을 건설하는 사업자 및 주택구매 시민들에 대한 보조금 지원을 통해 외곽지역의 인구를 중심 시가지로 유도하고 있다. 셋째, 중심 시가지 지역에 편의시설을 확충하였다. 2007년에 다목적 광장인 도야마 그랜드 플라자(グランドプラザ)를 개장하여, 계절과 관계없이 사람들이 찾을 수 있도록 하였다. 도야마시가 건립하고 상공회의소, 중소기업이 참여하는 민관협력방식으로 운영하고 있는데 광장, 종합돌봄센터, 입체주차장, 체육시설, 전문대학, 스포츠센터 등이 입지하고 있다. 이러한 압축도시 추진으로 2008년부터 도심지구로의 전입 인구가 전출인구를 초과하기 시작하였으며, 도심지 인구 비율이 2005년 28%에서 2013년 32%로 증가하였다. 거주인구와 보행자가 증가하면서 민간투자를 통한 재개발사업도

활기를 띠고 있으며, 지가 유지 및 세수 확보에도 기여하고 있다.

② 공공도서관 활성화를 통한 도시공간 매력화

다케오(武雄)시는 사가현 서부에 위치하며 다케오 온천이 유명하다. 인구는 약 4만 8천 명(2020년 10월 기준)이나 2040년에는 4만 명 수준으로 감소할 것으로 예측되어 이른바 소멸위험도가 높은 지방자치단체에 해당한다고 할 수 있다.

2006년 중앙정부 공무원 출신인 시장(히와타시 게이스케, 樋渡啓祐)이 취임하면서 시 행정의 개혁이 시작되었다. 일본 지방자치단체 중 최초로 영업부와 연결부(つながる部)를 신설하였는데 영업부는 기업 유치와 관광진흥 등 시의 전반적인 마케팅을 담당한다. 연결부는 정보 발신, 기획, 시민협력 등 부서 간은 물론 행정과 시민 간 협력업무를 담당하도록 하였다. 그리고 행정 효율화(적자 해소) 및 의료 질 제고라는 관점에서 2008년 주민동의를 거쳐 시립병원을 민영화하였다.

시장은 시립병원 민영화에 이어서 시립도서관 개혁에도 착수하였다. 다케오시는 시립도서관 이용자 활성화를 위해 개관 일수를 늘리는 노력을 했지만, 이용객 수는 감소추세를 벗어나지 못하는 실정이었다. 이에 2012년 대형 서점 체인인 쓰타야(Tsutaya)를 운영하는 민간기업(Cultural convenience club: CCC)에 위탁운영(지정관리자)을 결정하였다. CCC의 주도하에 1년여에 걸친 대대적인 도서관·역사자료관 개수를 거쳐 개장한 새로운 도서관은 스타벅스 커피점과 함께 쓰타야가 입점하였으며 숲속의 도서관을 표방하면서 바람이나 빛을 최대한 활용하는 개방적인 건축을 지향하였다.[25]

신규 개장 후 운영방식도 크게 변경되었다. 개장 시간 연장과 함께 연중무휴로 운영되며, 개가실 면적의 대폭 확대, 장서 수 확충, 좌석 수 증설 등이 이루어졌다. 2017년에는 인접 대지에 어린이 도서관과 놀이시설이 설치되었다. 이러한 변신을 통해 다케오 시립도서관이 시민들이 언제나 편하게 머무를 수 있는 공간으로 재탄생하였을 뿐만 아니라 국내외 관광객들이 다수 방문하는 지역 명소(Landmark)로 거듭나게 되었다. 2018년도에 도서관을 방문한 사람은 총 107만 3,257명인데 이 가운데 외부 이용자가 약 40%에 이르고 있다.[26]

---

25) 다케오시가 4억 5천만 엔, CCC가 3억 엔을 각각 부담하였다.
26) https://www.city.takeo.lg.jp/kyouiku/post-126.html/.

다케오시립도서관 사례는 공공공간의 물리적 구조변경과 민간과의 협력을 통한 운영방식 혁신을 통해 도시의 전체적인 이미지 향상은 물론 세금 절감, 지역경제 활성화가 가능함을 보여주는 사례라고 평가할 수 있다.[27]

제9장 요약

매력적인 도시공간은 사람과 일자리를 끌어당기는 힘이 되며 지역민들의 자부심과 애착심의 원천이 된다. 매력적인 도시공간의 공통적 특성은 직주근접, 대중교통 중심, 주민참여, 자연 친화성 등이다. 한국은 도시계획수립 권한이 중앙에서 지방으로 이양되는 추세인데 주민의 참여 수준은 높지 못한 편이며 노후 지역에서 재생보다는 수익성 위주의 재개발·재건축을 선호하는 현상도 관찰된다. 미국의 경우 도시계획에 대한 커뮤니티 수준의 참여가 활발하지만, 동질적 사회계층이 도시계획 권한을 활용하여 폐쇄적 커뮤니티를 형성하는 경향도 보인다. 또한, BID, TIF와 같은 수익자 중심 지역개발·관리 방식이 선호된다. 일본은 행정 주도의 도시계획에 대해 주민 중심의 상향적 지역활성화계획인 '마을만들기'가 각지에서 전개되고 있다. 최근에는 인구감소에 대응하는 압축도시 추진 사례가 늘고 있으며 공공시설 운영에서 민간 위탁을 통한 활성화가 도모되고 있다.

---

27) CCC에 지급하는 연간 위탁비는 1억 1천만 엔으로 기존 연간 운영비 1억 2천만 엔보다 낮은 수준이다.

제3절

생각해 볼 문제

1. 관심 있는 지방자치단체의 도시기본계획을 검토한 후 질문에 답하시오.

(1) 가장 최근에 이루어진 도시기본계획 수립과정에서 주민의 참여 정도를 알아보고 참여 확대 방안을 제시하시오.

(2) 과거 인구 추이 등을 바탕으로 추계한 미래 인구증감 예측치는 타당하다고 생각하는가? 만약 예측치와 현실의 오차가 발생한다면, 그 원인을 논의하시오.

(3) 생활권 설정과 공간구조 구상 내용은 지역 현실을 잘 반영하고 있는가? 잘 반영하지 못한다면 원인, 문제점, 대책을 제시하시오.

2. 다음 상자의 내용을 읽고 아래 질문에 답하여 보시오.

재개발·재건축 과정에서 나오는 기부채납 용지의 비효율성에 대한 비판이 있다. 기부채납은 공익과 사익의 조정 수단인데, 효용성이 떨어지는 시설이 만들어지면서 땅을 제대로 활용하지 못하고 공익적인 역할도 못 한다는 지적이다. 서울시는 이런 상황을 개선하기 위해 〈기부채납 공공건축사업 제도 개선 연구 용역〉을 발주했다.

현행법(2011년 3월 '국토의 계획 및 이용에 관한 법률 시행령' 개정안)에 따르면 개발사업에 따른 공공기여는 지역의 다양한 수요를 맞출 공공시설 건축물이나 건립 용지로 기부채납 할 수 있다. 하지만 기부채납은 도로와 공원으로 이뤄지는 경우가 대부분이다. 2005년 이후 구역 지정이 되고 재개발·재건축 사업이 시행된 131개 구역의 경우, 약 11개 종류의 시설로 기부채납되었다. 도로와 공원으로 기부채납된 경우가 72.3%(도로 39%, 공원 34%)였다. 용지에 대한 관리청 지정을 하는 데 갈등이 빈번하면서 도로와 공원이 중심이 되고 있다. 아파트를 지으면서 땅을 함께 고르고, 벤치 몇 개를 놓으면 금방 완성되기에 자투리 공원을 만드는 것이 행정적으로 가장 쉽다고 한다. 반면에, 도서관이나 주차장을 지으면 관리 주체를 정하고 예산을 확보하는 과정에서 복잡해진다는 것이다.

출처: 조선일보(2022.1.25.)의 기사를 일부 수정하여 작성.

(1) 재건축·재개발 과정에서 건설사와 조합원의 기부채납 이유를 설명하시오. 그리고 서울시가 발주한 연구 용역의 핵심을 제시하시오.

(2) 재건축·재개발 시 기부채납 외에 공공성 확보를 위한 다른 제도가 없는지 조사하시오.

3. 거주하는 지역에서 추진한 혹은 추진 중인 도시재생사업을 조사해 보고 대표적인 사례에 대해 사업추진 내용과 성과를 설명하여 보시오.

4. 다음 상자의 내용을 읽고 아래 질문에 답하여 보시오.

> 전국 지방자치단체들에서 공공조형물을 둘러싼 논란이 계속되고 있다. 더 크고, 더 화려한 조형물을 설치해 지역 명소(Landmark)로 만들겠다며 지방자치단체들이 경쟁적으로 나서고 있기 때문이다. 문제는 상당수가 애물단지 신세란 점이다. 단체장 치적을 홍보하기 위한 손쉬운 수단으로 공공조형물이 애용되고, 전문가 검토나 주민의 의견수렴을 제대로 하지 않은 결과다. '보여주기식 행정', '예산 낭비의 전형'이라는 주민 반발과 비판 속에 결국 철거되거나, 건립 계획이 취소된 경우도 적지 않다.
>
> 광주시 광산구 수완호수공원에는 무게 6t에 높이가 7m에 이르는 '희망우체통'이 설치돼 있다. 2009년 11월 광산구청이 예산 1억 원을 들여 설치한 뒤 '세계에서 가장 큰 우체통'으로 기네스북 인증을 받기도 했다. 강원도 양구군도 '공공조형물'로 전국적인 유명세를 치렀다. 2021년 12월 시민단체가 주관하는 제38회 '밑 빠진 독' 상에 무분별한 공공조형물을 설치해 예산을 낭비했다며 양구군이 선정되었기 때문이다.
>
> 출처: 한겨레신문(2022.08.11.)의 기사를 일부 수정하여 작성.

(1) 지역의 대표적인 공공조형물을 선정하여 지역 정체성과 부합하는지 그리고 다른 지역 공공조형물과 차별성은 있는지에 대해 느낀 점을 서술하시오.

(2) 지역의 공공공간(명소, 공공도서관, 공공박물관, 체육관, 공원, 버스정류장 등) 중 개선이 필요하다고 생각하는 곳은 무엇이며 어떻게 개선하면 좋을지 방안을 제시하시오.

5. 도시의 공간관리와 관련하여 현행 법령은 도시계획위원회, 건축위원회, 경관위원회 등을 설치하도록 하고 있는데 이와 관련하여 다음 질문에 대해 답하시오.

 (1) 현재 거주하는 지역의 기초자치단체의 도시계획위원회, 건축위원회, 경관위원회의 권한은 무엇이며 위원은 어떤 사람들인가?

 (2) 위원회별로 가장 최근의 심의 사례는 무엇인가?

도시(공간)정책과 복지정책의 융합

저성장과 인구감소를 배경으로 일본 사회의 포스트 자본주의 체제로의 전환을 주창하는 일본 교토대학 히로이(広井良典) 교수는 도시정책과 복지정책의 융합 필요성을 지적한다(広井, 2011).

유럽대륙 국가들에서는 복지(사회보장)정책과 도시정책(주택·도시계획·토지정책 등)이 상호연계성을 가지고 공통의 이념 아래에 추진된다. 특히 북유럽 국가들에서는 사회보장에서 공공의 역할이 크고 토지정책에서도 공공용지의 비율과 함께 공적(공공) 주택 비중이 높다(스웨덴 스톡홀름시 토지의 약 70%가 시 소유). 이에 반해 일본의 경우 고도성장기 개발 일변도로 도시화가 급속히 진전되면서 공공성이 빠진 채 토지이용의 사적 성격이 강하다. 한국도 사회보장 수준이나 공유지 비율 면에서 일본과 유사한 상황이다(<표 9-2>).

표 9-2 ┃ 도시계획과 복지국가 특성 간 관계

	사회보장	토지 소유 (공유지 비율)	도시계획규제	주택 (사회주택비율)
북유럽	규모: 대 보편주의 모델: 사회보장 높음, 세금 중심	고 (예: 스톡홀름시의 70%)	강(이층제)	고
유럽본토	규모: 대-중 사회보험 모델: 사회보장료 중심	중 (단, 네덜란드는 높음)	강(이층제)	중 (단, 네덜란드는 높음)
미국	규모: 소 시장형 모델: 민간보험 중심	저	중(조닝 규제)	저
일본	규모: 소 혼합형 모형	저 (공유지 비율 31.5%)	약	저 (공적주택 비율 4.6%)
한국	규모: 소	저 (공유지 비율 32.9%)	약	저 (공적주택 비율 5.5%)

출처: 広井(2011), 한국은 저자 추가(한국, 일본은 2015년 기준).

일본은 저출산, 고령화, 저성장이라는 환경에 직면해 있다. 저출산과 관련해서는 청년 세대나 육아 세대를 대상으로 한 공공주택 공급 확대가 시급한 과제라고 할 수 있으며, 청년 및 육아 세대에 대한 지원강화는 사후적(인생 후반) 복지에서 사전적(인생 전반) 복지로의 복지정책 전환이라는 의미를 지닌다. 아울러 공공(공동체)주택, 고령자 복지시설, 커뮤니티 관련 시설 등을 도시 혹은 지역의 중심부에 자리 잡게 함으로써 고령화와 인구감소에 대응하는 도시공간의 형성이 가능하다는 것이다. 시민 간 교류 촉진, 세대 간 인구 균형 추진, 보행과 연대감을 증가시키는 거리 조성, 육아 세대와 청년 세대 생활 지원, 고령자의 돌봄 및 생활 편의시설 확충, 중심 시가지 및 상점가 활성화 등이 지금까지는 개별적으로 추진되었다. 하지만, 앞으로는 복지정책과 도시(공간)정책이 상호연계 또는 통합적 관점에서 추진되어야만 저출산, 고령화, 저성장의 문제에 효과적으로 대처할 수 있다. 나아가 히로이 교수는 사회보장(복지) 확대에 발맞추어 토지 및 건축의 공공성 강화가 필요하며, 이를 위해서 일본의 지구 단위 도시계획의 규제 수준을 유럽 수준으로 높여야 한다고 주장한다.

지방자치의 현실과 과제:
지방자치의 미래는 어떻게 될까?

1991년 지방자치를 재개한 이후 30년이 넘는 시간이 흘렀다. 지방자치에 대하여 사람들의 부정적인 평가도 있고, 현재의 제도가 가진 한계도 있다. 그렇다고 해서 「헌법」이 보장한 지방자치제도를 1970년대와 같이 사문화할 수는 없다. 지방자치는 주민 자율과 지역 개성이 발현될 수 있도록 하며, 주민의 삶이 나아지게 할 수 있는 정책을 실현하는 데 도움을 줄 수 있기 때문이다.

물론, 지방자치는 모든 지역의 균등한 발전을 보장하는 제도라고 말하기 어렵다. 각 지역이 처한 역사적, 사회적, 경제적, 정치적 환경과 자원을 상당히 반영하기 때문이다. 그렇지만 주민, 지방의회, 단체장, 공무원, 시민단체, 기업 등 해당 지역의 행위자들이 지방자치를 이해하고 활용하는 방식에 따라 과거보다 더 살기 좋은 지역으로 만들 수 있다.

앞으로의 지방자치는 현재 안고 있는 과제를 해결해야 할 뿐만 아니라 새로운 환경에 적절하게 대응해야 한다. 예컨대 2019년에 정점에 도달한 한국의 인구는 2020년부터 줄어들고 있다. 인구가 늘어나던 사회와 급격하게 줄어드는 사회가 직면하게 될 문제의 종류와 성격은 큰 차이가 있다. 우리는 이미 농어촌을 중심으로 인구가 급격하게 줄어든 현상을 경험하고 있다. 국가 전체의 사용할 수 있는 자원이 늘어나지 않는 상태에서 인구의 감소 현상이 거의 모든 지역에서 일어난다는 것이 과거와의 큰 차이다.

과연 지방자치의 미래는 어떤 모습일까? 지방정부는 지역의 문제를 해결하고 주민의 복리를 증진할 수 있을까? 지역의 문제를 해결할 때 중앙정부의 역할이 줄어든다면, 지방정부와 주민은 어떻게 해야 하는가?

제10장에서는 지방자치가 당면하고 있는 두 가지 중요한 환경 요인을 논의한다. 그리고 지방자치의 과제와 발전을 위한 제언을 제시한다.

제1절

지방자치를 둘러싼 환경변화

지방자치와 관련하여 여러 환경변화가 예상된다. 예를 들어, 저출산과 고령화에 따른 인구 구성의 변화, 저성장 경제 기조의 지속, 지역의 공간 구조의 변화, 단체자치에서 주민자치로의 변화 등을 예상할 수 있다(한국지방자치학회, 2016). 여기에서는 지방자치를 구성하는 3대 요소에 주민과 자치권이 포함된다는 점을 고려하여, 인구와 자치권을 중심으로 논의를 진행한다.

1. 지역의 인구감소

한국은 2019년 12월 기준 총인구가 5,184만(명)을 조금 넘으면서 정점을 기록하였고, 그 이후 총인구가 줄어드는 사회로 진입하였다. OECD 국가 중 가장 낮은 합계출산율을 기록하고 있다. 2021년 합계출산율은 0.81명으로 1970년 통계 작성 이후 가장 낮은 수치였다. 2020년 서울의 합계출산율은 0.63명, 부산이 0.73명을 기록했다. 2020년에는 출생아의 수가 처음으로 30만(명) 미만을 기록하였는데, 2021년에도 출생아의 수는 260,562명으로 2020년보다 4.3% 줄었다.

표 10-1 ┃ 출생아 추이

구분	1970년	1980년	1990년	2000년	2010년	2020년	2021년
합계출산율	4.530	2.820	1.570	1.480	1.226	0.837	0.808
출생아수 (명)	1,006,645	862,835	649,738	640,089	470,171	272,347	260,562

주: 합계출산율이란 가임기(15세~49세) 여성 1명이 평생 낳을 것으로 예상하는 평균 자녀 수를 나타낸 것임.
출처: 국가통계포털.

인구감소는 그 자체로 경제적·사회적으로 우리 사회에 큰 영향을 준다. 그렇기에 중앙정부는 여러 대책을 논의한다. 그런데 인구감소와 관련해서 생각해야할 중요한 현상이 있다. 그것은 인구감소가 모든 지역에서 같은 속도로 발생하지 않는다는 것이다. 농어촌과 도시, 수도권과 비수도권과 같이 지역에 따라 인구감소는 그 폭과 속도가 다르다. 특히 수도권에 젊은 인구가 집중되는 현상은 수도권 이외 지역의 인구감소를 촉진한다. '벚꽃이 피는 순서대로 지방대학이 사라질 것'이라는 말이 있다. 이는 서울에서 멀리 떨어진 지역의 대학부터 소멸한다는 의미를 담고 있다.

여기에 더하여 수도권을 대표하는, 아니 대한민국을 대표하는 서울이라는 도시는 정치·경제·사회·문화·교육·의료의 중심지이다. 정치의 중심인 의회와 대통령실이 서울에 있다. 삼성, 현대, SK, LG 등 대한민국의 산업을 이끌어가는 중요 회사의 본사도 서울에 있다. 국립중앙박물관, 국립현대미술관, 국립도서관, 예술의 전당 등 문화시설과 문화공연개최도 서울이 중심이다. 대학 수험생과 학부모가 입학하기를 갈망하는 대학들도 서울에 주로 포진하고 있다. 가장 좋은 의료 시설과 의료진을 갖춘 병원, 이른바 BIG 5 병원도 모두 서울에 있다. 사람들이 왜 서울로 몰려드는지 짐작이 간다.

물론 도시의 인구 규모가 모든 지역마다 균등하게 분포하는 국가는 없다. 그렇지만 한국의 서울과 같이 한 도시에 정치·경제·사회·문화·교육·의료 등의 자원이 모두 모여 있는 국가는 흔치 않다. 2020년 기준으로 수도권의 국토 면적은 전체의 11.5%이지만, 전체 인구의 절반이 넘는 50.2%가 거주하고 있다. 이러한 수치는 OECD 국가 중에서 가장 높은 비율이다. 서울을 포함하여 수도권의 도시로 인구가 집중하는 현상은 다른 지역의 인구감소를 더욱 가속하는 결과로 연결된다.

한국은 오래전부터 농어촌의 인구가 감소하는 현상을 겪어 왔다. 수도권이 아닌 인구 5만 이하의 군(郡) 지역은 인구의 감소, 저성장, 지역 쇠퇴를 겪어 왔다 (강인호 외, 2021). 1960년대 이후 산업화를 거치면서 서울을 포함하여 대도시로 일자리를 찾아 농어촌을 떠나는 사람이 많았기 때문이다. 과거와 현재의 차이라면, 인구감소가 농어촌 등 일부 지역의 문제로 한정되지 않고 있다는 점이다.

지역에서 인구의 자연 감소(출생아 수가 사망자 수보다 적음)에 더하여 인구의 사회 감소(전입자 수가 전출자 수보다 적음)가 더해지면서, 농어촌에 한정되지 않고 중소도시를 포함하여 거의 모든 지역의 인구가 줄어들고 있다. 위에서 언급한 서울의 인구도 2010년에 정점을 기록하였고, 2016년부터는 1,000만(명)을 넘지 않고 있다(외국인을 포함할 때는 2020년에 1,000만(명) 아래로 감소). 2010년과 2021년을 비교할 때, 17개의 광역자치단체 중에서 인구가 증가한 지역은 경기도, 세종시, 제주도 정도이다. 제2의 도시라고 불리던 부산시를 포함하여 그 외 광역자치단체의 인구는 감소하고 있다.

표 10-2 ┃ 인구 추이

(단위: 명)

구분	2010년	2013년	2016년	2019년	2021년
전국	50,515,666	51,141,463	51,696,216	51,849,861	51,638,809
서울	10,249,679	10,143,645	9,930,616	9,729,107	9,509,458
인천	2,758,296	2,843,981	2,943,069	2,957,026	2,948,375
경기	11,786,622	12,093,299	12,716,780	13,239,666	13,565,450
부산	3,567,910	3,538,484	3,498,529	3,413,841	3,350,380
제주	571,255	583,713	641,597	670,989	676,759
세종	-	113,117	243,048	340,575	371,895

출처: 국가통계포털.

'지방소멸'이라는 단어는 인구의 감소가 지역에 가져올 부정적 영향력을 나타내는 충격적인 표현이다(增田, 2014). 해당 주장의 타당성에 관해서는 논쟁의 여지가 있지만, 인구의 감소가 지역에 어떠한 형태로든 영향을 줄 것은 명확하다. 인구감소가 진행되면 지역의 사회·경제와 주민이 생존하는 기반이 무너질 수 있다. 해당 지역은 사람이 거주할 수 없는 환경으로 바뀌며, 그 지역은 소멸하게 되었다고 말할 수 있다.

한국이 인구과밀 사회라는 점을 생각하면, 인구의 감소로 나타나는 정치·경제·사회 현상에서 부정적 영향만을 강조할 필요는 없다는 시각도 가능하다. 그렇지만 지역의 인구감소는 기본 정주 여건의 악화, 사회기반시설 및 공공서비스 공급 부족, 빈집·공실·폐공장 등 유휴시설 증가, 공동체의 기반 약화 등 지역에 부정적 영향을 가져온다는 점을 고민할 필요가 있다(김병석·서원석, 2014; 강인호 외, 2021).

첫째, 인구의 감소는 교육, 의료, 보육 등 기본 정주 여건을 악화한다.

일상을 유지하기 위해서는 기본적인 서비스가 필요하며, 그러한 서비스는 일정 정도의 인구 규모를 요구한다. 교육, 의료, 보육, 소비 등 제3차 산업의 비중이 높은 지방에서는 서비스 산업이 줄어들면 고용기회도 줄어든다. 예를 들어, 인구 20만 안팎의 도시는 교육, 의료, 교통, 통신 등 공공서비스와 서비스 산업의 발달이 성장 요인이다. 그런데 인구가 줄어들면 이러한 기능이 약화하고, 수익성이 낮아진 공공서비스와 상업 시설들이 축소되거나 폐쇄되는 현상이 나타난다(임석희, 2019).

교육을 예로 들어 보자. 농어촌을 포함하여 많은 지역에서 인구감소의 여파로 폐교가 늘고 있다. 2021년 교육통계에 따르면 초등학교의 수는 6,157교로, 2019년과 비교하면 70교, 2020년과 비교하면 37교가 줄어들었다. 중학교의 수도 2021년에 3,245교로 나타났는데, 2020년과 비교하면 22교가 줄어든 수치이다. 초등학교, 중학교의 수가 줄어든다는 것은 학교를 관리·운영하는데 필요한 최소한의 청소년이 없는 지역이 늘어나고 있음을 뜻한다. 청소년이 교육받는 기반이 사라지는 지역이 발생할 때, 해당 지역의 장래를 밝게 이야기할 수 있을까?

둘째, 사회기반시설과 공공서비스 공급 부족이 일어날 수 있다.

인구감소는 지방재정에 큰 영향을 준다(김상민·박진경, 2019). 인구감소가 가속화된 일부 지역은 재정이 취약하여 자체 세입으로 인건비도 지급하지 못할 정도이다. 지방재정의 악화는 도로, 시영주택, 도서관, 문화시설 등 공공시설의 관리와 신축에 어려움을 가져온다. 버스 등 대중교통 서비스를 현재와 같은 규모와 요금 수준으로 제공하기 쉽지 않을 것이다. 그리고 현재의 인구감소는 고령화와 함께 진행된다. 지방자치단체의 세출에서 복지예산은 가장 큰 부분을 차지한다. 한국보다 먼저 인구감소와 고령화를 겪고 있는 일본의 지방자치단체는 1995년과 2015년을 비교했을 때, 복지예산이 약 2배 정도 증가하였다(諸富, 2018). 앞으로 한국의 지방자치단체의 복지예산은 더 늘어날 가능성이 크다.

셋째, 유휴시설의 증가와 도시 매력의 감소를 들 수 있다.

인구감소는 생활편의시설을 줄이고, 청년층이 감소하면 지역 상권이 위축되며, 빈집, 폐상가, 폐공장이 늘어난다(제현정, 2019). 2020년 기준으로 12개월 이상 비어 있는 주택 수는 387,326호로 나타났는데, 2005년과 비교하면 약 2배 정도 늘어난 수치이다. 빈집 등 유휴시설의 증가는 지역의 풍경, 치안 등을 훼손한다. 이는 도시의 매력 감소와도 연결된다. 일본에서도 빈집 관리는 지방자치단체에 큰 과제인데, 2014년 조사에 따르면 일본 사유지의 약 20% 정도는 소유자를 파악하는 것이 불가능할 정도이다(吉原, 2017).

표 10-3 ┃ 12개월 이상 비어 있는 주택 수의 추이

(단위: 호)

구분	2005년	2010년	2015년	2020년
빈집 수	190,929	263,228	304,381	387,326
연평균 증가율	-	8.36%	3.70%	6.21%

출처: 조정희(2022)의 <표 2>.

넷째, 지역의 공동체 기반이 약화한다.

지역에 뿌리를 내리고 거주하는 사람이 줄어든다는 점에서 지역의 공동체 기반이 약화한다. 시민(Citizen)이라는 단어와 달리 주민(Resident)은 지역성(Community), 토착성, 폐쇄성의 의미를 내포한다. 지역에서 공해가 발생하는 시설을 반대하는 (주민) 운동은 그 지역에 (내가) 존재하고 있음을 근간으로 하는 특유의 토착성이 있다. 반면에 핵전쟁 반대나 세계 평화 (시민) 운동은 국제적 연대라는 정신이 포함되며, (내가 사는) 토지를 벗어난 보편적 가치를 위한 활동이라는 의미가 있다(中村, 2005).

시골에 정이 많다고 하는 것은 주민 사이에 끈끈한 유대 관계가 있음을 뜻한다. 공유하는 역사와 문화, 끈끈한 인간관계는 지역의 공동체 기반을 구성하는 중요한 요소이다. 따라서 지역의 인구가 줄고 청소년 인구의 비중이 줄면 지역의 공동체 기반이 약화할 수 있다. 동시에 이민을 포함하여 다문화 가구의 인구 비중이 늘어나면, 기존의 지역공동체가 공유하던 지역성과 폐쇄성이 새로운 문화와 충돌할 가능성이 있다.

쉬어가기 10-1. 인구 구성의 질적인 변화

인구감소뿐만 아니라 인구 구성에서도 질적인 변화가 나타나고 있다.

첫째, 65세 이상의 인구가 급격하게 늘고 있다.

2020년 출생한 아이의 기대수명은 평균 83.5년이다. 남자는 80.5년, 여자는 86.5년으로 예상한다(국가통계포털). 2020년 현재 60세의 남자는 향후 23.4년, 여자는 28.2년 더 생존할 것이라고 예상한다. 저출산 영향으로 신생아 수는 감소하고 있다. 2021년의 출생아 수를 다른 연도와 비교하면, 대략 1970년의 1/4, 1983년의 1/3, 2001년의 1/2에 해당한다. 기대수명 증가와 신생아 감소로 고령인구의 구성 비율은 꾸준하게 높아지고 있다. 2020년 기준으로 65세 인구의 비율은 2020년 15.7%이다. 2021년 장래인구추계를 반영한 예상에 따르면, 2022년에는 17.5%, 2067년에는 46.4%가 된다.

표 10-4 ┃ 총인구 및 65세 인구의 비율 추이

구분	1990년	2010년	2010년	2020년	2030년
65세 인구 비율	5.1%	7.2%	10.8%	15.7%	25.5%
총인구 (명)	42,869,283	47,008.111	49,554,112	51,836,239	51,119,019

출처: 국가통계포털.

둘째, 다문화 가구의 인구가 늘고 있다. 다문화 가구에 대한 통계에 따르면 2016년에 다문화 가구에 해당하는 인구는 약 96만(명)이었고, 2020년에는 약 109만(명)으로 나타나고 있다. 전체 인구가 감소하는 상황에서 다문화 가구의 인구는 늘고 있다.

표 10-5 ┃ 다문화 가구 인구의 비율 추이

구분	2016년	2020년
다문화 가구 인구	963,174	1,093,228

출처: 국가통계포털.

2. 자치권의 강화: 지방분권

제1장에서 지방자치를 언급했을 때, 자치에는 자율이라는 개념이 포함되어 있다고 설명하였다. 자율은 스스로 무엇인가를 결정하는 것이다. 지방자치는 지역의 문제를 주민과 자치단체가 스스로 고민하고 문제의 해결방안을 결정하는 것이라고도 할 수 있다. 자율이 이루어지려면 주민과 지방자치단체가 무엇인가를 결정할 수 있는 권한, 즉 자치권의 확대가 필요하다. 이를 지방분권이라고 표현할 수도 있다.

사전적 정의에 따르면 분권은 권한을 나눈다는 의미이다. 하나의 조직 내에서 분권이라고 한다면 상층부에 집중된 권한을 중간 계층, 하위 계층으로 분산하는 것이다. 중앙정부와 지방정부에 적용하면, 중앙정부에 집중된 권한을 지방정부와 나누는 것이다. 분권은 집권과 대비되는 개념이며, 지방분권은 중앙집권과 대비되는 개념이다.

한국은 1991년 지방자치의 부활 이후 1995년 지방자치단체장 선거 시행 등 꾸준하게 지방분권을 추진하고 있다(지방자치발전위원회, 2016; 한국지방자치학회, 2016). 그렇지만 지방분권의 본격적인 시작은 1999년부터이다(김순은, 2021b). 1998년 출범한 김대중 정부는 「중앙행정 권한의 지방이양 촉진 등에 관한 법률」을 제정하여 1999년부터 중앙행정 권한의 지방이양을 시작하였다. 당시 사무를 추진하기 위해 설립된 지방이양추진위원회는 총 3,802개의 지방이양 대상 사무를 발굴하고, 240개 사무를 이양하였다.

다음으로 2003년에 출범한 노무현 정부는 4대 국정 원리 중 하나로 분권과 자율을 선정하고, 지방분권을 국정과제의 핵심으로 자리매김하였다. 지방이양추진위원회는 1,514개의 사무에 대한 지방이양을 확정하고, 1,211개의 사무 이양을 완료하여 지방분권의 실질화 노력을 기울였다. 그리고 지방자치단체의 자치조직권을 확대하기 위해 총액인건비제도를 도입하였다. 「지방분권 특별법」을 제정하고, 주민투표·주민소환·주민소송제 등을 도입하였다. 제주특별자치도를 추진하였고, 자치경찰단을 도입하였다. 「지방교육자치에 관한 법률」을 개정하여 광역자치단체 교육감을 주민이 선출하도록 하였고, 2010년부터는 지방선거와 함께 이루어지고 있다.

2008년 출범한 이명박 정부, 2013년에 출범한 박근혜 정부도 지방분권을 추진하였으나, 이전 정부에 비하면 상대적으로 미온적이었다(김순은, 2021b). 이명박 정부는 지방행정체제 개편에 관심이 많았으며, 실제로 마산시·창원시·진해시 등이 창원시로 통합되었다. 박근혜 정부는「지방분권 및 지방행정 체제 개편에 관한 특별법」을 제정하고, 지방자치발전계획을 수립하였으나 실행에는 옮기지 못했다. 그렇지만 지방분권과 관련하여 이명박 정부에서 지방소비세(5%)가 도입되고, 박근혜 정부에서는 지방소비세의 확대 등이 이루어졌다는 점은 주목할 필요가 있다.

표 10-6 ▎ 역대 정부의 중앙권한의 지방이양 사무 수 현황

구분	이양 확정	이양 완료						추진 중
		소계	김대중 정부	노무현 정부	이명박 정부	박근혜 정부	문재인 정부	
계	3,146	2,588	232	987	763	206	400	667
김대중 정부	612	611	232	374	4	1	0	1
노무현 정부	902	875	-	613	243	19	0	27
이명박 정부	1,587	993	-	-	516	186	(291 + 109)	594
박근혜 정부	-	-	-	-	-	-	-	-
문재인 정부	45	-	-	-	-	-	-	45

주1: 2021년 1월 1일 기준이며, 단위는 사무 건수.
주2: 문재인 정부에서 이양 완료한 400개의 사무는 이명박 정부에서 이양 확정한 사무 291개와 지방일괄이양법 형성 과정에서 기능단위로 연결된 109개 사무가 추가로 이양된 것을 더한 것임. 그리고 2021년 1월 1일 기준, 문재인 정부는 45개의 사무를 이양 확정하고 이양을 추진 중임.
출처: 정순관(2021)의 <표 1> 일부 수정.

2017년 출범한 문재인 정부는 연방제 수준의 자치분권을 제안하고, 2018년에는 자치분권형 헌법 개정을 시도하였다. 헌법 개정은 무산되었으나, 과거의 국가주의에서 지방주의로, 통치의 구조에서 협치의 구조로 개정되는 내용이 포함되었다는 점은 지방자치의 관점에서 중요한 의미가 있다. 중앙집권적 경찰시스템이

지역치안과 지역민생에 있어 적정한 서비스 수요에 부응하지 못하고 있다는 문제인식에서 2006년 제주특별자치도에 자치경찰제가 시범적으로 도입되었었다. 그러나 전국적인 도입은 미루어져 왔는데 2021년부터 시도차원의 자치경찰제가 본격 시행되게 되었다. 외사, 정보, 보안은 국가경찰이 맡고 형사, 수사 사건은 국가수사본부가 맡으며 자치경찰은 주민 생활안전, 교통, 여성, 학교폭력 업무 등을 담당한다. 특히, 「지방자치법」의 전부개정을 통해 자치권의 강화가 이루어진 점 또한 중요한데(개정된 법률의 자세한 내용은 제1장 참조) 지방분권의 최종 지향점이 주민이라는 점을 명확히 하고 있다.

제2절

지방자치의 과제와 방향성

1. 지방자치의 과제

1991년 지방자치가 재개된 이후 적지 않은 변화가 있었다. 주민의 안전 수준, 도시환경관리 수준, 문화 여가 부문 등 주민 서비스에서 개선이 이루어졌다. 정량적인 지표에서도 개선이 이루어졌으며, 일반 국민과 전문가를 대상으로 한 인식조사에서도 긍정적인 평가가 내려졌다(한국지방자치학회, 2016).

그렇지만 동시에 많은 과제도 남겨진 상태이다(전영평, 2022). 그중에서 중요한 과제를 정리하면 다음과 같다.

첫째, 지방자치에서 주민이 소외되어 있다.

국민이 민주주의 국가에서 주권자라고 한다면, 지방자치제도에서 주인은 주민이라고 할 것이다. 지방자치제도가 발전한 미국 등 서구 국가나 일본과 비교할 때 한국의 지방자치 역사는 짧다. 제도가 하루아침에 완성되지 않고 여러 요인이 복합적으로 작용한다는 점을 생각하면, 주민이 지방자치의 주인공이 되려면 시간이 필요하다는 주장이 있을 수 있다. 그렇지만 지방자치에서 주민이 나그네에 머물러서는 안 될 것이다.

지방자치가 실시되기 이전에 마을에 있던 동사무소 등의 명칭은 역사 속으로 사라지고 그 자리에 주민자치센터가 들어섰다. 주민자치센터라는 명칭은 지방자치에서 주민의 참여와 주민자치가 얼마나 중요한 것인지를 보여준다. 그렇지만 주민자치센터가 이름 그대로 주민자치의 중심지 역할을 하고 있다고 믿을 수 있을까? 여전히 지역의 문제발견과 대응 과정에 주민의 참여가 실질적으로 이루어지고 있다고 말하기 어렵다.

둘째, 단체장을 견제하고 통제할 수 있는 장치가 부족하다.

한국의 단체장은 지방의회보다 강한 권한을 행사하며, 지방자치단체의 실질적 대표자이다. 기초자치단체 수준에서 단체장은 모든 정책 영역에서 압도적인 영향력을 행사한다. 주민소송제, 주민소환제, 주민투표제 등 주민이 단체장을 통제할 수 있는 수단이 있지만, 그 실효성은 크지 않다.

지방의회가 활성화되지 않은 것도 통제 장치 미흡과 연관된다(지방자치발전위원회, 2016). 「지방자치법」 전부개정으로 지방의회의 자율성과 전문성을 강화할 수 있는 제도적 장치는 마련되었다. 그렇지만 단체장과 비교하면 그 권한은 여전히 약하다. 또한, 지방의원이 스스로 사명감과 전문성을 높이도록 하는 과제가 남겨져 있다. 특히, 지방의회의원의 과반수와 단체장이 같은 정당으로 구성되어 있을 때, 지방의회가 단체장을 견제하기 쉽지 않은 현실에 대한 고민과 대책이 필요하다.

단체장이 강한 권한을 행사하면서도 주민과 지방의회로부터 받는 통제가 미흡한 상황이 지속되면서 여러 부작용이 나타나고 있다. 그러한 부작용의 하나가 부패이다. 민선 1기(1995년~1998년)부터 민선 5기(2010년~2014년)까지의 기간 동안 기초단체장의 부패 발생 실태를 분석한 연구에 따르면 단체장의 부패 문제가 적지 않음을 알 수 있다(황해동, 2021). 유형별로 보면 뇌물 수수, 선거법 위반이 높은 비율을 차지하였다. 그 외에도 인사비리, 향응, 권력 남용, 공금횡령, 인사청탁 등의 부패 유형도 나타나고 있다(<표 10-2> 참조). 어느 사회든 통제받지 않는 권력은 부패하기 쉽다.

표 10-7 ▏ 기초단체장의 유형별 부패 현황

구분	민선 1기	민선 2기	민선 3기	민선 4기	민선 5기	계
뇌물수수	2	16	16	22	14	70
선거법 위반	-	3	3	5	28	39
인사 비리	-	1	-	2	3	6
향응	-	1	1	4	-	6
권력 남용	-	-	-	1	4	5
기타	2	5	3	-	6	16
총계	4	26	23	34	55	142

주1: 사법부의 당선무효 수준의 범죄 확정판결을 부패의 기준으로 함.
주2: 기타 항목에는 부정선거(2건), 입찰방해(1건), 국가보안법(1건), 학점 변조(1건), 공금횡령(2건), 공문서위조(1건), 인사청탁(1건), 불법선거운동(1건)이 포함됨.
출처: 황해동(2021) <표5>를 일부 수정.

셋째, 중앙정부의 통제가 여전히 강하다.

지방자치는 주민과 그들의 대표자에게 많은 권한이 있는 것을 전제로 한다. 1998년 이후 지방분권이 꾸준하게 이루어지고 있지만, 지방자치와 관련하여 중앙의 통제는 여전히 강한 상태이다. 중앙정부의 사무 이양으로 지방자치단체가 담당하는 사무는 늘고 있지만, 국가사무의 비중은 여전히 크다. 전국을 획일적으로 통제하고 있는 「지방자치법」, 중앙정부에 편중된 행정기능, 지방정부에 대한 지나친 통제 등은 풀어야 할 과제이다(최봉기, 2010).

예를 들면, 중앙정부가 효율적인 정부 체계 구축을 목표로 조직과 인력관리의 합리화를 추진하면서 지방자치단체에도 적극적인 동참을 요구한다. 그런데 지방자치단체가 정부 정책과 달리 공무원의 수를 늘리고 기준인건비를 초과 사용하면 중앙정부로부터 재정적 불이익(penalty)을 받을 수 있다.

2. 지방자치의 미래 방향성

1) 주민자치와 공동체 활성화

지방자치는 단체자치와 주민자치로 구성되어 있다(제1장 참조). 지방자치의 핵심은 주민이 자기 지역의 일을 자율적으로 토론하고 결정할 수 있다는 것이다. 물론 현실에서는 대의 민주주의를 채택하여 단체장과 지방의원이 지역의 문제를 해결하도록 하고 있다. 그렇지만 지방자치의 본질은 주민자치에 있다고 할 것이다. 미국의 타운홀 미팅과 활발한 주민발안·주민투표제는 주민이 직접 공적인 일에 참여할 수 있는 장치에 해당하며, 주민들이 지역의 주인이라는 점을 잘 보여준다(제7장 참조).

현재의 지방자치에서 주민이 소외되어 있다는 지적은 달리 말하면 주민자치가 부족하다는 사실을 의미한다. 동시에 지방자치가 충분하게 작동하지 않고 있음을 함축한다. 주민자치의 활성화는 주민 참여를 어떻게 확보할 것인가와 연관된다.

첫째, 법률상으로 존재하는 주민의 참여제도가 실효성을 갖출 수 있도록 해야 한다. 현재 조례의 제정과 개·폐 청구권, 주민투표, 주민소환, 주민참여예산 제도 등 직접 주민참여제도는 법률에 규정되어 있다. 그러나 주민이 제도를 적극적으로 이용한다고 말할 수 없다. 주민의 소극적 참여가 그 원인의 하나라고 지적되기도 한다. 그렇지만 주민참여제도가 현실에서 실현될 가능성이 작고, 그 실효성도 작고, 지방자치단체의 소극적 태도 등이 복합적으로 작용하여 주민의 참여가 소극적일 수 있다. 따라서 주민이 참여의 효능감을 인식할 방안을 탐색하고 실천할 필요가 있다.

둘째, 지방자치단체가 정책을 추진할 때, 입안, 결정, 집행, 평가의 전 단계에서 주민이 참여할 수 있도록 해야 한다. 제7장과 제9장에서 살펴본 것과 같이 미국, 일본은 한국보다 주민이 행정과 정책에 참여하는 범위가 넓다. 거리 청소, 동네 방범 등 정책의 집행단계에서의 주민의 참여뿐만 아니라 주민의 삶에 영향을 주는 정책의 입안, 결정, 평가의 단계에서도 단계적으로 주민의 참여를 활성화할 필요가 있다. 예를 들어, 도시계획을 준비하는 단계부터 주민의 참여와 의견을 수렴하는 장치를 활성화한다면, 주민의 의사가 반영되는 도시공간을 구성하면서 정책 수용성을 높일 수 있을 것이다.

셋째, 지방의회에도 주민의 의사가 반영될 수 있도록 해야 한다. 2020년 「지방자치법」 개정으로 지방의회의 권한은 강화되었다. 지방의회의 활동을 투명하게 공개하고, 조례의 제정·개정·폐지, 예산 성립 등에 관하여 사전에 주민에게 그 내용을 설명하도록 하고, 사후적으로 주민의 의문에 대응할 수 있도록 해야 한다.

넷째, 주민참여 활성화에서 간과해서는 안 될 요소가 동네 단위의 주민공동체의 중요성이다. 한국의 경우 도시화율이 90%를 넘는 고도로 도시화한 국가로 전통적인 공동체 의식은 약화한 가운데 도시사회에 적합한 새로운 공동체의 활성화는 미흡한 실정이다. 2020년 현재 주거의 약 51%를 차지하는 아파트는 고밀도로 인해 공동체 형성에 유리한 조건임에도 입주민들의 공동체 참여가 미약하거나, 재산 가치 확보와 관련된 문제에만 관심이 집중되는 현상이 관찰된다. 따라서 이미 법률상으로 존재하는 주민 참여제도가 실효성을 갖출 수 있도록 하는 방안과 함께 동네 단위의 공동체 활성화를 위한 정책적 노력을 강화할 필요가 있다.

물론 주민의 참여가 늘 긍정적인 효과를 발휘한다고 말할 수는 없다. 일부의 주민만이 적극적으로 참여할 때는 전체 주민 중에서 일부 주민의 이익이 과대 대표되는 문제가 있다. 또한 주민의 이해관계가 첨예하고 갈등이 포함된 문제는 정책 의제로 선정되지 못한 채 미해결의 상태로 표류할 수도 있다.

　대의 민주주의를 채택하는 상황에서 어느 정도 주민의 참여를 보장하는 것이 바람직한가에 대한 논의가 있을 수 있다. 그렇지만 주민참여가 지닌 부정적 효과를 줄이면서 긍정적 효과를 극대화하려는 노력이 지방자치를 발전시키는 데 필요하다는 사실을 부인할 수는 없으며, 주민의 참여 정도에 따라 각 지역의 지방자치의 모습도 다르게 나타날 것이다.

2) 지방자치단체의 자율성 확대와 책임성 강화

　지방분권의 진행으로 지방자치단체의 권한이 계속해서 늘어날 것으로 예상한다. 지방자치단체가 권한을 적극적으로 행사할 수 있도록 중앙정부는 과도한 통제를 줄여야 한다. 동시에 지방자치단체의 자율성과 책임성을 확대하는 방향으로 나아가야 한다.

　첫째, 지방의회가 조례로 정할 수 있는 범위를 넓혀야 한다.

　한국의 법률 체계는 헌법, 법률, 명령, 조례 등의 계층이 있다. 법치주의 원칙에 따라 상위 법령을 위반한 조례는 위법하게 된다. 「지방자치법」 개정으로 과거와 달리 '법령의 범위에서' 지방의회는 조례를 제정할 수 있다. 이와 관련하여 지역의 자율성을 제한하는 법령을 개정할 필요가 있다.

　예를 들어, 기초자치단체의 주민은 해당 지역의 기초의회를 대표하는 의원을 몇 명으로 할지 결정할 수 없다(제3장 참조). 기초의회의 의원 정수는 법령 등에 따라 광역자치단체에 배정되며, 지역별 기초의회의 최소 의원 정수도 정해져 있다. 기초자치단체별로 선출할 기초의원 정수는 각 지역의 선거구획정위원회에서 정당, 기초의회 등의 의견을 종합해 전문가들이 결정한다. 반면에 비슷한 제도를 채택하는 일본은 의원 정수를 조례로 정하도록 한다.

　둘째, 자치사무의 비중을 늘려야 한다.

　지방사무는 기관위임사무, 단체위임사무, 자치사무로 구분된다(제5장 참조). 그런데 기관위임사무는 지방자치와 자치단체의 자율성을 저해하는 요인으로 지적받았다. 자치사무의 비중이 상대적으로 작은 상황이 지속되면서 지방자치의 발전을 위해서는 위임사무를 줄이고, 자치사무의 비중을 늘려야 한다는 논의가 많았다. 한국과 비슷한 형태로 사무를 구분하였었던 일본도 1990년대 후반 지방분권개혁을 추진하면서 중점을 두었던 사항이 자치사무의 범위와 비중을 늘리는 것이었다. 기관위임사무가 지방자치를 약화하고 지방자치단체의 자율성을 저해한다는 비판에 따라 현재는 법정수탁사무와 자치사무로 구분하고 있다.

「지방자치법」 개정과 지방분권 추진의 의도를 생각하면, 한국의 지방자치 발전을 위해서는 자치사무를 확대해야 할 것이다. 단체위임사무와 기관위임사무를 조정하여 법령에 근거한 법령위임사무로 하고, 그 외 사무는 자치사무로 하는 것이 필요하다. 그리고 법령에 따라 지방자치단체에 위임하는 사무에 대해서는 미국과 같이 위임하는 중앙정부 등이 관련 예산을 보전해야 한다.

셋째, 세출과 세입의 조정을 통해 지방재정의 자율성을 높여야 한다.

지방자치단체의 자율성을 확대하려면 사용할 수 있는 재원이 충분해야 한다. 지방자치단체의 평균 재정자립도는 50% 정도이며, 교부금을 포함한 재정자주도는 73% 수준이다(제5장 참조). 지방자치단체는 세입과 세출의 차이가 크기에 중앙정부로부터의 재정지원에 크게 의존하고 있다. 지방자치단체가 중앙정부의 재정에 의존하는 정도에 비례해서 자율성이 떨어지며 동시에 책임성도 약화한다는 점을 생각하면, 세원 이양을 통해 지방자치단체가 자율적으로 활용할 수 있는 세입을 늘려야 한다. 반면에 재정조정제도를 통한 재정지원은 줄여야 할 필요가 있다.

물론 세출과 세입 조정은 각 지방자치단체가 처한 환경에 따라 유리함과 불리함이 다르게 작용한다. 서울을 중심으로 하는 수도권, 산업시설이 밀집한 일부 도시지역은 전체적으로 세입이 늘어날 것이다. 반면에 산업시설이 적고 인구가 적은 지역은 전체적으로 세입은 줄어들 가능성이 크다. 이와 관련해서는 국민으로서 누려야 할 기본적인 복지에 관한 사업과 비용은 중앙정부가 책임을 지는 형태를 통해 보완할 필요가 있다.

넷째, 단체장의 권한을 견제할 장치를 강화해야 한다.

단체장이 강한 권한을 행사하면서도 지방의회, 주민으로부터 충분한 통제를 받지 못하는 현상이 과제로 지적되었다. 한국은 단체장의 권한이 크고, 지방의회 권한은 약한 기관구성의 형태이다(제3장 참조). 따라서 지방자치단체의 자율성 확대가 단체장의 더 큰 권한 강화로의 연결이 아니라, 지방의회의 권한과 역량의 확대, 위에서 언급한 주민자치의 확대를 전제로 해야 할 것이다.

예를 들어, 지역의 실정과 주민 의사를 반영한 기관구성을 활성화하는 시도를 고려할 수 있다. 「지방자치법」이 개정되면서 미국의 의회-행정담당관 형태의 기관구성도 불가능한 일은 아닐 것이다(제1장 참조). 단체장의 일정, 업무 추진 정보를 지방자치단체 홈페이지 등을 통해 투명하게 공개하는 것도 필요한 일이다. 지방자치단체가 직접 공급하는 공공서비스를 기업이나 시민사회단체와의 계약이나 협업을 통해서 제공하는 것도 생각할 수 있다(제4장 참조).

중앙정부의 통제를 약화하여 지방자치단체의 자율성이 더 커지면 지방자치단체의 책임성을 어떻게 확보할 것인가라는 문제가 중요해진다. 책임성 확보를 위해서는 지방자치단체의 기록물 관리 철저, 정보공개 범위 확대, 제공되는 정보의 질 제고, 주민에 대한 설명책임 완수, 감사기구의 독립성 확대, 구성원의 윤리의식 향상 등의 노력이 필요하다. 무엇보다 지역의 중요 과제에 대해서는 민의를 보다 직접적으로 물어볼 수 있도록 함으로써 지방자치에 관한 관심을 높이고 책임성에 대한 자각을 일깨울 필요가 있다. 그리고 지방의 자율성이 더 커지더라도 중앙정부와의 상호존중을 전제로 한 협력은 필수적이다. 긴밀한 의사소통이 이루어질 수 있도록 중앙과 지방 간 공식적인 협의의 장 활용과 더불어 정부 간 인사교류를 확대할 필요가 있다.

중앙정부는 정책 방향을 정하면 지방자치단체도 그 방향을 따르도록 요구할 때가 많다. 우리가 주민이면서 동시에 국민이라는 점을 생각하면 중앙과 지방의 정책 방향성은 일관적이고 체계적일 필요가 있다. 다만, 그 내용이나 과정이 지나치게 획일적이거나 일방적인 사례를 줄여야 한다. 중앙정부와 지방자치단체의 역할을 조정하며, 국민의 권리와 주민의 권리가 균형점을 찾을 수 있도록 해야 할 것이다.

3) 지속할 수 있는 전략적 도시경영

인구감소는 지방자치, 지방행정에 중요한 환경변화이다. 위에서 살펴본 것처럼 지역에 많은 부정적 영향을 준다. 그런데 경제발전 국가에서 인구가 감소하는 것은 보편적 현상이다. 미국, 프랑스 등 소수의 국가를 제외하면 경제발전 국가는 대부분 인구가 감소하고 있다. 한국의 특징적인 현상이라면 너무 가파르게 인구가 줄어들고 있다는 점이다. 현실적으로 인구감소의 경향성을 막는 것이 어렵다면 인구감소에 대응할 수 있는 지방행정의 패러다임을 구축해야 한다.

첫째, 인구감소를 반영한 도시계획과 도시관리를 추진해야 한다.

인구가 감소하는 것을 도시의 쇠퇴가 아니라 도시 축소의 시각에서 바라보고, 긍정적 시각에서 정책을 모색할 필요가 있다(강인호 외, 2021). 미국, 독일, 일본 등의 국가는 Shrinking city라는 용어를 보편적으로 사용한다. 축소도시 혹은 도시 축소가 번역어로 사용된다. 이는 도시의 경제와 인구 규모가 축소하고 있으며, 물리적으로도 축소하는 모습을 나타낸다. 인구가 줄어든다는 의미를 담고 있으면서도 도시쇠퇴라고 했을 때의 부정적 의미는 포함하지 않는다. Shrinking city라는 개념은 경제성장과 지역발전이라는 측면에서 인구감소를 자연스러운 현상으로 받아들이고, 이에 적합한 전략을 능동적으로 추진하려는 행위자들의 인식과 태도가 포함되어 있다고 할 것이다. 도시의 외연적 확장이 아니라 도시공간의 적절한 성장관리와 도심 내 개발을 우선시하는 압축도시는 인구감소를 전제로 하는 Shrinking city의 핵심 전략이라고 할 수 있다(제9장 참조).

둘째, 지방자치단체 조직과 인력 운용의 자율적 혁신을 추진해야 한다.

인구가 감소하고 저성장 기조가 이어진다는 사실은 지방자치단체가 사용할 수 있는 자원이 감소함을 뜻한다. 가용할 자원이 줄어드는 만큼 지방자치단체의 조직과 인력 운영은 유연하고 효율적으로 바뀔 필요가 있다(제4장 참조). 먼저 지방자치단체 조직구성을 온전히 조례로 정할 수 있도록 하고, 해당 지역의 특성이 조직구조에 반영될 수 있도록 해야 한다. 부처 할거주의를 뛰어넘어 지역이 당면한 과제에 대해 부서를 망라하여 추진할 수 있도록 정책의 종합조정 역량을 높여야 한다. 일반행정직의 계급구조도 단순화하여 간부직은 줄이고 많은 공무원이 현장에서 뛸 수 있도록 해야 한다. 공무원에 대한 성과평가 방식도 달라질 필요가 있다. 성과에 대해서는 금전적 보상뿐만 아니라 조직과 지역사회에서 인정받을 수 있도록 정책 실명제를 확대하고, 새로운 혹은 의미 있는 정책추진 시도에 대해서는 당장 성과로 이어지지 않더라도 어느 정도 성과로 인정해줄 필요가 있다.

셋째, 재정의 재구조화가 필요하다.

점증주의적 예산편성 방식에서 벗어나 축소할 부문과 확대할 부분에 대한 전략적 선택이 강화되어야 한다. 한국에서는 추가 예산확보를 위해 해당 지역의 비전이나 계획과 무관하게 중앙정부의 정책 기조에 따라 정책이 추진되는 경우가 많다. 따라서 정책의 일관성이 부족하고 일회성 혹은 전시성 사업추진으로 끝나게 된다. 축소되는 자원을 유효하게 사용하기 위해서는 시민적 합의에 따른 장기 비전의 수립과 비전에 입각한 핵심사업에 대한 예산투입이 이루어지도록 하여야 한다.

넷째, 다양한 협력 혹은 협동 모델을 만들어 갈 필요도 있다.

협력모델은 크게 두 가지 방식이 있을 수 있는데, 첫째는 지방자치단체 간의 협력이고, 둘째는 지역사회의 민간조직과 협력이다. 기존의 사무위탁, 지방자치단체 조합 외에 「지방자치법」 시행에 따라 새로이 특별지방자치단체가 설립할 수 있게 되었다(제2장 참조). 인구 급감으로 소멸 위기의 가능성이 있는 지방자치단체가 증가할 상황에서 개별 지방자치단체가 모든 공공서비스를 공급하기에는 현실적으로 한계가 있을 수밖에 없다. 지방자치단체 통합이라는 선택지도 있을 수 있지만, 이미 여러 차례 통합을 거친 한국의 지방자치단체는 다른 나라에 비해 기초자치단체의 규모가 큰 편이고, 통합추진과정에서의 갈등도 적지 않을 것으로 예상해 볼 수 있다. 따라서 다양한 협력방안을 활용하여 여러 지방자치단체가 공동으로 서비스를 제공하면서 지역의 공통과제를 함께 해결해 나가는 방식이 정착될 필요가 있다.

자원이 부족한 상황에서는 지역사회 내의 역량을 총체적으로 동원할 필요가 있는데 이를 위해서는 공공시설 운영, 지역재생 등에서 지역사회 민간조직과의 협력이 필수 불가결하다. 미국에서는 낙후된 중심 시가지의 활성화에 해당 구역 이해관계자 중심의 민관협력조직인 BID(Business improvement district)가 핵심적인 역할을 하고 있으며, 일본에서는 도시공원 운영 활성화를 위해 민간의 자본과 비결을 활용하기 위해 도시공원 공모설치관리제도(Park-PFI)를 도입하였다(제9장 참조). 한국도 인구감소가 현저한 지방자치단체에서는 공공시설의 노후화, 유휴화가 증가할 수밖에 없고, 도심 공간의 공동화도 가속할 것으로 예상된다. 따라서 시설물 건립과 운영 위주의 지방자치단체 민간투자사업 위주에서 벗어나 지역의 매력도를 높이기 위한 민간과의 다양한 협력모델을 구축해 나아가야 할 것이다.

4) 내 삶의 질을 높이는 지방자치

지방자치는 그 자체로 존재의 의미가 있다(제1장 참조). 그렇다고 해도 지방자치가 주민이 받아들이기 어려울 정도로 지역의 쇠퇴를 방치하거나, 주민의 삶에 큰 도움이 되지 못한다면 지방자치의 장래는 어둡지 않을까? 그래서 꼭 경제적으로 풍요로운 것은 아니라도 사람들이 만족감을 느끼고 계속 살고 싶어 하는 동네를 만들려는 노력이 필요하며, 그 결과로 내 삶의 행복이 증진되는 그러한 지방자치를 위해서는 어떤 분야에 집중해야 할까?

고도성장기 시절 사람들은 지역사회에 관한 관심이 상대적으로 적었다. 그도 그럴 것이 경제가 성장하고 있었기에 회사에서 열심히 일하면 어느 정도 출세가 가능하였다. 이 때문에 가족이나 지역사회보다 회사 중심으로 인생을 설계하였다. 그런데 저성장기에는 회사 일을 열심히 하여도 다가올 미래가 불투명하기에 회사에서 보람과 행복을 느끼기가 상대적으로 어려워진다. 이제는 회사에 올인하기보다는 자신의 취미가 중요해지고 회사 외에 자신이 시간을 보내는 도시 공간에 관한 관심이 커진다. 즉 미래보다는 현재의 충족감을 중시하게 되며, 특히 자기 삶의 질을 좌우하는 요소로서 도시공간의 쾌적성과 지방정부가 제공하는 복지의 내용에 민감하게 되는 것이다.

매력 있는 도시공간을 만들기 위해서는 도시계획에 대한 주민참여가 중요하다(제9장 참조). 도시의 공간계획을 행정이나 기업에만 맡겨놓지 말고 삶의 질의 관점에서 주민들의 적극적 의견제시가 가능하게 해야 한다. 뉴욕주의 커뮤니티보드 사례는 도시계획을 포함한 지역의 장기계획에 지방자치제도를 통해 동네 주민들의 의견이 상향식(Bottom-up)으로 반영될 수 있음을 보여준다. 그리고 매력 있는 도시공간 형성에는 가로, 공공도서관, 공원, 체육관 등과 같은 공공공간의 형태가 큰 영향을 미친다. 공공공간은 주민 누구나가 함께 이용할 수 있고 많은 시간을 보내는 공간이기에 공공공간의 매력도는 그 도시의 정체성과 매력도를 좌우한다. 공공공간의 활성화 될수록 주민 간의 상호작용이 활발해지고 그 결과 지역공동체의 활성화로 이어질 수 있다. 일본 다케오시립도서관 사례에서 보았듯이 외부로부터의 관광객 유입이나 교류인구 확대로 이어질 수 있는데, 이를 위해서는 앞서 언급한 바와 같이 지방자치단체를 중심으로 한 다양한 협력모델

활용이 이루어져야 한다.

저출산과 고령화가 심화하면서 지역사회 차원의 복지시스템 구축의 중요성은 더욱 커지고 있는데, 실제로 한국과 일본은 중앙 및 지방의 재정지출에서 차지하는 복지비 비중은 지속해서 증가추세이다(제8장 참조). 육아나 노인 돌봄은 대상자의 이동이 제약되는 성격의 서비스로 지역사회 차원에서 제공되는 것이 적합하다. 한국은 기초자치단체 사회복지 사업의 국고보조사업 의존도는 약 80%에 이를 정도로 중앙정부 의존이 과도하며, 지방자치단체는 복지서비스의 단순 전달자 역할에 그치고 있다. 따라서 지역 특성에 대한 고려나 주민의 요구사항을 반영한 정책개발이 잘 이루어지지 못하고 있을 뿐만 아니라 지방자치단체의 독자적인 사회복지사업에 대해 중앙정부가 거부권을 행사하는 예도 적지 않다. 이는 결국 사회복지 서비스에 대해 중앙과 지방의 역할과 책임 분담체계가 모호하기 때문인데 사회복지 사업의 전반적인 구조조정 필요성을 보여준다. 고령인구 증가를 배경으로 2019년부터 시작된 지역사회 통합돌봄은 지역 자율형 전달체계 구축을 강조하고 있고 커뮤니티케어−주민자치−도시재생의 연계도 포함하고 있다. 이는 향후 지방자치에서 사회복지 서비스 제공이 도시공간의 재생, 주민자치 제도의 실질화와 밀접히 연관된 과제임을 보여준다. 다시 말해 복지를 비롯해 다양한 정책분야가 지역의 특성을 반영하면서 어떻게 종합화·체계화하느냐가 주민의 삶의 질을 좌우할 것이다. 그러한 의미에서 미래에도 지속할 수 있는 지방자치는 주민 개개인의 삶의 질을 높이는 지방자치일 것이다.

제10장 요약

지방자치가 부활하고 30여 년이 지난 현재 지방자치는 제도적으로는 자리를 잡았으나 주민들의 전폭적인 지지와 신뢰를 받고 있다고 말하기는 어렵다. 과거와 비교하면 지방자치단체는 더 큰 권한을 행사하게 되었지만, 여전히 중앙정부의 통제가 적지 않다. 최근 들어서는 인구감소, 고령화, 저성장이라는 환경변화에 직면하면서 비수도권 지방자치단체를 중심으로 '지방소멸'의 위험성이 현실적인 문제로 다가오고 있다. 지속할 수 있는 지방자치의 미래를 만들어 나아가기 위한 방향성으로 다음과 같은 점을 제시하였다. 첫째, 주민참여와 동네 공동체의 활성화이다. 둘째, 지방자치단체 자율성의 지속 확대와 그에 맞는 책임성의 강화이다. 셋째, 인사조직재정 분야를 망라한 지방자치단체의 전략적 감축 경영과 인근 지방자치단체 간 그리고 지역 민간조직과의 협력 강화이다. 넷째, 매력적인 도시공간 조성과 함께 지역 특성을 반영한 지역사회 복지시스템 구축으로 지방자치가 주민 개개인 삶의 질 향상으로 이어지도록 하여야 한다.

제3절

생각해 볼 문제

1. 아래 대화를 읽고 물음에 답하시오.

> 온달: 언론에서 지방소멸이라는 말을 들었는데, 정말 그런 일이 생길까?
>
> 평강: 인구가 줄어들고 있는 현상을 과격하게 표현한 것이 아닐까?
>
> 온달: 응. 그래도 시골 지역의 초등학교나 중학교가 줄어든다고 하던데. 그렇게 되면 그 동네는 살기가 어렵게 되지 않을까?
>
> 평강: 인구가 줄어들면서 발생하는 부정적인 영향의 하나라고 하더라고.
>
> 온달: 그러면 어떻게 해야 하지?
>
> 평강: 여러 방법이 있겠지. 사람들이 출산을 많이 하도록 하면.
>
> 온달: 정부도 출산율을 높이기 위해 노력하지만, 출산율은 떨어지고 있는데.
>
> 평강: 출산장려 정책으로 출생률이 높아질 것 같지 않아. 아이 키우기를 지원하는 정책이 잘 이루어지는 지역에서도 출생률은 높아지지 않는다고 해.
>
> 온달: 그래?
>
> 평강: 경제적으로 여유가 있어도 아이를 안 낳거나 1명만 낳는 사람들이 많잖아.
>
> 온달: 그럼, 해외로부터 이민을 받아들이는 것이 인구감소 문제를 해결하는 것에 더 도움이 될까?
>
> 평강: 그것도 하나의 방법이겠다. 물론 거기에도 문제가 없지는 않겠지만.
>
> 온달: 무슨 문제?
>
> 평강: 차별, 통합 등 문제가 적지 않을 거야. 단일민족을 아주 많이 강조하잖아.
>
> 온달: 서울은 인구가 너무 많아서 문제인데. 인구과밀로 인한 사회적·환경적 문제를 생각하면, 인구감소가 무조건 문제라고 할 수는 없을 것 같아.
>
> 평강: 몇 개 도시에 인구를 집중해서 생산성을 높이는 것이 낫다는 의견도 있어.

(1) 인구의 급격한 감소로 지방정부의 서비스 수준이 낮아지고, 지방자치단체가 와해하는 현상을 극복하는 방안은 무엇일까?

(2)) 인구감소를 막으려는 노력보다는 인구감소의 부정적 영향을 줄이려는 노력이 더 필요하다는 의견이 있다. 그러한 의견의 논리적 근거를 생각하고, 반대되는 의견을 제시하시오.

2. 자치분권이 강화될 때 긍정적인 측면과 부정적인 측면이 동시에 존재한다. 긍정적 측면과 부정적 측면을 조사하고, 부정적인 측면을 완화할 방안을 제시하시오.

3. 자치역량을 갖춘 지방자치단체에 더 많은 권한을 이양하는 차등적 지방분권을 적용하자는 주장이 있다. 해당 주장의 논리적 타당성을 서술하시오, 그리고 그러한 주장을 적용했을 때 나타날 수 있는 문제점을 서술하고, 대처방안을 논의하시오.

4. 지방자치와 관련하여 균형 발전과 자치 분권에 관한 논의가 있다. 균형 발전과 자치 분권은 논리적으로, 현실적으로 공존할 수 있다는 견해와 불가능하다는 견해가 있다. 두 견해 중 더 타당하다고 생각하는 견해를 조사하고, 그 이유를 논리적으로 전개하시오.

지방분권과 지방자치

지방분권은 1990년대부터 세계적으로 유행하고 있다(秋月, 2001). 유행의 배경으로는 국제환경 변화, 중앙에 대항하는 정치적 전략, 사회경제의 성숙에 따른 변화 등이 지목된다.

첫째, 1980년대와 1990년대는 국제환경의 통합화가 빨라졌다. 지방정부뿐만 아니라 국가도 열린 시스템으로 되고 있다. 국가도 도시와 비슷하게 다른 국가와의 경쟁에 내몰리고, 사회·경제적인 환경으로 정책을 결정·집행할 때 제약을 받고 있다. 중앙정부는 환경변화에 적절하게 대응하기 위해 대외적 정책, 거시경제 등에 초점을 둔다. 반면에 지방정부를 통제·관리하는 기능은 약화하고 기존 기능 중에서 상당 부분은 지방정부에 맡길 가능성이 커졌다는 것이다.

둘째, 동유럽 국가에서 두드러지게 나타났던 현상으로 중앙에 반대하는 정치적 전략의 작동이다. 1990년대 소련의 해체 이후 급격한 사회 변동을 경험한 동유럽 국가들은 기존의 중앙정부 통제체제와 계층적 조직편제로부터의 탈피를 시도하고, 분권과 지방정부 사이의 평등을 지향하는 제도개혁이 추진되었다. 동유럽 국가 이외에도 여러 국가에서는 다문화주의, 차이의 정치 등의 이름으로 소수 민족, 지역 주민 등이 중앙에 반대하여 지방분권을 요구하고 있다.

셋째, 사회경제 성숙에 따른 변화이다. 정부가 제공하는 공공서비스는 통일적 기준에 따라 지리적인 조건의 차이 없이 격차 없는 평등한 서비스를 제공하는 방식과 지역의 형평을 고려한 개성 있는 서비스를 제공하는 것으로 구분할 수 있다. 이는 사회경제발전 단계에 따라 중앙집권에 의한 평준화와 지방분권에 의한 차별화 중에서 어느 쪽을 선택할 것인가라고 할 수 있다. 모두가 가난할 때는 중앙집권에 의한 평준화를 선호한다. 그렇지만 어느 정도 사회경제가 발전하면 중앙집권적 평준화보다는 지방분권적 차별화를 선호할 가능성이 커진다.

그렇다면 지방분권과 지방자치는 어떠한 관계인가? 지방자치를 단체자치와 주민자치로 구분할 때, 지방분권 논의는 단체자치와 밀접하게 연관된다(西尾, 2007). 국민

국가가 형성된 이후 지방정부는 스스로 결정할 수 있는 자율적 영역(단체자치)을 확정하려고 노력하였다. 예를 들어, 지방자치제도의 보장과 관련된 내용을 헌법에 포함하여 중앙정부가 마음대로 지방정부의 자율적 영역을 변경할 수 없게 하였다. 또한, 지방정부의 자율적 영역의 범위를 둘러싸고 국가와 지방정부가 서로 다툴 때, 사법부가 법에 근거하여 그 다툼을 공정하게 판단하도록 하였다. 지방정부의 자율적 영역의 축소·확장은 중앙정부가 지배하는 영역의 확장·축소라는 관점에서 이해할 수 있다.

한편, 자신 스스로 통치하는 것(주민자치)도 국가의 통치와 서로 대립하는 관점에서 이해할 수 있다. 자치를 지향하는 힘과 통치를 지향하는 힘의 균형 상태는 다양하며, 주민자치의 실현은 그 균형의 상대적 강약에 귀착한다. 주민자치가 상대적 개념이라면 완전 통치와 완전 자치라는 상태를 상상할 수 있다.

지방분권을 추진한다는 것은 자치단체의 자율적 영역을 확충하는 것이다. 중앙정부로부터 지방정부로 현재보다 더 많은 사무와 사업의 집행권을 이양하는 것이다. 이를 통해 지방정부의 업무 범위를 넓히고, 업무 양도 늘리는 것이다. 법령을 통해 지방정부가 의무적으로 했던 업무를 줄이고, 행정적 관여를 통한 중앙정부의 통제를 완화함으로써 지방정부가 사무나 사업을 기획하고 집행할 때 자율성을 부여한다.

반면에 지방자치 확충이란 지방정부에서의 자기 통치인 주민자치를 넓히는 것이다. 현재보다 더 넓은 범위로 지역의 주민이 지방정부 운영에 참여하는 것이다. 주민자치의 틀을 바꾸어 주민의 뜻에 근거하여 지방정부 정책이 형성되고 집행될 수 있도록 하는 것이다. 법령 등으로 부가된 의무나 중앙정부의 통제를 완화하여 주민이 주민자치 틀을 이전보다 자유롭게 설계하고 선택할 수 있도록 할 필요가 있다.

그런 점에서 지방분권 추진과 지방자치의 확충은 겹치는 부분이 있다. 즉 자치단체가 사무, 사업을 기획하고 집행할 때 자율성을 확대하는 것은 지방분권의 추진과 지방자치의 확충에 모두 도움이 되는 방법이다. 그렇지만, 지방정부에 많은 사무와 사업의 집행권을 이양하여 지방정부가 하는 일의 범위를 넓히고, 그 양을 늘리는 것이 지방분권의 추진이라고 해도, 그것이 바로 지방자치 확충으로 연결되지 않는다. 자율적 영역의 범위 그 자체에서도 주민이 스스로 결정하고, 정책을 자유롭게 취사선택하고 싶다고 할 때, 주민의 자치 희망과 지방정부는 대립할 가능성이 크기 때문이다.

제10장 지방자치의 현실과 과제: 지방자치의 미래는 어떻게 될까?

참고문헌

〈국내 문헌〉

강용기. 2021. 『현대 지방자치론』 제4판. 서울: 대영문화사.

강인호·박치형·하정봉. 2020. 『도시행정론』. 법문사.

강인호·염대봉·장명본. 2021. 비수도권 郡지역의 축소와 실태에 관한 실증적 연구. 한 국공공관리학보, 35(2): 87−113.

강준만. 2010. 『미국사 산책 1: 신대륙 이주와 독립전쟁』. 인물과 사상사.

강혜규·김보영·주은수·채현탁·이지영·김태은·이정은·김진희. 2018. 『지역사회보장 계획의 이해 − 지자체의 제4기 계획 수립−실행 지원 연구』. 한국보건사회연구원.

경기연구원. 2021. 『지방자치단체 간 갈등 조정 방안 연구: 경기도 및 경상남도 사례를 중심으로』.

권경득. 2004. 미국지방정부의 조직과 인사고권에 대한 자율권. 지방행정, 53(612): 24−30.

권경득·강혜정. 2019. 한국 지방의회의원의 사회적 배경에 관한 연구. 한국행정학보, 53(4): 213−242.

권영주. 2013. 일본의 지방선거에 있어서 정당공천의 현상과 제도: 왜 무소속이 많은가? 한국지방자치학회보, 25(1): 39−61.

권영주. 2018. 일본의 지방선거와 정당공천제. 지방행정, 777호: 36−39.

고경훈. 2008. 『지방자치단체 조직설계에 관한 연구』. 한국지방행정연구원.

국중호. 2022. 일본의 생활보호·사회복지비 변화와 지방복지서비스 경쟁. 세계지방자치 동향, 2월호: 14−18.

국회입법조사처. 2020. 재정분권 추진의 의의와 주요 쟁점. 이슈와 논점, 제1646호.

금창호 외. 2016. 『지방분권 실태 진단분석: 서울특별시를 중심으로』. 한국지방행정연 구원.

길종백. 2019. 지역 인구 감소에 있어서 지방자치단체의 역할에 관한 사례 연구: 일본 사례를 중심으로. 한국거버넌스학회보, 26(1): 63−87.

길종백·배정아. 2021. 『정책의 이해』. 박영사.

김경수 · 허가형 · 유근식 · 김상미. 2021. 『인구구조변화가 경제성장에 미치는 영향 분석: OECD 국가를 중심으로』. 국회예산정책처 정책보고서.

김남철. 2021. 지방자치법 전면 개정에 대한 평가와 과제. 국가법연구, 17(1): 117-151.

김덕호. 1997. 빈곤과의 전쟁을 통해서 본 1960년대 미국의 복지정책. 서양사론, 55호. 55-71.

김병국 · 권오철 · 하현상. 2012. 『지방자치단체 조직운영시스템의 다양화 방안』. 한국지방행정연구원.

김병석 · 서원석. 2014. 지역의 인구변화에 영향을 미치는 사회경제적 특성 연구:수도권과 비수도권을 비교를 중심으로. 한국지역개발학회지, 26(4): 1-14.

김병준. 2010. 『지방자치론』. 서울: 법문사.

김상민 · 박진경. 2018. 지방자치단체의 인구감소 및 인구구조 변화 대응전략: 강원도 화천군 사례를 중심으로. 지방행정연구, 32(1): 126-160.

김석태, 2016a. 홈룰(Home Rule)의 발전과정 및 모형과 지방자치권 확대방안에 대한 시사점. 한국지방자치학회보, 28(4): 1-23.

김석태, 2016b. 지방자치의 이념형 모색: Rousseau와 Tiebout 모형을 중심으로. 지방정부연구, 20(1): 403-425.

김석태, 2019. 거버넌스 시대의 지방자치권론: 고유권과 홈룰에 대한 재조명과 권한공유 모형탐색. 한국지방자치학회보, 31(4): 55-77.

김성조. 2021. 일본 복지정책의 변화와 제도적 향방. 일본공간, 29호. 163-197.

김순은. 2012. 주민주권론과 지방자치의 발전. 지방행정연구, 26(1): 3-30.

김순은. 2021a. 문재인 정부의 자치분권 성과와 과제. 지방행정연구, 35(4): 3-36.

김순은. 2021b. 문재인 정부 자치분권의 역사적 배경과 이론적 기초. 대통령소속 자치분권위원회(편). 『문재인 정부의 자치분권 성과와 의의』, 11-31. 조명문화사.

김연준 · 주운현 · 홍근석. 2021. 지방자치단체 사회복지지출 영향요인 분석. 한국지방재정논집, 26(2): 123-151.

김영기. 2008. 미국과 스위스, 한국의 주민발의제도 비교연구: 직접참여의 핵심요소와 단계를 중심으로. 지방행정연구, 22(2): 117-144.

김우림. 2021. 『사회복지 분야 지방자치단체 국고보조사업 분석』. 국회예산정책처.

김용국 · 김영현 · 양시웅(2020). 『민관협력을 통한 노후공원 재정비 및 관리운영 방안 연구』. 건축공간연구원.

김이배. 2021. 중앙-지방 복지사무 분담과 사회서비스. 월간 복지 동향, 270: 31-39.

김재훈. 2011. 미국의 신재정연방주의와 사회복지분야 포괄보조. **한국지방재정학회 지방 재정세미나 발표자료.**

김찬동. 2006. 『서울시 행정구역 및 계층의 합리화 방안』. 서울시정개발연구원.

김흥주. 2019. 『주민자치회 시범실시의 평가와 향후 발전과제』. 대전세종연구원.

남궁근. 1999. 후기산업사회에서 복지정책의 다양성. **정책분석평가학회보,** 9(1): 1 – 36.

남재걸. 2022. 『지방자치론』. 서울: 박영사.

문명재. 2009. 정부조직개편의 정치주기적 반복성과 실제. **한국공공관리학보,** 34(4): 23 – 41.

민현정. 2008. 지방자치에의 주민참여 활성화에 관한 연구: 일본에 있어서의 주민참가 전개과정과 제도화를 중심으로. **한국거버넌스학회보,** 15(1): 255 – 289.

박순종 · 박기관. 2022. 지방의원 유급제 도입과 의정활동 변화 실태 분석. **한국정책과학 학회보,** 26(2): 139 – 161,

박원석. 2021. 도시재생을 위한 민관협력 거버넌스로서 BID의 활용방안. Journal of Real Estate Analysis, vol.7(2): 89 – 116.

박진경 · 김현호 · 김상민 · 임태경. 2019. 『지역인구감소 대응을 위한 종합대책 마련 연구』. 한국지방행정연구원 정책연구보고서.

박해육. 2013. 『지방자치단체의 조직운영 자율성 강화방안』. 한국지방행정연구원.

박훈. 2015. 『미국의 지방세 제도』. 한국지방세 연구원.

배정아. 2021. 중앙행정권한의 지방이양 현황과 방안. 대통령소속 자치분권위원회(편). 『문재인 정부의 자치분권 성과와 의의』, 146 – 173. 조명문화사.

백완기. 2015. 알렉시스 드 토크빌(Alexis de Tocqueville)의 생애와 사상. **행정논총,** 53(4): 1 – 45.

서준교. 2015. 도시의 인구감소와 도시계획. **한국지방자치연구,** 17(1): 1 – 28.

소순창. 2011. 지방행정체제 개편: 미미한 성과 그리고 기나긴 여정. **지방행정연구,** 24(4): 29 – 58.

송상훈. 2017. 『미국 지방재정제도의 분석과 시사점』. 경기연구원.

송시강. 2007. 미국의 지방자치제도 개관. **행정법연구,** 19: 47 – 97.

신영진. 미국 사회복지정책변화와 메디케이드 매니지드 케어 도입 및 확대. **사회보장연 구,** 20(1): 147 – 171.

신원득. 2010. 지방의회의 지위와 기능. 한국지방자치학회(편저). 『한일 지방자치 비교』. 199 – 219. 대영문화사.

양재진. 2008. 한국 복지정책 60년: 발전주의 복지체제의 형성과 전환의 필요성. **한국행정학보**, 42(2): 327-349.

오시영 편저. 2009. 『미국의 행정과 공공정책』. 법문사.

오재일. 1999. 일본의 革新自治體에 관한 고찰. **한국행정학보**, 33(2): 251-267.

우성호·이환범. 2010. 기초의원 정당공천제 실태분석 및 개선방안에 관한 연구. **한국지방자치학회보**, 22(3): 57-82.

윤성원·양재진. 2019. 한국의 지방정부는 사회복지에 자체예산을 어디에 얼마나 쓰는가?: 2017년 지방 사회복지 사업에 관한 기초연구. **사회과학논집**, 50(2): 17-140.

이다예·최정윤·김종은. 2022. 참여형 도시계획 확립을 위한 커뮤니티 보드 도입운영 방안. **국토정책**, No. 855.

이달곤·하혜수·정저화·전주상·김철회. 2012. 『지방자치론』. 박영사.

이수영. 2016. 자치제도의 연혁. 지방자치발전위원회(편저). 『한국지방자치 발전과제와 미래』. 32—38. 박영사.

이승종. 1996. 미국 지방정부 정책과정에서의 주민참여기제: 뉴욕시의 지역위원회를 중심으로. **한국정치학회보**, 31(4): 249-269.

이승종·서재호. 2009. 『지방행정체제개편론』. 법문사

이승철. 2020. 『지방자치론』. 서울: 윤성사.

이시원·하정봉. 2015. 지방정부 자치조직권 확대의 쟁점과 이슈분석. **지방정부연구**, 19(1): 353-380.

이용수. 2010. 미국의 주민소환제 연구: 사례분석 및 한국적 시사점. **분쟁해결연구**, 8(2): 85-109.

이왕건외. 2015. 『도시재생 선진사례와 미래형 도시정책 수립방향』. 국토연구원.

이재원. 2016. 지방재정관리제도와 재정운영에서 분권과 책임특성 그리고 재정관리의 자치 활성화를 위한 정책과제. **한국지방재정논집**, 21(2): 1-33.

이정진. 2022. 지역 정당의 허용 필요성과 입법 과제. **이슈와 논점**, 1990호.

이지원. 2014. 1970년대 미노베 혁신도정 쇠퇴의 한 원인 - 보혁대립으로 인한 재정압박과 낙인찍기를 중심으로. **사회와 역사**, 101집: 439-477.

임석희. 2019. 지방소도시의 인구감소 및 성장과 쇠퇴의 특성. **대한지리학회지**, 54(3): 365-386.

임승빈. 2016. 『지방자치론』 제9판, 법문사.

임진택. 2005. 미국 사회복지제도의 내용과 체계에 관한 고찰. **지역복지정책**, 19: 106-125.

장세훈. 1992. 손더스의 도시와 사회이론. **공간과 사회**, 2호: 228－240.

전영평. 2003. 자치의 오류와 지방정부혁신: 성찰과 과제. **행정논총**, 41(3): 79－104.

전영평. 2022. 자치의 오류를 보며 성찰적 자치를 기대한다. **주민자치**, 124: 104－111.

정만득. 2001. 영국인의 아메리카 이주. **한국사 시민강좌**, 제28집: 211－230.

정병기. 2014.『주요국의 지방 선거제도와 공천방식 비교연구』. 국회입법조사처.

정순관. 2021. 문재인 정부 자치분권 추진의 주요 내용과 특징. **한국거버넌스학회보**, 28(2): 27－52.

정하중. 2019.『행정법개론』제13판. 법문사.

제현정. 2019. 인구감소지역 유형별 대응정책 사례 연구. **한국도시지리학회지**, 22(1): 131－147.

조시중. 2016. 지방자치 홈－룰 차터의 법률적 지위 검토. **지방행정연구**, 30(3): 89－122.

조정희. 2022.『지방정부의 빈집 관리 정책역량 분석과 시사점』. 국토연구원.

지방자치발전위원회. 2016.『한국지방자치 발전과제와 미래』. 박영사.

지방자치발전위원회. 2017.『지방자치 발전백서』.

채종헌·정소윤·박준·정동재·윤영근. 2019.『숙의기반 주민참여제도 도입: 자치단체 공론화 운영모델 구상』. 한국행정연구원.

최봉기. 2010. 지방자치발전을 위한 지방정부의 역할과제. **한국행정논집**, 22(2): 427－454.

최봉기·박종성·성영태. 2015.『지방자치의 이해와 전략』. 서울: 법문사.

최성은. 2013.『중앙과 지방의 사회복지 재원부담』. 한국보건사회연구원.

최정은·최영준·김나리. 2020. 기초지방자치단체 현금복지 수준 차이는 왜 발생하는가? **한국행정논집**, 32(2): 269－299.

최창호. 2002.「지방자치학(제4판)」. 서울: 삼영사.

하동현·주재복·최흥석. 2011. 일본 지방자치단체의 조직관리제도 분석 및 시사점. **지방행정연구**, 25(1): 277－314.

하정봉. 2009. 일본의 기초선거와 정당공천: 동향과 시사점. **한국지방정부학회 학술대회자료집**: 347－369.

하정봉. 2018. 일본 지방분권개혁의 성과와 추진방식 변화. **한국국정연구**, 36(1): 23－46.

하혜수·최영출·홍준현. 2010. 준지방자치단체의 개념과 적용가능성. **한국지방자치학회보**, 22(3): 237－256.

하혜수·하정봉. 2013. 지자체 통합정책에 대한 한일비교 연구: 시군통합과 시정촌합병을 중심으로. **한국비교정부학보**, 17(3): 45－69.

하혜영·이상팔. 2012. 『주민소환제도 운영실태와 개선방안』. 국회입법조사처 정책보고서.

한국지방자치학회(편). 2010. 『한일 지방자치 비교』. 대영문화사.

한국지방자치학회(편). 2016. 『한국지방자치의 발전과 쟁점』. 대영문화사.

허만형·김은경. 2018. 지방정부의 재정자립도와 사회복지예산의 관계 연구: 지방정부 유형별 비교분석. **국가정책연구**, 32(1): 139−155.

홍근석·김봉균. 2019. 『중앙−광역−기초정부 간 개정관계 재정립』. 한국지방행정연구원.

홍정선. 2009. 지방자치단체 계층구조 개편의 공법적 문제. **지방자치법연구**, 9(1): 39−61.

홍준현. 2021. 전부개정 지방자치법은 자치분권 2.0 시대의 개막을 의미하는가? **한국지방자치학회보**, 33(4): 1−32.

황해동. 2021. 지방자치단체장의 부패 실태 분석과 개선방안. **한국지방자치학회보**, 3(4): 115−147.

EBS 다큐프라임·유규오. 2016. 『민주주의』, 후마니타스.

국회예산정책처. 2021a. 『2021 대한민국 재정』.

국회예산정책처. 2021b. 『2021 대한민국 지방재정』.

국회예산처. 2021. 『NABO 추계&세제 이슈』. 14호.

행정안전부. 2015. 『국가와 지방자치단체간의 사무구분 및 사무조사 연구』.

행정안전부. 2019. 『지방자치단체 협력·갈등관리 업무편람』.

행정안전부. 2020a. 『지방자치단체 행정구역 및 인구현황』.

행정안전부. 2020b. 『2020 정부조직관리지침』.

행정안전부. 2021a. 『2021년도 지방자치단체 통합재정 개요(상)』.

행정안전부. 2021b. 『2021년도 지방자치단체 통합재정 개요(하)』.

〈국외 문헌〉

정미애. 2000. 『日本の福祉社會への轉換における福祉多元主義化に關する硏究』. 博士論文.

Arnstein, Sherry R. 1969. A Ladder of Citizen Participation. *Journal of the American Institute of Planners*, 35(4): 216−224.

Beatley, Timothy. 2000. 『Green Urbanism: Learning from European Cities』. Washington D. C. : Island Press. 이시철 옮김. 2013. 『그린 어바니즘: 유럽의 도시에서 배운다』. 아카넷.

Beatley, Timothy (2010), 『Biophilic Cities: Integrating Nature Into Urban Design and Planning』, Island Press.

Benevolo, L(1993). 『The European City』, Oxford: Blackwell.

Burke, Edmund M. 1968. Citizen Participation Strategies. *Journal of the American Institute of Planners*, 34(5): 287−294.

Chisholm, Michael. 2004. Reorganizing Two−Tier Local Government for Regional Assemblies. *Public Money & Management*, April: 113−120.

Dahl, Robert. 1961. 『Who Governs?』. Yale University Press. 河村望·高橋和宏(監訳). 1999. 『統治するのはだれか』. 行人社.

Dahl, Robert. 1998. 『On Democracy』. Yale University Press. 김왕식·장동진·정상화·이기호 옮김. 1999. 『민주주의』. 동명사.

Dahl, Robert. 1991. 『Modern Political Analysis』. 5th Edition. Prentice−Hall Inc. 高畠通敏(訳). 1999. 『現代政治分析』. 岩波テキストブックス.

Dahl, Robert. 2005. 『Who Governs?』. Second Edition. Yale University Press.

Denhardt, Robert B. & Janet V. Denhardt. 2008. 『Public Administration, An Action Orientation(6th edition)』. Cengage Learning.

Dye, Thomas R. 2008. 『Understanding Public Policy』. Twelfth Edition. Pearson Prentice Hall.

Esping−Andersen, Gøsta. 1990. 『The Three Worlds of Welfare Capitalism』. Polity Press. 박형신·정헌주·이종선 옮김. 2006. 『복지 자본주의 세 가지 세계』. 일신사.

Glaeser, E. 2011. 『Triumph of the City. How our greatest invention makes us richer, smarter, greener, healthier, and happier』. New York: The Penguin Press. 이진원 옮김. 2021. 『도시의 승리: 도시는 어떻게 인간을 더 풍요롭고 더 행복하게 만들었나?』. 해냄.

Hall, Peter. 2002. 『Cities of Tomorrow』. Oxford: Blackwell Publishers. 임창호·안건혁 옮김. 2019. 『내일의 도시: 20세기 도시계획 지성사』. 한울 아카데미.

Helco, 1981. Toward A New Welfare State? P. Flora and A. J. Heidenheimer(eds.) 『The Development of Welfare States in Europe and America』.

Hunter, Floyd. 1953. 『Community Power Structure: A Study of Decision Makers』. Chapel Hill. The University of North Carolina Press.

Jacobs, Jane. 1961. 『The Death and Life of Great American Cities』. New York: Random House. 유강은 옮김. 2010. 『미국 대도시의 죽음과 삶』. 그린비.

Irvin, Renee A. & John Stanbury. 2014. Citizen Participation in Decision Making: Is It Worth the Effort? *Public Administration Review*, 64(1): 55－65.

Keating, Michael. 1995. Size, Efficiency and Democracy: Consolidation, Fragmentation and Public Choice. In David Judge, et.al. 『Theories of Urban Politics』. London: SAGE Publication.

Kotkin, Joel. 2005. 『The City: A Global History』. Modren Library. 윤철희 옮김. 2007. 『도시의 역사』. 을유문화사.

Krebs, B. Timothy and Arnold Fleischmann. 2020. 『Understanding Urban Politics』. Rowman & Littlefield.

Laamanen, Elina and Arto Haveri. 2003. Size, Efficiency and Democracy: How Local Government Boundaries Affect Performance. *Paper to be Presented at the EGPA Conference on Public Law and the Modernising State*.

Lowery. D. & Berry. W. D. 1983. Growth of Government in the United States: An Empirical Assessment of Competing Explanations. *American Journal of Political Science*, 27: 665－694.

Mankiw, Greory N. 2015. 『Principles of Economics』 7th Edition. Cengage. 김경환·김종석 옮김. 2015. 『맨큐의 경제학』. 센게이지러닝.

March, J. & Simon, H.A. 1961. 『Organizations(3rd ed.)』. New York: McGraw－Hill.

March and Olsen. 1984. The New Institutionalism: Organizational Factors in Political Life. *American Political Science Review*, 78: 734－749.

Meligrana, John, ed. 2004, 『Redrawing Local Government Boundaries: An International Study of Politics, Procedures, and Decision』. Vancouver: UBC Press.

Milgrom, Paul and John Roberts. 1992. 『Economics, Organization & Management』. Prentice Hall Inc. 奧野正寬·伊藤秀史·今井晴雄·西村理·八木甫(訳). 2002. 『組織の経済学』. NTT株式会社.

Mills, Wright C. 1956. 『The Power Elite』.

Musgrave, R. A. 1959. 『The Theory of Public Finance』. McGraw－Hill.

Oakley, Ann, and Susan A. Williams, eds. 1994. 『The Politics of the Welfare State』. UCL Press.

Oates, W. E. 1972. 『Fiscal Federalism』. New York: Harcourt Brace Jovanovich.

Oates, W. E. 1999. An essay on fiscal federalism. *Journal of economic literature*, 37(3): 1120−1149.

Peterson, Paul E. 1981. 『City Limits』. The University of Chicago Press.

Porter, Oliver. 2006. 『Creating the New City of Sandy Springs—The 21st Century Paradigm: Private Industry』. Bloomington, IN: AuthorHouse.

Putnam, Robert D. 1995. Bowling Alone: America's Declining Social Capital. *Journal of Democracy*, 6(1): 65−78.

Rhodes, R. W. 1981. 『Control and Power in Central−Local Government Relations』. Sage.

Samuelson, P. A. 1954. The Pure Theory of Public Expenditure. *Review of Economics and Statistics*, 36: 387−389.

Saunders, Peter. 1981. 『Social Theory and The Urban Question』. Holmes & Meir. 김찬호·이경춘·이소영 옮김. 1998. 『도시와 사회이론』. 한울 아카데미.

Simon, H. A. 1997. 『Administrative Behavior: A Study of Decision−making Processes in Administrative Organizations(4th)』. New York, The Free Press. 이시원 옮김. 2005. 『관리행동론: 조직의 의사결정과정연구』. 금정.

Tiebout, Charles M. 1956. A Pure Theory of Local Expenditures. *Journal of Political Economy*, Vol. 64 (5): 416−424.

Weeks, Edward C. 2000. The Practice of Deliberative Democracy: Results from Four Large−Scale Trials. *Public Administration Review*, 60(4): 360−371.

Williamson, Oliver E. 1985. 『The Economics Institutions of Capitalism: Firms, Markets, Relational Contracting』. New York: Free Press.

Wright, D. S. 1988. 『Understanding Intergovernmental Relations』. Pacific Grove, California: Books & Cole Publishing Company.

OECD. 2013. 『Measuring Fiscal Decentralisation: Concepts and Policies』. OECD.

U.S. Census Bureau. 2021. 『Annual State and Local Government Finances Summary: 2019』.

秋月謙吾. 2001. 『行政·地方自治』. 東京大学出版会. 하정봉·길종백 옮김. 2008. 『행정과 지방자치: 이익, 제도, 이데올로기 시각에서』. 논형.

阿部斉・神藤宗幸. 1997.『概説 日本の地方自治』. 東京大学出版会.

磯崎初仁他. 2007.『ホーンブック地方自治』. 北樹出版.

石原俊彦・山之内稔(2011).『地方自治体組織論』. 関西学院大学出版会.

伊藤光利・田中愛治・馬淵勝. 2000.『政治過程論』. 有斐閣アルマ.

伊藤修一郎. 2007. 自治会・町内会と住民自治. **論叢現代文化・公共政策**, Vol 5: 85−116.

伊藤周平. 2008.『後期高齢者医療制度』. 平凡社.

今井利之. 2007.『自治制度』. 東京大学出版会.

今村都南雄. 2006.『官庁のセクショナリズム』. 東京大学出版会.

岩崎忠.(2015). 地方分権改革と提案募集方式ー地方分権改革有識者会議での審議過程を中心にしてー. **自治総研**, 通巻 第439号: 30−46.

岡沢憲芙. 1988.『政党』. 東京大学出版会.

岡部一明. 2009.『市民団体としての自治体』. お茶の水書房.

川上光彦(編). 2013.『地方都市の再生戦略』. 學藝出版社.

木寺元. 2012.『地方分権改革の政治学ー制度・アイディア・官僚制』. 有斐閣.

地域主権改革研究会. 2011.『解説 地域主権改革』. 国政情報センター.

地方自治制度研究会(編). 2006.『道州制のあり方に関する答申』.

地方分権改革有識者会議. 2014.『個性を活かし自立した地方をつくるー地方分権改革の総括と展望』.

諸富徹. 2018.『人口減少時代の都市』. 中公新書.

佐々木信夫. 2009.『地方議員』. PHP新書.

佐々木雅幸・水内俊雄. 2009.『創造都市と社会包摂』. 水曜社.

柴田直子. 2001. アメリカにおける地方政府の法的位置づけに関する一考察(一). **自治研究**, 77(2): 109−125.

神野直彦(2014).『日本の地方財政』. 有斐閣.

鈴木陸志. 2011. アメリカ都市政治における住民参加. **法政論叢**, 48(1): 1−16.

鈴木陸志. 2019. アメリカの地方自治と協働に関する一考察. **政経研究**, 56(1): 31−75.

中井英雄・齊藤愼・堀場勇夫・戸谷裕之. 2010.『新しい地方財政論』. 有斐閣アウマ.

中村紀一(編著). 2005.『住民運動"私"論』. 創土社.

中村紀一. 2009. 民衆自治とガバナンス. **거버넌스학회보**, 16(3): 359−367.

中山徹. 2018.『人口減少時代の自治体政策 市民共同自治体への展望』. 自治体研究社.

西尾勝. 1990.『行政学の基礎概念』. 東京大学出版会.

西尾勝. 2001. 『行政学』. 新版. 東京大学出版会.

西尾勝. 2007. 『地方分権改革』. 東京大学出版会.

西山隆行. 2004. ニューヨーク市における社会政策をめぐる政治: アメリカ型福祉国家
　　への含意. **甲南法学**, 45(1・2): 259−302.

日本創成会議・人口減少問題検討分科会. (2014. 『ストップ少子化・地方元気戦略』.

平岡和久・森裕之. 2005. 『檢證 三位一體の改革』. 自治体研究社.

広井良典. 1999. 『日本の社会保障』. 岩波新書

広井良典. 2011. 『創造的福祉社会: 成長後の社会構想と人間・地域・価値』. ちくま新書.

堀口正. 2019. 日本における住民組織の役割変化に関する研究: 先行研究の整理と今後
　　の研究課題. **立命館法学**, 2019年 5・6号: 308−338.

松下圭一. 1996. 『日本の自治・分権』. 岩波新書.

宮本憲一. 1999. 『都市政策の思想と現実』. 有斐閣.

宮本太郎. 1999. 『福祉国家という戦略スウェーデンモデルの政治経済学』. 法律文化
　　社. 임성근 옮김. 2003. 『복지국가전략』. 논형.

村松岐夫. 1988. 『地方自治』. 東京大学出版会.

盛山和夫. 2000. 『権力』. 東京大学出版会.

山崎史朗. 2018. 『人口減少と社会保障』. 中公新書.

山崎満広. 2016. 『ポートランド 世界で一番住みたい街をつくる』. 学芸出版社. 손예리
　　옮김. 2017. 『포틀랜드: 내삶을 바꾸는 도시혁명』. 어젠다.

山下茂. 2010. 『体系比較地方自治』. ぎょうせい.

吉原祥子. 2017. 『人口減少時代の土地問題』. 中公新書.

増田弘也. 2014. 『地方消滅』. 中央新書.

増田雅暢(編著). 2008. 『世界の介護保障』. 法律文化社.

和田勝(編著). 2007. 『介護保険制度の政策過程』. 東洋経済新聞社.

総務省. 2019. 『広域連携の現状と課題について』.

總務省. 2021. 『令和3年版地方財政白書』.

富山市(2019). 『富山市都市マスタープラン』.

內閣府地域主權戰略室. 2010. 『地域主権改革関連２法案の概要』.

名古屋市. 2013. 『大都市制度・広域連携に関する調査研究報告書』.

〈기타〉

도시재생 종합정보체계 포털(https://www.city.go.kr/portal/policyInfo/urban/contents01/
    link.do).
三重県 홈페이지(www.pref.mie.lg.jp).
武雄市 홈페이지(http://www.city.takeo.lg.jp/).
富山市 홈페이지(https://www.city.toyama.toyama.jp/index.html).
서울시 홈페이지(https://www.seoul.go.kr/main/index.jsp).
순천시 홈페이지(https://www.suncheon.go.kr/kr/).
지방재정365(https://lofin.mois.go.kr/).
総務省 홈페이지(http://www.soumu.go.jp/).
한겨레. 2018/09/13. 지방자치단체냐? 지방정부냐?
행정안전부 주민참여 통계 사이트(https://www.mois.go.kr/frt/bbs/type001/commonSelect
    BoardList.do?bbsId＝BBSMSTR_000000000050)
행정안전부 홈페이지(https://www.mois.go.kr/).
행정안전부. 2021. [보도자료] 인구감소지역 89곳 지정: 지방살리기 본격 나선다.
행정자치부. 2020. 보도자료－지방자치법 32년 만에 전부개정, 자치분권 확대 기틀 마련.
City of Los Angeles 홈페이지(https://lacity.gov/government).
City of Sandy Springs 홈페이지(https://www.sandyspringsga.gov/).
e－나라지표(https://www.index.go.kr/).
Metro 홈페이지(https://www.oregonmetro.gov/).
Portland 홈페이지(https://www.portland.gov/).
U.S. Census Bureau 홈페이지(https://www.census.gov/).

찾아보기

[ㄱ]

간접 주민발안(Indirect initiative)   215
개별보조금   145
거래비용   96
경의선숲길공원   275
계층화   230
고권   98
고향사랑기부제(고향세)   156, 157
공모설치관리제도   286
관료제   93
광역도시계획   268
광역화   42
교육구   150
국고보조금   129, 130, 136
권력의존모형   166
권한특례   35
기관대립형   68, 72
기관통합형   68
기금   133
끈끈이 효과(Flypaper effect)   130

[ㄴ]

뉴어바니즘   265

[ㄷ]

다원주의   88
단체위임사무   177
단체자치   9
단층제   31, 32
대안적 분쟁 해결   177
대의 민주주의   64, 66
도시관리계획   269
도시기본계획   269
도시재생   271
동네 협동   216
딜런의 원칙(Dillon's rule)   16, 109

[ㄹ]

라스파이레스(Laspeyres) 지수   116
라이트(D. Wright)   163
로즈(R. Rhodes)   163

[ㅁ]

마을만들기(まちづくり)   284
머스그레브(Musgrave)   125
메가시티   43
메이지유신   19
메이플라워 협약   14
명성법   87
무라마쓰(松村)   186

무법인 지역　48

미국의 복지제도　243

밀즈(Miils)　87

[ㅂ]

버크(Burke)　196

법률선점　183

법정국부수제(法定局部數制)　114

법정수탁사무　186

법정외세　128, 155

보충성의 원칙(Principle of subsidiarity)　39, 126, 172

보통교부세　129, 135

복수 계층제　31, 32

복지(Welfare)　227

복지국가　227, 228

복지정책　238

부담분임의 원칙　127

부동산교부세　128, 136

분권적　95

분권화의 정리　125

분화의 원리　94

비경합의 원칙　172

빈곤가정일시부조(TANF)　244

빗장 공동체(Gated Community)　282

[ㅅ]

사무 배분 방식　171

사업소　105

사회보장법(Social Security Act)　243

사회복지 보조금　138

삼위일체(三位一體)개혁　153

선거제도　68

선점주의　110

선출직 공무원　110

세외수입　130

세출　137

소방안전교부세　136

손더스(Saunders)　235

수평적 경쟁모형　186

스마트 성장　265

시(City)　77

시민(Citizen)　303

시의회(Council)　77

신공공관리　96

신연방주의　183

실질적(Substantive) 대표　65

[ㅇ]

아른슈타인(Arnstein)　196, 201

아른슈타인의 주민참여 8단계　202

압축도시　266, 287

엘리트이론　87

연계중추도시권　52

연방세　142

연방주의　182

연합공천(相乗り)　83

예산　133

오우츠(Oates)　125

위임사무　171

유급제　13

응능(應能) 원칙　127

응익(應益) 원칙　126

찾아보기

의회 신탁 주민투표(Legislative referendum)
215
이중연방주의   183, 185
인간 욕구   99
인구감소   299, 302
일반회계   133
일본 조세수입   152
임명직 직원   110

[ㅈ]

자율적 과세제한   143
자체재원   130
자치   8
자치계층   33, 39
자치권   97
자치사무   170, 312
자치조직권   98, 101
자치회(自治会)   218, 220
재정분권   140
재정분권화   124
재정자립도   130, 131
재정자주도   130, 131
정당   70
정령지정시   50
정부 간 관계 모형   163
정부 간 재정관계   125, 126
정비사업   273
정주자립권   52
제인 제이콥스(Jane Jacobs)   263
조세법률주의   128
조직간관리   184
조직고권   98

조직설계의 원리   94
조직편성 원리   95
주민감사청구   207
주민발안(Initiative)   206, 214
주민소송   207, 212
주민소환(Recall)   208, 212, 214
주민운동   217
주민자치   10, 310
주민자치위원회   43
주민자치회   43
주민참여   196
주민참여 예산제도   140
주민참여의 역기능   198
주민참여의 유형   201
주민투표(Referendum)   204, 210, 214
주세   142
주인－대리인 문제   64
준지방자치단체   35, 36
준지방정부   35, 47
중세도시   262
중핵시   50
지방공기업   108
지방공단   108
지방공사   108
지방교부세   129, 135
지방교육재정교부금   132
지방분권   305, 312
지방분권일괄법   186
지방선거   14, 74
지방세   134
지방세목   135

지방소득세   140

지방소멸   301

지방소비세   140

지방의회   72, 311

지방의회 의원정수   75

지방자치   6, 7, 9, 308

지방자치단체   11

지방자치단체 조합   44

지방자치단체장   73

지방재정   133

지방재정관리   139

지방정부   11

지방정치   11

지방채   136

지방행정의 기능   99

지역발전상생기금   140

지역소멸대응기금   140

지역정당   71

지위특례   35

직속기관   105

직영기업   108

직접 민주주의   64, 66

직접 주민발안(Direct initiative)   215

짐머만(Zimmerman)   201

집권적   95

집행기관법정주의(執行機關法定主義)   115

[ㅊ]

차등 분권   189

참여 민주주의   199

창조적 연방주의   183

총액인건비제   101

축소도시   315

출연기관   108

출자기관   108

출장소   106

[ㅋ]

카운티(County)   46, 80

쿨리 원칙   17

[ㅌ]

타운십(Township)   15

타운홀 미팅(Townhall meeting)   214

탈상품화   229

토크빌(Tocqueville)   15

통합의 원리   94

특례시   41

특별교부세   135

특별구   47

특별지방자치단체   44

특별지방행정기관   37

특별회계   133

티부(Tiebout) 모형   125, 255

[ㅍ]

포괄(Block grants)보조금   146

포괄보조제도   130, 131

포괄성의 원칙   173

표준정원제   101

피터슨(Peterson)   231

필치규제(必置規制)   114

[ㅎ]

하부행정기관　105

항의 주민투표(Popular referendum)　215

해고(Fire)　111

해고(Lay off)　111

행정계층　33, 39

행정담당관(City manager)　79

행정협의회　44

헌장(Charter)　110

헌터(Hunter)　87

헤이세이(平成) 대합병　50

혁신자치단체　20

협동(Cooperation, collaboration, partnership)　413 216

협력적 연방주의　183

형식적(Descriptive) 대표　65

홈룰헌장(Home Rule Charter)　111

[A-Z]

BID(Business improvement district)　278

City　47

City Limits　231

Council－Manager(의회－행정담당관) Form　79

Dahl　89

Esping－Andersen　228

Gulick　95

Mayor Council(시장－의회) Form　78

Medicaid　246

Medicare　245

Sandy Springs시　113

Shrinking city　315

TANF　146

UMRA　148

Weston시　113

Williamson　96

저자 약력

길종백

1970년생. 고려대학교에서 행정학 학사, 석사학위를 받았고, 일본 쓰쿠바대학(筑波大学)에서 법학박사(행정학 전공) 학위를 받았다. 현재 순천대학교 행정학과에 교수로 재직 중이다. 지은 책으로 『정책의 이해』(2021, 공저), 『정책사례연구』(2016, 공저), 『한일 지방자치 비교』(2010, 공저) 등이 있다.

하정봉

1969년생. 고려대학교에서 행정학과와 서울대학교 행정대학원을 졸업하고, 일본 쓰쿠바대학(筑波大学)에서 법학박사(행정학 전공) 학위를 받았다. 계명대학교 조교수를 거쳐, 현재 순천대학교 행정학과에 교수로 재직 중이다. 지은 책으로는 『도시행정론』(2020, 공저), 『원인을 추론하다』(2017, 역서), 『작은 정부론』(2007, 공저) 등이 있다.

곽창규

1977년생. 고려대학교에서 행정학 학사, 석사학위를 받았고, 미국 플로리다 주립대학(Florida State University)에서 행정학박사 학위를 받았다. 현재 세종대학교 부교수로 재직 중이다. 주요 논문으로는 「정책 결과에 대한 공직자의 책임 인식」(2022, 한국행정학보), 「Strength of Strong Ties in Intercity Government Information Sharing and County Jurisdictional Boundaries」(2020, Public Administration Review) 등이 있다.

지방자치의 새로운 이해

초판발행	2023년 3월 2일
지은이	길종백 · 하정봉 · 곽창규
펴낸이	안종만 · 안상준
편 집	양수정
기획/마케팅	박부하
표지디자인	이영경
제 작	고철민 · 조영환
펴낸곳	(주) **박영사**
	서울특별시 금천구 가산디지털2로 53, 210호(가산동, 한라시그마밸리)
	등록 1959. 3. 11. 제300-1959-1호(倫)
전 화	02)733-6771
f a x	02)736-4818
e-mail	pys@pybook.co.kr
homepage	www.pybook.co.kr
ISBN	979-11-303-1684-0 93350

정 가   19,000원